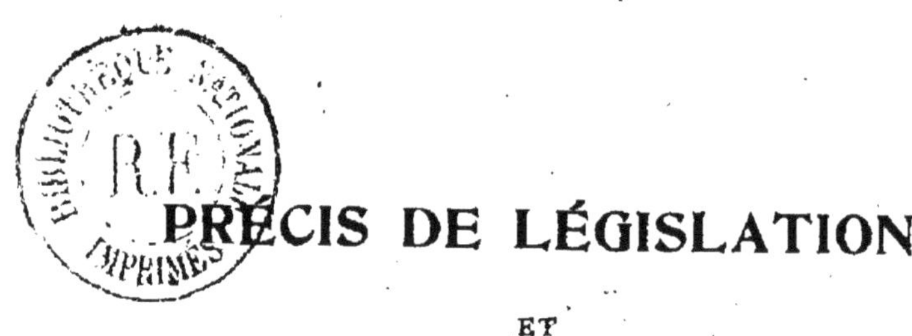

PRÉCIS DE LÉGISLATION

ET

d'Administration Militaires

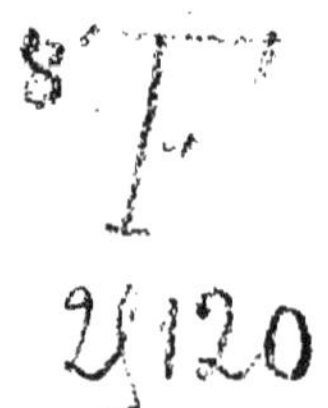

PRÉCIS DE LÉGISLATION

ET

d'Administration Militaires

A L'USAGE

DES CANDIDATS AU GRADE DE MÉDECIN
ET DE PHARMACIEN AUXILIAIRES

des jeunes Aides-Majors et des Médecins de Réserve

PAR LE

Docteur P. DELPY

Médecin Aide-Major de 1re classe, Lauréat de la Faculté de Médecine

AVEC LA COLLABORATION DU

Capitaine VAILLANT, Lauréat de l'Institut

ET DU

Lieutenant LÉGUILLETTE

PARIS
HENRI CHARLES-LAVAUZELLE
Éditeur militaire
124, Boulevard Saint-Germain, 124

MÊME MAISON A LIMOGES

1914

AVANT-PROPOS

Bientôt l'examen pour l'obtention du grade de médecin auxiliaire... Beaucoup de candidats, désorientés, ne savent où étudier les questions administratives sur lesquelles ils seront interrogés. Beaucoup d'entre eux, ennuyés, de nous demander de leur conseiller un manuel qui facilitera leur instruction militaire, et nous de leur répondre : « Nous n'en connaissons pas... »

Nous avons voulu combler cette lacune en écrivant, pour les étudiants en médecine et en pharmacie, un livre qui soit un guide pour la préparation facile de cet examen.

Les trois parties du programme sont étudiées successivement :

1° *Organisation générale de l'armée.* — Ce sujet a été traité entièrement par le capitaine Vaillant et le lieutenant Leguillette, auxquels j'adresse ici l'expression de toute ma reconnaissance.

L'organisation si complexe de l'armée vous est exposée avec simplicité, méthode et précision.

L'étude de cette question, mise à jour des dernières lois, sera de lecture facile et deviendra même un plaisir pour les étudiants ignorants des choses militaires ;

2° *Le service de santé à l'intérieur.* — Le service de santé à l'intérieur a été exposé aussi clairement que possible, et, pour vous permettre de mieux en saisir le fonctionnement, de nombreux modèles figurent dans le texte ;

3° *Le service de santé en campagne.* — Notre attention a été attirée d'une façon toute particulière sur cette partie du programme, la plus importante et toute d'actualité.

Lire un règlement, l'interpréter, en tirer les directives principales, nécessite une certaine habitude des choses militaires. Nous nous sommes efforcés de vous éviter cet effort en vous exposant ce sujet dans des chapitres rédigés dans l'esprit de l'examen.

Nous avons plus spécialement traité du service régimentaire, de son objet, de son organisation générale, de son personnel et de son matériel, de l'étude des formations sanitaires, des évacuations après une bataille.

Çà et là, quelques diversions sur les enseignements que les grandes guerres modernes ont comportés et leur interprétation pratique.

De nombreuses planches, des croquis schématiques et demi-schématiques insérés dans le texte, sont destinés à faciliter la lecture de ce petit ouvrage.

Nous avons souvent fait appel, pour la rédaction de différents chapitres, à l'enseignement que nous avons reçu au Val-de-Grâce et aux nombreuses publications médico-militaires émanant de membres du corps de santé militaire dont le nom fait autorité, notre expérience de jeune médecin aide-major ne nous permettant pas de faire œuvre personnelle.

Nous dédions ces quelques pages à nos chefs, à nos amis, à nos camarades, aux étudiants en médecine et en pharmacie destinés à devenir nos précieux collaborateurs sur le champ de bataille ; s'il leur rend quelque service, nous serons largement récompensés des efforts que nous a demandés sa rédaction en cette période d'évolution de l'organisation militaire.

Dr Delpy.

INTRODUCTION

Dispositions générales concernant les étudiants en médecine et en pharmacie et les médecins et pharmaciens auxiliaires.

Étudiants en médecine.

La circulaire du 9 novembre 1900, qui avait été abrogée par l'article 25 de la loi du 21 mars 1905, mettait à la disposition du médecin-chef de service, pour le plus grand bien du service médical, les étudiants en médecine dès qu'ils avaient reçu, pendant une période de six semaines, une instruction militaire (1).

Les médecins-chefs de service étaient, à leur tour, chargés de leur donner une instruction technique médico-militaire.

Cette circulaire, qui mettait à notre disposition un personnel d'élite, facilitait la tâche du service de santé dans l'intérêt de tous. Aussi, la nouvelle notice n° 33 (2), en date du 30 août 1912, vient-elle de rétablir les prescriptions prévues par la circulaire ministérielle de 1900. Plus impérative même que cette dernière, cette notice stipule que ces étudiants seront mis par les chefs de corps à la disposition des médecins-chefs de service sans qu'une demande soit nécessaire. L'article 25 de la nouvelle loi militaire du 7 août 1913 ne paraît pas avoir abrogé les dispositions de cette circulaire ministérielle.

Décret réglant l'organisation d'un cadre de médecins auxiliaires pour le cas de mobilisation. — Sous le régime de la loi de recrutement de 1889, les étudiants en médecine, qui ne faisaient qu'une année de service militaire, étaient, après avoir accompli leur service actif, nommés au grade de médecin auxiliaire dès qu'ils avaient douze inscriptions et après avoir subi avec succès un examen d'ordre administratif. Ils accomplissaient avec ce grade leurs périodes de réserve.

---

(1) Les étudiants placés sous le régime de la loi du 7 août 1913 ne « pourront être préparés à leurs emplois spéciaux qu'après le 15 avril ». Dépêche ministérielle du 17 mars 1914, n° 2518 1/11.

(2) Voir page 105.

Cet emploi avait été créé par le décret du 6 avril 1888 pour la mobilisation seulement. Le décret du 3 mars 1902, plus libéral à juste titre, avait permis aux médecins auxiliaires d'accomplir leurs périodes avec ce grade.

Enfin, la loi du 21 mars 1905, dans son article 25, avait prévu que les étudiants en médecine munis de douze inscriptions ayant subi avec succès, à la fin de leur première année de service, l'examen de médecin auxiliaire, accompliraient leur deuxième année de service avec ce grade.

Cet article de la loi de 1905 a été complètement modifié par la loi du 7 août 1913. Nous donnons intégralement cet article dont les dispositions sont dues en grande partie à M. le docteur Lachaud, député de la Corrèze, en ce qui concerne les étudiants en médecine et en pharmacie :

« Les docteurs ou les étudiants en médecine ou en pharmacie (1), munis de douze inscriptions qui ont subi avec succès, à la fin de leur première année de service, l'examen de médecin ou de pharmacien auxiliaire, peuvent être nommés à cet emploi et accomplissent leurs deuxième et troisième années de service comme médecins ou pharmaciens auxiliaires.

» Les étudiants en médecine ou en pharmacie pourront être autorisés, après une première année de service, à demander des sursis pour achever leurs études.

» Ils seront ensuite appelés pour terminer leurs deux années de service qu'ils accomplissent comme médecins ou pharmaciens auxiliaires.

» S'ils ont leur diplôme de docteur en médecine, de pharmacien, ils pourront accomplir le dernier semestre de leur troisième année comme médecins ou pharmaciens aides-majors de réserve (2).

» Les sursis ne pourront être accordés à ces étudiants que jusqu'à l'âge de 27 ans. »

Médecins et pharmaciens auxiliaires.

Recrutement. — Les médecins et pharmaciens auxiliaires sont donc recrutés parmi les étudiants en médecine et en

---

(1) Jusqu'à ce jour les pharmaciens avaient été injustement oubliés.

(2) Dans la loi rectificative de la loi militaire, les internes des hôpitaux admis à ce titre après concours et dans les villes sièges de Faculté seront assimilés aux docteurs en médecine. (Proposition de M. le sénateur Léon Labbé, admise par la Commission sénatoriale de l'armée.)

pharmacie possédant au moins douze inscriptions de doctorat, qui ont accompli au minimum une année de service militaire actif. Ils sont tenus de subir, avant leur nomination, un examen d'aptitude.

S'ils conservent ce grade ils accompliront leurs périodes de réserve et de territoriale en qualité de sous-officiers. Mais nous ne saurions trop leur recommander d'aspirer au grade de médecin ou pharmacien aide-major, les services qu'ils rendront à l'armée seront plus grands et les avantages que leur confère ce grade plus appréciables.

Position dans la hiérarchie. — Ils occupent, dans la hiérarchie, la même position que celle des adjudants sous-officiers des sections d'infirmiers. Leur grade est le même, ainsi que leur solde.

Cas d'exclusion. — Ne peuvent être nommés médecins et, par assimilation, pharmaciens auxiliaires :

1° Les candidats qui ont été l'objet d'une des condamnations visées à l'article 1er du décret du 31 août 1878, portant règlement sur l'état des officiers de réserve et de l'armée territoriale;

2° Ceux qui ont été exemptés par les conseils de revision ou classés dans les services auxiliaires de l'armée;

3° Ceux qui, après avoir été reconnus bons pour le service armé par les conseils de revision, ont été réformés définitivement par les commissions spéciales de réforme.

Nomination et affectation. — Dans chaque région de corps d'armée, la nomination et l'affectation des médecins auxiliaires et, par assimilation, des pharmaciens, sont faites par le directeur du service de santé du corps d'armée, qui les notifie aux commandants de recrutement pour l'établissement du fascicule de mobilisation.

Toutefois, l'administration centrale du service de santé (7e Direction) est juge d'affecter, à tel corps de troupe qui lui convient, les médecins ou pharmaciens auxiliaires accomplissant leurs deuxième et troisième années de service militaire conformément aux prescriptions de la loi de 1905, modifiée par la loi du 7 août 1913, quand les exigences du service le motivent.

En principe, les médecins et pharmaciens auxiliaires de réserve sont affectés, en cas de mobilisation, soit aux corps de troupe actifs ou de réserve (médecins uniquement), soit aux sections actives d'infirmiers militaires, pour être versés dans les formations sanitaires de campagne; ceux de l'armée territoriale, soit aux corps de troupe (médecins uniquement), soit, pour être répartis entre les établissements hospitaliers du territoire, aux sections territoriales d'infirmiers militaires.

Convocation pour les périodes d'exercices. — Les médecins et pharmaciens auxiliaires sont soumis, au point de vue de leur convocation, aux mêmes obligations que les hommes de la classe à laquelle ils appartiennent. Ils sont convoqués comme ces derniers. Ils le sont, de préférence, soit à l'époque des grandes manœuvres auxquelles ils prennent part, soit aux dates fixées pour la convocation d'unités importantes de réserve ou de l'armée territoriale.

Ils sont toujours convoqués, pour être habillés et armés, dans les corps ou sections auxquels ils sont affectés.

Changement de domicile et de résidence. — Les médecins ou pharmaciens auxiliaires sont tenus, en cas de changement de domicile ou de résidence, de faire les déclarations prescrites par la loi pour tous les hommes de réserve. Les commandants de recrutement préviennent, sans retard, les directeurs du service de santé.

En cas de changement de domicile, les médecins ou pharmaciens auxiliaires peuvent être désaffectés de leur ancienne région pour être affectés à la région de leur nouveau domicile.

Retrait de l'emploi de médecin ou pharmacien auxiliaire; renonciation volontaire au grade. — La cassation des médecins et pharmaciens auxiliaires peut être prononcée conformément aux prescriptions réglementaires.

Ils peuvent, de même, pour convenance personnelle, renoncer à leur emploi. Ils adressent leur offre de renonciation au directeur du service de santé de la région à laquelle ils sont affectés. Le général commandant le corps d'armée, après avis du directeur, statue sur cette offre et rend compte de sa décision au Ministre.

Radiation de droit. — Après avoir accompli dans la réserve de l'armée active, dans l'armée territoriale, dans la réserve de l'armée territoriale, le temps de service imposé par la loi, le médecin auxiliaire est rayé de droit.

EXAMEN DES CANDIDATS AU GRADE DE MÉDECIN AUXILIAIRE.

Il est procédé annuellement, au chef-lieu de chaque corps d'armée et dans toute ville qui, sans être chef-lieu de corps d'armée, possède une Faculté ou Ecole de médecine, aux examens d'aptitude prescrits par le décret du 3 mars 1902.

Dates des examens. — Les examens ont lieu à la date fixée, dans chaque région de corps d'armée, par le directeur du service de santé, entre le 15 juillet et le 15 octobre de l'année.

Commission d'examen. — La commission d'examen comprend trois membres : un médecin-major de 1re classe, président, et deux médecins-majors de 2e classe.

Ils sont désignés par le directeur du service de santé, s'ils appartiennent au service hospitalier ; par le général commandant la région de corps d'armée, sur la proposition du directeur du service de santé, s'ils sont attachés aux corps de troupe.

Les candidats doivent adresser une demande, par la voie hiérarchique, au directeur du service de santé et fournir un certificat de douze inscriptions ou une copie de leur diplôme de docteur en médecine.

Le recrutement ou le corps doivent fournir un état signalétique et des services et un extrait du casier judiciaire des candidats.

Lorsque la date de l'examen a été arrêtée, les candidats reçoivent une convocation. Les candidats qui, sans motif d'empêchement, négligeraient de se rendre à cette convocation, ne seront plus admis ultérieurement à se présenter.

Le résultat de l'examen est connu aussitôt après la séance. Le président du jury remet à chaque candidat reçu un certificat d'aptitude sur lequel est mentionnée la note obtenue.

Les nominations sont alors faites par le directeur du service de santé.

Les étudiants en médecine devront conserver soigneusement leur certificat, qu'ils devront joindre à la demande qu'ils seront appelés à formuler pour être promus au grade de médecin aide-major de 2e classe de l'active ou de la réserve, dès qu'ils seront docteurs en médecine.

Ce grade n'est que transitoire, les médecins auxiliaires constituant la pépinière du recrutement du cadre auxiliaire du service de santé en campagne. Dès qu'ils sont reçus docteurs en médecine, en effet, ils peuvent être promus officiers du corps de santé et, à ce titre, profiter pendant leurs périodes de tous les avantages moraux et pécuniaires affectés à leur grade. Ils peuvent même accomplir le dernier semestre de leur troisième année de service comme médecins aides-majors de réserve, s'ils sont encore sous les drapeaux (1).

Programme de l'examen; conférences sur ce programme. — L'examen consiste, pour tous les candidats au grade de

(1) L'article 25 de la loi du 7 août 1913, sans être très précis à ce sujet, prévoit même qu'ils seront nommés sans examen préalable.

médecin auxiliaire, en interrogations orales sur les matières indiquées ci-après :

a) Organisation générale de l'armée; discipline et hiérarchie militaires (notions sommaires);

b) Service de santé à l'intérieur (règlement sur le service de santé à l'intérieur et notices annexées); organisation générale du service (notions sommaires); fonctionnement du service dans les infirmeries régimentaires et les hôpitaux militaires; organisation et rôle des infirmiers et brancardiers régimentaires et des brancardiers d'ambulance;

c) Service de santé en campagne (1) (règlement sur le service de santé en campagne); organisation générale du service (notions sommaires); fonctionnement du service dans les corps de troupe en marche et au combat (premiers soins à donner aux blessés, bandages et appareils improvisés, relèvement et transport des blessés, emploi des brancards; organisation des postes de secours), ainsi que dans les ambulances, hôpitaux de campagne, hôpitaux et trains d'évacuation; infirmeries de gare; aménagement et emploi de voitures improvisées. Matériel du service de santé : composition des sacs et sacoches d'ambulance et des voitures médicales régimentaires; composition en matériel des ambulances, des hôpitaux de campagne et des hôpitaux d'évacuation. Convention de Genève.

Dans les villes où le nombre des candidats au grade de médecin auxiliaire est relativement important, un médecin militaire pourra être chargé, au mois de juin de chaque année, de faire à ces jeunes gens une série de conférences sur les matières du programme. Le conférencier sera désigné par le général commandant la région de corps d'armée sur la proposition du directeur du service de santé.

HABILLEMENT, ARMEMENT DES MÉDECINS AUXILIAIRES

Habillement. — Les médecins et les pharmaciens auxiliaires, par assimilation, reçoivent une indemnité de première mise de 350 francs s'ils sont rappelés à l'activité pour neuf mois ou plus; dans le cas contraire (réserves, etc...), un uniforme leur est fourni par les soins du corps ou de la section d'affectation.

Les médecins auxiliaires qui s'habillent à leurs frais por-

(1) Cette troisième partie du programme, fixée par l'instruction du 3 mars 1902, devra être mise en harmonie avec le nouveau règlement du service de santé en campagne de 1910, actuellement en vigueur.

tent, quel que soit le corps auquel ils sont affectés, la tenue des adjudants sous-officiers des sections d'infirmiers, en y apportant les modifications adéquates à leurs fonctions (parements de velours, col en velours, etc...).

Les médecins auxiliaires qui, au moment de l'appel, ne possèdent pas d'uniforme, reçoivent, par les soins des corps, une tenue (1) de sous-officier comportant les objets suivants :

Tunique de sous-officier;
Capote ou manteau de troupe;
Pantalon de sous-officier;
Képi de sous-officier;
Ceinturon de sergent-major ou de maréchal des logis chef;
Dragonne en cuir;
Etui de revolver.

L'uniforme est délivré neuf, dit le règlement; mais souvent il se pourra que cette prescription ne soit pas appliquée.

Les effets de petit équipement et les chaussures sont toujours à la charge des médecins auxiliaires.

Armement. — Leur armement comprend : un revolver, et, suivant le cas, un sabre d'adjudant ou un sabre de cavalerie légère.

Ils sont toujours armés par les soins des corps ou sections d'affectation.

EXAMEN DES CANDIDATS AU GRADE DE PHARMACIEN AUXILIAIRE

L'instruction relative aux pharmaciens n'ayant pas encore paru, il n'est possible de donner des renseignements que par leur assimilation avec les médecins auxiliaires. Dès qu'elle aura été publiée, nous la résumerons.

L'examen sera annuel, le programme sans doute sensiblement le même que celui des médecins auxiliaires avec quelques notions sur l'organisation et le fonctionnement des pharmacies militaires, sur leurs fonctions en temps de guerre, sur la comptabilité pharmaceutique.

Les formalités en vue de l'examen seront sans doute les mêmes; seules, leurs affectations différeront (2). Les phar-

---

(1) En campagne, tout comme les officiers, ils doivent être munis d'une vareuse de teinte « gris de fer bleuté ». Pourtant cette vareuse est facultative pour les sous-officiers jusqu'à nouvel ordre. (*B. O.*, r. p., 1913, p. 1127.)

(2) Une très intéressante étude a été publiée dans la *Pharmacie française*, organe mensuel de l'Association amicale des étudiants

maciens militaires, à cause de leurs études et des services qu'ils peuvent rendre, seront affectés soit à la pharmacie d'un hôpital militaire, soit aux magasins du service de santé, soit à des sections d'infirmiers militaires.

Les commissions d'examen seront sans doute composées, comme elles l'étaient sous l'ancienne législation (lois de 1889 et 1905), pour les épreuves que devaient subir les pharmaciens de 1re classe qui demandaient à être promus pharmaciens aides-majors de 2e classe de réserve :

1 médecin-major de 1re classe, président;
2 pharmaciens-majors de 2e classe.

L'un de ces deux pharmaciens peut être remplacé par un médecin-major de 2e classe.

CONSIDÉRATIONS MÉDICALES RELATIVES AU GRADE DE MÉDECIN AUXILIAIRE

La loi du 30 novembre 1892 sur l'exercice de la médecine n'autorise le remplacement par un étudiant qu'autant que celui-ci a terminé sa scolarité, et chacun connaît la grave responsabilité qu'encourent ceux qui violent cette loi (1).

Or, actuellement, il peut arriver que l'on confie à des médecins auxiliaires qui n'ont pas encore fait de thérapeutique (exception faite pourtant pour les internes des hôpitaux des villes de Faculté), le service des forts, des troupes alpines, enfin des situations que la loi de 1892 leur interdit d'exercer.

Leur situation est encore plus délicate que celle des remplaçants civils, car leurs décisions sont définitives; et puis, ces chérubins de la médecine — nous avons tous eu douze inscriptions — ont-ils, vis-à-vis du commandement, l'autorité suffisante pour que leurs décisions soient considérées comme quelque chose de sacré.

Enfin, comme le fait fort justement remarquer le docteur Granjux (2), cet exercice de la médecine pourrait fort bien

---

en pharmacie de France, numéro de juillet 1913. L'auteur donne des prévisions au sujet des affectations qui pourraient être données aux étudiants en pharmacie et pharmaciens auxiliaires en temps de paix.

(1) Tout récemment, une circulaire ministérielle a été adressée aux préfets pour les inviter à faire respecter les prescriptions de la loi et à déférer au Parquet ceux qui y auraient contrevenu. (Circulaire du 15 novembre 1913, que je ne saurais trop vous engager à lire.)

(2) *Répertoire de médecine et de chirurgie* (septembre 1913, p. 13).

être le point de départ de poursuites, par la famille d'un militaire, dirigées contre l'étudiant.

Nous ne saurions donc mieux faire que de conseiller aux étudiants de n'accomplir leur service que lorsqu'ils seront munis de seize inscriptions, la loi les y autorisant, et, si les exigences de leurs études les en empêchent, d'avoir recours à l'expérience d'un médecin plus âgé qu'eux, dès qu'ils hésiteront.

Un médecin, surtout un médecin militaire, ne doit pas avoir de fausses hontes qui sont l'apanage de cerveaux d'enfants.

Vous aurez, du reste, comme attributs, sur vos boutons, un serpent enroulé autour d'un faisceau de baguettes, qui se regarde dans un miroir; le serpent vous rappellera que le service de santé militaire est sous le patronage d'Esculape (c'était le compagnon favori du dieu guérisseur dans la mythologie antique), et il devra être pour vous, ainsi que le miroir, l'emblème de la prudence.

La palme, faite de chêne et de laurier, qui entoure le serpent, sera pour vous l'emblème des vertus civiques; nous nous rappelons volontiers la sculpture du Musée du Val-de-Grâce représentant une branche de chêne avec la devise : *Servanti civem quercea corona datur.*

Le laurier, que les anciens consacraient à Mars et à Apollon, sera pour vous l'emblème de votre mérite intellectuel. *Marti* et *Arti*, tels sont les mots qui sont gravés sur une branche de laurier sculptée que vous pourrez admirer au Val-de-Grâce.

Bulletin officiel du ministère de la guerre.

L'ensemble des lois, décrets, instructions, modèles d'états, décisions, circulaires, notes ministérielles, et enfin tous les actes d'un intérêt général concernant le Département de la guerre, sont insérés dans une publication appelée *Bulletin officiel du ministère de la guerre.*

Il est cependant fait exception à cette règle pour l'insertion des promotions et mutations des officiers. Les décrets et décisions qui s'y rapportent ne figurent qu'au *Journal officiel.*

Le *Bulletin officiel du ministère de la guerre* est divisé en deux parties :

L'une, dite *permanente* (*B. O.*, P. P.), comprend les documents présentant un intérêt permanent;

L'autre, dite semi-permanente (*B. O.*, P. S.-P.), ne contient que les dispositions périodiques et éventuelles.

EDITION CHRONOLOGIQUE. — MODE DE PUBLICATION

Le *Bulletin officiel* est envoyé aux différents corps ou services sous forme de fascicules, en principe hebdomadaires.

Chaque partie (permanente ou semi-permanente) fait l'objet d'un fascicule spécial et, dans chaque partie, ces fascicules sont numérotés de 1 à 52. En tête de chaque fascicule se trouve placé un sommaire indiquant les titres des documents qui sont insérés dans l'ordre chronologique; la collection du *B. O.*, constituée par ces fascicules, prend, pour cette raison, le nom d'édition chronologique.

Cette édition est réunie, semestriellement, en un volume pour chaque partie (P. P. et P. S.-P.). Les sommaires de chaque fascicule disparaissent à ce moment et sont remplacés par une table insérée en fin de volume.

ÉDITION MÉTHODIQUE

L'édition chronologique du *B. O.* constitue la collection fondamentale des textes intéressant l'armée; c'est là qu'on trouverait, le cas échéant, les textes exacts et complets. Comme la consultation de cette collection est laborieuse et parfois un peu incertaine (car il est des cas où il est difficile d'arriver à être sûr qu'en rapprochant du document visé les documents qui l'ont ultérieurement modifié, on n'a omis aucun de ceux-ci), il a été créé, pour les besoins de l'exécution courante du service, une autre collection où les documents sont mis à jour et classés dans un ordre méthodique. Cette collection s'appelle *Edition méthodique du B. O.* Elle est divisée en sections correspondant chacune à un ordre d'idées très général ou à l'ensemble d'un service. Par exemple, on aura les sections « Comptabilité générale et marchés », « Mouvements et transports », etc... Chacune de ces sections est divisée en volumes qui correspondent à des subdivisions de l'idée générale ou du service auxquels est consacrée cette section. Par exemple, dans la première des sections précitées, on aura les volumes « Marchés », « Dépenses engagées », « Liquidations », etc...; dans la seconde, les volumes « Transports maritimes, dispositions générales », « Frais de route des isolés », etc...

Dans chaque volume, les documents sont classés par ordre chronologique.

Les volumes de l'édition méthodique sont cartonnés en jaune et numérotés. Chacun d'eux se termine par une table chronologique et une table alphabétique qui indiquent toutes deux les pages du volume où les documents visés sont classés.

Chaque volume du *B. O.*, É. M., est, en principe, réimprimé tous les cinq ans; on profite de chaque réimpression d'un volume pour mettre à jour tous les documents qu'il contient.

Tables générales. — Il est publié, au commencement de chaque année, une table chronologique et une table alphabétique des dispositions en vigueur à la date du 31 décembre de l'année précédente. Chacune de ces tables forme un volume cartonné, de même aspect que les autres volumes du *B. O.*, É. M.

Consultation du Bulletin officiel. — Dans les corps de troupe, la collection des *Bulletins officiels* est déposée chez le trésorier du corps et c'est là que les chefs de service peuvent aller la consulter. Dans les détachements, on peut la consulter à la salle des rapports.

PREMIÈRE PARTIE

ORGANISATION GÉNÉRALE DE L'ARMÉE. — DISCIPLINE ET HIÉRARCHIE MILITAIRES (NOTIONS SOMMAIRES)

ORGANISATION GÉNÉRALE DE L'ARMÉE.

Tableau chronologique des lois sur l'organisation générale de l'armée.

Toutes les lois qui régissent l'organisation actuelle de l'armée sont postérieures à 1870 (exception faite des lois de 1831, 1832, 1834).

L'ancienne organisation a été complètement abolie et chaque loi marque une étape de la réorganisation.

DATES DES LOIS.	OBJET.
11 avril 1831........	Loi sur les pensions de l'armée de terre.
14 avril 1832 (modifiée le 1er août 1913)	Avancement.
19 mars 1834........	État des officiers.
24 juillet 1873.......	Organisation générale de l'armée (division du territoire, organisation du corps d'armée, de la mobilisation de l'armée territoriale).
13 mars 1875........	Loi des cadres et effectifs (constitution des divers éléments), modifiée depuis.
16 mars 1882 et 1er juillet 1889.	Administration de l'armée (subordination du commandement, autonomie du service de santé), modifiée depuis.
Loi du 7 juillet 1900.	Organisation de l'armée coloniale.
21 mars 1905, modifiée le 7 août 1913.	Loi sur le recrutement, établissant le service de 3 ans, sans dispenses, hors le cas d'incapacité physique.
24 juillet 1909.......	Loi des cadres et effectifs de l'artillerie.
20 juillet 1911.......	Cadres et effectifs de la médecine militaire.
23 décembre 1912...	Loi des cadres et effectifs de l'infanterie.
31 mars 1913........	Loi des cadres et effectifs de la cavalerie.
1er août 1913........	Loi modifiant la loi du 14 avril 1832 (avancement).

RECRUTEMENT DE L'ARMÉE (1).

Loi du 21 mars 1905, modifiée et complétée par les lois des 16 juillet 1906, 10 et 16 juillet 1907, 14 avril 1908, 25 mars et 22 mai 1909, 11 avril 1910, 30 mars et 6 décembre 1912 et 7 août 1913.

Nouvelle loi militaire. Ses causes.

« La loi n'est pas une agression; elle n'est pas une provocation. Elle est une réplique inévitable.

» Nous avons, depuis des défaites douloureuses, donné des preuves de notre désir de maintenir la paix du monde.

» Le pays, profondément pacifique, comprendra que, parce qu'il est fort, il est garanti contre toutes les surprises.

» Il comprendra aussi que si certaines éventualités se produisaient, qu'il n'est pas en son pouvoir d'éviter, il trouverait dans sa vaillante armée la protection de ses droits et la protection de son honneur, aussi indispensable pour un grand peuple que la vie elle-même. »

Louis BARTHOU.
Président du Conseil.

Le recrutement en général (2).

Le recrutement est l'ensemble des dispositions édictées par la loi qui permettent à un Etat de former, de maintenir, de rénover ses effectifs en temps de paix, comme en temps de guerre.

Le recrutement est une institution essentiellement instable, qui varie avec l'ensemble des lois et des mœurs; il doit encore dans son évolution tenir compte de l'organisation militaire de toute puissance avec laquelle une guerre est possible.

Nul n'ignore que la France a longtemps méconnu ce principe de 1810 à 1870, et nos désastres de 1870 ne sont-ils pas dus à cette insouciance de la France devant la formidable organisation militaire d'une de ses plus redoutables ennemies?

Dans un pays pacifique et démocratique comme la France, toute loi doit avoir comme principes fondamentaux d'imposer *à tous ses enfants* les sacrifices nécessaires pour répondre aux nécessités impérieuses de la défense du pays sans léser les besoins sociaux de la collectivité et sans entraver l'essor du travail national sous ses différentes formes.

---

(1) Nous ne donnons que les principaux articles de la loi. Il y aurait peut-être intérêt à lire entièrement la loi. (*La loi de recrutement*, Henri Charles-Lavauzelle, éditeur, Paris.)

(2) Cet article a été entièrement rédigé par le docteur Delpy.

La nouvelle loi militaire a atteint ce but en créant, à côté d'une armée active où les citoyens passent et repassent pour apprendre à se servir des armes qu'ils recevront au moment du danger, de puissantes réserves qui posséderont désormais une instruction militaire suffisante.

Dispositions générales de la loi militaire du 21 mars 1905, modifiée et complétée par la loi du 7 août 1913.

La loi de recrutement comprend les sept titres suivants :

Titre Ier. — Dispositions générales.
Titre II. — Des appels.
Titre III. — Du service militaire.
Titre IV. — Des engagements volontaires, des rengagements et des commissions.
Titre V. — Dispositions pénales.
Titre VI. — Recrutement en Algérie et en Tunisie.
Titre VII. — Dispositions particulières.

TITRE I. — Dispositions générales.

Art. 1er. — Tout Français doit le service militaire personnel.

L'armée se recrute :

1° Par appels annuels du contingent;

2° Par engagements volontaires et rengagements*.

Art. 2. — Le service militaire est égal pour tous. Hors le cas d'incapacité physique, il ne comporte aucune dispense.

Il a une durée de 28 années et s'accomplit selon le mode déterminé par la présente loi*.

Puis vient l'énumération des dispositions spéciales relatives aux individus ayant des antécédents judiciaires. Pour épurer l'armée, certaines lois ont modifié la loi de 1905 qui, par sentiment d'humanité, ouvrait trop facilement les portes de nos casernes aux individus ayant des antécédents, après que l'expérience eut démontré que les résultats de cette mansuétude philanthropique ne répondait pas à ce qu'on pouvait espérer.

Ces individus seront ou exclus de l'armée ou affectés aux bataillons d'infanterie légère d'Afrique.

1° *Les exclus sont mis, soit pour leur temps de service actif, soit en cas de mobilisation, à la disposition des Départements de la guerre et des colonies. Ils sont soumis au service sans être armés; ils sont groupés en sections et le Code de justice militaire leur est applicable. Il y a deux sections d'exclus en Algérie et un dépôt en France;*

2° *Les individus condamnés pour outrage public à la pudeur,*

(*) Les alinéas suivis ou précédés de l'astérisque (*) indiquent les modifications à la loi de 1905 apportées par la loi du 7 août 1913 (alinéas nouveaux, nouvelles rédactions).

pour avoir fait métier de souteneur, abus de confiance, etc., etc., sont incorporés dans les bataillons d'infanterie légère d'Afrique (1).

Les hommes incorporés dans les bataillons qui se seront fait remarquer devant l'ennemi, qui auront accompli un acte de courage et qui auront tenu une conduite régulière pendant une année, pourront être renvoyés dans un corps de troupe par décision du Ministre.

ART. 7. — Nul n'est admis dans une administration de l'Etat, ou ne peut être investi de fonctions publiques, même électives, s'il ne justifie avoir satisfait aux obligations imposées par la présente loi.

ART. 9. — Les militaires et assimilés de tous grades et de toutes armes des armées de terre et de mer ne prennent part à aucun vote quand ils sont présents à leur corps, à leur poste ou dans l'exercice de leurs fonctions.

Ceux qui, au moment de l'élection, se trouvent en résidence libre, en non-activité ou en possession d'un congé, peuvent voter dans la commune sur les listes de laquelle ils sont régulièrement inscrits. Cette disposition s'applique également aux officiers et assimilés qui sont en disponibilité ou dans le cadre de réserve.

TITRE II. — **Des appels.**

DU RECENSEMENT.

ART. 10. — Chaque année, pour la formation de la classe, les maires établissent les tableaux de recensement des jeunes gens ayant atteint l'âge de dix-neuf ans révolus dans l'année précédente et domiciliés dans l'une des communes du canton.

Les classes sont incorporées l'année de leur recensement.....

Ces tableaux mentionnent la profession de chacun des jeunes gens inscrits.

Ils sont publiés et affichés dans chaque commune suivant les formes prescrites par les articles 63 et 64 du Code civil. La dernière publication doit avoir lieu au plus tard le 15 janvier.

Dans le mois qui suivra la publication des tableaux de recensement et jusqu'au 15 février au plus tard, tout inscrit qui aurait à faire valoir des infirmités ou maladies pouvant le rendre impropre au service militaire devra en faire la déclaration à la mairie de sa commune, en y joignant, pour constituer son dossier sanitaire, tous les certificats utiles. Il lui en sera délivré récépissé.

A défaut de l'inscrit, la même déclaration pourra être faite par ses ascendants, ses parents ou toute autre personne qualifiée.

. . . .

Si, malgré les infirmités ou maladies invoquées, l'inscrit est déclaré bon pour le service, son dossier sanitaire, constitué comme il a été dit, devra le suivre après son incorporation, être conservé

---

(1) Ces dispositions ne s'appliquent pas aux individus qui ont été condamnés pour faits politiques ou connexes à des faits politiques.

par le corps auquel il sera affecté et transmis par lui à chaque mutation (1).

Art. 12*. — Les individus devenus Français par voie de naturalisation sont portés sur les tableaux de recensement de la première classe formée après leur changement de nationalité.

Les individus inscrits sur les tableaux de recensement, en application du paragraphe précédent, sont incorporés en même temps que la classe avec laquelle ils ont pris part aux opérations de la revision. Ils sont tenus d'accomplir le même temps de service actif, sans que, toutefois, cette obligation ait pour effet de les maintenir sous les drapeaux, en dehors des cas prévus par les articles 34 et 39, au delà de leur trente-cinquième année révolue. Ils suivent ensuite le sort de la classe avec laquelle ils ont été incorporés. Toutefois, ils sont libérés à titre définitif à l'âge de cinquante ans au plus tard.

La nouvelle loi militaire fait donc aux naturalisés une situation avantageuse, moins cependant que la loi de 1905 qui ne les maintenait sous les drapeaux que jusqu'à 27 ans.

Art. 15. — Si, dans les tableaux de recensement des années précédentes, des jeunes gens ont été omis, ils sont inscrits sur les tableaux de recensement de la classe qui est appelée après la découverte de l'omission, à moins qu'ils n'aient 49 ans accomplis à l'époque de la clôture des tableaux, et sont soumis à toutes les obligations qu'ils auraient eu à accomplir s'ils avaient été inscrits en temps utile.

Toutefois, ils sont libérés à titre définitif à l'âge de 50 ans au plus tard.

DU CONSEIL DE REVISION CANTONAL. — DES TABLEAUX DE RECENSEMENT. — DES EXEMPTIONS. — DES AJOURNEMENTS ET DES SURSIS D'INCORPORATION. — DES SOUTIENS DE FAMILLE. — DES OFFICIERS DE L'ARMÉE ACTIVE ET DE RÉSERVE. — DES LISTES DE RECRUTEMENT CANTONAL.

Art. 16. — Le conseil de revision (2) est composé :

Du préfet, président; à son défaut, du secrétaire général et, exceptionnellement, du vice-président du conseil de préfecture ou d'un conseiller de préfecture délégué par le préfet;

D'un conseiller de préfecture désigné par le préfet;

D'un membre du conseil général du département autre que le représentant élu dans le canton où la revision a lieu, désigné par la commission départementale;

D'un membre du conseil d'arrondissement, autre que le représentant élu dans le canton où la revision a lieu, désigné comme ci-dessus, et, dans le territoire de Belfort, d'un deuxième membre du conseil général;

D'un officier général ou supérieur désigné par l'autorité militaire.

Un sous-intendant militaire, le commandant de recrutement, un

(1) Cette mesure constitue un acheminement vers la constitution du livret sanitaire individuel que réclament de nombreux hygiénistes pour chaque citoyen. (Professeur Simonin, Val-de-Grâce.)

(2) A cause de l'importance de cette question pour l'examen, ce sujet a été traité par l'un de nous, capitaine Vaillant, page 71.

médecin militaire ou, à défaut, un médecin civil désigné par l'autorité militaire, assistent aux opérations du conseil de revision. Le conseil ne peut statuer qu'après avoir entendu l'avis du médecin. Cet avis est consigné dans une colonne spéciale, en face de chaque nom, sur les tableaux de recensement.

Le sous-intendant militaire est entendu dans l'intérêt de la loi.....

Le sous-préfet de l'arrondissement et les maires des communes auxquelles appartiennent les jeunes gens appelés devant le conseil de revision assistent aux séances. Ils ont le droit de présenter des observations.

....

Si, par suite d'une absence, le conseil de revision est réduit à quatre membres, il peut néanmoins délibérer lorsque le président, l'officier général ou supérieur et deux membres civils restent présents; la voix du président n'est pas prépondérante. La décision ne peut être prise qu'à la majorité de trois voix. En cas de partage, elle est ajournée.

....

Le conseil de revision juge en séance publique.

A l'ouverture de la séance, les tableaux de recensement de chaque commune sont examinés; ils sont lus à haute voix. Les jeunes gens, leurs parents ou représentants sont entendus dans leurs observations.

Le conseil de revision statue sur les réclamations présentées ainsi que sur les causes d'exemption prévues par l'article 18 de la présente loi.

Il examine la situation des omis, qui sont incorporés dans les troupes coloniales, s'il y a lieu (voir la loi).

Art. 17. — Le conseil de revision se transporte dans les divers cantons.

Sauf en cas de mobilisation, il ne peut opérer le même jour que dans un seul canton.

Les jeunes gens portés sur les tableaux de recensement, ainsi que ceux des classes précédentes qui ont été ajournés, conformément à l'article 18 ci-après, sont convoqués, examinés et entendus par le conseil de revision au lieu désigné. Ils peuvent faire connaître l'arme dans laquelle ils désirent être placés.

S'ils ne se rendent pas à la convocation, s'ils ne s'y font pas représenter ou s'ils n'ont pas obtenu un délai, il est procédé comme s'ils étaient présents et ils sont considérés comme aptes au service armé (1).

---

(1) Bons absents. — Les jeunes gens sont dénommés « bons absents » quand ils ne se présentent pas devant le conseil de revision. Ils sont incorporés le 1er octobre et ne peuvent être ultérieurement réformés que s'il est absolument impossible de les utiliser. Une telle sanction n'est pas seulement illusoire : elle est contraire à la législation actuelle, qui prescrit d'éviter avec le plus grand soin l'incorporation des malingres, de ceux dont l'état général laisse à désirer et peut faire craindre une manifestation tuberculeuse dans un délai plus ou moins rapproché.

La proportion des bons absents augmente d'une façon inquiétante depuis l'adoption de la loi de 1905. Les conscrits qui redoutent actuellement l'ajournement autant qu'ils le recherchaient jadis, ne se présentent plus devant les

Art. 18. — Au point de vue des aptitudes physiques, le conseil de revision classe les jeunes gens présents en quatre catégories :

1° Ceux qui sont reconnus bons pour le service armé;

2° Ceux qui, étant atteints d'une infirmité relative sans que leur constitution générale soit douteuse, sont reconnus bons pour le service auxiliaire;

3° Ceux qui, étant d'une constitution physique trop faible, sont ajournés à un nouvel examen;

4° Ceux chez qui une constitution générale mauvaise ou certaines infirmités déterminent une impotence fonctionnelle partielle ou totale et qui sont exemptés de tout service militaire, soit armé, soit auxiliaire.

Il est délivré aux jeunes gens de ces deux dernières catégories, pour justifier de leur situation, un certificat qu'ils sont tenus de représenter à toute réquisition des autorités militaire, judiciaire ou civile.

*Toutefois, les jeunes gens classés dans les 3e et 4e catégories n'y seront définitivement maintenus qu'après avoir été convoqués, examinés et entendus par la commission de réforme, dont la date et le siège leur seront individuellement notifiés.

*S'ils ne se rendent pas à la convocation, s'ils ne s'y font pas représenter ou s'ils n'ont pas obtenu un délai ou ne sont pas dans le cas d'être représentés d'office par un des membres de la commission (1), il est procédé comme s'ils étaient présents et ils sont considérés comme aptes au service armé (2).

---

conseils de revision, afin d'être libérés le plus tôt possible de leurs deux années de service et avec l'arrière-pensée qu'à leur arrivée au corps ils seront l'objet d'une réforme ou d'un classement dans le service auxiliaire. (Professeur Simonin, du Val-de-Grâce : Cours de législation générale de l'armée, 1911.)

Il est à craindre que les dispositions de cet article fassent encore augmenter le nombre de bons absents parmi les jeunes gens classés dans la troisième catégorie, désolés de n'avoir pu franchir le cap du conseil de revision.

Aussi une récente circulaire vient de décider que ceux qui ne se présenteront pas seront convoqués devant une commission de réforme siégeant, sinon au moment même de l'incorporation, du moins immédiatement après cette opération, qui prononcera non la réforme, mais soit le maintien dans les troisième ou quatrième catégories des jeunes gens ajournés ou exemptés, soit le passage dans les première ou deuxième catégories.

Les dispositions de la nouvelle loi nous paraissent excellentes. Désormais, tout citoyen, avant d'être définitivement exempté, devra se présenter devant deux conseils : le conseil de revision, la commission de réforme, ce qui sera une garantie pour l'Etat et pour le conscrit.

N'existe-t-il pas, en effet, certains médecins, et des cliniciens distingués, qui ont tendance à trouver des affections organiques de leur spécialité? Nous avons le souvenir d'un de nos derniers maîtres de la Faculté de Paris, que nous respections pour sa haute intelligence et son brillant enseignement, qui excellait dans l'art de trouver à beaucoup de sujets des endocardites que nos modestes oreilles ne pouvaient déceler.

Toutefois, ces dispositions légales sont à la veille d'être modifiées.

Une commission médicale, composée de trois médecins, examinera les conscrits qui seront, ensuite, présentés devant le conseil, dont la décision sera définitive. Ce sera là, semble-t-il, une très heureuse modification du fonctionnement du conseil de revision.

(1) Circulaire ministérielle d'octobre 1913.

(2) Le conseil de revision, dans sa séance finale, statuera sur tous les cas présentés en dehors de la présence des intéressés. Ultérieurement, le préfet communiquera à chacun des hommes examinés la décision prise sur son compte.

*Les hommes de la 4ᵉ catégorie sont, toutefois, astreints à se présenter et à subir l'examen d'un conseil de revision :

1° A la date de leur passage dans la réserve active (24 ans);

2° Cinq ans après cette première visite (29 ans);

3° Au moment de leur passage dans l'armée territoriale (35 ans).

*Ceux reconnus, à l'un quelconque de ces examens, aptes au service militaire, sont immédiatement soumis aux obligations de la classe à laquelle ils appartiennent par leur âge.

*L'emploi de chacun est fixé, dans la mesure du possible, suivant ses aptitudes physiques, morphologiques et professionnelles.

*Le recrutement sera organisé de telle sorte que les réservistes soient le plus près possible du centre des unités actives où ils auront fait leur service et qu'ils devront rejoindre au moment de la mobilisation.

Art. 19*. — A côté du conseil de revision, fonctionnant après lui, est créée une commission médicale militaire chargée d'examiner les cas douteux reconnus par l'expert médical du conseil de revision.

Cette commission, réunie au chef-lieu de chaque subdivision de région, sera composée de trois médecins militaires.

Elle adressera au préfet un rapport sur chacun des hommes examinés. Ceux qui ne se présenteront pas seront considérés comme ajournés (1).

Les jeunes gens reconnus par le conseil de revision d'une constitution physique trop faible peuvent être ajournés jusqu'à l'époque où ils passent dans la réserve de l'armée active.

A moins d'une autorisation spéciale, ces ajournés sont astreints à repasser la visite devant le conseil de revision du canton qui les a examinés une première fois.

Les jeunes gens ajournés une première fois, reconnus bons l'année suivante, feront trois ans; après deux ajournements, les hommes pris par la revision feront deux ans.

Ceux qui, ayant été ajournés trois fois, sont pris au quatrième examen, sont astreints à un an de service.

Ceux enfin qui, après avoir été ajournés quatre fois, sont déclarés bons au dernier examen qu'ils doivent subir, sont versés dans la réserve et astreints aux périodes de la classe à laquelle ils appartiennent.

Les jeunes gens dont l'état physique est suffisant pour qu'ils soient versés dans l'armée active, mais qui présentent une tare accidentelle ou congénitale les empêchant de faire du service armé, sont versés dans le service auxiliaire et font trois ans de service.

Sous aucun prétexte, les hommes reconnus faibles de constitution ne peuvent être versés dans le service auxiliaire.

Les ajournés sont, après leur libération, astreints aux obligations de leur classe d'origine.

Les règles applicables aux ajournés le sont également aux jeunes gens réformés temporairement, qu'ils soient appelés ou engagés, qu'ils appartiennent au service armé ou au service auxiliaire, si,

---

(1) Circulaire ministérielle d'octobre 1913.

le temps de la réforme temporaire écoulé, ils sont reconnus aptes à reprendre du service. Le temps passé dans la position de réforme temporaire compte pour le service actif.

Art. 20. — *A lire dans la loi.*

Art. 21. — En temps de paix, des sursis d'incorporation, renouvelables d'année en année jusqu'à l'âge de 25 ans, peuvent être accordés aux jeunes gens qui en font la demande, qu'ils aient été classés par le conseil de revision dans le service armé ou dans le service auxiliaire (1).

. . . .

Les sursis d'incorporation ne confèrent aucune dispense.

*Les jeunes gens qui ont obtenu, sur leur demande, un ou plusieurs sursis, suivent le sort de leur classe d'origine.

En cas de guerre, les sursis sont annulés et ces jeunes gens sont appelés avec les hommes de leur classe d'origine.

Art. 22*. — Les familles des militaires de l'armée de terre et de mer remplissant effectivement, avant leur départ pour le service, les devoirs de soutiens indispensables de famille auront droit, sur leur demande, en temps de paix, à une allocation journalière fournie par l'Etat, pendant la présence de ces jeunes gens sous les drapeaux.

Cette allocation est fixée par jour à 1 fr. 25. Elle sera majorée de 0 fr. 50 pour chacun des enfants âgés de moins de 16 ans à la charge du soutien de famille.

La même allocation sera due aux familles des militaires qui, pendant leur présence sous les drapeaux, justifieront de leur qualité de soutiens indispensables de famille.

Cet article détermine ensuite les formalités à remplir pour obtenir cette allocation :

Demande motivée adressée au maire; avis du conseil municipal;

Enquête de la gendarmerie ordonnée par le préfet; avis du préfet;

Enfin, décision motivée d'un conseil composé du juge de paix, président, du contrôleur des contributions directes, du receveur de l'enregistrement;

Appel, s'il y a lieu, tant par le demandeur que par le préfet et, dans ce cas, jugement définitif du tribunal civil (2).

Cet article est applicable aux réservistes, aux territoriaux et à leur famille pendant l'accomplissement de leur période d'instruction. (Art. 50 de la loi de 1913.)

Art. 23*. — Les jeunes gens admis à l'Ecole spéciale militaire, à l'Ecole du service de santé militaire et à l'Ecole du service de

(1) Ces dispositions s'appliquent aux agriculteurs, commerçants, industriels, etc., etc.

(2) Ces allocations ne sont pas limitées. La proportion en est peut-être un peu trop élevée. Il est probable que cet article sera revisé dans un sens moins libéral. La commission de l'armée demande les chiffres de 15 p. 100 du contingent.

santé de la marine (1) entreront directement dans ces Ecoles pour y faire leurs deux années de service (2). Ils seront versés chaque année, pendant deux mois, dans un corps de troupe, à la date du 1er août, pour y servir, la première année, comme soldats, la deuxième année, comme sous-officiers, et participer aux grandes manœuvres. Ces jeunes gens, en entrant à l'Ecole, devront contracter un engagement de huit années.

Les jeunes gens admis à l'Ecole polytechnique entreront directement dans cette Ecole pour y faire leurs deux années de service. Ils seront versés chaque année pendant deux mois dans un corps de troupe à la date du 1er août pour y servir, la première année, comme soldats, la deuxième, comme sous-officiers, et participer aux grandes manœuvres.

Ceux d'entre eux qui ne seront pas classés dans les armées de terre ou de mer feront deux ans de service à leur sortie de l'Ecole comme sous-lieutenants de réserve (3).

Les jeunes gens admis à l'Ecole polytechnique devront contracter, lors de leur entrée à l'Ecole, un engagement de huit années au service de l'Etat.

Les élèves de l'Ecole spéciale militaire, de l'Ecole polytechnique, de l'Ecole du service de santé militaire et de l'Ecole du service de santé de la marine qui n'ont pas satisfait aux examens de sortie et ceux qui ont quitté l'Ecole pour une cause quelconque sont incorporés dans un corps de troupe, comme soldats ou comme sous-officiers, pour y accomplir le complément des trois années de service exigées par la présente loi. Ce complément ne pourra être inférieur à deux ans.

Dans ce cas, l'engagement qu'ils avaient contracté est annulé. Il l'est également pour les élèves de l'Ecole polytechnique qui, ayant satisfait aux examens de sortie, n'ont été classés dans aucun des services qu'ils avaient demandés.

....

Les jeunes gens admis après concours à l'Ecole normale supérieure et à l'Ecole forestière (4), à l'intérieur desquelles l'instruction militaire est organisée, devront contracter, lors de leur entrée à l'Ecole, un engagement de huit années au service de l'Etat et seront assimilés aux élèves de l'Ecole polytechnique. Ils seront donc versés, chacune des deux premières années, pendant deux mois, dans un corps de troupe, à la date du 1er août, pour y servir, la première année comme soldats, la deuxième comme sous-officiers et participer aux grandes manœuvres. Ils feront deux ans de

---

(1) Il y a une erreur matérielle pour les médecins qui font, en général, avec l'ancien régime, trois ans d'études au moins (Ecoles de Lyon et de Bordeaux), et qui, avec le nouveau régime, feront quatre années.

(2) Il y a, semble-t-il, une omission regrettable pour les élèves en pharmacie du service de santé et les aides-vétérinaires stagiaires, qui devront faire trois années dans les conditions prévues à l'article 25.

(3) C'est une atténuation de l'article 2. Ces jeunes gens ne font en définitive que deux ans et quatre mois de service.

(4) Cette loi est moins généreuse que celle de 1905. Elle oublie les élèves de l'Ecole centrale, de l'Ecole nationale des mines, de l'Ecole des mines de Saint-Etienne et de l'Ecole des ponts et chaussées.

service à leur sortie de l'Ecole comme sous-lieutenants de réserve (1).

Art. 24*. — Chaque année, au bout de six mois de service, entre les soldats incorporés, appelés ou engagés, un concours est ouvert pour l'admission aux Ecoles militaires d'infanterie, de cavalerie, d'artillerie, du génie et d'administration. Après un an de service à la caserne, les candidats admis entrent aux Ecoles. La durée des études y est d'un an. A leur sortie, les élèves sont nommés aspirants. Ils accompliront le dernier semestre de leur troisième année de service comme sous-lieutenants de réserve.

A leur libération, ils sont nommés officiers dans la réserve et doivent conserver leurs fonctions pendant un temps fixé par le Ministre de la guerre au moment du concours.

....

Celui-ci pourra également autoriser, chaque année, un certain nombre de sous-lieutenants à rester dans l'armée; ils ne pourront être nommés lieutenants qu'après un séjour dans une école d'application (2).

....

Art. 25. — *Cet article traite des dispositions concernant les docteurs en médecine, les étudiants en médecine et pharmacie et les vétérinaires. Il a été donné en entier page 6. Il doit être familier aux intéressés.*

Art. 29. — ... Les décisions du conseil de revision sont définitives (3). Elles peuvent, néanmoins, être attaquées devant le Conseil d'Etat pour incompétence, excès de pouvoir ou violation de la loi.

Le recours au Conseil d'Etat n'aura pas d'effet suspensif.

....

Elles peuvent être aussi revisées par les conseils de revision eux-mêmes, pour l'un des motifs ci-après : erreur matérielle dans les pièces sur le vu desquelles la décision a été prise; défaut de justification imputable aux fonctionnaires ou agents civils ou militaires, chargés d'établir les pièces ou de les transmettre.

....

Art. 30. — Après que le conseil de revision a statué sur la situation des jeunes gens, ainsi que sur toutes les réclamations auxquelles les opérations peuvent donner lieu, la liste de recrutement cantonal de la classe est définitivement arrêtée et signée par le conseil de revision, ainsi que par les maires des communes intéressées.

Cette liste, divisée en sept parties, comprend :

1° Tous les jeunes gens déclarés propres au service armé, sauf ceux visés au paragraphe 7°;

---

(1) C'est encore une atténuation de l'article 2 de la loi.

(2) C'est là une tendance à la titularisation des officiers de réserve qui, choisis après trois années de service, constitueront une excellente pépinière pour le recrutement des officiers de l'active.

(3) Sauf pour les ajournés et les exemptés.

2° Les jeunes gens classés dans le service auxiliaire de l'armée, sauf ceux visés au paragraphe 6°;

3° Les jeunes gens liés au service en vertu d'un engagement volontaire, d'un brevet ou d'une commission, et les jeunes marins inscrits;

4° Les jeunes gens exclus en vertu des dispositions de l'article 4;

5° Les jeunes gens qui sont ajournés d'office, conformément au 3° de l'article 18;

6° Les jeunes gens qui, classés dans le service auxiliaire, ont obtenu sur leur demande un ajournement, conformément au quatrième alinéa de l'article 19;

7° Les jeunes gens qui ont obtenu un sursis, conformément aux articles 20 et 21.

TITRE III. — Du service militaire.

BASES DU SERVICE.

ART. 32*. — Tous les hommes reconnus aptes au service militaire sont tenus d'accomplir effectivement la même durée de service.

Tout Français reconnu propre au service militaire fait partie successivement :

De l'armée active pendant trois ans;
De la réserve de l'armée active pendant onze ans;
De l'armée territoriale pendant sept ans;
De la réserve de l'armée territoriale pendant sept ans.

Le service militaire est réglé par classe. L'armée active comprend, indépendamment des hommes qui ne proviennent pas des appelés, tous les jeunes gens déclarés propres au service militaire armé et auxiliaire et faisant partie des trois derniers contingents incorporés.

ART. 33. — La durée du service compte du 1er octobre de l'année de l'inscription sur les tableaux de recensement, et l'incorporation du contingent doit avoir lieu, au plus tard, le 10 octobre de la même année.

Pour les jeunes gens dont l'incorporation a été retardée en vertu des articles 20 et 21, la durée du service compte du 1er octobre de l'année de leur incorporation.

Pour les engagés volontaires, elle compte du jour de leur engagement, et pour les hommes visés à l'article 5 du jour de leur incorporation.

En temps de paix, chaque année, au 30 septembre, les militaires qui ont accompli le temps de service prescrit :

1° Soit dans l'armée active;
2° Soit dans la réserve de l'armée active;
3° Soit dans l'armée territoriale;
4° Soit dans la réserve de l'armée territoriale,

sont envoyés respectivement :

1° Dans la réserve de l'armée active;

2° Dans l'armée territoriale;
3° Dans la réserve de l'armée territoriale;
4° Dans leurs foyers, comme libérés à titre définitif.

Mention de ces divers passages et de la libération est faite sur le livret individuel.

Après les grandes manœuvres, la totalité de la classe dont le service actif expire le 30 septembre suivant peut être renvoyée dans ses foyers, en attendant son passage dans la réserve.

*Dans le cas où les circonstances paraîtront l'exiger, le Ministre de la guerre et le Ministre de la marine sont autorisés à conserver temporairement sous les drapeaux la classe qui a terminé sa troisième année de service. Notification de cette décision sera faite aux Chambres dans le plus bref délai possible.

DU SERVICE DANS L'ARMÉE ACTIVE.

Les articles 35, 36, 37, 38 *et* 39 *traitent du service militaire dans l'armée active.*

Le contingent est mis, à dater du 1er octobre, à la disposition du Ministre qui en arrête la répartition.

Art. 35. — ... *Les jeunes gens appelés sous les drapeaux pour y accomplir la durée légale du service sont classés dans les différents corps de troupe suivant les règles fixées par le Ministre de la guerre pour l'incorporation annuelle du contingent. Aucun d'eux ne peut être l'objet d'une affectation spéciale qui ne serait pas conforme à ces règles.

L'article 38 a trait aux permissions et congés que peuvent obtenir les engagés et appelés : total de* 120 *jours, dimanches et jours de fêtes exceptés; les agriculteurs, de préférence au moment des travaux des champs.*

En dehors des périodes de fêtes légales et à deux périodes fixées par le Ministre où le pourcentage peut atteindre 20 *p.* 100, *le nombre des hommes simultanément absents ne dépassera pas dans chaque unité* 10 *p.* 100 *de l'effectif fixé par la loi des cadres.*

Ces permissions ne pourront être supprimées qu'en cas de punitions graves

L'article 39 *vise et réglemente l'accomplissement du temps de « rabiot », qui sera égal au nombre de jours de punitions de prison ou de cellule d'une durée supérieure à huit jours pour chaque punition.*

**Les militaires en possession d'un grade acquis depuis leur punition ne font pas de « rabiot », ainsi que ceux dont la conduite aura été satisfaisante depuis leur punition. Ces derniers doivent comparaître auparavant devant un conseil de discipline.*

DU SERVICE DANS LES RÉSERVES.

Art. 40. — ... Les réservistes sont tenus de rejoindre leur corps en cas de mobilisation, de rappel de leur classe ordonné par décret et de convocation pour des manœuvres ou exercices.

....

Le rappel de la réserve de l'armée active peut être fait d'une manière distincte et indépendante pour les troupes métropolitaines, pour les troupes coloniales ou pour l'armée de mer. Il peut être fait pour un, plusieurs ou tous les corps d'armée, pour un ou plusieurs cantons, et, s'il y a lieu, distinctement par arme ou par subdivision d'arme. Il a lieu par classe, en commençant par la moins ancienne.

En cas d'agression ou menace d'agression caractérisée par le rassemblement de forces étrangères en armes, le rappel à l'activité peut être ordonné, par arme ou par subdivision d'arme, pour une, plusieurs ou totalité des classes dans une zone déterminée autour des places fortes et des ouvrages fortifiés et sur le territoire des îles.

Les mêmes dispositions sont applicables à l'armée territoriale et à la réserve de l'armée territoriale.

....

Art. 41 (1). — Les hommes de la réserve de l'armée active sont assujettis, pendant leur temps de service dans ladite réserve, à prendre part à deux périodes d'exercices : la première d'une durée de vingt-trois jours, la seconde d'une durée de dix-sept jours.

Les hommes de l'armée territoriale sont assujettis à une période d'exercices d'une durée de neuf jours.

....

Peuvent être dispensés de ces manœuvres ou exercices, sur l'avis du consul de France, les jeunes gens qui ont établi leur résidence à l'étranger, hors d'Europe, et qui occupent une situation régulière.

....

Les hommes de la réserve de l'armée territoriale peuvent être soumis, pendant leur temps de service dans ladite réserve, à une revue d'appel pour laquelle la durée du déplacement imposé n'excédera pas une journée.

....

Peuvent être dispensés des manœuvres, exercices ou revues d'appel les hommes qui ont été classés dans le service auxiliaire.

Les militaires de la réserve, de l'armée territoriale et de la réserve de l'armée territoriale convoqués à une manœuvre, à une période d'exercices ou à un exercice spécial ne peuvent obtenir aucun ajournement, sauf en cas de force majeure dûment justifié; les bénéficiaires d'ajournement seront rappelés pour une période similaire, soit l'année suivante, soit deux ans après.

En aucun cas, l'ajournement ne peut être accordé deux fois de suite pour la même période d'instruction.

... Les hommes appelés à un titre quelconque pour accomplir une période peuvent être conservés provisoirement si les circonstances paraissent l'exiger (notification sera faite aux Chambres).

*Indépendamment de la période d'instruction à laquelle ils sont astreints tous les deux ans, les officiers de complément peuvent

---

(1) Nouvelle rédaction (lois des 14 avril 1908, 11 avril 1910 et 7 août 1913).

accomplir, chacune des autres années, une période de quinze jours avec solde.

Art. 42. — *Cet article arrête les dispositions relatives aux titulaires de certaines fonctions et emplois qui, lors de la mobilisation, sont autorisés à ne pas rejoindre immédiatement dans le cas de convocation par affiches, publications sur la voie publique, sous condition qu'ils occupent ces fonctions ou emplois depuis six mois au moins (voir les tableaux A, B, C annexés à la loi).*

Par exemple, les médecins et chirurgiens des hospices, les médecins-chefs des hospices, les médecins et chirurgiens des services pénitentiaires, les pharmaciens, internes des services pénitentiaires, maisons centrales, pénitentiaires sont mis à la disposition du Ministre de la guerre et attendent leurs ordres dans leur situation respective. De même, les médecins en chef et médecins directeurs des asiles publics d'aliénés, quand ils n'appartiennent pas à la réserve de l'armée active, sont autorisés à ne pas rejoindre immédiatement.

En outre, certains directeurs d'usines, fabriques, exploitations, dont le fonctionnement est indispensable aux besoins de l'armée, sont, à titre exceptionnel, autorisés à ne rejoindre leur corps d'affectation que dans un délai déterminé par le Ministre.

Art. 45. — *Définit les formalités auxquelles doivent se soumettre les hommes envoyés dans la réserve, la territoriale, qui se déplacent.*

Ils doivent faire viser leur livret par la gendarmerie à chaque changement de domicile ou de résidence, et prévenir l'agent consulaire s'ils se fixent à l'étranger.

Art. 48. — ... Les réservistes qui sont pères de quatre enfants vivants passent de droit et définitivement dans l'armée territoriale.

Les pères de six enfants vivants passent de droit dans la réserve de l'armée territoriale.

TITRE IV. — Des engagements volontaires, des rengagements et des commissions.

DES ENGAGEMENTS VOLONTAIRES.

Art. 50. — Tout Français ou naturalisé Français..., ou tous ceux qui sont autorisés par les lois à servir dans l'armée française, peuvent être admis à contracter un engagement.....

L'engagé volontaire doit :

1° S'il entre dans les troupes métropolitaines, avoir 18 ans accomplis; s'il entre dans les troupes coloniales, avoir 18 ans accomplis et contracter un engagement de durée telle qu'il puisse séjourner deux années aux colonies à partir du moment où il aura atteint 21 ans....

2° N'être ni marié, ni veuf avec enfants;

3° N'avoir encouru aucune des condamnations tombant sous le coup de l'article 5 de la présente loi...

4° Jouir de ses droits civils;

5° Etre de bonne vie et mœurs;

6° S'il a moins de 20 ans, être pourvu du consentement de ses père, mère ou tuteur; ce dernier doit être autorisé par une délibération du conseil de famille.

.... (1).

Il ne pourra être reçu d'engagements volontaires que pour les troupes coloniales, pour les corps d'infanterie, de cavalerie, d'artillerie, du génie et pour le train des équipages militaires (2).

*Tous les ans, les jeunes gens d'au moins 18 ans remplissant les conditions d'aptitudes physiques et pourvus du certificat d'aptitude militaire institué par la loi du 8 avril 1905 seront admis à contracter, au moment de l'incorporation de la classe, dans le corps de leur choix et jusqu'à concurrence du nombre fixé par le Ministre pour chaque corps, un engagement spécial de trois ans, dit de devancement d'appel.

*Les jeunes gens d'au moins 19 ans, non pourvus du certificat d'aptitude militaire et réunissant les conditions fixées par la loi de recrutement, pourront être admis à contracter dans les troupes métropolitaines, des engagements de trois ans.

*Le Ministre de la guerre déterminera les corps dans lesquels seront admis les engagés de chaque subdivision de région, les époques auxquelles ces engagements seront souscrits, ainsi que leur nombre pour chaque corps.

*Les deux dispositions ci-dessus prendront fin trois ans après la promulgation de la loi du 7 août 1913 si l'éducation militaire de la jeunesse n'a pas été organisée par une loi dans l'ensemble du pays.

Viennent ensuite les dispositions relatives aux engagements de cinq ans que peuvent souscrire les jeunes gens désirant se fixer dans une colonie ou à l'étranger et pour ceux qui sont nés ou déjà fixés à l'étranger.

Art. 51*. — Les jeunes gens... peuvent contracter, pour les troupes métropolitaines, des engagements de quatre et cinq ans et pour les troupes coloniales, ainsi que pour certains corps métropolitains de l'Afrique désignés par le Ministre, des engagements de trois, quatre et cinq ans, sous réserve toutefois, pour les troupes coloniales, de la restriction imposée par le paragraphe 1° de l'article 50.

Le service militaire compte, pour les engagés, du jour de la signature de l'acte d'engagement...

Les jeunes gens qui contractent un engagement volontaire de quatre ou cinq ans ont le droit de choisir leur arme et leur corps, sous réserve des conditions d'aptitude physique exigées pour cette

---

(1) L'engagé doit justifier des conditions prescrites par des pièces légales. La loi admet, en outre, des engagements tardifs (jusqu'à 32 ans) pour les hommes exemptés ou classés dans le service auxiliaire.

(2) Remarquons que les engagements volontaires ne sont pas autorisés pour les sections d'infirmiers; c'est là une lacune regrettable : on se prive ainsi de nombreux professionnels déjà rompus aux exigences si spéciales que comporte le soin des malades. (Professeur Simonin, du Val-de-Grâce.)

arme. Ces engagements de quatre ou cinq ans sont admis à des dates fixées par le Ministre de la guerre.

Art. 53. — Les engagements volontaires sont contractés dans les formes prescrites par les articles 34 à 40 et les articles 42 et 44 du Code civil, devant les maires des chefs-lieux de canton en France, devant les officiers de l'état civil désignés par décret en Algérie.....

Les conditions relatives à la durée de ces engagements sont insérées dans l'acte même.

....

Dès qu'il a reçu un engagement, le maire est tenu d'aviser le commandant de recrutement dont relève l'engagé, qui prend les mesures nécessaires pour faire délivrer à celui-ci ou faire notifier à son domicile une feuille de route pour rejoindre son corps.

DES RENGAGEMENTS.

Art. 54*. — La faculté de contracter un rengagement est accordée à tout militaire en activité qui compte au moins une année de service dans les troupes métropolitaines ou six mois dans les troupes coloniales. Ce rengagement date du jour de l'expiration légale du service dans l'armée active. La même faculté est accordée aux militaires libérés qui ont quitté le service depuis moins de deux ans, s'ils désirent entrer dans les troupes métropolitaines; à tous les militaires libérés comptant moins de 36 ans d'âge, s'ils désirent entrer dans les troupes coloniales; toutefois, le militaire libéré ne peut rengager que pour trois ans au moins dans les troupes coloniales. Dans les troupes métropolitaines, le rengagement minimum qu'il peut contracter doit lui permettre de compléter au moins quatre ans de service.

Les rengagements sont renouvelables jusqu'à une durée totale de quinze années de service pour les sous-officiers ou anciens sous-officiers de l'armée métropolitaine, pour les caporaux, brigadiers ou soldats de cette armée, occupant certains emplois désignés par le Ministre de la guerre, pour les militaires de tous grades de l'armée coloniale, du régiment de sapeurs-pompiers de Paris et de certains corps de l'armée métropolitaine d'Afrique désignés par le Ministre; de dix années pour les brigadiers et soldats dans les régiments de cavalerie et les batteries des divisions de cavalerie, et de cinq années pour les brigadiers, caporaux et soldats des autres troupes métropolitaines.

Dans les limites indiquées ci-dessus, les militaires de toutes armes et de tous grades peuvent contracter des rengagements de six mois, un an, dix-huit mois, deux, trois, quatre et cinq ans.

....

Le nombre des rengagements dans chaque corps est fixé par le Ministre de la guerre.

Art. 55*. — Les sous-officiers, caporaux et brigadiers sont, en principe, rengagés pour le corps dans lequel ils servent ou ont servi; toutefois, ils peuvent être, sur leur demande, rengagés pour un autre corps dans lequel le nombre des rengagés et commissionnés n'atteindrait pas le complet réglementaire. Ils conservent leur grade, même s'ils ont quitté le service depuis plus de six mois, sauf le cas où ils se rengagent dans une arme autre que leur arme d'origine ou dans le régiment de sapeurs-pompiers de Paris. Dans ce cas, ils ne peuvent rentrer au service que comme simples soldats.

....

Art. 56. — Tout militaire des troupes métropolitaines peut demander son passage dans les troupes coloniales, à condition d'avoir au moins deux ans et trois mois de service à accomplir. S'il est lié au service pour une durée moindre, il peut demander à la porter à deux ans et trois mois pour passer dans les troupes coloniales.

....

Art. 59. — *Cet article définit la proportion de rengagements qui est fixée pour les diverses catégories :*

Hommes de troupe : 8 p. 100 de l'effectif de mobilisation pour les troupes à pied et le train des équipages et 15 p. 100 pour les troupes à cheval; totalité dans le régiment de sapeurs-pompiers de Paris.

Brigadiers : moitié dans la cavalerie et artillerie des divisions de cavalerie; celui des caporaux et brigadiers : quart de l'effectif dans les autres armes.

Sous-officiers : trois quarts de l'effectif.

Suivant l'enseignement de M. le professeur Simonin, ce chiffre est peut-être un peu élevé. Désormais, où trouverons-nous les bons sous-officiers nécessaires pour l'encadrement des réserves? Il y aura fatalement un déficit de bons gradés, car ceux nommés le jour du départ de la classe n'auront jamais exercé les fonctions qui leur incombent en temps de guerre.

AVANTAGES ASSURÉS AUX ENGAGÉS ET RENGAGÉS.

Art. 60 à 68. — *Les engagés et rengagés ont le droit de choisir leur arme et leur corps, ils ont droit, à partir de la quatrième année de présence sous les drapeaux, à une haute paye journalière et à une prime.*

Les sous-officiers de toutes armes ont droit, à partir du commencement de la sixième année, à une solde spéciale qui est perçue dans les mêmes conditions que celle des officiers et à une indemnité de logement s'ils sont autorisés à loger en ville.

Les militaires qui ont accompli quatre années de service ou une période de séjour aux colonies sont dispensés de la première des périodes d'exercices.

S'ils en ont accompli cinq, ils sont dispensés des deux périodes.

Ils peuvent enfin arriver à l'épaulette sans passer par les écoles.

Quand ils quittent les drapeaux, après quinze ans de service effectif, ils ont droit à une pension proportionnelle; après vingt-cinq ans, ils ont droit à une pension de retraite. Cette pension se règle sur le grade et l'emploi dont le militaire est titulaire depuis au moins deux ans, sur le grade inférieur dans le cas contraire.

Cette pension s'ajoute au traitement afférent à l'emploi civil dont le titulaire peut être pourvu.

La loi de 1913 a même prévu, avec beaucoup de justice, que la veuve et les orphelins d'un militaire pourvu d'un emploi, titulaire d'une pension proportionnelle au titre militaire, auraient droit à une pension civile et aux secours.

Il sera procédé, dans des conditions analogues, pour la veuve des anciens militaires titulaires d'une pension proportionnelle non pourvus d'un emploi.

Ce sont là, semble-t-il, des dispositions de nature à provoquer le départ de certains sous-officiers qui, en cas de décès, seront désormais assurés de ne pas laisser leur famille dans le besoin.

DES EMPLOIS RÉSERVÉS AUX ENGAGÉS ET RENGAGÉS.

Certains emplois sont, en outre, réservés aux engagés. Il importe aux médecins auxiliaires de bien connaître ces emplois pour inciter les bons infirmiers à rengager. Ces derniers se créeront ainsi une situation souvent avantageuse et seront des précieux auxiliaires pour le service de santé. (Voir les tableaux E, F, G annexés à la loi, que l'on peut d'ailleurs consulter dans toutes les mairies.)

TITRE V. — **Dispositions pénales de la loi.**

ART. 79 à 92. — *La loi a prévu et édicté des pénalités sévères contre les fraudes ou manœuvres ayant pour but de soustraire les hommes aux obligations du service militaire. Elle punit les fraudeurs et leurs complices. Des peines plus graves frappent ces derniers quand ils sont des médecins ou des pharmaciens et à plus forte raison des médecins militaires.*

Les insoumis [délais d'insoumission en temps de paix : un mois pour les jeunes soldats, les rappelés à l'activité, les engagés, les rengagés; quinze jours pour les réservistes après un deuxième appel. En temps de guerre : deux jours pour les jeunes soldats, les rappelés à l'activité et les militaires rappelés autrement que par voie de mobilisation au moyen d'affiches ou de publications sur la voie publique (1)] *sont punis des peines prévues par le Code de justice militaire* (2).

Enfin, les réservistes qui n'ont pas fait leur déclaration de changement de domicile ou de résidence sont passibles des peines disciplinaires qui ne peuvent excéder huit jours de prison et qu'ils accomplissent dans les locaux disciplinaires des corps les plus rapprochés.

Les juges peuvent, toutefois, pour toutes les peines, en temps de paix seulement, accorder les circonstances atténuantes.

---

(1) En cas de mobilisation, les militaires sont déclarés insoumis s'ils ne se sont pas conformés aux mesures prescrites par l'ordre de route individuel contenu dans leur livret.

(2) La prescription ne commence à courir que du jour où l'insoumis a atteint l'âge de 50 ans.

TITRE VI. — Recrutement en Algérie et aux colonies.

ART. 89. — Les dispositions de la présente loi sont applicables en Algérie et en Tunisie. Elles le sont également dans les colonies de la Guadeloupe, de la Martinique, de la Guyane et de la Réunion.

Elles le sont également dans les autres colonies et pays de protectorat, mais les Français et naturalisés Français y résidant sont incorporés dans les corps les plus voisins. Après une année de présence effective sous les drapeaux, ils sont envoyés en congé s'ils ont satisfait aux conditions de conduite et d'instruction militaire déterminées par le Ministre. Ils sont même dispensés de la présence sous les drapeaux s'il ne se trouve pas de corps stationné dans un rayon fixé par le Ministre, restant toutefois à sa disposition jusqu'à 30 ans, si cette condition venait à se modifier.

Si un Français ou un naturalisé Français transportait son établissement en France avant l'âge de 30 ans, il devrait compléter le temps de service prescrit par la loi, sans pouvoir toutefois être retenu sous les drapeaux au delà de l'âge de 30 ans.

Obligés de lutter contre les éléments et les hommes, ces colons ne sont-ils pas des combattants par la force même des choses?

Quant aux conditions de recrutement des indigènes en Algérie, colonies et pays de protectorat, elles sont actuellement réglées par décret, mais un projet de loi devra être présenté par le gouvernement dans un délai de six mois à partir de la promulgation de la présente loi qui réglera les conditions de recrutement des indigènes en Algérie, colonies et dans les pays de protectorat pour combler les vides menaçants que crée la diminution de la natalité en France. M. Messimy a calculé que l'Algérie pourrait fournir 20.000 soldats (1).

TITRE VII. — Dispositions particulières.

Dans ses dispositions particulières, la loi prescrit qu'une loi déterminera les mesures à prendre pour rendre uniforme dans tous les établissements d'enseignement l'application de la loi du 27 janvier 1880, imposant l'obligation des exercices physiques; elle prescrit, en outre, que les dispositions de l'article 32, relatives à la durée dans les réserves, seront appliquées aux hommes de toutes les classes, appelés ou recensés en vertu de lois antérieures, à l'exception des hommes actuellement dégagés par leur âge de toute obligation militaire.

Elle édicte enfin les avantages accordés aux Français ou naturalisés Français nés à l'étranger hors d'Europe ou des pays limitrophes de la Méditerranée et y résidant ou qui s'y sont établis avant l'âge de 18 ans. Ces avantages rappellent ceux accordés aux Français et naturalisés résidant dans les colonies ou pays de protectorat.

---

(1) Cité dans le cours de M. le professeur SIMONIN, du Val-de-Grâce.

Répercussion de la loi de 1913 sur les effectifs.

L'augmentation des effectifs a naturellement modifié les lois relatives à la constitution des cadres et des effectifs de l'infanterie, de la cavalerie, de l'artillerie et du génie, en ce qui concerne l'effectif em hommes de l'armée active des différentes unités, conformément au tableau suivant, annexé à la loi du 7 août 1913.

TABLEAU ANNEXÉ (1).

Effectifs minima des unités des différentes armes.

DÉSIGNATION.	INFANTERIE.		CAVALERIE.	ARTILLERIE.			
	COMPAGNIE d'infanterie et de zouaves en France. 1	COMPAGNIE de chasseurs à pied. 2	RÉGIMENT de cavalerie. 3	BATTERIE montée et d'artillerie lourde. 4	BATTERIE à cheval. 5	BATTERIE de montagne. 6	BATTERIE à pied. 7
Unités à effectif normal	140	»		110			120
			740		175	140	
Unités à effectif renforcé	200	200		140			160

DÉSIGNATION.	GÉNIE.						
	COMPAGNIE de sapeurs-mineurs. 8	COMPAGNIE de télégraphistes. 9	COMPAGNIE de chemins de fer. 10	COMPAGNIE de radio-télégraphistes. 11	COMPAGNIE de sapeurs-conducteurs. 12	COMPAGNIE d'aéronautique. 13	DÉTACHEMENT de projecteurs. 14
Unités à effectif normal	140						
		140	200	220	130 fort 90 faible	150	50
Unités à effectif renforcé	200						

(1) Actuellement, les effectifs sont sensiblement supérieurs aux chiffres de ce tableau.

AVANCEMENT DANS L'ARMÉE.

Loi du 14 avril 1832, modifiée le 1er août 1913.

1° *Hommes de troupe* (jusqu'au grade d'adjudant-chef inclusivement, l'avancement a lieu par corps, uniquement au choix).

Pour pouvoir être nommé caporal ou brigadier, il faut avoir servi comme soldat pendant six mois, ou seulement pendant quatre mois si l'on est titulaire du brevet d'aptitude militaire.

Pour pouvoir être nommé sous-officier, il faut avoir au moins cinq mois de grade de caporal ou brigadier.

2° *Officiers.* — Nul ne peut être officier :

a) S'il n'a servi au moins deux ans comme sous-officier dans un des corps de l'armée (la nomination au grade d'officier a lieu, soit directement, soit après un stage dans une école de sous-officiers élèves officiers);

b) Si, âgé de 18 ans au moins, il n'a été pendant deux ans élève de l'Ecole spéciale militaire (Saint-Cyr) ou de l'Ecole polytechnique, ou pendant trois ans élève de l'Ecole des ponts et chaussées ou de l'Ecole centrale, ou pendant quatre ans élève de l'Ecole nationale des mines (dans tous les cas, il faut avoir satisfait à l'examen de sortie de ces dites écoles);

c) S'il n'a été admis, après concours, à l'une des écoles ci-après : Ecole normale supérieure, Ecole forestière, Ecole centrale, Ecole nationale des mines, Ecole des mines de Saint-Etienne, Ecole des ponts et chaussées; s'il n'a satisfait, à la sortie de ces écoles, aux épreuves d'aptitude au grade de sous-lieutenant de réserve et achevé, en cette qualité, son service actif dans les conditions prévues par la loi de recrutement.

Avant d'être promus dans l'armée active, les jeunes gens de cette catégorie qui ont terminé leur service depuis plus d'un an sont astreints à un stage de deux mois, dont quinze jours au moins en manœuvres;

d) Si, âgé de 26 ans au moins, il n'a été nommé sous-lieutenant de réserve dans les conditions spécifiées par la loi de recrutement pour les jeunes gens qui ne sortent pas des grandes écoles civiles visées ci-dessus; s'il n'a accompli, en cette qualité, dans un corps de troupes, un stage d'une année précédant immédiatement son admission dans l'armée active et s'il n'a satisfait, à la fin de cette dernière année, à un examen d'instruction générale et professionnelle dont le programme est déterminé par le Ministre.

Toutefois, pourront être nommés sous-lieutenants dans les troupes coloniales, les officiers de réserve qui ont été nommés à ce dernier grade après avoir accompli quinze ans de service actif et qui ont accompli tout ou partie de ces quinze ans de service dans lesdites troupes.

Pourront également être admis dans l'armée active :

1° Les officiers de réserve provenant des officiers de l'armée active et les lieutenants en réserve spéciale; ces officiers doivent accomplir, au préalable, une période militaire de deux mois, dont quinze jours en manœuvres;

2° Les sous-lieutenants et lieutenants de réserve ou assimilés qui auront accompli, en cette qualité, deux ans de service au Maroc; une seule année de service au Maroc sera exigée si le postulant est titulaire d'une citation à l'ordre du corps d'occupation à la suite d'une action d'éclat ou d'une blessure grave.

L'avancement dans le grade d'officier se fait sur l'ensemble de l'arme jusqu'au grade de colonel inclusivement. Les promotions d'officiers généraux doivent être approuvées par le Conseil des ministres.

Le temps minimum exigé par la loi dans chaque grade est le suivant : sous-lieutenant, deux ans (avancement automatique); lieutenant, deux ans; capitaine, quatre ans; commandant, trois ans; lieutenant-colonel, deux ans; colonel, trois ans; général de brigade, trois ans.

L'accès des lieutenants au grade de capitaine a lieu : deux tiers à l'ancienneté; un tiers au choix.

L'accès des capitaines au grade de commandant a lieu moitié au choix et moitié à l'ancienneté.

Au-dessus du grade de commandant l'avancement a lieu uniquement au choix.

Les limites d'âge auxquelles les officiers de tous grades et de toutes armes devront quitter les cadres de l'armée active sont déterminées comme suit, par une décision impériale du 29 juin 1863 :

Lieutenant ou sous-lieutenant et assimilé..........	52	ans.
Capitaine et assimilé..............................	53	—
Chef de bataillon ou d'escadron et assimilé........	56	—
Lieutenant-colonel et assimilé.....................	58	—
Colonel et assimilé................................	60	—
Général de brigade et assimilé.....................	62	—
Général de division et assimilé....................	65	—

ÉTAT DES OFFICIERS.

Loi du 19 mai 1834.

La loi du 19 mai 1834 définit la situation sociale de l'officier.

Son mécanisme repose sur la distinction entre le « grade » et l' « emploi ».

Du grade.

Le grade est conféré par le chef de l'Etat. Il est la propriété personnelle de l'officier, qui ne peut le perdre que par démission ou par jugement.

1° *Démission.* — L'officier peut offrir sa démission. Il perd la propriété du grade à dater du jour où cette démission est acceptée par le chef de l'Etat.

2° *Jugement entraînant la perte du grade :*

a) La perte de la qualité de Français, prononcée par jugement;

b) La condamnation à une peine afflictive, infamante ou à certaines peines correctionnelles.

Dans ces deux cas, la perte du grade est une conséquence accessoire du jugement.

La perte du grade est une peine principale dans le seul cas de :

c) Destitution, prononcée par un conseil de guerre. En particulier, une absence illégale (1), de trois mois en France ou de quinze jours à l'étranger entraîne la condamnation à la destitution.

De l'emploi.

L'emploi est la fonction, toujours révocable, confiée à l'officier par le Ministre de la guerre.

L'officier possesseur du grade, peut, en ce qui concerne l'emploi, se trouver dans l'une des positions suivantes :

1° Activité;
2° Non-activité;
3° Réforme;
4° Retraite.

1° ACTIVITÉ.

Position de l'officier pourvu d'un emploi de son grade.

On est « en activité dans les cadres », lorsqu'on appartient à un corps de troupe; « en activité hors cadres », lorsqu'on est employé à un service spécial et qu'on ne compte à aucun corps de troupe (état-major, écoles, recrutement, etc.).

La *disponibilité* et la *réserve* sont spéciales aux officiers généraux (disponibilité : position de l'officier général en activité, mais momentanément non pourvu d'un emploi; réserve : position de l'officier général placé dans le cadre de réserve, soit définitivement par limite d'âge, soit temporairement par raison de santé).

2° NON-ACTIVITÉ.

Position de l'officier non pourvu d'un emploi, pour deux groupes de causes :

a) Causes indépendantes de l'officier : licenciement de corps, suppression d'emploi, rentrée de captivité à l'ennemi;

b) Causes dépendantes de l'officier : infirmités temporaires, mesure de discipline.

---

(1) Les expressions « déserteur, désertion », ne s'appliquent jamais au cas d'un officier absent irrégulièrement.

Situation de l'officier en non-activité.

Pour les causes *a)* :

Le temps passé en non-activité compte, à tous les points de vue, comme temps d'activité. La solde est la moitié de la solde d'activité (les trois cinquièmes pour les lieutenants et sous-lieutenants).

Pour les causes *b)* :

1° *Infirmités temporaires.* — L'officier qui a plus de six mois d'indisponibilité pour raison de santé, en un an (1), ou qui est atteint d'une maladie devant le rendre indisponible plus de six mois, est, sur l'ordre du chef de corps, visité par deux médecins, puis proposé pour la non-activité. Après une deuxième visite de vérification et sur l'avis du service de santé, le Ministre de la guerre soumet au chef de l'Etat le décret de mise en non-activité.

L'officier a la même solde que ci-dessus. Le temps ne compte que pour la retraite et la réforme.

L'officier peut être rappelé en cas de guérison.

Au bout de trois ans, il est soumis à l'examen d'un conseil d'enquête, sur l'avis duquel l'officier est rappelé à l'activité, maintenu en non-activité pour trois nouvelles années ou mis en réforme.

2° *Mesure de discipline.* — La mise en non-activité par mesure de discipline est prononcée, par décret, sur l'avis des chefs hiérarchiques, après plainte du chef de corps, pour inconduite, fautes dans le service ou incapacité, par *suspension d'emploi* (moins d'un an) ou *retrait d'emploi* (plus d'un an). Au bout de trois ans, un conseil d'enquête fait des propositions au Ministre qui statue : rappel à l'activité ou réforme. Le temps ne compte que pour la retraite et la réforme. La solde est les deux cinquièmes de la solde d'activité.

Dispositions communes. — Les officiers en non-activité sont à la disposition du Ministre, soumis à la discipline générale, choisissent leur résidence (2), dépendent du général commandant la région de corps d'armée, sont inspectés tous les six mois par le général commandant la subdivision, peuvent être rappelés à l'activité par décret.

3° RÉFORME.

Position de l'officier définitivement privé d'emploi avant d'avoir droit à la pension de retraite :

1° *Pour infirmités incurables* (ne résultant pas du service). — Peut être proposé pour la réforme, l'officier en activité ou en non-activité après avis d'un conseil d'enquête.

Officier en activité : proposé par le colonel.

---

(1) Pour les officiers de l'armée coloniale.

(2) Le département de la Seine est soumis à des conditions spéciales (justification de moyens d'existence).

Officier en non-activité : au bout de trois ans, l'officier en non-activité pour infirmités temporaires est soumis à l'examen d'un conseil d'enquête.

2° *Mesure de discipline.* — Un officier ne peut être mis en réforme que pour inconduite habituelle, fautes graves dans le service ou contre la discipline, fautes contre l'honneur, condamnation à plus de 6 mois de prison, prolongation au delà de trois ans de la non-activité par mesure de discipline.

Cette mesure est toujours prise après avis d'un conseil d'enquête.

Dispositions communes. — L'officier ne peut plus être rappelé à l'activité; toujours possesseur de son grade, il n'appartient plus à l'armée. S'il a plus de vingt ans de service, il reçoit une *pension de réforme*. S'il a moins de vingt ans, une *solde de réforme* (pendant un nombre d'années égal à la moitié de la durée des services, les deux tiers du minimum de la pension de retraite, la moitié en cas de mesure disciplinaire).

4° RETRAITE.

Position de l'officier rendu à la vie civile avec jouissance d'une pension : 1° soit sur sa demande, soit d'office, lorsqu'il a l'ancienneté de service exigée; 2° par limite d'âge de son grade (s'il a l'ancienneté de service); 3° pour blessures ou infirmités contractées dans le service.

Sauf le troisième cas, l'officier retraité reste pendant cinq ans à la disposition du Ministre.

NOTA. — La loi sur l'état des officiers s'applique à tous les officiers et assimilés, sans exception, de l'armée de terre et de l'armée de mer.

DES CONSEILS D'ENQUÊTE.

BUT ET DÉFINITION.

L'institution des conseils d'enquête a pour but d'entourer de garanties la peine la plus grave qui puisse frapper un officier, c'est-à-dire la réforme, privation définitive de l'emploi, la perte du grade ne pouvant résulter que d'un jugement des tribunaux. Cette institution a été créée par la loi sur l'état des officiers.

Il existait autrefois plusieurs sortes de conseils d'enquête. Il n'y a plus aujourd'hui que le conseil d'enquête de région, réuni soit dans la région où se sont passés les faits, soit dans la région où se trouve le corps auquel appartient l'officier. Pour les officiers généraux, le Ministre désigne une région.

Le conseil d'enquête de région est donc un véritable tribunal chargé d'émettre son avis sur le cas d'un officier susceptible d'être mis en réforme. Cet avis ne peut être modifié qu'en faveur de l'officier.

COMPOSITION.

Le conseil d'enquête comprend cinq membres, exclusion faite des parents ou alliés, auteurs de la plainte, personnes ayant connu de l'affaire.

Ces cinq membres sont désignés par le général commandant la région; deux sont du grade de l'intéressé, mais plus anciens. Deux membres au moins sont de l'arme ou service de l'intéressé.

PROCÉDURE.

Un officier n'est envoyé devant un conseil d'enquête que par ordre du Ministre.

Toute personne se prétendant lésée peut faire une plainte. Le chef de corps ou le général commandant la subdivision (pour les officiers sans troupe) établit un rapport spécial transmis au Ministre.

Le Ministre peut, sans plainte, envoyer d'office un officier devant le conseil d'enquête.

Le commandant de la région réunit le conseil qui interroge, délibère et vote à huis clos sur une série de questions fixées par le règlement.

L'avis du conseil est celui de la majorité. Il est transmis au Ministre qui propose au chef de l'Etat la mesure à prendre.

L'officier en instance de conseil de réforme, suivant le cas, continue son service, est mis aux arrêts de forteresse ou en non-activité.

SOUS-OFFICIERS RENGAGÉS.

Les conseils d'enquête sont appelés à émettre un avis sur la cassation, la rétrogradation, la révocation, la mise à la retraite d'office, etc., des sous-officiers rengagés, des gradés ou soldats commissionnés et des militaires décorés de la Légion d'honneur ou de la médaille militaire.

ORGANISATION GÉNÉRALE DE L'ARMÉE.

Loi du 24 juillet 1873 (complétée depuis).

Division du territoire.

Le territoire est divisé en 21 régions, y compris l'Algérie. L'Algérie forme le 19e corps d'armée; la Tunisie est occupée par une division.

A ces 21 corps d'armée, il y a lieu d'ajouter le corps d'armée des troupes coloniales. Au point de vue territorial, Paris et Lyon sont le siège d'un gouvernement militaire : celui de Paris est le centre de quatre corps d'armée (2e, 3e, 4e, 5e), celui de Lyon est le centre de deux corps d'armée (13e, 14e).

Chaque région est occupée par un corps d'armée; une région est divisée, en général, en huit subdivisions.

Chaque subdivision correspond à un régiment d'infanterie de l'active, un régiment d'infanterie de la réserve et un régiment d'infanterie de la territoriale.

Chaque région et chaque subdivision possèdent les magasins comprenant ce qui leur est nécessaire.

Le recrutement se fait par subdivision et par région.

A la mobilisation, chaque corps d'armée se complète au moyen des réservistes de sa région; en principe, chaque réserviste connaît sa destination.

COMMANDEMENT ET ADMINISTRATION.

Dans chaque corps, le général commandant le corps d'armée a sous son autorité :

1° Les troupes du corps d'armée (section active de l'état-major du corps d'armée) (1);

2° Le territoire de la région du corps d'armée (section territoriale de l'état-major du corps d'armée), recrutement, hôpitaux, remonte, établissements de toute nature.

Le général commandant le corps d'armée est un général de division désigné pour exercer le commandement pendant trois ans. Il a sous ses ordres tous les fonctionnaires et agents des services (général commandant l'artillerie, directeur du service du génie, intendant militaire, directeur du service de santé du corps d'armée, etc.).

En temps de paix, il n'est pas constitué de groupe supérieur au corps d'armée.

ORGANISATION DU MINISTÈRE DE LA GUERRE.

CONSEIL SUPÉRIEUR DE LA GUERRE.

Le Ministre a auprès de lui le Conseil supérieur de la guerre, chargé de la préparation à la guerre et composé de :

Le Ministre, président.

Membres avec voix délibérative : le chef d'état-major général de l'armée, dix généraux de division (anciens commandants de corps d'armée ou anciens sous-chefs d'état-major de l'armée).

Membres avec voix consultative : les deux sous-chefs d'état-major de l'armée (généraux de division).

L'officier supérieur chef du bureau des opérations militaires, secrétaire.

---

(1) L'état-major du corps d'armée comprend deux sections : 1° la section active, qui s'occupe de tout ce qui est relatif aux troupes, elle marche en campagne avec le corps d'armée; 2° la section territoriale, qui s'occupe de tout ce qui est relatif au territoire, elle reste sur place à la mobilisation.

Le Conseil supérieur de la guerre est consulté sur toutes les mesures intéressant la constitution de l'armée, l'instruction, la mobilisation, le matériel de guerre, la préparation à la guerre.

Il peut être présidé par le chef de l'Etat. Les membres du Conseil supérieur de la guerre sont chefs d'armée à la mobilisation. Ils ont en tout temps à leur disposition leur chef d'état-major et deux officiers.

ÉTAT-MAJOR DE L'ARMÉE.

L'état-major de l'armée est l'auxiliaire immédiat du Ministre. Il est dirigé par le chef d'état-major général de l'armée, qui dispose de deux sous-chefs d'état-major de l'armée, chargés, le premier de la préparation à la guerre, le second de l'existence de l'armée en temps de paix, de son organisation, de la mobilisation.

COMITÉ D'ÉTAT-MAJOR.

Le comité d'état-major est sous les ordres du chef d'état-major de l'armée. Il comprend, d'une manière générale, les chefs d'état-major des armées commandées à la mobilisation par les membres du Conseil supérieur de la guerre, et étudie les questions techniques d'état-major.

ADMINISTRATION CENTRALE.

L'administration centrale comprend :

1° Le cabinet du Ministre;

2° Le secrétariat général;

3° L'état-major de l'armée (1er bureau : organisation générale et mobilisation; 2e bureau : questions étrangères; 3e bureau : opérations militaires et instruction; 4e bureau : transports);

4° Directions (infanterie, cavalerie, artillerie, génie, intendance, santé, poudres et salpêtres, contrôle, contentieux, troupes coloniales, aéronautique);

5° Le service intérieur;

6° Diverses sections (Afrique, historique, etc.).

CADRES ET EFFECTIFS DE L'ARMÉE.

Loi du 13 mars 1875, lois des 24 juillet 1909, 23 décembre 1912, 31 mars 1913.

Le Ministre exerce le commandement supérieur de l'armée.

Le Chef de l'Etat nomme les officiers et dispose de la force armée. Le Ministre et les autorités subordonnées nomment aux grades d'homme de troupe.

L'armée comprend des combattants et des non-combattants.

Les unités administratives sont la compagnie, l'escadron, la batterie. Les unités tactiques sont celles qui viennent d'être citées et les unités supérieures.

L'expression « grosse unité » s'applique aux unités commandées par les officiers généraux.

L'armée comprend:

1° L'état-major général;

2° Les services généraux;

3° Les corps de troupe.

ÉTAT-MAJOR GÉNÉRAL.

On désigne sous le nom d'état-major général l'ensemble des officiers généraux (division et brigade).

SERVICES GÉNÉRAUX.

Les services généraux sont :

Contrôle. — Chargé des intérêts du Trésor, des droits des personnes, d'assurer l'observation des lois et règlements. Les membres du contrôle ont une hiérarchie propre et agissent par délégation du Ministre.

Etat-major. — Les états-majors sont les aides du commandement. Ils sont composés, en principe, d'officiers brevetés d'état-major sortant de l'Ecole de guerre.

Intendance. — Chargé de la solde, des subsistances, de l'habillement, du campement, du harnachement, des transports, de l'ordonnancement des dépenses, de la régularisation des comptes, de l'administration des isolés. Appartiennent à l'intendance : les intendants militaires, avec une hiérarchie spéciale, et les officiers d'administration, sortant de l'Ecole de Vincennes.

Santé. — Chargé de l'hygiène et de la santé de l'armée, du matériel sanitaire technique (mobilisation et temps de paix). Comprend des médecins militaires et des pharmaciens militaires, des officiers d'administration, des hôpitaux et 25 sections d'infirmiers.

Service vétérinaire. — Assuré par des vétérinaires militaires. Comprend six ressorts vétérinaires.

Poudres et salpêtres. — Assuré par des ingénieurs.

Recrutement. — Chargé du recrutement, de la mobilisation, de la réquisition des chevaux et voitures. Comprend un bureau par subdivision (un officier supérieur et un capitaine); le service est centralisé au corps d'armée par un officier supérieur de la section territoriale, une section de secrétaires d'état-major et de recrutement, plus une à Paris.

Remonte. — Assuré par des officiers supérieurs et vétérinaires hors cadres dans les dépôts de remonte, et par des officiers subalternes acheteurs.

Justice militaire. — Comprend les parquets et greffes des conseils de guerre et de revision, et les établissements pénitentiaires. Se compose d'officiers, permanents ou temporaires.

Services divers. — Interprètes militaires (ne fonctionne en temps de paix que pour l'Algérie); affaires indigènes en Algérie; Ecoles militaires (préparatoires, le Prytanée, Ecole spéciale militaire, Ecoles militaires d'infanterie, de l'artillerie, du génie, de la cavalerie, Ecole polytechnique, Ecoles du service de santé).

Services des chemins de fer, des étapes, de la télégraphie militaire, trésorerie et postes. — Ne fonctionnent qu'en temps de guerre.

CORPS DE TROUPE.

Les corps de troupe appartiennent à différentes armes, qui sont : infanterie, artillerie, cavalerie, génie, train des équipages militaires, aéronautique.

Forment corps, c'est-à-dire ont une existence individuelle, les unités suivantes :

Régiment (infanterie, artillerie, cavalerie, génie);
Bataillon (chasseurs à pied, bataillons d'Afrique);
Escadron (train des équipages militaires);
Compagnie (remonte, aérostation);
Section (secrétaires de recrutement, commis et ouvriers d'administration, infirmiers, aviation);
Légion (gendarmerie).

Principes d'organisation.

1° Infanterie.

L'infanterie comprend :

173 régiments (dont 164 à 3 bataillons, 8 à 4 bataillons, 1 en Corse à un nombre variable de bataillons);
31 bataillons de chasseurs à pied à 6 compagnies;
4 régiments de zouaves;
12 régiments de tirailleurs indigènes (à un nombre variable de bataillons);
2 régiments étrangers (légion étrangère);
5 bataillons d'infanterie légère d'Afrique;
3 compagnies sahariennes;
Des sections spéciales (dont le nombre est fixé par décret);
1 régiment de sapeurs-pompiers de Paris.

Le régiment comprend :

a) L'état-major du régiment : colonel, lieutenant-colonel, major, chef de musique, médecins et, d'une manière générale, tous les officiers ne comptant ni dans les bataillons, ni dans les compagnies, ni au cadre complémentaire;

b) Le cadre complémentaire : 1 lieutenant-colonel, 2 chefs de bataillon, 6 capitaines;

c) Les bataillons (1) : chacun de ceux-ci se compose d'un état-

(1) Le bataillon est la véritable unité tactique. Le service de santé en campagne est organisé par bataillon.

major de bataillon (chef de bataillon, capitaine adjudant-major) et de quatre compagnies.

d) La compagnie hors rang.

Chaque compagnie comprend : 2 lieutenants ou sous-lieutenants (ou adjudant-chef en faisant fonctions), 1 adjudant, 1 sergent-major, 1 sergent fourrier, 7 sergents, 12 caporaux.

L'effectif minimum d'une compagnie d'infanterie (pied de paix) est de 140 hommes pour les unités à effectif normal et de 200 hommes pour les unités à effectif renforcé (1). Sur le pied de guerre, toutes les compagnies sont à 250 hommes.

La compagnie se subdivise en 2 pelotons, 4 sections, 8 escouades en temps de paix et 16 escouades en temps de guerre.

La compagnie hors rang comprend : des adjudants du cadre complémentaire, des adjudants-chefs de bataillon ou comptables, le maître armurier, le maître d'escrime, le sous-chef de musique, le vaguemestre, le tambour-major, et, d'une manière générale, tous les sous-officiers, caporaux et soldats chargés d'emplois spéciaux (musiciens, secrétaires, cyclistes, infirmiers, etc.).

Le nombre des infirmiers est calculé sur le pied de 1 infirmier du service armé et 1 du service auxiliaire par bataillon. Un des infirmiers du service armé peut être caporal.

Les régiments, groupés par deux, forment les brigades (général de brigade). Les brigades, groupées par deux, constituent les divisions (général de division).

(1) Par effectif, il faut entendre l'ensemble des sous-officiers, caporaux et soldats.

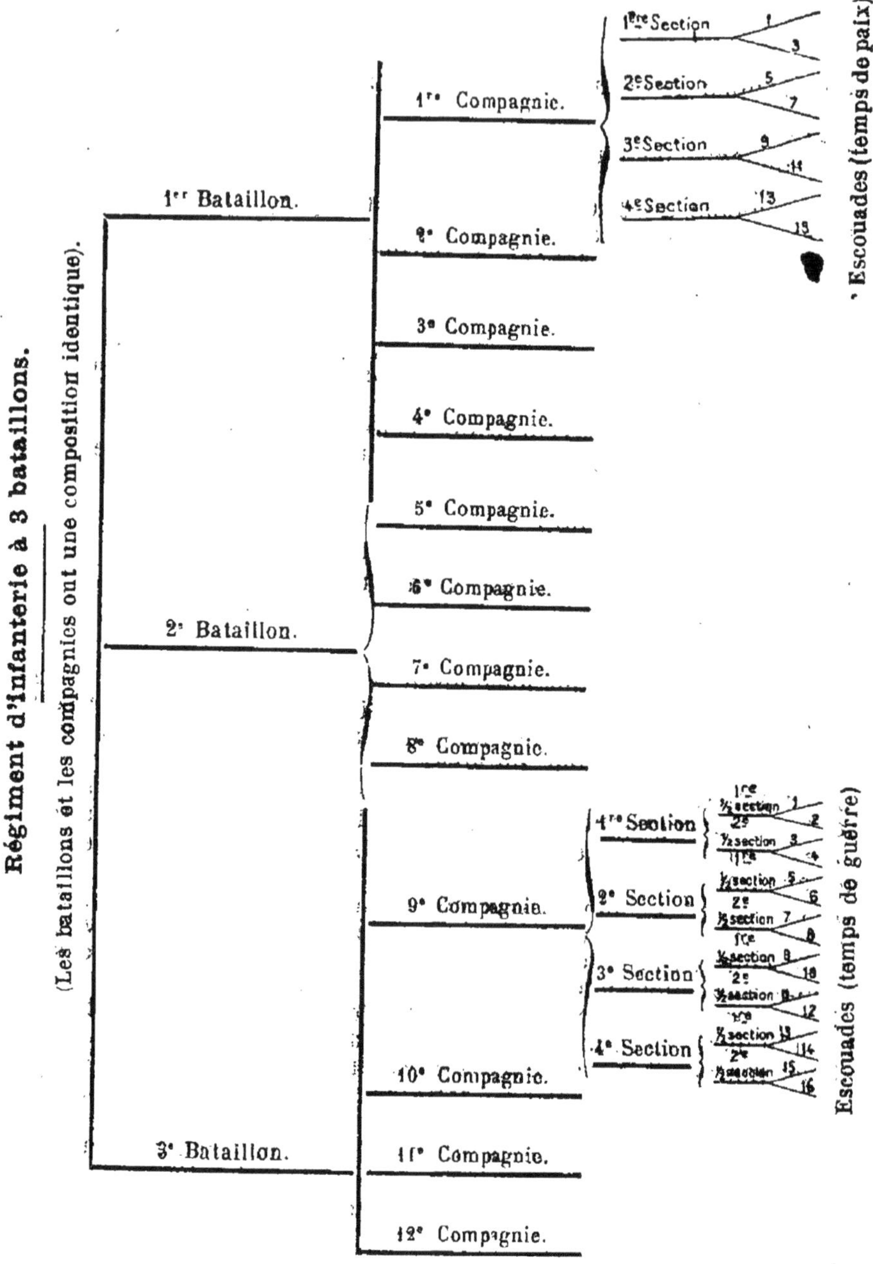

En temps de paix, toutes les compagnies ont une composition analogue à celle de la compagnie prise ci-dessus comme exemple (1re compagnie).

En campagne, toutes les compagnies ont une composition analogue à celle de la compagnie prise ci-dessus comme exemple (9e compagnie).

2° Cavalerie.

Les troupes de cavalerie se composent de :

a) En France :

12 régiments de cuirassiers (grosse cavalerie ou cavalerie de réserve);
32 régiments de dragons (cavalerie de ligne);
23 régiments de chasseurs } cavalerie légère;
14 régiments de hussards }
17 groupes de cavaliers de remonte.

b) En Afrique :

6 régiments de chasseurs d'Afrique;
4 régiments de spahis (plus 2 à créer cette année, soit 6 régiments);
4 compagnies de cavaliers de remonte;
Des escadrons de spahis coloniaux, dont le nombre est fixé par décret.

Le régiment comprend :

a) L'état-major du régiment (analogue à l'infanterie);
b) Le cadre complémentaire (3 capitaines);
c) Le peloton hors rang (analogue à l'infanterie);
d) 5 escadrons (dont 1 de dépôt).

Aux manœuvres et en campagne, 4 escadrons seulement marchent. Il vient s'y ajouter, à la mobilisation, 2 escadrons de réserve pour les régiments des divisions de cavalerie, 1 régiment de réserve pour les régiments de corps.

Le régiment est commandé par un colonel; deux escadrons forment le demi-régiment et sont commandés par un chef d'escadrons.

L'escadron, unité administrative et tactique, est commandé par un capitaine.

Il est divisé en 4 pelotons commandés par des lieutenants ou sous-lieutenants; chaque peloton sur le pied de paix est divisé en trois escouades; sur le pied de guerre, il est constitué dans chaque peloton une quatrième escouade.

Un escadron comprend 145 cavaliers (effectif variable), dont 1 chef et 1 adjudant, 10 sous-officiers, 13 brigadiers; 1 brigadier ou sous-officier maréchal ferrant avec 2 cavaliers aides, 4 trompettes.

A chaque corps d'armée est rattaché, en principe, un régiment de cavalerie légère.

Tous les autres régiments de cavalerie sont endivisionnés; ils forment 10 divisions de cavalerie de 6 régiments chacune.

A chaque division sont affectés un groupe de batteries à cheval et un groupe cycliste.

Une section de mitrailleuses est affectée à chaque brigade de cavalerie.

Le rôle de la cavalerie de corps d'armée est :

1° D'assurer la liberté d'action du chef en lui fournissant les renseignements jugés nécessaires à la sûreté du corps d'armée;

2° De participer à la protection des troupes contre les surprises.

Le commandant de corps d'armée détermine ce qu'il est nécessaire de donner à chaque division pour la protection, suivant la mission de la division, suivant sa place dans le corps d'armée, et suivant le terrain. Cette force peut varier d'un peloton à plusieurs escadrons.

Quant à la fraction de cavalerie de corps chargée de garantir la sécurité, elle emploie dans le cadre du corps d'armée des procédés analogues à ceux de l'exploration.

Dans un détachement de toutes armes, la cavalerie qui en fait partie est fractionnée en deux groupes : l'un chargé de la sûreté du détachement, l'autre chargé de la protection.

Les divisions de cavalerie affectées aux armées sont chargées de l'exploration, c'est-à-dire de fournir au commandement les renseignements généraux dont il a besoin pour diriger les troupes et assurer le succès des opérations.

Ces divisions de cavalerie peuvent être groupées en corps de cavalerie opérant sous les ordres directs du commandant en chef.

3° Artillerie.

L'artillerie comprend :

11 régiments d'artillerie à pied
62 régiments d'artillerie de campagne } stationnés en France;
2 régiments d'artillerie de montagne }
7 groupes autonomes d'artillerie, dont 2 à pied et 5 de campagne, stationnés en Algérie-Tunisie.

Les régiments d'artillerie à pied et de campagne comprennent des batteries, des sections d'ouvriers d'artillerie et, s'il y a lieu, des compagnies d'ouvriers d'artillerie.

Les batteries à pied sont destinées au service des bouches à feu dans la guerre de siège, la défense des places et celle des côtes.

Les batteries montées comprennent des servants à pied pour le service des bouches à feu et des conducteurs chargés d'atteler les voitures.

Les servants montent sur les coffres.

Les batteries à cheval sont affectées aux divisions de cavalerie. Les servants sont à cheval.

Les batteries de montagne sont armées de matériel pouvant être porté à dos de mulet.

La batterie montée de 75 comprend :

a) *Personnel :*

1 capitaine,
2 lieutenants ou sous-lieutenants,
11 sous-officiers,
7 brigadiers,
6 maîtres pointeurs,
4 ouvriers,
2 trompettes,
80 canonniers (effectif variable),
soit, au total, 110 hommes de troupe.

b) *Matériel :*

4 canons de 75 millimètres de diamètre,
12 caissons,
1 forge,
1 chariot de batterie,
1 fourragère,
3 fourgons à vivres.

Le personnel de la batterie est réparti en 9 pelotons de pièce. Chaque pièce est commandée par un maréchal des logis, assisté d'un ou deux brigadiers.

Le fractionnement est le suivant :

a) *Batterie de combat.* — Batterie de tir (1re pièce, 1 canon, 1 caisson; 2e pièce, 1 canon, 1 caisson; 3e pièce, 1 canon, 1 caisson; 4e pièce, 1 canon, 1 caisson; 5e pièce, 2 caissons); échelon de combat (6e pièce, 3 caissons; 7e pièce, 3 caissons; 8e pièce, 1 forge, 1 chariot de batterie);

b) *Train régimentaire.* — 9e pièce, 1 fourragère, 3 fourgons à vivres.

Le nombre de pièces des batteries montées de 75, actuellement de 120 par corps d'armée, sera porté à 144 au fur et à mesure des ressources.

On compte 689 batteries de campagne et 97 à pied.

Le « groupe de batteries » est l'unité tactique (2 batteries à cheval ou 3 montées).

La répartition de l'artillerie de campagne est, en principe, la suivante :

Par corps d'armée, sous les ordres du général commandant l'artillerie du corps d'armée, 1 brigade de 2 régiments d'artillerie (l'un, dit « de corps », fournit 4 groupes montés au corps d'armée; l'autre, dit « divisionnaire », fournit à chacune des 2 divisions 3 groupes montés, soit un total de 30 batteries par corps d'armée.

L'artillerie à cheval (destinée aux divisions de cavalerie) et l'artillerie lourde d'armée sont rattachées à certains régiments.

4e Génie.

Le génie comprend :

6 régiments de sapeurs mineurs;
1 régiment de sapeurs de chemins de fer (le 5e);
1 régiment de sapeurs télégraphistes (le 8e).

L'organisation a pour but de fournir un bataillon à chaque corps d'armée.

5e Train des équipages militaires.

Le train comprend :

1 escadron par corps d'armée (3 compagnies);
12 compagnies mixtes (voitures et animaux de bât en Algérie-Tunisie).

6° Corps spéciaux.

La gendarmerie comprend :

La gendarmerie départementale, divisée en 27 légions; chaque légion se divise en compagnies (une par département); la compagnie en brigades groupées par lieutenances, commandées par un capitaine ou lieutenant;

La garde républicaine (3 bataillons de 4 compagnies);

La gendarmerie coloniale (4 escadrons, 4 compagnies).

Le régiment des sapeurs-pompiers de Paris comprend 2 bataillons de 6 compagnies.

Les douaniers et chasseurs forestiers sont groupés en compagnies et en bataillons.

7° Aéronautique.

L'aéronautique militaire forme une direction spéciale, sous les ordres d'un officier général directeur, relevant directement du Ministre; elle est chargée de l'étude, de l'acquisition et la construction des engins de navigation aérienne (ballons, avions, cerfs-volants); de l'administration et de la mobilisation des formations, de l'instruction du personnel.

Elle comprend :

Le personnel navigant : officiers et hommes de troupes recrutés sur l'ensemble de l'armée et mis hors cadres;

Des troupes : compagnies d'aéronautique et de conducteurs, sections d'aviation, escadrilles d'avions;

Des établissements : ateliers, centres d'aviation, ports d'attache, écoles.

8° Troupes de télégraphie militaire.

1 régiment de 13 compagnies de sapeurs télégraphistes, dont 1 de radiotélégraphistes;

1 groupe de sapeurs télégraphistes des places fortes;

1 compagnie de sapeurs conducteurs.

Plus des troupes spéciales à l'Afrique et, en campagne, des sections techniques de télégraphie.

Il faut ajouter à ces corps : 25 sections de commis et ouvriers militaires d'administration, 21 sections de secrétaires d'état-major et de recrutement, 25 sections d'infirmiers.

Organisation des grosses unités.

Le *corps d'armée* comprend :

L'état-major du corps d'armée,
2 divisions d'infanterie,
1 brigade de cavalerie,
1 brigade d'artillerie,
1 bataillon du génie,
1 escadron du train,
1 section de secrétaires d'état-major et de recrutement,
1 section de commis et ouvriers militaires d'administration,
1 section d'infirmiers.

En temps de guerre, il comprend un certain nombre d'organes administratifs, parcs et convois de toute nature.

Auprès du commandant de corps d'armée se trouvent les directeurs des différents services (en particulier, le directeur du service de santé du corps d'armée).

La *division d'infanterie* comprend :

L'état-major de la division,
2 ou 3 brigades d'infanterie.

En campagne, elle se complète par une cavalerie divisionnaire, une artillerie divisionnaire, une compagnie du génie, des formations sanitaires et divers parcs et convois.

La *brigade d'infanterie* comprend :

L'état-major de la brigade,
2 régiments d'infanterie.

Notions sur la réserve de l'armée active et sur l'armée territoriale.

La réserve de l'armée active complète, à la mobilisation, l'effectif des troupes de l'armée active, au moyen de ses plus jeunes classes.

Les autres classes forment des unités (régiments, brigades, etc.) de réserve (pour l'infanterie, ces régiments portent le numéro du régiment auquel ils sont rattachés augmenté de 200, ou du bataillon actif, augmenté de 40).

Ces unités prennent part aux opérations actives.

L'armée territoriale et sa réserve, affectées plus spécialement à la défense du territoire, peuvent néanmoins être appelées à prendre part aux opérations actives.

L'armée territoriale comprend des corps de troupes de toutes armes organisées par régions de corps d'armée. En principe, 1 régiment territorial d'infanterie par subdivision, des escadrons de cavalerie et des groupes d'artillerie, suivant les ressources; 1 bataillon du génie, 1 escadron du train, 1 section d'infirmiers, 1 section de commis et ouvriers d'administration.

Le recrutement est subdivisionnaire pour l'infanterie et régional pour le reste.

Tous les corps sont rattachés à des corps de l'active, qui les administrent en temps de paix.

L'armée territoriale dispose de tous les services, magasins, etc., qui lui sont nécessaires.

Elle est organisée d'une manière analogue en Algérie.

Etat des officiers de la réserve et de l'armée territoriale. Avancement.

Les officiers sont nommés par le Chef de l'Etat.

Ils ne peuvent perdre leur grade que par : radiation (par limite d'âge), démission acceptée, perte de la qualité de Français, destitution par un conseil de guerre, condamnations afflictives ou infamantes, révocation par le chef de l'Etat (d'office, pour faillite, ou révocation ou destitution d'officier ministériel; sur avis de conseil d'enquête, pour révocation d'un emploi civil, fautes contre l'honneur, condamnations, fautes contre la discipline).

La *suspension* est une punition spéciale. Elle est prononcée pour une durée de trois mois à un an.

AVANCEMENT.

Réserve. — Les officiers proviennent des officiers de l'active démissionnaires en réserve spéciale ou retraités, des sous-officiers retraités, des élèves officiers de réserve, des médecins auxiliaires, en ce qui concerne les officiers du corps de santé.

Les sous-lieutenants sont nommés lieutenants après quatre ans et deux périodes.

Les lieutenants ne peuvent être nommés capitaines qu'après au moins six ans et trois périodes.

Les chefs de bataillon ne proviennent que d'anciens officiers de l'active ayant au moins six ans de grade et trois périodes.

Territoriale. — Les officiers ont la même origine que pour la réserve et proviennent également de la réserve. L'avancement est soumis aux mêmes règles.

Dispositions communes. — Il n'y a pas d'examens. L'aptitude est constatée pendant les périodes (au maximum 24 jours tous les deux ans pour la réserve et 10 jours pour la territoriale). Ces officiers sont administrés par le corps actif auquel est rattaché leur corps et sont sous l'autorité du général commandant la subdivision de leur résidence.

ADMINISTRATION DE L'ARMÉE.

Loi du 16 mars 1882. — Loi du 1er juillet 1889.

Dans leur ensemble, les services administratifs ont pour but la satisfaction des besoins matériels de toute nature.

Les principes généraux de l'administration de l'armée ont été fixés par la loi du 16 mars 1882, que tout médecin militaire doit connaître, car c'est elle qui a libéré le service de santé de la tutelle de l'intendance, qui perdit « un des plus beaux fleurons de sa couronne ». C'est la loi de 1889 qui a établi l'autonomie complète de ce service.

1° *L'administration est subordonnée au commandement.* Le Ministre, le commandant de corps d'armée, le chef de corps, ont auprès d'eux les chefs des services administratifs et leur donnent les ordres nécessaires;

2° *Tout service administratif comprend trois éléments :* la direction, la gestion ou exécution, et le contrôle.

Pour tous les services sans exception, le contrôle est uniformément exercé par les membres du *corps de contrôle de l'armée.*

La direction et la gestion sont exercées par des officiers ou fonctionnaires appartenant aux divers services.

Par exemple, dans un hôpital militaire, la *direction* est exercée par le médecin-chef de l'hôpital; la *gestion* est exercée par un officier d'administration gestionnaire. Dans un corps de troupe, la *direction* est exercée par le chef de corps, la *gestion* par les officiers comptables, commandants d'unités administratives, etc... Il faut prendre ces mots de direction et de gestion dans un sens relatif. Il n'y a que le Ministre qui ait un rôle de *direction* absolue, et encore est-il un *gestionnaire* envers le Parlement. Le médecin-chef d'hôpital, chargé de la *direction*, est un *gestionnaire* envers le médecin *directeur* du service de santé du corps d'armée, qui est lui-même *gestionnaire* envers le directeur du service au ministère.

Les articles de la loi du 16 mars 1882 intéressant plus spécialement le service de santé peuvent être résumés ainsi :

Les directeurs du service de santé et, d'une manière générale, tous les chefs d'un service de santé, sont des médecins militaires. Ils sont chefs de tout le personnel attaché à leur service : ils ordonnancent les dépenses, vérifient la gestion, assurent la fourniture du matériel de toute nature. Les sections d'infirmiers sont commandées et administrées par des officiers d'administration, sous les ordres des médecins chefs de service.

NOTIONS GÉNÉRALES SUR LES TROUPES COLONIALES.

Loi du 7 juillet 1900.

L'armée coloniale est l'ensemble des forces organisées pour la défense des colonies et pays de protectorat.

Elle est rattachée au ministère de la guerre, peut, par suite, en cas de besoin, coopérer à la défense de la métropole, mais a un régime propre et un budget spécial alimenté par une section du budget de la guerre pour les troupes stationnées en France, Algérie, Tunisie, et par une section du budget des colonies pour les troupes stationnées dans les colonies.

Une *direction* spéciale, au ministère de la guerre, est chargée du personnel, de l'instruction de l'ensemble.

Dans chaque colonie, le commandant supérieur des troupes est sous l'autorité du *Gouverneur*.

Les troupes comprennent :

Etat-major général; service d'état-major; troupes françaises; troupes indigènes; état-major particulier de l'infanterie coloniale; état-major particulier de l'artillerie coloniale; services administratifs; service de justice militaire; service de santé.

Le recrutement de l'armée coloniale est assuré par les contingents des colonies, les engagés et rengagés, les hommes du contingent qui le demandent, les omis, condamnés, non excusés, et, enfin, les hommes du contingent (ne sont envoyés aux colonies qu'avec leur consentement).

Les troupes indigènes ont un recrutement spécial à chaque colonie.

Les forces sont groupées : en France, en un corps d'armée colonial; aux colonies, en cinq groupes (Indo-Chine, Afrique occidentale, Afrique orientale, Antilles, Pacifique).

Infanterie coloniale.

En France :

12 régiments à 3 bataillons de 4 compagnies;
1 section de secrétaires d'état-major;
1 section de télégraphistes coloniaux;
1 dépôt des isolés;
1 section de secrétaires et ouvriers militaires du commissariat;
1 section d'infirmiers.

Aux colonies : des régiments et des unités.

Cavalerie.

Ne comprend qu'un escadron de cavalerie et un peloton de remonte en Indo-Chine.

Artillerie.

Comprend : *a*) un personnel détaché à la marine, soit : un état major général, un état-major particulier, des corps de troupe (compagnies d'ouvriers et d'artificiers); *b*) des troupes françaises et indigènes.

En France :

3 régiments d'artillerie, comprenant en tout 36 batteries (montées, de montagne, à pied),
2 compagnies d'ouvriers d'artillerie,
1 détachement d'artificiers.

Aux colonies : des régiments et des unités.

Génie.

Comprend des compagnies indigènes en Indo-Chine et une section indigène en Afrique occidentale.

HIÉRARCHIE.

La *hiérarchie* est la suite des grades, du moins élevé au plus élevé.

Il y a plusieurs hiérarchies différentes.

Le mot « assimilation » ne s'applique pas à la hiérarchie. Un fonctionnaire militaire est dit assimilé à un officier lorsque le règlement lui donne les droits et les devoirs généraux des officiers.

Le mot « correspondance » s'applique à la hiérarchie et signifie l'équivalence de deux grades, de hiérarchie et d'appellation différentes.

La hiérarchie des corps de troupe sert de base. Les autres hiérarchies ont une correspondance plus ou moins complète avec elle.

La hiérarchie du corps de contrôle est tout à fait spéciale et ne comporte aucune correspondance avec les grades des corps de troupe.

1° *Hiérarchie des grades ou classes d'homme de troupe.*

a) soldat de 2e classe;

b) soldat de 1re classe;

c) caporal ou brigadier, caporal fourrier ou brigadier fourrier;

d) sous-officier (comportant divers emplois donnant autorité) : 1° sergent, sergent fourrier ou maréchal des logis; 2° sergent-major ou maréchal des logis chef; 3° aspirant (élève officier); 4° adjudant; 5° adjudant-chef.

Le grade de médecin auxiliaire est un grade correspondant à l'emploi d'adjudant des sections d'infirmiers.

2° *Hiérarchie des grades d'officier ou assimilé.*

CORPS DE TROUPE.	CORPS DE SANTÉ.	OFFICIER D'ADMINISTRATION.	INTENDANCE.
Sous-lieutenant ...	Médecin ou pharmacien aide-major de 2ᵉ classe.	Officier d'administration de 3ᵉ cl.	»
Lieutenant	Médecin aide-major de 1ʳᵉ classe.	Officier d'administration de 2ᵉ cl.	»
Capitaine	Médecin-major de 2ᵉ classe.	Officier d'administration de 1ʳᵉ cl.	Adjoint à l'intendance.
Chef de bataillon ou d'escadron.	Médecin-major de 1ʳᵉ classe.	Officier d'administration principal.	Sous-intendant militaire de 3ᵉ classe.
Lieutenant-colonel..	Médecin principal de 2ᵉ classe.	»	Sous-intendant militaire de 2ᵉ classe.
Colonel	Médecin principal de 1ʳᵉ classe.	»	Sous-intendant militaire de 1ʳᵉ classe.
Général de brigade.	Médecin inspecteur.	»	Intendant militaire.
Général de division avec l'emploi de général commandant un corps d'armée.	Médecin inspecteur général.	»	Intendant militaire général.
		Ils peuvent à partir de la première classe passer après concours dans l'intendance.	Les intendants sont recrutés au concours, parmi les officiers de toutes armes, du grade de capitaine ou assimilé.

DISCIPLINE (1).

Le but de la discipline est de coordonner les efforts, de tendre toutes les volontés vers un but commun et de les faire obéir aux moindres impulsions du commandement. Elle constitue la force principale de l'armée.

Elle se manifeste par la subordination de grade à grade, le respect envers les chefs, l'obéissance entière, confiante et instantanée à leurs ordres, la volonté sincère et opiniâtre d'atteindre le but fixé.

Elle a sa plus haute expression dans cette formule : exécuter ponctuellement tout ce qui est commandé pour le bien et la défense du pays, l'observation des règlements et l'application des lois.

(1) Ce chapitre n'a rien de personnel. Il est une compilation succincte et aussi textuelle que possible des règlements.

Le chef doit puiser dans le sentiment de son autorité et des responsabilités qui en découlent la force de caractère nécessaire pour obtenir de ses subordonnés l'entier accomplissement de leurs devoirs.

La discipline est d'autant plus facilement obtenue que les chefs ont pris plus d'*ascendant* sur leur troupe, en raison de l'*exemple* qu'ils lui donnent, de la *confiance* qu'ils lui inspirent par leur *caractère*, leurs *connaissances professionnelles* et leur *loyalisme* envers les institutions du pays.

Les chefs doivent *faire appel à l'intelligence* de leurs subordonnés : leurs ordres seront mieux exécutés s'ils en font comprendre le but et la portée.

La *fermeté* dans le maintien de la discipline doit s'allier à la *bienveillance* dans l'exercice du commandement.

Le supérieur cherche à *prévenir* les fautes pour éviter d'avoir à les *réprimer*. Toute rigueur qui n'est pas nécessaire, toute punition qui n'est pas déterminée par le règlement ou que ferait prononcer un sentiment autre que celui du devoir, tout acte, tout geste, tout propos offensant d'un supérieur envers un subordonné sont sévèrement interdits et constituent des fautes contre la discipline. Les chefs doivent traiter les inférieurs avec bonté, les aider de leurs conseils, leur témoigner de l'intérêt et des égards.

A grade égal, la discipline exige la subordination à l'ancienneté.

A grade égal, les officiers de l'active ont le commandement sur les officiers de la réserve et de la territoriale (sauf s'ils proviennent de l'active).

Tout militaire exerçant provisoirement les fonctions d'un grade supérieur se trouve investi, à l'égard de la troupe près de laquelle il les remplit, de tous les droits et de toutes les responsabilités du titulaire (sauf restrictions indiquées par le règlement).

Tout remplaçant éventuel doit être mis, par son supérieur immédiat, en mesure de prendre les fonctions qui peuvent inopinément lui incomber.

En cas d'absence ou d'indisponibilité (sauf exceptions prévues par le règlement), tout supérieur est remplacé dans son commandement par celui de ses subordonnés qui marche immédiatement après lui, soit par son grade, soit par son ancienneté.

Règles générales de conduite.

Les militaires de tout grade ne doivent jamais oublier les devoirs de dignité et de tenue que leur situation leur impose.

Ils s'abstiennent de tous actes, de toute attitude, de tous propos et de toutes fréquentations qui permettraient de mettre en doute leur fidélité au devoir, leur soumission aux lois ou leur respect envers les institutions du pays. En toute circonstance, ils donnent l'exemple de la correction.

Les dettes entraînent toutes les sévérités du règlement.

La tenue doit être uniforme et réglementaire.

Quatre tenues : de travail, de sortie, grande tenue, tenue de campagne.

Les sous-officiers rengagés ont une « tenue de ville ».

Le port de certains effets, non obligatoires (pelisse, jambières, etc.) est soumis à des règles spéciales.

Les tenues en permission, en congé, à l'étranger sont définies par des instructions ministérielles spéciales.

En dehors du service, les officiers et assimilés peuvent porter la tenue bourgeoise (1) à partir de 17 heures pendant la semaine et toute la journée les dimanches et jours fériés.

Marques extérieures de respect.

Tout militaire doit, en toute circonstance, de jour et de nuit, en dehors du service comme dans le service, des marques extérieures de respect à ses supérieurs.

L'inférieur s'adresse à son supérieur avec politesse et déférence, sans se montrer timide ni obséquieux; le supérieur parle à l'inférieur avec fermeté, sans morgue ni raideur, et sans le tutoyer.

Lorsqu'un supérieur arrive devant une troupe placée sous ses ordres, l'officier ou le gradé qui la commande se porte au-devant de lui et lui rend compte de l'instruction donnée ou du travail exécuté.

L'entière correction du salut doit être strictement exigée : porter la main droite ouverte au côté droit de la coiffure, la main dans le prolongement de l'avant-bras, les doigts étendus et joints, le pouce réuni aux autres doigts, la paume en avant, le bras sensiblement horizontal et dans l'alignement des épaules.

L'attitude du salut doit être prise d'un geste vif et décidé : rectifier l'attitude, regarder la personne saluée, renvoyer vivement la main droite dans le rang. Saluer à six pas. Le salut ne se renouvelle pas dans un lieu public.

Tout militaire isolé passant devant un drapeau ou étendard s'arrête, lui fait face, le salue et reprend ensuite sa marche.

Le préfet en uniforme a droit au salut des militaires de tout grade. Le sous-préfet et le secrétaire général en uniforme doivent le salut aux officiers généraux; ils ont droit au salut de tous les autres militaires.

L'inférieur salue le premier; le supérieur rend le salut.

A grade égal, les militaires échangent le salut.

Les officiers, sous-officiers et sapeurs-pompiers des communes en uniforme ont droit au salut et le doivent, d'après les insignes de leur grade; de même pour les militaires des armées étrangères. Les gendarmes ne doivent le salut qu'aux officiers.

Les supérieurs de tout grade et de toute fonction ont le devoir strict de donner l'exemple de la dignité professionnelle, de l'esprit et de l'attitude militaires, de la correction absolue de la tenue. Ils doivent relever et signaler les infractions de tout inférieur aux

(1) Toutefois, le capitaine de semaine et l'adjudant de semaine doivent être constamment en tenue. Les adjudants-chefs, adjudants et les sous-officiers mariés à solde mensuelle peuvent porter la tenue civile les dimanches et les jours fériés. Les autres gradés et soldats ne peuvent revêtir la tenue civile que par autorisation spéciale du chef de corps. Le commandant d'armes peut apporter, aux dispositions relatives à la tenue civile, toutes les restrictions nécessitées par les circonstances.

prescriptions concernant la tenue en ville, les formes de salut et autres marques extérieures de respect.

Les sanctions. — Moyens d'action des chefs. — Récompenses et punitions.

Les sanctions appliquées aux militaires sont la conséquence juste et nécessaire de leurs actes et de leur manière de servir; les éloges et les distinctions dont le soldat est l'objet récompensent ses efforts et stimulent son zèle; les remontrances et, au besoin, les punitions redressent sa conduite, combattent sa négligence, répriment ses fautes.

Lorsque les moyens de persuasion restent sans effet, l'intérêt de la discipline oblige à prononcer une punition. Le supérieur qui l'inflige doit toujours la proportionner à la faute, tenir compte des circonstances, de la conduite habituelle du militaire fautif, de son degré d'intelligence et du temps de service qu'il a déjà accompli.

L'appréhension de la première punition est profitable à la discipline; le fait d'avoir été déjà puni fait attacher moins d'importance aux sanctions ultérieures. Il importe donc de n'infliger qu'à bon escient la première punition marquante.

Nul ne doit encourir plusieurs punitions pour la même faute; en aucun cas, les fautes individuelles ne doivent entraîner de répression collective.

Récompenses.

Comportent : différentes sortes de félicitations, la promotion aux grades, le certificat de bonne conduite, les permissions.

Le colonel peut accorder : aux officiers et sous-officiers, après la durée légale du service, 30 jours de permission avec solde de présence; aux gradés et soldats accomplissant le temps légal, des permissions dont le total ne peut dépasser 120 jours pour les trois ans (1).

PERMISSIONS DES MÉDECINS.

Le colonel n'accorde de permissions aux médecins qu'après autorisation du commandant d'armes, qui prend l'avis du médecin-chef du service de santé de la place. En cas d'urgence, il peut accorder aux médecins des permissions de courte durée, dont il rend compte immédiatement au commandant d'armes.

PROLONGATIONS DE PERMISSION.

Les officiers et hommes de troupe en permission peuvent, en exposant les raisons qui justifient leur demande, obtenir des prolongations de permission, sous réserve que celles-ci ne portent pas à plus de 30 jours la durée totale de leur absence. Ces prolongations sont accordées par le colonel.

---

(1) Vous pourrez consulter, dans le *B. O.*, P. P., page 1577, l'instruction réglant le mode d'attribution des congés ou permissions accordés aux militaires servant sous le régime de la loi du 7 août 1913.

Les *prolongations* de permission accordées pour cause de convalescence à un militaire accomplissant le temps légal du service entrent dans le décompte des 30 jours que la loi permet d'accorder (1).

Toute prolongation portant au delà de 30 jours la durée de l'absence ne peut être demandée et accordée que sous forme de congé.

Nota. — Les permissions se décomptent par jours et les congés par mois.

Punitions.

Constituent des fautes contre la discipline, les actes contraires au respect que tout militaire doit, en toute circonstance, aux règlements de police, aux lois, au gouvernement de la République et aux autorités qui le représentent; les infractions aux règlements militaires, la violation des règles relatives à l'exécution des punitions, les indiscrétions, la paresse, la mauvaise volonté et la négligence dans le service, normal ou requis; l'oubli de la dignité professionnelle, les dettes résultant de l'inconduite, la tentative de dissimuler son identité en cas de faute ou de se soustraire à la responsabilité de ses actes, les querelles entre militaires ou avec des citoyens, les brimades, l'ivresse dans tous les cas, la manifestation publique, sous quelque forme que ce soit, d'opinions qui peuvent nuire à la discipline ou créer des difficultés aux autorités, soit à l'intérieur, soit à l'extérieur, ou compromettre de toute autre façon les intérêts généraux du pays (2).

De plus, de la part du supérieur, tout acte de faiblesse, tout abus d'autorité, tout propos offensant, toute punition injustement infligée quand l'injustice a été sciemment commise; de la part de l'inférieur, tout murmure, tout écart de langage, tout défaut d'obéissance, les manquements aux appels, à l'instruction et aux différents services.

Droit de punir.

Tout supérieur, quel que soit son grade ou son rang et à quelque corps ou service qu'il appartienne, a le devoir strict de contribuer au maintien de la discipline générale en relevant toute faute de ses inférieurs et en s'efforçant d'y mettre fin si cette faute se poursuit.

Tout militaire qui remplit momentanément une fonction possède en matière de punition, et quel que soit son grade, les mêmes droits que le titulaire de cette fonction.

Dès qu'une punition est prononcée, le chef qui l'a infligée la notifie sans retard ou la fait notifier à l'intéressé. Les punitions ne sont jamais notifiées en présence des inférieurs des militaires punis.

---

(1) Le colonel peut toutefois, à titre exceptionnel, accorder des dérogations à cette règle.

(2) La divulgation des renseignements confidentiels, l'inobservation des prescriptions relatives au droit d'écrire.

Tableau des punitions.

LE	PEUT INFLIGER AU MAXIMUM		
	A OFFICIERS.	A SOUS-OFFICIERS.	A CAPORAUX et SOLDATS.
Caporal ou caporal fourrier.	»	»	2 jours de consigne.
Sous-officier .... Médecin auxiliaire.	»	2 jours arrêts simples.	4 jours de consigne. 2 jours de salle de police (1).
Sous-lieutenant.... Lieutenant .... Médecin aide-major.	2 jours arrêts simples.	4 jours arrêts simples.	8 jours de consigne. 4 jours de salle de police.
Capitaine hors la compagnie.	4 jours arrêts simples.		
Capitaine dans sa compagnie. Médecin chef de service dans son service. Chef de bataillon dans son unité. Lieutenant - colonel dans son régiment.	8 jours arrêts simples.	15 jours arrêts simples. 8 jours arrêts de rigueur.	30 jours de consigne. 15 jours de salle de police. 8 jours de prison.
Officier supérieur chef de corps.	30 jours arrêts simples.	30 jours arrêts simples.	30 jours de consigne. 30 jours de salle de police.
Officier général hors de son commandement.	15 jours arrêts de rigueur.	15 jours arrêts de rigueur.	15 jours de prison.
Dans son commandement :			
Général de brigade.	30 jours arrêts simples ou de rigueur, 8 jours arrêts de forteresse.	20 jours arrêts de rigueur.	20 jours de prison dont 10 de cellule (soldats seulement).
Général de division.	30 jours d'arrêts. 15 jours de forteresse.	25 jours arrêts de rigueur.	25 jours de prison dont 12 de cellule (soldats seulement).
Commandant de corps d'armée.	30 jours arrêts simples, de rigueur ou de forteresse.	30 jours arrêts de rigueur.	30 jours de prison dont 15 de cellule (soldats seulement) ou 60 jours de prison dans des cas exceptionnels.

(1) Peuvent être seulement prononcées par les adjudants-chefs ou par les adjudants dans leur service spécial.

DIVERS.

Réclamations.

Les réclamations individuelles sont seules autorisées. Tout militaire qui croit avoir des motifs fondés de réclamation doit d'abord demander à être entendu du supérieur qui a pris la mesure ou prononcé la punition.

Le supérieur doit écouter la réclamation avec calme et bienveillance. L'inférieur dont la réclamation n'a pas été admise peut l'adresser, par la voie hiérarchique, à l'une quelconque des autorités supérieures, à celles qui ont déjà examiné sa réclamation, mais il doit être prévenu qu'il s'expose ainsi à une sanction disciplinaire (de la part seulement de l'autorité destinataire).

Les réclamations peuvent être présentées verbalement jusqu'au colonel. L'intéressé doit demander, par la voie hiérarchique, à être entendu. (Au-dessus du colonel, par écrit.)

Aucune réclamation ne peut être retenue par les autorités intermédiaires : elles transmettent avec avis.

Les réclamations administratives se font de même, mais sans risque de sanction.

Tout militaire recevant l'ordre d'une punition doit d'abord s'y soumettre; il ne peut réclamer qu'après avoir obéi. Un homme qui réclame en état d'ivresse ne peut être entendu.

Conseil pratique : évitez le plus possible de réclamer; c'est un mauvais moyen auquel, en général, un peu de réflexion évite de recourir.

Soldats ordonnances.

Les officiers sont autorisés à employer chacun un soldat pour leur service personnel et le pansage de leurs chevaux. Ces soldats sont du service armé pour les médecins; ils doivent avoir au moins huit mois de service. Leur service personnel, analogue à celui que ces militaires fourniraient en campagne, fait l'objet d'instructions ministérielles spéciales.

Les ordonnances prennent part à l'instruction d'après les ordres du colonel (1). Ils peuvent être logés en ville et mis au prêt franc quand le cheval est logé en ville.

Le salaire mensuel de l'ordonnance est fixé à 4 francs par cheval, plus 5 francs pour le service personnel de l'officier.

Publications d'écrits.

Les officiers peuvent, sous leur responsabilité, publier des écrits signés par eux avec mention de leur grade.

(1) Ils assistent à un exercice par semaine, font leurs tirs et prennent part aux marches d'épreuves, manœuvres de garnison, d'automne, feux de guerre, etc... En tout temps, les ordonnances portent la tenue militaire.

Il est interdit de faire suivre la signature de l'indication de leurs fonctions (actuelles ou anciennes) et d'en faire mention dans le corps de l'écrit.

L'auteur est tenu d'adresser un exemplaire à son chef de corps dès la publication; un deuxième exemplaire est envoyé à bref délai, par la voie hiérarchique, au Ministre (Cabinet, 2ᵉ bureau).

Le colonel a tout pouvoir d'appréciation et de sanction vis-à-vis de ses subordonnés dont les écrits seraient jugés par lui préjudiciables à la discipline.

CONSEIL PRATIQUE : cette question est toujours délicate; renseignez-vous avant de publier quoi que ce soit.

Correspondance militaire.

La correspondance militaire ne comporte aucune formule de politesse; elle est rédigée sous une forme déférente d'inférieur à supérieur et correcte de supérieur à inférieur.

Les deux formes de correspondance sont :

1° La *lettre* (ci-dessous modèle).

• CORPS D'ARMÉE. — • DIVISION. — • BRIGADE. — • RÉGIMENT. — SERVICE.	A , le 19 . *Le Médecin aide-major de 2ᵉ classe* *au Colonel commandant le* • *régiment* (1).
OBJET : *Au sujet de*	J'ai l'honneur de vous rendre compte...

---

(1) Quand vous correspondrez avec le directeur du service de santé ou des médecins d'un grade moins élevé, l'ancienne formule : « A Monsieur le... » est encore presque toujours employée.

2° Le *rapport* (qui revêt une forme impersonnelle).

• CORPS D'ARMÉE.	A , le 19 .
—	
• DIVISION.	
—	
• BRIGADE.	
—	*Rapport du Médecin chargé*
• RÉGIMENT.	*de* (tel) *service*
—	
SERVICE.	*sur*
OBJET :	
	Tel jour, tel fait s'est passé dans telles circonstances.

La lettre et le rapport s'écrivent sur feuille écolier entière, simple ou double, suivant le contenu. Terminer, sans aucune formule, par la signature.

L'usage a consacré un certain nombre de formules.

A un supérieur, on écrit :

« J'ai l'honneur de (début invariable) vous rendre compte..... »

(On « rend compte » à un supérieur, on « informe » un inférieur, on « fait connaître » à un égal, on « porte à la connaissance » d'une personne civile.)

« Solliciter de votre (haute) bienveillance. »

« Soumettre à votre (haute) appréciation. »

(On ne fait pas « remarquer » ou « observer ».)

« Vous faire retour de. »

(On « fait retour », on ne « retourne » pas, on ne « renvoie » pas.)

« Vous exposer les faits suivants. »

« Vous prier de vouloir bien. »

(On dit « vouloir bien » à un supérieur et « bien vouloir » à un inférieur.)

On ne dit pas : « J'ai l'honneur de vous prier de m'adresser.... », c'est un ordre, donc une formule à employer à l'égard d'un inférieur; on dit à un supérieur : « J'ai l'honneur de vous demander de vouloir bien m'adresser... »

Rédiger la lettre ou le rapport sous une forme concise, nette, claire. Eviter les longueurs, les redites. Faire court. Ne pas répéter sans cesse les formules de déférence : la forme doit être respectueuse, non obséquieuse.

A un inférieur, on adresse une « note de service », ou simplement une « note ». Forme brève et courtoise. Dire nettement ce qu'on veut.

Exemple : « Prière au sergent A... de faire telle chose. » — « Le sergent A... est chargé d'assurer le service suivant : ».

Donner les matériaux d'exécution : personnel, temps, objets, ingrédients nécessaires, etc. Fixer les heures où le service devra être exécuté, le moment où il devra être terminé. Faire connaître le but qu'on se propose d'atteindre, si possible. Laisser à l'inférieur le choix des moyens d'exécution une fois qu'il est bien fixé sur ce qu'on attend de lui et qu'il dispose de tout ce qui est nécessaire.

Des conseils de guerre.

Sont passibles des conseils de guerre, d'une manière générale, les militaires qui commettent des crimes ou délits prévus par le Code de justice militaire.

Un conseil de guerre permanent siège au chef-lieu de chaque région de corps d'armée.

La composition du conseil est variable suivant le grade de l'accusé. (Pour un soldat : 1 colonel ou lieutenant-colonel, président; 1 commandant, 2 capitaines, 2 lieutenants, 1 sous-officier.)

L'envoi d'un soldat devant le conseil de guerre est prononcé par le général commandant le corps d'armée, après examen de la *plainte en conseil de guerre* et des résultats donnés par l'*information au corps*. Ces formalités préliminaires doivent être très rapides (envoi du dossier dans les vingt-quatre heures).

Sur l'ordre du commandant de corps d'armée, l'accusé est incarcéré à la prison militaire (1). Il choisit un défenseur. L'instruction préalable commence sans délai.

Le médecin peut avoir à intervenir pour une expertise mentale de l'inculpé. (Voir circulaire ministérielle du 16 novembre 1907, *B. O.*, P. P., page 1701.)

NOTA. — Les médecins chargés de cet examen doivent avoir reçu une instruction spéciale, fixée par la circulaire ministérielle du 5 avril 1913 (*B. O.*, P. P., page 348) et dont ci-dessous le résumé :

L'instruction psychiatrique des médecins militaires est complétée à l'Ecole d'application du service de santé militaire, et, de plus, sur leur demande, dans les hôpitaux spéciaux.

Un certain nombre de médecins aides-majors sont spécialisés, après production de diplômes spéciaux et stage au Val-de-Grâce. Les candidats sont affectés à la garnison de Paris pour suivre les cours de l'Institut de médecine légale-psychiatrie.

Les médecins spécialisés, experts près des tribunaux, examinent les sujets qui leur sont soumis par les capitaines rapporteurs près des conseils de guerre. Ils sont au moins du grade de médecin-major de 2e classe.

Tant au moment du conseil de revision qu'à l'arrivée au corps

---

(1) Dès que l'ordre d'informer a été donné par le général en chef, le prévenu, s'il est encore au corps, est, en cas de maladie, hospitalisé aux salles de détenus, à partir de ce moment seulement.

et pendant la durée du service, le médecin doit porter son attention sur l'état mental des militaires qui doivent lui être signalés par les officiers.

Des conseils de discipline.

Le conseil de discipline comprend cinq membres désignés par le général de brigade. Il est appelé à donner son avis sur l'envoi d'un soldat aux « sections spéciales », qui ont remplacé les compagnies de discipline.

Les fautes qui entraînent la comparution devant le conseil de discipline sont : les actes collectifs d'indiscipline, la répétition de fautes portant le trouble et le mauvais exemple dans le corps, la *mutilation volontaire*, la *simulation d'une infirmité.*

Le médecin est appelé, en ce cas, à donner son avis (certificat de visite et de contre-visite).

Les sections spéciales comprennent en France :

5 sections spéciales ordinaires.

2 sections de transition (hommes se conduisant bien),

2 sections de répression (hommes se conduisant mal).

En Afrique, des unités désignées tiennent lieu de section spéciale.

Les hommes qui se conduisent bien peuvent être réintégrés dans un corps de troupe ordinaire.

Des conseils de revision.

Le conseil de revision a pour but d'examiner les jeunes gens dont les noms figurent sur la liste de recensement et de statuer sur leurs obligations militaires.

Composition. — 5 membres délibérants (préfet, président; 1 conseiller de préfecture; 1 conseiller général; 1 conseiller d'arrondissement; 1 officier général), 3 membres experts ayant voix consultative (sous-intendant militaire, commandant de recrutement, médecin militaire); des membres assistants (officier de gendarmerie, sous-préfet, maire).

Fonctionnement. — Le conseil siège en séance publique. A l'appel de leur nom, les jeunes gens inscrits sur les listes de recensement ou leurs représentants peuvent présenter leurs réclamations ou demandes.

Le médecin militaire émet un avis sur l'aptitude physique et l'affectation à l'arme.

Le commandant de recrutement affecte à une arme.

Les médecins sont désignés confidentiellement par le général commandant le corps d'armée parmi les médecins-majors de 1re classe ou, à défaut, de 2e classe. Ils ne peuvent examiner qu'en présence du conseil. Ils disposent d'une boîte d'instruments pour leur examen, d'une toise et d'une bascule. La visite a lieu à huis clos (les père, tuteur, sénateur, député, peuvent être autorisés à y assister). Les cas douteux donnent lieu à une enquête de notoriété publique, au renvoi à une autre séance, exceptionnellement à une visite médicale approfondie dans un hôpital, jamais à la mise en observation.

Bons absents. — Sont d'office considérés comme « bons » les jeunes gens absents au conseil de revision. Ils ne peuvent être réformés plus tard que s'ils sont absolument inutilisables.

Exemptions. — Ne sont exemptés que les jeunes gens atteints d'infirmités incompatibles avec le service militaire.

Visites à domicile. — Les jeunes gens qui ont établi qu'ils sont dans l'impossibilité physique de se présenter sont examinés à domicile par le médecin, assisté d'un officier de gendarmerie.

Classement. — Les jeunes gens sont répartis en quatre catégories :

1° Bon pour le service armé;
2° Bon pour le service auxiliaire;
3° Ajourné à un nouvel examen;
4° Exempté de tout service.

Les jeunes gens classés dans les deux dernières catégories n'y sont maintenus qu'après avoir été examinés et entendus par une commission de réforme. (Voir page 25).

Les décisions du conseil de revision peuvent être l'objet de réclamations (questions judiciaires) devant le tribunal civil; de contestations (incompétence, excès de pouvoir, etc...) devant le Conseil d'Etat; de demandes de revision (erreurs matérielles) devant le conseil de revision lui-même.

Lorsque le conseil de revision a terminé ses opérations les pièces suivantes sont établies :

Liste de recrutement cantonal, établissant la situation militaire de chacun;

Registre matricule de subdivision, qui en est la copie;

Livret individuel.

A côté du conseil de revision, et fonctionnant après lui, est créée une commission médicale, composée de 3 médecins militaires, chargée d'examiner les cas douteux reconnus par l'expert médical du conseil de revision. (Art. 19 de la loi du 7 août 1913.)

Cette commission adresse au préfet un rapport sur chacun des hommes examinés.

Si les jeunes gens ne se présentent pas devant cette commission, ils sont considérés comme ajournés. (Circulaire ministérielle, octobre 1913.)

Tableaux d'emplacement des troupes de l'armée française.

Infanterie.

Rég.

1er Cambrai (1er corps).
2e Granville (10e).
3e Digne - Hyères (15e).
4e Auxerre (5e).
5e Falaise - Gouvernement de Paris (3e).
6e Saintes (18e).
7e Cahors (17e).
8e Saint-Omer (1er).
9e Agen (17e).
10e Auxonne (8e).
11e Montauban (17e).
12e Tarbes (18e).
13e Nevers (8e).
14e Toulouse (17e).
15e Albi (16e).
16e Montbrison - Clermont-Ferrand (13e).
17e Lyon - Epinal (21e).
18e Pau (18e).
19e Brest (11e).
20e Marmande - Montauban (17e).
21e Langres (21e).
22e Bourgoin - camp de Sathonay (14e).
23e Bourg (7e).
24e Bernay - Gouvernement de Paris (3e).
25e Cherbourg (10e).
26e Toul - Nancy (20e).
27e Dijon (8e).
28e Evreux - Gouvernement de Paris (3e).
29e Autun (8e).
30e Annecy (14e).
31e Melun - Paris (5e).
32e Châtellerault - Tours (9e).
33e Arras (1er).
34e Mont-de-Marsan (18e).
35e Belfort (7e).
36e Caen (3e).
37e Troyes - Nancy (20e).
38e Saint-Etienne (13e).

Rég.

39e Rouen-Nord (3e).
40e Nîmes (15e).
41e Rennes (10e).
42e Belfort (7e).
43e Lille (1er).
44e Lons-le-Saunier (7e).
45e Laon (2e).
46e Fontainebleau - Gouvernement de Paris (5e).
47e Saint-Malo (10e).
48e Guingamp (10e).
49e Bayonne (18e).
50e Périgueux (12e).
51e Beauvais (2e).
52e Montélimar (14e).
53e Perpignan (16e).
54e Compiègne (6e).
55e Pont-Saint-Esprit - Aix (15e).
56e Chalon-sur-Saône (8e).
57e Libourne - Rochefort (18e).
58e Avignon (15e).
59e Foix - Pamiers (17e).
60e Besançon (7e).
61e Privas - Aix (15e).
62e Lorient (11e).
63e Limoges (12e).
64e Ancenis (11e).
65e Nantes (11e).
66e Tours (9e).
67e Soissons (6e).
68e Le Blanc - Issoudun (9e).
69e Toul - Essey-les-Nancy (20e).
70e Vitré (10e).
71e Saint-Brieuc (10e).
72e Amiens (2e).
73e Béthune (1er).
74e Rouen-Sud (3e).
75e Romans (14e).
76e Coulommiers - Gouvernement de Paris (5e).
77e Cholet (9e).
78e Guéret - Limoges (12e).
79e Neufchâteau - Nancy (20e).

Rég.

80e Narbonne (16e).
81e Montpellier (16e).
82e Montargis (5e).
83e St-Gaudens - Toulouse (17e).
84e Avesnes (1er).
85e Cosne (8e).
86e Le Puy (13e).
87e Saint-Quentin (2e).
88e Mirande - Auch (17e).
89e Sens - Gouvernement de Paris (5e).
90e Châteauroux (9e).
91e Mézières (2e).
92e Clermont-Ferrand (13e).
93e La Roche-sur-Yon (11e).
94e Bar-le-Duc (6e).
95e Bourges (8e).
96e Béziers (16e).
97e Chambéry (14e).
98e Roanne (13e).
99e Vienne - Lyon (14e).
100e Tulle (12e).
101e Dreux - Gouvernement de Paris (4e).
102e Chartres - Gouvernement de Paris (4e).
103e Alençon - Gouvernement de Paris (4e).
104e Argentan - Gouvernement de Paris (4e).
105e Riom (13e).
106e Châlons (6e).
107e Angoulême (12e).
108e Bergerac (12e).
109e Chaumont (21e).
110e Dunkerque (1er).
111e Antibes (15e).
112e Toulon (15e).
113e Blois (5e).
114e Parthenay - Saint-Maixent (9e).
115e Mamers (4e).
116e Vannes (11e).
117e Le Mans (4e).
118e Quimper (11e).
119e Lisieux - Gouvernement de Paris (3e).
120e Péronne - Stenay (2e).
121e Montluçon (13e).
122e Rodez (16e).
123e La Rochelle (18e).
124e Laval (4e).

Rég.

125e Poitiers (9e).
126e Brive (12e).
127e Valenciennes (1er).
128e Abbeville - Amiens (2e).
129e Le Havre (3e).
130e Mayenne (4e).
131e Orléans (5e).
132e Reims (6e).
133e Belley (7e).
134e Mâcon (8e).
135e Angers (9e).
136e Saint-Lô (10e).
137e Fontenay-le-Comte (11e).
138e Magnac-Laval - Bellac (12e).
139e Aurillac (13e).
140e Grenoble (14e).
141e Marseille (15e).
142e Mende - Lodève (16e).
143e Carcassonne - Castelnaudary (16e).
144e Bordeaux (18e).
145e Maubeuge (1er).
146e Melun - Toul (20e).
147e Sedan (2e).
148e Rocroi - Givet (2e).
149e Epinal (21e).
150e Soissons - Saint-Mihiel (6e).
151e Saint-Quentin - Verdun (6e).
152e Langres - Gérardmer (7e).
153e Fontainebleau - Toul (20e).
154e Bar-le-Duc - Lérouville (6e).
155e Châlons - Commercy (6e).
156e Troyes - Toul (20e).
157e Gap (14e).
158e Lyon - Bruyères (21e).
159e Briançon (14e).
160e Neufchâteau - Toul (20e).
161e Reims - Saint-Mihiel (6e).
162e Cambrai - Verdun (6e).
163e Nice (15e).
164e Verdun (6e).
165e Lille - Verdun (6e).
166e Verdun (6e).
167e Toul (20e).
168e Sens - Toul (20e).
169e Montargis - Toul (20e).
170e Epinal (21e).
171e Belfort (7e).
172e Belfort (7e).
173e Bastia (15e).

RÉGIMENT DE SAPEURS-POMPIERS.

Paris.

CHASSEURS A PIED.

Bataill.

1er Troyes - Senones (21e).
2e Troyes - Lunéville (20e).
3e Langres - Saint-Dié (21e).
4e Brienne - Saint-Nicolas-du-Port (20e).
5e Besançon - Remiremont (7e).
6e Nice (15e).
7e Draguignan (15e).
8e Amiens - Etain (6e).
9e Lille - Longuyon (2e).
10e Langres - Saint-Dié (21e).
11e Annecy (14e).
12e Embrun (14e).
13e Chambéry (14e).
14e Maroc - Grenoble (14e).
15e Montbéliard - Remiremont (7e).
16e Lille - Conflans - Labry (6e).

Bataill.

17e Brienne - Baccarat (21e).
18e Amiens - Longuyon (2e).
19e Epernay - Verdun (6e).
20e Brienne - Baccarat (21e).
21e Langres - Raon-l'Etape (21e).
22e Albertville (14e).
23e Grasse (15e).
24e Villefranche (15e).
25e Epernay - Saint-Mihiel (6e).
26e Vincennes - Pont-à-Mousson (6e).
27e Villefranche - Menton (15e).
28e Grenoble (14e).
29e Epernay - Saint-Mihiel (6e).
30e Grenoble (14e).
31e Langres - Saint-Dié (21e).

ZOUAVES.

Rég.

1er Alger.
2e Oran.

Rég.

3e Constantine.
4e Tunis.

TIRAILLEURS INDIGÈNES.

Rég.

1er Blida.
2e Mostaganem.
3e Bône.
4e Sousse.
5e Maroc - Blida.

Rég.

6e Maroc - Tlemcen.
7e Maroc - Constantine.
8e Maroc - Bizerte.
9e Maroc - Miliana.

TROUPES SAHARIENNES.

Compagnie du Tidikelt.
Compagnie du Touat.

Compagnie de la Saoura.

RÉGIMENTS ÉTRANGERS.

Rég.

1er Sidi-bel-Abbès.

Rég.

2e Saïda.

INFANTERIE LÉGÈRE D'AFRIQUE.

Bataill.

1er Marnia - Maroc.
2e Maroc.
3e Maroc.

Bataill.

4e Gabès.
5e Le Kef.

SECTIONS SPÉCIALES DE DISCIPLINE (9).

5 ordinaires (Oléron : 3; Calvi et Corte : 1).
2 de transition (Entrevaux et Sisteron).
2 de répression (Ile-Madame et Saint-Florent).

RÉGIMENTS D'INFANTERIE COLONIALE.

Rég.
1er Cherbourg.
2e Brest.
3e Rochefort.
4e Toulon.
5e Lyon.
6e Lyon.
7e Bordeaux.
8e Toulon.

Rég.
9e Hanoï - Annam.
10e Haïphong.
11e Saïgon.
21e Paris.
22e Marseille.
23e Paris.
24e Perpignan.

SECRÉTAIRES D'ÉTAT-MAJOR COLONIAUX.

Paris.

TÉLÉGRAPHISTES COLONIAUX.

Toulon.

COMMIS ET OUVRIERS MILITAIRES COLONIAUX.

Paris.

INFIRMIERS MILITAIRES COLONIAUX.

Marseille.

BATAILLONS ET COMPAGNIES FORMANT CORPS.

Bataillon de Diégo-Suarez (Diégo-Suarez).
Bataillon du Sénégal (Dakar).
Bataillon de l'Emyrne (Tananarive).
Compagnie de la Martinique (Fort-de-France).
Comp. de la Guyane (Cayenne).
Peloton de la Guadeloupe (Basse-Terre).
Bataillon de la Nouvelle-Calédonie (Nouméa).
Dépôt des isolés des troupes coloniales (Marseille).

Corps indigènes appartenant aux troupes coloniales.

TIRAILLEURS ANNAMITES.

Régiment de tirailleurs annamites, Saïgon.

RÉGIMENTS DE TIRAILLEURS TONKINOIS.

Rég.
1er Hanoï.
2e Sept-Pagodes.

Rég.
3e Bac-Ninh.
4e Nam-Dinh.

RÉGIMENTS DE TIRAILLEURS SÉNÉGALAIS.

Rég.
1er Saint-Louis.
2e Kati.

Rég.
3e Côte d'Ivoire.
4e Dakar.

BATAILLONS DE TIRAILLEURS SÉNÉGALAIS.

1er bataillon (Colomb-Béchar).
2e bataillon (Orléansville).
Bataillon n° 3 (Zinder).
Bataillon n° 2 (Tombouctou).

CORPS INDIGÈNES.

Régiment indigène du Gabon (Libreville).
Bataillon indigène (Brazzaville).
Bataillon n° 3 (Bangui).
Régiment indigène du Tchad (Fort-Lamy).

CORPS DE TIRAILLEURS MALGACHES.

1er régiment, Tananarive.
2e régiment, Tamatave.
3e régiment, Diégo-Suarez.
Bataillon sénégalais de Madagascar (Majunga).

Cavalerie.

CUIRASSIERS.

Rég.
1er Paris (G. P.).
2e Paris (G. P.).
3e Reims - Vouziers (6e).
4e Valenciennes - Cambrai (1er).
5e Tours (9e).
6e Camp de Châlons - Sainte-Menehould (6e).

Rég.
7e Lyon (14e).
8e Tours (9e).
9e Douai (1er).
10e Lyon (14e).
11e Saint-Germain (G. P.).
12e Rambouillet (G. P.).

DRAGONS.

Rég.
1er Luçon (11e).
2e Lyon (14e).
3e Nantes (11e).
4e Commercy (6e).
5e Compiègne (6e).
6e Vincennes (G. P.).
7e Fontainebleau (5e).
8e Vitry-le-François - Lunéville (20e).
9e Epernay (6e).
10e Montauban (17e).
11e Belfort (7e).
12e Troyes - Toul (20e).
13e Melun (5e).
14e Saint-Etienne (13e).
15e Libourne (18e).
16e Reims (6e).

Rég.
17e Auxonne (8e).
18e Lure (7e).
19e Castres (16e).
20e Limoges (12e).
21e Noyon (6e).
22e Reims (6e).
23e Vincennes (G. P.)
24e Rennes (10e).
25e Angers (9e).
26e Dijon (8e).
27e Versailles (G. P.).
28e Mézières - Sedan (2e).
29e Provins (5e).
30e Mézières - Sedan (2e).
31e Vitry-le-François - Lunéville (20e).
32e Versailles (G. P.).

CHASSEURS.

Rég.
1er Châteaudun (4e).
2e Pontivy (11e).
3e Clermont (13e).
4e Epinal (21e).
5e Châlons (6e).
6e Lille (1er).
7e Evreux (3e).
8e Orléans (5e).
9e Auch (17e).
10e Sézanne - Sampigny (6e).
11e Vesoul (7e).
12e Sézanne - Saint-Mihiel (6e).

Rég.
13e Vienne (14e).
14e Dôle (7e).
15e Châlons (6e).
16e Beaune (8e).
17e Vitry-le-François - Lunéville (20e).
18e Vitry-le-François - Lunéville (20e).
19e La Fère (2e).
20e Vendôme (5e).
21e Limoges (12e).

HUSSARDS.

Rég.
1er Béziers (16e).
2e Reims - Verdun (6e).
3e Senlis (6e).
4e Reims - Verdun (6e).
5e Troyes - Nancy (20e).
6e Marseille (15e).
7e Niort (9e).

Rég.
8e Meaux (5e).
9e Chambéry (14e).
10e Tarbes (18e).
11e Tarascon (15e).
12e Gray (21e).
13e Dinan (10e).
14e Alençon (4e).

CHASSEURS D'AFRIQUE.

Rég.
1er Maroc.
2e Tlemcen - Maroc.
3e Constantine.

Rég.
4e Tunis.
5e Alger.
6e Mascara.

SPAHIS.

Rég.
1er Médéa.
2e Sidi-bel-Abbès.

Rég.
3e Batna.
4e Sfax.

CAVALERIE INDIGÈNE.

Spahis sénégalais, Saint-Louis.

ATELIERS DE CONDAMNÉS AUX TRAVAUX PUBLICS.

Orléansville.
Bougie.
Teboursouk (mixte).

COMPAGNIES DE CAVALIERS DE REMONTE.

Comp.
1re Caen (3e).
2e Fontenay-le-Comte (11e).
3e Tarbes (18e).
4e Mâcon (8e).

Comp.
5e Saumur (9e).
6e Blida (19e).
7e Mostaganem (19e).
8e Constantine (19e).

PÉNITENCIERS MILITAIRES.

Fort-Gassion (Aire) (1er).
Albertville (14e).
Douéra (19e).
Bossuet (Daya) (19e).
Aïn-Beïda (19e).
Dépôt des sections métropolitaines d'exclus, Mers-El-Kébir (19e).

Artillerie.

RÉGIMENTS A PIED.

Rég.
1er Dunkerque - Maubeuge (1er).
2e Cherbourg (10e).
3e Brest (11e).
5e Verdun (6e).
6e Toul (20e).
7e Nice (15e).
8e Epinal (21e).
9e Belfort (7e).
10e Toulon (15e).
11e Briançon - Grenoble (14e).
6e groupe, Alger (19e).
7e groupe, Bizerte (Tunisie).

RÉGIMENTS DE MONTAGNE.

Rég.
1er Grenoble (14e).
2e Nice - Bastia (15e).

RÉGIMENTS DE CAMPAGNE.

Rég.
1er Bourges (8e).
2e Grenoble (14e).
3e Carcassonne (16e).
4e Besançon - Remiremont (7e).
5e Besançon - camp du Valdahon (7e).
6e Valence (14e).
7e Rennes (10e).
8e Nancy (20e).
9e Castres (16e).
10e Dinan (10e).
11e Rouen (3e).
12e Bruyères - Saint-Dié (21e).
13e Vincennes (5e).
14e Tarbes (18e).
15e Douai (1er).
16e Issoire (13e).
17e Abbeville - Amiens (2e).
18e Agen (17e).
19e Nîmes (15e).
20e Poitiers (9e).
21e Angoulême (12e).
22e Versailles (3e).
23e Toulouse (17e).
24e La Rochelle (18e).
25e Châlons (6e).
26e Chartres (4e).
27e Saint-Omer - Aire-sur-la-Lys (1er).
28e Vannes (11e).
29e Laon (2e).
30e Orléans (5e).
31e Le Mans (4e).
32e Fontainebleau (5e).
33e Angers (9e).
34e Périgueux (12e).
35e Vannes (11e).
36e Moulins (13e).
37e Bourges (8e).
38e Nîmes (15e).
39e Toul (20e).
40e Saint-Mihiel - Mézières (6e).
41e Douai (1er).
42e La Fère - Stenay (2e).
43e Caen (3e).
44e Le Mans (4e).
45e Orléans (5e).
46e Camp de Châlons (6e).
47e Héricourt (7e).
48e Dijon (8e).

Rég.
49ᵉ Poitiers (9ᵉ).
50ᵉ Rennes (10ᵉ).
51ᵉ Nantes (11ᵉ).
52ᵉ Angoulême (12ᵉ).
53ᵉ Clermont-Ferrand (13ᵉ).
54ᵉ Lyon (14ᵉ).
55ᵉ Orange (15ᵉ).
56ᵉ Montpellier (16ᵉ).
57ᵉ Toulouse (17ᵉ).
58ᵉ Bordeaux (18ᵉ).
59ᵉ Chaumont (21ᵉ).
60ᵉ Troyes - Neufchâteau (20ᵉ).
61ᵉ Verdun (6ᵉ).
62ᵉ Epinal - Rambervillers (21ᵉ).

RÉGIMENTS D'ARTILLERIE LOURDE.

Rég.
1ᵉʳ Camp de Sissonne - Douai - Eu (2ᵉ).
2ᵉ Vincennes - Le Mans (G. P.).
3ᵉ Joigny - Gien - Poitiers (5ᵉ).
4ᵉ Versailles - Lorient - Nancy (G. P.).
5ᵉ Valence (14ᵉ).

GROUPES D'ARTILLERIE DE CAMPAGNE D'AFRIQUE.

1ᵉʳ groupe, Hussein-Dey (Alger).
2ᵉ groupe, Oran.
3ᵉ groupe, Constantine.
4ᵉ groupe, Maroc.
5ᵉ groupe, La Manouba.
8ᵉ groupe, Maroc.
9ᵉ groupe, Maroc.

ARTILLERIE COLONIALE.

Rég.
1ᵉʳ Lorient - La Rochelle.
2ᵉ Cherbourg - Brest.
3ᵉ Toulon - Vincennes - Marseille.
4ᵉ Hanoï.
5ᵉ Saïgon - Cap-Saint-Jacques.
6ᵉ Dakar.
7ᵉ Diégo-Suarez.
Batterie à pied de la Martinique, Fort-de-France.
6ᵉ compagnie d'ouvriers (mixte), Hanoï.
7ᵉ compagnie d'ouvriers (mixte), Saïgon.
10ᵉ compagnie d'ouvriers, Tananarive.
11ᵉ compagnie d'ouvriers (mixte), Diégo-Suarez.
Détachement d'ouvriers (mixte), Kayes.
8ᵉ compagnie d'ouvriers (mixte), Dakar.
Direction d'artillerie et détachement d'ouvriers, Nouvelle-Calédonie, Nouméa.

GÉNIE.

Rég.
1ᵉʳ Versailles (G. P.).
2ᵉ Montpellier - Maroc (16ᵉ).
3ᵉ Arras (1ᵉʳ).
4ᵉ Grenoble - Briançon (14ᵉ).
5ᵉ Versailles - Maroc (G. P.).
6ᵉ Angers (9ᵉ).
7ᵉ Avignon (15ᵉ).
8ᵉ Mont-Valérien - Rueil - Maroc (G. P.) (télégraphistes).
9ᵉ Verdun (6ᵉ).
10ᵉ Toul (20ᵉ).
11ᵉ Epinal (21ᵉ).

TROUPES D'AÉRONAUTIQUE.

1er groupe d'aérostation, Versailles.

1er groupe d'aviation, Lyon.
2e groupe d'aviation, Reims.

TRAIN DES ÉQUIPAGES MILITAIRES.

Escad.
1re Lille.
2e Amiens.
3e Vernon.
4e Chartres.
5e Fontainebleau.
6e camp de Châlons.
7e Dôle.
8e Dijon.
9e Châteauroux.
10e Fougères.

Escad.
11e Nantes.
12e Limoges.
13e Moulins.
14e Lyon.
15e Orange.
16e Lunel.
17e Montauban.
18e Bordeaux.
19e Paris.
20e Versailles.

SECTIONS DE SECRÉTAIRES D'ÉTAT-MAJOR ET DE RECRUTEMENT.

Sect.
1re Lille.
2e Amiens.
3e Rouen.
4e Le Mans.
5e Orléans.
6e Châlons.
7e Besançon.
8e Bourges.
9e Tours.
10e Rennes.
11e Nantes.

Sect.
12e Limoges.
13e Clermont-Ferrand.
14e Lyon.
15e Marseille.
16e Montpellier.
17e Toulouse.
18e Bordeaux.
19e Alger.
20e Paris.
21e Nancy.

SECTIONS D'INFIRMIERS MILITAIRES.

Sect.
1re Lille.
2e Amiens.
3e Vernon.
4e Le Mans.
5e Paris.
6e camp de Châlons.
7e Dôle.
8e Dijon.
9e Châteauroux.
10e Rennes.
11e Nantes.
12e Limoges.
13e Vichy.

Sect.
14e Lyon.
15e Marseille.
16e Perpignan.
17e Toulouse.
18e Bordeaux.
19e Alger.
20e Oran.
21e Constantine.
22e Paris.
23e Troyes.
24e Versailles.
25e Tunis.

COMMIS ET OUVRIERS MILITAIRES D'ADMINISTRATION.

Sect.
1re Lille.
2e Amiens.
3e Rouen.
4e Le Mans.
5e Orléans.
6e Châlons.
7e Besançon.
8e Dijon.
9e Tours.
10e Rennes.
11e Nantes.
12e Limoges.
13e Clermont-Ferrand.

Sect.
14e Lyon.
15e Marseille.
16e Montpellier.
17e Toulouse.
18e Bordeaux.
19e Alger.
20e Oran.
21e Constantine.
22e Paris.
23e Troyes.
24e Versailles.
25e Tunis.

GENDARMERIE.

Légions.
1re Lille.
2e Amiens.
3e Rouen.
4e Le Mans.
5e Orléans.
6e Châlons.
7e Besançon.
7e *bis* Bourg.
8e Bourges.
9e Tours.
10e Rennes.
11e Nantes.
12e Limoges
13e Clermont-Ferrand.

Légions.
14e Lyon.
14e *bis* Chambéry.
15e Marseille.
15e *bis* Nice.
15e *ter* Bastia.
16e Montpellier.
16e *bis* Perpignan.
17e Toulouse.
18e Bordeaux.
19e Alger.
20e Nancy.
Compagnie de Tunisie.
Légion de Paris.
Garde républicaine.

SOCIÉTÉS DE PRÉPARATION ET DE PERFECTIONNEMENT MILITAIRES.

(Instruction du 7 novembre 1908).

Des sociétés.

La préparation et le perfectionnement militaires, ainsi que l'éducation physique, sont assurés :

1° Par l'Etat, dans tous les établissements publics d'enseignement, au moyen de sociétés scolaires (S. S.);

2° Par des sociétés agréées par le Ministre de la guerre (S. A. G.);

3° Par les sociétés qui se constituent sous le régime de la loi du 1er juillet 1901, mais qui, n'étant pas agréées, n'ont pas droit aux avantages réservés aux sociétés agréées.

Composition. — Les S. A. G. se composent :

1° De jeunes gens non incorporés dans l'armée;

2° De membres militaires appartenant à l'une quelconque des catégories de l'armée (active, réserve, etc...);

3° De membres civils ayant satisfait aux obligations de la loi militaire.

Préparation et perfectionnement militaires. — Education physique.

La préparation et le perfectionnement militaires et l'éducation physique comportent, en principe, l'étude et la pratique des matières ci-après :

a) Règlements ou manuels sur la gymnastique, avec leurs applications diverses;

b) Pratique du tir au fusil ou au canon; connaissance de l'arme ou de la bouche à feu;

c) Topographie élémentaire et lecture de la carte d'état-major;

d) Marche, hygiène, soins corporels;

e) Pour les armes à cheval : équitation, notions d'hippisme, soins à donner aux chevaux (1).

Ces matières constituent les connaissances essentielles exigées des candidats au brevet d'aptitude militaire créé par la loi du 8 avril 1903.

D'autres aptitudes ou connaissances spéciales susceptibles d'être utilisées dans l'armée, telles que natation, canotage, télégraphie,

(1) Nous engageons les étudiants en médecine qui peuvent être appelés à servir dans les armes à cheval, et qui sont montés dès qu'ils sont promus médecins aides-majors, à suivre ces cours de préparation.

aérostation, vélocipédie, comptabilité, pratique des batteries et sonneries, musique, etc., peuvent compléter la préparation militaire.

Programme du B. A. M. (résumé).

1° Deux marches de 24 kilomètres chacune, commencées à vingt-quatre heures d'intervalle et exécutées, sans arme ni chargement, en moins de six heures;

2° Tir : six balles dans chacune des trois positions (debout, à genou, couché) avec deux balles d'essai, en une séance;

3° Education physique : exécution des principaux mouvements du règlement du 21 janvier 1910;

4° Topographie : notions élémentaires; lecture de la carte;

5° Hygiène : notions d'hygiène, surtout d'hygiène militaire.

Avantages accordés aux S. A. G.

L'autorité militaire met à la disposition des S. A. G. les ressources des corps de troupe en personnel, matériel et locaux, dans la mesure où les nécessités du service et de l'instruction le permettent.

Personnel. — Des instructeurs, choisis suivant leurs aptitudes, et des hommes de troupe, sont mis à la disposition des S. A. G. Des gratifications sont allouées aux hommes de troupe et, s'il y a lieu, aux sous-officiers, brigadiers et gendarmes par les S. A. G. qui les emploient. Les hommes de troupe mis à la disposition des S. A. G. peuvent être récompensés par des permissions.

Armes. — Des armes de tir sont prêtées aux S. A. G., gratuitement et sans cautionnement; ces armes peuvent leur être cédées contre remboursement.

Munitions. — Des munitions sont délivrées gratuitement aux S. A. G., qui peuvent également en percevoir à titre remboursable.

Stands, champs de tir, etc. — Les stands et champs de tir militaires, ainsi que le matériel nécessaire, peuvent être mis à la disposition des S. A. G.; celles-ci peuvent faire appel au génie pour l'établissement de leurs stands particuliers. Les terrains de manœuvres, pistes, gymnases, peuvent être également mis à la disposition des S. A. G. Aucun cheval ne peut cependant leur être prêté.

Avantages résultant de l'obtention du brevet.

Les jeunes gens âgés de 18 ans au moins, pourvus du B. A. M., sont admis, par ordre de mérite et dans la proportion de 4 p. 100 de l'effectif de la dernière classe incorporée, à contracter, du 1er au 10 octobre, un engagement dit « de devancement d'appel ».

Ces jeunes gens, ainsi que les appelés pourvus du B. A. M., peuvent choisir leur corps, par ordre de mérite, parmi les corps stationnés dans la région du domicile et parmi ceux alimentés par le bureau de recrutement dont ils relèvent.

Les jeunes gens pourvus du B. A. M. avant ou après leur incorporation sont, de droit, élèves caporaux et peuvent être nommés caporaux après quatre mois de service. Ceux pourvus du B. A. M., complété par une épreuve spéciale, peuvent être titularisés vélocipédistes, musiciens, etc., dès qu'ils sont mobilisables.

Enfin, le dévouement et le zèle déployés par les membres techniques des S. A. G. peuvent être récompensés de l'une des manières suivantes : lettre de félicitations du Ministre, ou citation au *Bulletin officiel du ministère de la guerre*, ou ces deux récompenses réunies, ou une médaill d'argent grand modèle.

Decret du 29 mai 1913.

Il est constitué au ministère de la guerre un « Comité consultatif de la préparation et du perfectionnement militaires ». Ce comité est surtout chargé de préparer le projet de loi qui doit déterminer les conditions dans lesquelles sera donnée l'instruction militaire prérégimentaire (1). Il émet, en outre, des avis sur toutes les questions relatives à la préparation et au perfectionnement militaires.

Ce comité a la composition suivante :

8 sénateurs;
8 députés;
1 représentant du ministère de l'intérieur;
1 représentant du ministère de l'instruction publique;
4 représentants du ministère de la guerre;
6 personnes, dont 4 choisies parmi les présidents des fédérations nationales et 2 parmi les personnalités qualifiées en raison de leur compétence.

Ce comité doit se réunir au moins une fois par an.

Brevet de skieur militaire.

Les jeunes gens qui, avant leur incorporation, font preuve, dans un examen subi devant une commission d'officiers, qu'ils possèdent les aptitudes nécessaires à un skieur militaire, reçoivent de cette commission un brevet de skieur.

Les titulaires de ce brevet ont le droit de choisir, par ordre de mérite, leur corps d'affectation parmi les corps de troupe qui pratiquent ou sont appelés à pratiquer ce sport. A moins de décision prise par mesure disciplinaire ou dans l'intérêt du service, ils font partie de droit, après leur incorporation, des skieurs régimentaires.

(1) Ce projet de loi est actuellement en instance de discussion à la Chambre.

DEUXIÈME PARTIE

SERVICE DE SANTÉ A L'INTÉRIEUR. — RÈGLEMENT SUR LE SERVICE DE SANTÉ ET NOTICES ANNEXÉES (NOTIONS SOMMAIRES)

RÈGLEMENT SUR LE SERVICE DE SANTÉ A L'INTÉRIEUR

Règlement du 25 novembre 1889.

Le fonctionnement du service de santé à l'intérieur est régi par le décret du 25 novembre 1889. Ce règlement a été décrété au lendemain de la loi du 1er juillet 1889 portant autonomie complète du service de santé militaire.

Depuis que notre service est libéré de la tutelle de l'intendance, bienveillante sans doute, mais qui le maintenait en lisière, il a pris une importance considérable qui n'a fait que s'accentuer ces dernières années.

Les différents services ont été réorganisés et vous ne tarderez pas à vous apercevoir que nos infirmeries régimentaires, tant décriées dans le public, sont de véritables petits hôpitaux où sont appliquées les règles de l'asepsie moderne (salles de bains, pansements stérilisés, etc.).

Ce règlement se compose de deux parties : 1° d'un texte; 2° de notices destinées à préciser les prescriptions de certains articles importants du règlement pour en permettre une facile application. Nous étudierons celles qu'il vous importe de bien connaître.

Toutefois, ce règlement déjà ancien ne paraît plus être complètement en harmonie avec la science médicale moderne et avec les différents règlements souvent remaniés depuis. Il est à la veille d'être revisé. Nous ferons connaître, à ce moment, les principales modifications qui y seront apportées.

TITRE I.

Recrutement du personnel du service de santé. Directions centrale et régionales.

CHAPITRE PREMIER.

OBJET DU SERVICE DE SANTÉ. — PERSONNEL. CADRES ET EFFECTIFS. — RECRUTEMENT.

Objet du service de santé.

Le service de santé de l'armée à l'intérieur a pour objet : 1° l'application des règles de l'hygiène à la santé des troupes; 2° le traitement des militaires blessés ou malades. Il est régi par la loi sur l'administration de l'armée (1), et, ainsi que le définit cette loi, le principe général de son organisation est la séparation en : direction, gestion ou exécution, contrôle.

Personnel du service de santé.

Le personnel qui concourt à l'exécution du service comprend :

1° Les médecins et pharmaciens de l'armée active et des réserves;
2° Les officiers d'administration du service de santé;
3° Les sections d'infirmiers militaires;
4° Les infirmiers et brancardiers régimentaires;
5° Eventuellement, les détachements du train des équipages ou autres troupes;
6° Eventuellement, les ministres des différents cultes;
7° Le personnel civil attaché à ce service temporairement ou définitivement.

Recrutement normal des médecins militaires.

Avant la guerre de 1870, les médecins militaires étaient formés à l'école de Strasbourg, d'où sont sortis de brillants médecins, dont beaucoup sont devenus des maîtres très écoutés dans les Facultés (2).

Jusqu'en 1888, ils se recrutèrent parmi les étudiants civils qui terminaient leurs études dans les Facultés et accomplissaient ensuite un stage au Val-de-Grâce.

---

(1) Loi du 16 mars 1882 modifiée par la loi du 4 juillet 1889.

(2) Lire le très intéressant article du médecin inspecteur VIRY (*Æsculape*, mars 1913, page 57.)

Depuis, l'organisation d'une nouvelle Ecole du service de santé militaire à Lyon (loi du 14 décembre 1888), le recrutement des médecins se fait de deux façons.

1° *Concours annuel entre les étudiants en médecine* âgés au moins de 18 ans et au plus de 24, 25, 26 ans au 1er octobre de l'année du concours, selon qu'ils possèdent quatre, huit ou douze inscriptions valables pour le doctorat en médecine. S'ils sont admis, ils entrent dans une division différente suivant le nombre d'inscriptions. Ils continuent leurs études à la Faculté tout en recevant à l'Ecole militaire des notions de médecine pratique et une direction médico-militaire spéciale.

Au moment de leur entrée, ils contractent un engagement de huit ans à partir de leur nomination au grade de médecin aide-major. Dès qu'ils sont reçus docteurs en médecine, ils passent de droit à l'Ecole du Val-de-Grâce;

2° *Concours annuel entre les docteurs en médecine pour l'admission directe au Val-de-Grâce.* — Les docteurs doivent avoir moins de 28 ans au 1er janvier de l'année du concours. S'ils sont admis, ils sont promus médecins aides-majors élèves et incorporés dans les promotions de leurs camarades arrivant de Lyon.

Ecole d'application du service de santé. — A l'Ecole d'application sont admis les Lyonnais et les « civils » avec le grade de médecin aide-major de 2e classe élève. Les cours commencent le 1er janvier et durent sept mois. Après l'examen de sortie, ils sont nommés, suivant leur classement et les places disponibles, dans un service d'hôpital ou dans un corps de troupe du territoire, de l'Algérie, de la Tunisie ou du Maroc.

L'Ecole d'application est un centre d'instruction remarquable tant par les méthodes d'enseignement qui y sont appliquées que par la science et le dévouement de ceux qui ont l'honneur de diriger notre instruction médico-militaire. L'année de travail, pour ne pas dire de surmenage, à laquelle nous sommes soumis, laisse une empreinte définitive sur nous tous.

Nous voilà donc médecins aides-majors avec l'espoir, pour les jeunes et les favorisés par leurs talents, de devenir un jour lointain médecin inspecteur général, car notre hiérarchie est semblable à celle des autres armes.

HIÉRARCHIE DU CORPS DE SANTÉ MILITAIRE ET CADRE DE LA MÉDECINE MILITAIRE.

(Loi du 20 juillet 1911.)

Médecins inspecteurs généraux		5
Médecins inspecteurs		20
Médecins principaux	de 2e classe	50
	de 1re classe	95
Médecins-majors	de 2e classe	370
	de 1re classe	580
Médecins aides-majors de 1re et 2e classe (y compris les élèves de l'Ecole d'application)		590
Total		1.710

Recrutement des pharmaciens militaires.

Il n'existe pas d'école pour la formation des pharmaciens militaires, sans doute à cause du petit nombre d'élèves admis chaque année.

Leur recrutement se fait de deux façons :

1° *Concours annuel entre les étudiants en pharmacie* (1) ayant, au 1er janvier du concours, moins de 23 ans pour les stagiaires (une année de stage); moins de 24 ans pour les étudiants à quatre inscriptions; moins de 25 ans pour les étudiants à huit inscriptions; moins de 26 ans pour les étudiants à douze inscriptions.

Ces élèves sont répartis à leur choix entre les villes possédant une Ecole supérieure de pharmacie ou une Faculté mixte. Ils sont attachés à l'hôpital militaire ou à l'hospice mixte, sous les ordres et la surveillance du médecin-chef, et concourent à l'exécution du service pharmaceutique autant que le leur permettent leurs cours et travaux pratiques à la Faculté.

Ils reçoivent, pour la durée effective de leurs études, une indemnité annuelle de 1.000 francs, et les frais universitaires sont versés par l'administration de la guerre.

Dès leur nomination à l'emploi d'élèves en pharmacie, ils doivent contracter un engagement séquennal à dater de leur nomination au grade de pharmacien aide-major de 2e classe. Ils ne portent pas d'uniformes.

Dès qu'ils sont reçus pharmaciens (2) de 1re classe, ils passent de droit à l'Ecole d'application (Val-de-Grâce).

2° *Recrutement direct par concours annuel entre les pharmaciens de 1re classe* âgés de moins de 28 ans au 1er janvier de l'année du concours.

Les uns et les autres entrent en qualité de pharmaciens aides-majors de 2e classe élèves à l'Ecole du Val-de-Grâce, à la date du 31 décembre précédant l'année de stage et suivent des cours pendant sept mois. Ils choisissent, à la sortie, des emplois de leur grade vacants dans les hôpitaux, suivant leurs numéros de sortie.

CADRE DU CORPS DES PHARMACIENS MILITAIRES.

Pharmacien inspecteur	1
Pharmaciens principaux de 1re classe	4
Pharmaciens principaux de 2e classe	5
Pharmaciens-majors de 1re classe	30
Pharmaciens-majors de 2e classe	45
Pharmaciens aides-majors de 1re classe	20
Pharmaciens aides-majors de 2e classe	10
TOTAL	115

(1) Nouveau régime des études en pharmacie.

(2) Les élèves en pharmacie du service de santé militaire, tout comme les aides-vétérinaires, doivent accomplir trois ans de service militaire. C'est là, semble-t-il, un oubli dans la nouvelle loi militaire.

Recrutement des officiers d'administration du service de santé.

Ces officiers sont recrutés, par concours, parmi les sous-officiers qui sont proposés, à cet effet, par leur chef de corps ou de service et qui comptent au moins deux ans de grade au 15 octobre de l'année de l'entrée à l'école.

S'ils sont admis, ils entrent à l'Ecole d'administration de Vincennes en qualité d'aspirants (1) dans l'une des quatre sections suivantes :

Section A (2). — Etat-major et recrutement, intendance, service de santé des troupes métropolitaines.

Section B. — Artillerie : 1° candidats comptables; 2° candidats chefs artificiers et chefs ouvriers (troupes métropolitaines et coloniales).

Section C. — Génie et conducteurs de travaux de l'artillerie coloniale.

Section D (2). — Intendance et service de santé des troupes coloniales.

Les matières et les concours sont dictincts pour chacune des quatre sections et les deux spécialités de la section B.

Ecole de Vincennes. — Elle est dirigée par un sous-intendant. Tous les élèves entrent à l'Ecole dans le courant d'octobre et les examens de sortie ont lieu au commencement de septembre de l'année suivante.

A leur entrée à l'Ecole, les élèves des quatre sections suivent des cours communs. En février, les élèves des sections A et D sont admis à choisir, d'après leur classement à l'Ecole, le service auquel ils désirent être affectés dans leurs sections respectives pour être spécialisés.

CADRE DU CORPS DES OFFICIERS D'ADMINISTRATION DU SERVICE DE SANTÉ.

Officiers d'administration principaux (4 galons)	18
Officiers d'administration de 1re classe (3 galons)	140
Officiers d'administration de 3e et de 2e classe (1 et 2 galons)	192
TOTAL	350

Les officiers d'administration peuvent concourir pour leur admission dans les cadres de l'intendance à partir de trois galons.

Leurs attributions. — Ils sont employés comme « collaborateurs intimes » des médecins :

a) Dans les directions du service de santé;

b) Dans les hôpitaux (officiers gestionnaires), soit à certains services généraux (entrées, dépenses, matériel);

c) Dans les magasins d'approvisionnement du service de santé comme gestionnaires;

d) Comme commandants des sections d'infirmiers sous la surveillance d'un médecin principal.

---

(1) Ils ont les mêmes droits que les adjudants.

(2) Pour les sections A et D, les candidats doivent en outre produire le certificat d'aptitude aux fonctions de chef de section ou de peloton de son arme.

CHAPITRE II.

DIRECTION DU SERVICE DE SANTÉ. — DIRECTION CENTRALE AU MINISTÈRE DE LA GUERRE, DANS LES GOUVERNEMENTS MILITAIRES ET LES CORPS D'ARMÉE, EN FRANCE ET EN ALGÉRIE. — SERVICE MÉDICAL DE LA GARNISON.

Direction du service de santé (1).

La direction du service de santé s'exerce :

1° Au ministère, par une direction centrale;

2° Dans les gouvernements militaires et les corps d'armée, par les directeurs du service de santé, sous l'autorité du général commandant le corps d'armée ou du gouverneur;

3° Dans les groupes de places fortes, par les médecins-chefs de service, sous l'autorité du commandant supérieur de la défense.

Direction générale du service de santé au ministère de la guerre (7e Direction).

La 7e direction (2) dirige l'ensemble du service sous l'autorité du Ministre.

Cette direction comporte le cabinet du directeur et deux bureaux.

a) *Cabinet du directeur.* — Il a dans ses attributions le fonctionnement général et la mobilisation du service de santé, l'utilisation des ressources du territoire, les sociétés d'assistance aux blessés, l'hygiène des troupes, la prophylaxie des maladies épidémiques et la statistique médicale.

b) 1er *bureau.* — Personnel : personnel des médecins, pharmaciens et officiers d'administration du service de santé; médecins auxiliaires; sections d'infirmiers militaires; infirmières laïques; écoles du service de santé (personnel et enseignement); centralisation des travaux scientifiques émanant des corps de santé militaire; désignation des délégués aux congrès scientifiques; médailles d'honneur des épidémies.

2e *bureau.* — Matériel, hôpitaux, hygiène; organisation des approvisionnements et expéditions au titre du service courant; administration du service de santé dans les corps de troupe et établissements hospitaliers de toute nature; comptes deniers et matières

---

(1) Loi du 16 mars 1882, modifiée par la loi du 1er juillet 1889.

(2) *B. O*, P. P., 1912, page 2031.

dans tous les établissements; bâtiments; examens médicaux; militaires aliénés et réformés; questions d'aptitude physique; affaires soumises au comité consultatif de santé.

A la tête de la direction est placé un médecin inspecteur ayant sous ses ordres un adjoint (médecin principal), quatre médecins-majors de 1re classe, un pharmacien-major de 1re classe et trois officiers d'administration de 1re classe.

Comité consultatif de santé (1).

Ce comité, autrefois dénommé : Comité technique de santé, est composé de onze membres : huit membres au plus choisis parmi les médecins inspecteurs généraux ou inspecteurs du corps de santé militaire; deux membres au moins choisis parmi les médecins inspecteurs généraux ou médecins inspecteurs du corps de santé des troupes coloniales; le pharmacien inspecteur du corps de santé militaire (2).

Ses fonctions. — En dehors de ses fonctions spéciales : examen des dossiers de pensions, gratifications, mises en non-activité ou réformes pour cause de blessures ou infirmités, ce comité se prononce sur les affaires qui lui sont déférées par le Ministre.

Il apprécie la valeur technique des travaux scientifiques qui sont adressés au Ministre par les officiers du corps de santé militaire et il exprime son avis sur l'opportunité de leur publication ou de leur analyse dans les *Archives de médecine et de pharmacie militaires* (*B. O.*, P. R., 1913, p. 328).

Il dresse les programmes des examens d'admission dans les Ecoles du service de santé militaire et ceux du concours auxquels sont appelés les officiers du corps de santé aspirants à certaines fonctions.

Section technique de santé.

Cette section a été réorganisée par le décret du 7 août 1912, paru au *Journal officiel* de la République française le 10 août 1912.

Elle était primitivement un organe d'études auprès du comité consultatif de santé; elle constitue actuellement un établissement spécial relevant directement du Ministre.

I. — Fonctions de la section technique de santé.

C'est un établissement spécial, un organe d'études chargé d'étudier, suivant les instructions ministérielles, toutes les questions concernant l'hygiène, les maladies épidémiques, l'organisation générale du service de santé en temps de paix et en campagne, les améliorations à y introduire, le contentieux médical.

Elle assure enfin la publication des *Archives de médecine et de pharmacie militaires* et le service de la statistique médicale.

---

(1) Réorganisé par le décret du 22 février 1912 (*B. O.*, P. P., p. 227).

(2) Le secrétaire de ce comité est le médecin-chef de la section technique de santé.

II. — Organisation.

Elle comprend trois services et divers laboratoires :

1° *Service de l'hygiène et de la prophylaxie dans l'armée.* Qui « connaît de tout ce que comporte l'hygiène fonctionnelle du soldat et les mesures propres à le préserver des maladies (1) » : recrutement, habillement, casernement, campement, hôpitaux, dépôts de convalescents.

Ce service comprend, en outre, la statistique de l'armée et la publication des archives.

A ce service sont rattachés :

a) Un laboratoire de chimie (installé aux Invalides);

b) Un laboratoire de bactériologie (2) (Val-de-Grâce);

c) Eventuellement, un laboratoire de biologie expérimentale et de morphologie.

2° *Service de l'organisation générale du service de santé en temps de paix et en campagne.* — Ce service étudie toutes les questions relatives à l'instruction, à l'utilisation du personnel du service de santé et au matériel sanitaire et technique.

3° *Service de contentieux médical.* — Ce service est chargé, suivant les instructions du président du comité consultatif de santé, de l'examen au premier degré des affaires soumises au comité (pensions, gratifications, accidents du travail du personnel civil des établissements de la guerre), et, s'il y a lieu, de toutes les propositions de lois, décrets concernant les pensions, gratifications...

III. — Personnel.

a) *Personnel militaire :* un médecin principal chef de la section technique; un médecin-major de 1re classe chargé plus spécialement de la statistique et de la publication des archives; un officier d'administration gestionnaire de la section; trois médecins-majors de 1re classe ou principaux de 2e classe, chefs des trois services, auxquels peuvent être adjoints un ou plusieurs officiers du corps de santé; un médecin-major ou principal de 2e classe, chef du laboratoire de bactériologie; un pharmacien-major, chef titulaire du laboratoire de chimie; un médecin-major, chef du laboratoire de biologie.

Elle comprend, en outre, des membres externes désignés annuellement par le Ministre qui, tout en assurant un autre service, concourent aux travaux de la section.

Le personnel se compose aussi d'un sous-officier, d'infirmiers militaires.

b) Eventuellement, de *personnel civil.*

---

(1) Instruction ministérielle du 7 août 1912.

(2) C'est un centre de formation de bactériologistes.

Direction dans les corps d'armée.

Le service de santé d'un gouvernement militaire ou d'un corps d'armée est dirigé par un médecin inspecteur ou principal de 1re classe.

Directeur du service de santé de ce corps d'armée. — Au point de vue de son service, le directeur ne relève que du gouverneur militaire ou du général commandant le corps d'armée.

Personnel de la direction. — Ce personnel est fixé par le Ministre. Il comprend en général :

1° Partie technique : un médecin-major de 2e classe, adjoint au directeur;

2° Partie administrative : deux officiers; un chargé du personnel, l'autre du matériel.

Attributions du directeur du service de santé.

L'action du directeur s'exerce : 1° sur le personnel du service de santé du corps d'armée; 2° sur le matériel et la comptabilité. Il a autorité sur le personnel (médecins, pharmaciens, officiers d'administration, infirmiers) employé dans le corps de troupe (1), les hôpitaux, les établissements du service de santé, les sections d'infirmiers et les salles militaires des hospices civils, ainsi que sur le personnel de la réserve et de l'armée territoriale affecté à son corps d'armée.

Les fonctions du directeur sont multiples, à la fois techniques et administratives.

I. — Action sur le service.

a) *Corps de troupe.* — Il apprécie et note le personnel au point de vue technique et professionnel.

Il centralise les rapports mensuels et annuels, ainsi que la statistique médicale qu'il adresse au Ministre. Il visite au moins une fois par an les casernements et s'assure du bon fonctionnement des infirmeries régimentaires et du degré d'instruction des infirmiers et brancardiers régimentaires.

Il alloue chaque année un crédit aux infirmeries pour leurs approvisionnements en matériel technique (à acheter sur place ou à provenir des établissements du service de santé).

Il reçoit les demandes semestrielles de médicaments et matériel qu'il modifie s'il le juge nécessaire.

b) *Hôpitaux, magasins et établissements du service de santé.* — Son action s'étend à tous les services. Il les visite au moins une fois par an. Il peut autoriser les évacuations collectives ou indi-

(1) Il exerce son action sur les médecins de corps de troupe au point de vue professionnel.

viduelles des malades sur un établissement militaire hospitalier de son corps d'armée.

c) *Hospices civils.* — Son action s'exerce sur le personnel militaire et les salles affectées aux militaires. Il prépare et soumet au Ministre le projet de convention avec la commission administrative des hospices.

d) *Asiles d'aliénés.* — Il veille au bon traitement des militaires qui y sont admis et s'assure que les malades sont présentés devant la commission de réforme dès que l'affection est constatée.

e) *Abattoirs et boucheries.* — Le directeur devra assurer une surveillance spéciale des abattoirs et boucheries par des visites inopinées. (Décret du 2 mai 1908.)

II. — Action en ce qui concerne l'hygiène, les épidémies et le traitement des malades.

Le directeur est constamment tenu au courant par ses sous-ordres des manifestations épidémiques. Dès la première manifestation d'une épidémie, il provoque les ordres du général commandant le corps pour se transporter immédiatement dans la localité où l'épidémie (1) vient de se déclarer afin d'assurer les moyens de la combattre. Il transmet ensuite un rapport au Ministre et une copie au général.

Il remplit le rôle de médecin consultant auprès des médecins-chefs à l'égard de tous cas grave ou insolite.

III. — Action sur le personnel.

Il a autorité sur tout le personnel du service de santé, mais n'exerce son action qu'au point de vue professionnel sur les médecins des corps de troupe.

Il soumet à l'approbation du général commandant le corps d'armée les divers services à leur confier (remplacements de médecins absents, service des prisons militaires, bureaux de recrutement, conseils de revision, etc.).

En cas d'insuffisance, il rend compte au général commandant le

---

(1) A la suite des graves épidémies qui ont frappé l'armée, dues au renforcement des effectifs et à la basse température du début de l'hiver 1914, le Ministre de la guerre a prescrit que les directeurs du service de santé « pourront, de leur propre initiative, procéder à des visites inopinées des corps de troupe soit dans leurs casernements, soit dans les camps d'instruction.

» Les directeurs pourront s'assurer ainsi, par des vérifications sur place, que les prescriptions intéressant l'hygiène des hommes, aussi bien en ce qui concerne leur entraînement que leur entretien matériel (nourriture, habillement, chauffage, couchage, casernement, propreté corporelle) sont strictement observées.....

» Avant de procéder aux visites prévues, le directeur du service de santé devra faire connaître au général commandant le corps d'armée, au moment de son départ, les places qu'il se propose de visiter. ».

Il devra, à la suite de ces visites, adresser un rapport au général commandant le corps d'armée, qui le transmettra, revêtu de ses observations, à la 7ᵉ direction de l'administration centrale. (Dépêche ministérielle du 27 mars 1914.)

corps d'armée, qui informe le Ministre et qui lui prescrit de convoquer des médecins de réserve ou de réquisitionner des médecins civils s'il y a urgence.

A cet effet, il tient un contrôle des officiers du corps de santé de l'armée active et des réserves.

Il apprécie, enfin, les mémoires scientifiques et les travaux administratifs qui lui sont adressés par le personnel du corps de santé. Il les annote et les transmet ensuite au Ministre de la guerre.

IV. — Correspondance avec le ministre et pouvoirs disciplinaires.

Il correspond avec le général commandant le corps d'armée. Il lui fait toutes les propositions qui lui paraissent utiles pour assurer le bon état sanitaire des troupes. Par son intermédiaire, il correspond avec le Ministre. Il correspond directement avec les directeurs des autres services, avec les médecins-chefs des hôpitaux militaires et mixtes, et, par l'intermédiaire des chefs de corps, avec les médecins-chefs de service dans ces corps.

Il est investi, à l'égard de tout le personnel du service de santé, des pouvoirs attribués aux officiers du grade dont il a la correspondance.

Direction en Algérie et en Tunisie.

I. — Algérie.

Le service comporte :

1° Une direction supérieure à Alger, confiée à un médecin inspecteur général sous les ordres du général commandant le 19e corps d'armée. Le médecin inspecteur a plus spécialement dans ses attributions la préparation de la mobilisation (formation de colonnes expéditionnaires) et l'hygiène générale des troupes;

2° Des directions divisionnaires (Alger, Oran, Constantine), dirigées par un médecin principal de 1re classe. Ces médecins exercent les attributions dévolues aux directeurs du service de santé dans les corps d'armée de l'intérieur. Ils sont, en outre, chargés d'établir les propositions pour l'affectation des officiers du corps de santé mis à la disposition de la division.

II. — Tunisie.

Le service de santé est dirigé par un médecin principal de 1re classe, qui a toutes les attributions dévolues au directeur du service de santé dans les corps d'armée de l'intérieur.

Service médical dans les garnisons.

Il n'y a pas bien longtemps, il n'existait aucune coordination du service de santé dans les places, et cependant une direction technique paraissait s'imposer pour le fonctionnement normal du service de santé. Le décret du 7 avril 1909 (vol. 80, p. 36) a établi un organe directeur et centralisateur intermédiaire entre le directeur du service de santé et le personnel médical de la place.

Chef du service de santé de la place.

Cette fonction, d'après les prévisions du rapport (1) de M. Léon Labbé, sera confiée à un médecin principal, sous l'autorité du commandant d'armes, qui remplira en même temps les fonctions de médecin-chef de l'hôpital, « médecin ayant l'autorité voulue pour coordonner le service sanitaire des villes de garnison (2) ».

Ses attributions.

a) Proposer les mesures pour combattre une épidémie dès son apparition;
b) Répartir le personnel pour le service extérieur (manœuvres, tirs, baignades, etc.);
c) Guider de ses conseils le personnel médical et poursuivre son instruction technique;
d) Donner son avis au sujet des permissions à accorder aux médecins de la garnison.

---

(1) **Rapport pendant augmentation** du nombre des médecins militaires (séance du **Sénat du 16 juin 1911, page 13**).
(2) Professeur Léon Labbé (*loc. cit.*, p. 13).

TITRE II.

Le service de santé dans les corps de troupe.

CHAPITRE PREMIER.

BUT DES INFIRMERIES RÉGIMENTAIRES. — LE MÉDECIN CHEF DE SERVICE : SES ATTRIBUTIONS ET SES DEVOIRS. — LES MÉDECINS EN SOUS-ORDRE.

But et personnel des infirmeries.

1° But.

Les infirmeries régimentaires sont instituées pour permettre de traiter au régiment les militaires atteints d'affections dont la gravité n'exige pas l'envoi à l'hôpital et ceux sortant des hôpitaux, auxquels un changement brusque de régime serait préjudiciable.

Le médecin chef de service dirige et surveille, sous l'autorité du colonel (1), le service et la police de l'infirmerie, ainsi que des salles de réunion des hommes exempts de service quand ces salles sont à l'infirmerie.

Il existe, en principe, une infirmerie par régiment, bataillon ou escadron, formant corps, et par détachement isolé dans une place. Dans les troupes à pied, le nombre de lits affectés à l'infirmerie est fixé à 2 1/2 p. 100; dans les troupes à cheval, à 3 p. 100 de l'effectif normal.

Seuls, les sous-officiers, caporaux ou soldats sont admis à l'infirmerie.

2° Personnel.

Médecins. — Les nouvelles lois des cadres n'ont pas fixé le nombre des médecins à affecter à chaque corps de troupe; le nombre en sera déterminé par décision ministérielle.

Il est possible cependant que les anciens effectifs soient conservés. Nous les donnons à titre de renseignement.

Régiments d'infanterie (zouaves, tirailleurs algériens, légion

---

(1) Le fonctionnement du service de santé dans les corps de troupe est déterminé par les dispositions spéciales insérées dans les règlements sur le service intérieur des corps de troupe de toutes armes (vol. 78-1, p. 32 à 35 et 95 à 100; vol. 78-2, p. 30 à 33 et 104 à 109) et par la disposition du règlement sur le service de santé à l'intérieur.

étrangère), d'artillerie et du génie : un médecin-major de 1re classe, un médecin-major de 2e classe, un médecin aide-major.

Bataillons de chasseurs à pied, d'infanterie légère d'Afrique; régiment de cavalerie : un médecin-major de 2e classe, un médecin aide-major.

Bataillons d'artillerie à pied, escadrons du train : un médecin-major de 2e classe.

A ce personnel officier s'ajoutent éventuellement des étudiants en médecine, des médecins auxiliaires et des médecins des réserves.

Personnel subalterne. — Ce personnel, placé sous les ordres et la responsabilité du médecin-chef, comprend pour l'ensemble du régiment :

a) Un sergent ou maréchal des logis : est chargé de tous les détails techniques et disciplinaires de l'infirmerie et de la tenue des écritures; dans tous les détachements, le service est assuré par un caporal ou un brigadier. Ce gradé est à choisir avec soin parmi ceux « qui allient l'intelligence à la fermeté, et la douceur à la patience » (1);

b) Des infirmiers à raison, pour l'infanterie, d'un infirmier du service armé et un du service auxiliaire par bataillon (un des infirmiers du service armé peut être caporal). Pour la cavalerie, d'un infirmier du service armé dans l'un des escadrons de chaque demi-régiment et d'un infirmier du service auxiliaire dans l'autre escadron.

Les infirmiers sont désignés par le colonel, sur la proposition du médecin chef de service. Ils sont (1) instruits et recrutés conformément aux prescriptions du règlement sur le service de santé à l'intérieur (2). De jour comme de nuit, un infirmier au moins est toujours présent à l'infirmerie.

Attributions et devoirs généraux du médecin chef de service.

Le médecin-chef de service est l'auxiliaire immédiat du colonel pour toutes les questions qui intéressent l'hygiène et l'état sanitaire du régiment. Il dirige le service sanitaire du corps, secondé par les médecins sous ses ordres, entre lesquels il répartit les détails (3).

Dans les garnisons où est organisé un service de santé de la place, le commandant d'armes désigne, sur la proposition du chef de ce service, un médecin, dit « médecin de service », qui doit toujours être promptement trouvé. Le chef de corps, quand il n'existe pas un tel service, doit organiser, sur la proposition du médecin-chef, un « service de garde ».

Pour l'exécution de son service, le médecin-chef dépend *exclusivement* du colonel et est responsable vis-à-vis de lui. Il doit lui fournir les renseignements les plus complets, sans attendre qu'il les lui demande, sur tout ce qui intéresse la santé et l'hygiène de la troupe, et lorsqu'une épidémie sévit dans la région, il prend l'initiative des propositions à lui faire pour en préserver le régiment.

---

(1) Notice n° 33, page 3.

(2) Lire entièrement la notice n° 6 annexée au règlement sur le service de santé à l'intérieur (voir page 187).

(3) En cas de fractionnement du régiment, le médecin-chef de service reste à l'état-major, le médecin le plus élevé en grade est affecté au détachement si l'importance de celui-ci le comporte.

COURBE DE L'ÉTAT SANITAIRE DU n^e RÉGIMENT.

Mois de décembre 1913.

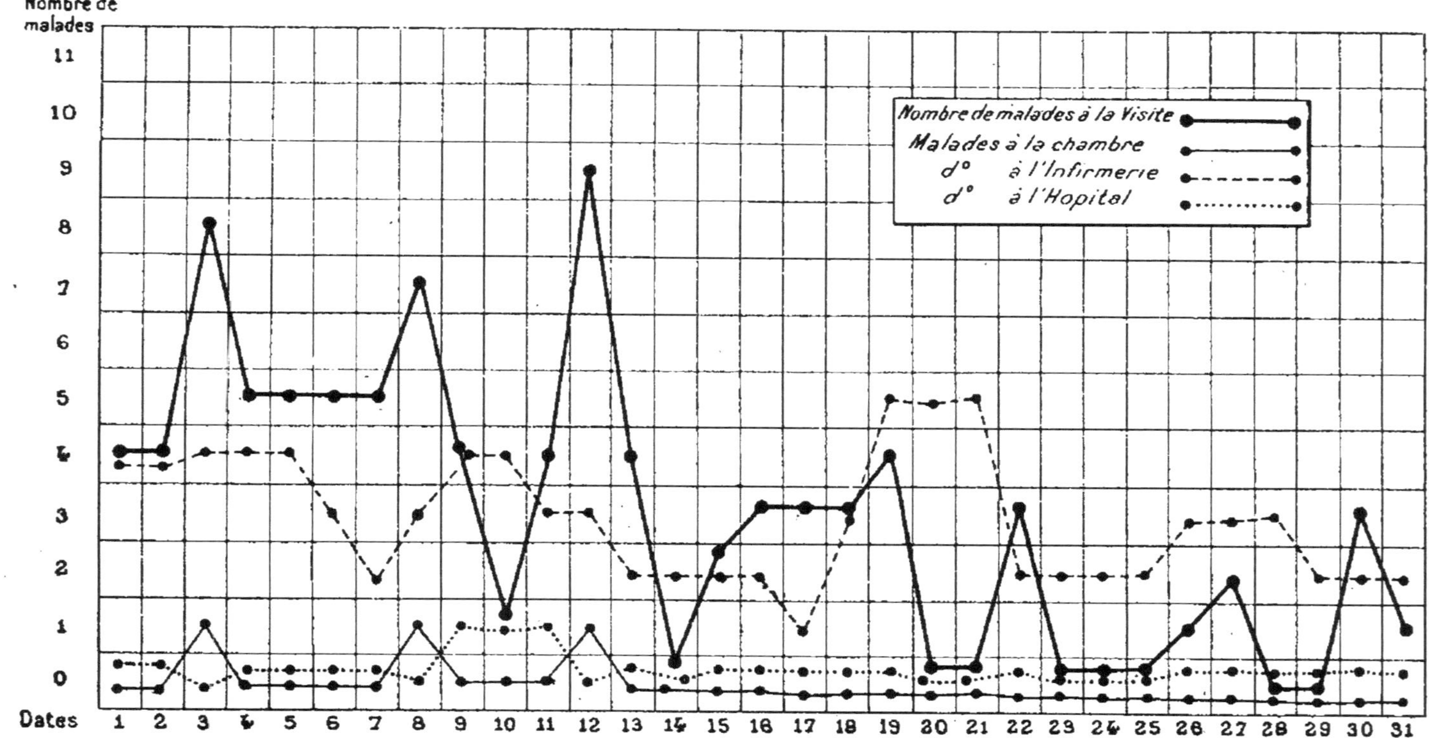

PERMISSIONS DES MÉDECINS.

Le colonel n'accorde de permissions aux médecins qu'après l'autorisation du commandant d'armes, qui prend l'avis du médecin chef du service de santé de la place; quand l'absence doit être supérieure à quinze jours (ou à huit seulement si l'intéressé est chargé d'un service d'hôpital), le médecin chef du service de santé de la place prend, avant de répondre, l'avis du directeur du service de santé du corps d'armée. En cas d'urgence, le colonel peut accorder des permissions de courte durée.

DIRECTION DU FONCTIONNEMENT DU SERVICE DE SANTÉ DANS LES CORPS DE TROUPE.

Sous la direction du médecin chef de service, le service de santé dans les corps de troupe a de multiples obligations (1) :

a) *Incorporation du contingent.* — Actuellement, chaque soldat est, à son arrivée au corps, l'objet d'un examen minutieux, à la suite duquel est rédigée une véritable observation médicale, qui est transcrite sur le « registre médical d'incorporation ». Lors de cette visite, les soldats sont vaccinés.

b) *Surveillance sanitaire du contingent, visite générale mensuelle, pesée* (2). — Tous les mois, afin de constater l'état général de santé (éviction des contagieux, dépistage des suspects) et la propreté corporelle des hommes, le médecin chef de service passe, ou fait exceptionnellement passer, une visite individuelle de tous les soldats. Au cours d'une de ces visites, les pesées périodiques sont pratiquées. Ces pesées sont mensuelles pendant les six premiers mois de service. Elles ont ensuite lieu tous les deux mois (3). Dans le même ordre d'idée, les hommes arrivant au corps, quittant le corps, ceux proposés pour certains emplois, sont examinés. De plus, l'attention des médecins devra être attirée vers l'examen de l'état mental de certains sujets et particulièrement de ceux qui ne peuvent s'adapter aux exigences de la discipline et qui commettent des actes journaliers d'indiscipline [un corps de médecins aliénistes (un médecin par corps d'armée) vient d'ailleurs d'être organisé] (4).

Le personnel médical surveille, en outre, les syphilitiques, et, pour préserver le contingent, fait des conférences relatives aux affections vénériennes, à l'alcoolisme.

c) *Surveillance de l'hygiène, de l'alimentation et du casernement.* — Le médecin chef de service fait faire des visites dans le casernement pour renseigner son chef de corps; il participe à la réception et à la vérification des denrées (ordinaires, cantines, mess, coopératives). Il passe fréquemment dans les cuisines pour s'assu-

(1) Nous en donnons la liste en insistant sur les plus importantes.

(2) Instruction du 31 octobre 1904 (*B. O.*, P. P., 1913, n° 33). Les fiches dentaires ont été supprimées, en principe, par le même bulletin.

(3) *B. O.*, P. P., 5 avril 1914, page 348.

(4) Pour vous rendre compte de l'état sanitaire du régiment dans lequel vous serez affecté, nous vous conseillons d'établir une courbe dont nous vous donnons le modèle.

rer de la qualité des aliments; il surveille l'eau d'alimentation, les appareils de stérilisation s'il en existe; il veille aux analyses bactériologiques prescrites pour l'eau.

d) *Prophylaxie des maladies épidémiques et désinfection des vêtements et des chambrées contaminées.* — C'est là une de ses principales fonctions. D'ailleurs, l'épidémiologie n'est-elle pas en partie une science d'essence absolument médico-militaire? « Artisan de prophylaxie », il doit frapper vite et fort, car si une épidémie n'est pas enrayée dès les premiers cas, les mesures médicales sont ensuite souvent illusoires.

Il doit s'assurer, enfin, que les vêtements réintégrés au magasin sont désinfectés par les vapeurs de formol, ainsi que le prescrit la circulaire du 30 avril 1906.

Dans le même ordre d'idée, il veille à la désinfection des locaux.

e) *Instruction des infirmiers, des brancardiers régimentaires; conférences aux officiers, aux soldats.* — Le médecin-chef est responsable de l'instruction des infirmiers et des brancardiers. Il fait ou fait faire des conférences sur la prophylaxie des maladies, l'hygiène militaire, le service de santé en campagne, etc...

f) *Soins à donner aux militaires et à leurs familles.* — Les médecins du corps doivent leurs soins gratuits à tous les militaires du corps et aux membres de leurs familles habitant avec eux (en ce qui concerne les soldats du régiment, nous traiterons cette question au paragraphe « Infirmerie »).

g) *Visite des officiers malades et des gradés logeant en ville.* — Tout officier malade doit prévenir son chef direct, qui en rend compte au colonel. Il en avise en même temps le médecin-chef qui le visite et fait connaître au colonel, sous pli confidentiel, son opinion sur la *gravité* et la *durée* probable de la maladie. Le colonel peut prescrire au médecin-chef d'établir un certificat médical s'il juge nécessaire de savoir si l'indisponibilité est de nature à diminuer son aptitude à ses fonctions.

Quand un gradé logeant en ville interrompt son service pour cause de maladie, il prévient le sergent-major de sa compagnie et lui fait savoir s'il est ou non en état de se rendre à la visite au quartier. Le sergent-major inscrit cette indication sur le cahier de visite et rend compte au capitaine de l'indisponibilité du gradé. En cas d'urgence, le médecin chef de service est immédiatement prévenu par le sergent de garde, directement avisé par l'intéressé.

Les officiers et gradés logeant en ville sont, en principe, autorisés à se faire soigner en ville; toutefois, sur l'avis du médecin, le chef de corps peut prescrire leur entrée à l'hôpital.

h) *Participation du personnel médical aux exercices et marches du régiment.* — Intimement mêlé à la vie du soldat, le médecin l'accompagne partout, aux écoles à feu, aux manœuvres, à la baignade (1), dans les cantonnements et les bivouacs, dans tous les différents exercices qui mettent sur pied un bataillon, un escadron, un groupe de batteries, etc...

i) *Devoirs du médecin envers son chef de corps et le directeur*

(1) Le service de la baignade est toujours assuré par un médecin.

du service de santé. — 1° Le médecin chef de service est responsable de tout le matériel qu'il a en compte tant pour le service courant que pour les besoins de la mobilisation. Il tient les registres (1) et écritures réglementaires, et, chaque jour, à l'heure fixée, il adresse au colonel un rapport (modèle n° 3). Il remplit tous les certificats médicaux prescrits par les divers règlements (certificats de visite pour les propositions à faire aux commissions spéciales de réforme, certificats individuels pour les militaires qu'il juge utile d'envoyer aux eaux minérales ou aux bains de mer, etc.).

Il soumet toute sa correspondance au visa du colonel; il est seulement autorisé à correspondre directement avec le directeur du service de santé dans quelques cas urgents (apparition d'épidémie), mais il doit dans le plus bref délai donner communication de cette correspondance au colonel.

2° Le médecin chef de service rend compte au directeur du service de santé de tout ce qui intéresse l'hygiène et la santé du régiment; il lui rend compte immédiatement des premières manifestations épidémiques par un rapport dans lequel il recherche les causes et fait connaître les mesures prophylactiques employées pour combattre l'épidémie.

Il lui adresse à la fin de chaque mois la statistique mensuelle (2) du régiment et, dans le courant d'octobre, la statistique de fin d'année.

j) *Direction de l'infirmerie et des annexes.* — « Le terrain d'observation est l'infirmerie : c'est là que le médecin peut faire tout à la fois de la médecine, de l'hygiène, de la psychologie pratique et souvent même de la morale. »

C'est à cette question importante que nous allons consacrer tout un chapitre.

---

(1) Voir page 112.

(2) Les états décadaires sont supprimés ainsi que les comptes rendus épidémiques des cinq jours (instruction provisoire concernant l'établissement de la statistique dans l'armée, du 26 septembre 1913).

CHAPITRE II.

ORGANISATION GÉNÉRALE ET FONCTIONNEMENT DES INFIRMERIES RÉGIMENTAIRES. — LOCAUX. — LA VISITE JOURNALIÈRE. — ADMISSION DES MALADES A L'INFIRMERIE. — ADMINISTRATION DE L'INFIRMERIE. — REGISTRES ET PIÈCES FOURNIES PAR LE MÉDECIN CHEF.

Dispositions générales.

Le but des infirmeries régimentaires, leur répartition, la fixation du nombre de lits affectés à chacune d'elles, le personnel, leurs attributions et leurs devoirs ont été définis dans le chapitre précédent.

Actuellement, les infirmeries régimentaires ont pris une grande importance, « d'abord en raison de l'augmentation du nombre de malades, due surtout à une plus grande vulnérabilité des effectifs incorporés, ensuite eu égard aux mesures prises pour la diffusion plus large des règles de l'hygiène et de la prophylaxie des maladies dans l'armée : visites mensuelles de santé, pesées périodiques, vaccinations jennériennes et antityphoïdiques (1) ».

Locaux (type idéal).

La circulaire du 30 mai 1907, relative aux règles à observer dans la construction ou la restauration des casernes, « qui sont devenues la maison de tous », et des infirmeries régimentaires, définit le nombre, la nature et les conditions que doivent remplir les différents locaux que comporte une infirmerie.

a) Préambule.

Orientation : Nord-sud, les façades regardant l'est et l'ouest (les services généraux de l'infirmerie seront de préférence au rez-de-chaussée et les locaux réservés aux malades à l'étage).

b) Locaux du service général.

Salle d'attente avec des bancs et des porte-manteaux; salle de visite avec du mobilier : table pour le médecin et le sous-officier, casier pour les dossiers sanitaires, toise, bascule automatique, armoire vitrée pour les instruments, des prises de gaz pour un bec Bunsen et l'éclairage, des porte-manteaux, un lavabo.

Salle de pansement devant disposer d'un lavabo, d'une table d'examen, des étagères pour les solutions antiseptiques, d'une ar-

---

(1) Notice n° 33 du 30 août 1913 annexée au règlement sur le service de santé à l'intérieur, page 1. Tout candidat doit lire et bien connaître les prescriptions de cette notice.

moire vitrée pour les objets de pansement, d'un fourneau à gaz et d'un bon éclairage.

Cabinet du médecin, qui servira de bureau au médecin et de petit laboratoire de diagnostic. Il sera muni d'un bureau avec fauteuil, d'une armoire-bibliothèque, d'une armoire à poisons, d'un lavabo, d'un petit autoclave.

Salle de bains : deux baignoires avec un chauffe-bains et une colonne de douches.

Tisanerie et pharmacie : elle contiendra un évier avec eau potable, des prises de gaz pour l'éclairage et le chauffage, une armoire pour les médicaments ordinaires.

Vestiaire des hommes à l'infirmerie : un casier par lit. Matériel de service courant : planchettes pour recevoir le matériel.

Water-closets : un par étage avec urinoir, siège à la turque (1).

Chambre du sous-officier d'infirmerie : avec lit, bureau, armoire, lavabo. Chambre pour blessé éventuel : elle sera munie d'un lit et située au rez-de-chaussée.

Magasin du matériel de mobilisation : assez vaste pour contenir tout le matériel; il sera muni d'une table pour les manipulations des objets.

Salle des malades à la chambre (voir p. 103) : elle sera munie de tables imperméables, de bancs et aussi de sièges de repos, de portemanteaux, d'une armoire pour les livres et jeux et, en principe, à proximité, mais en dehors du bâtiment de l'infirmerie.

c) Locaux réservés aux malades.

Ils seront placés à l'étage et comprendront des salles pouvant recevoir six lits au plus pour faciliter la désinfection, ce qui permettra de séparer facilement les dernières catégories de malades; une salle spéciale avec deux lits sera réservée aux sous-officiers.

Lavabo : un robinet et une cuvette pour six hommes.

Réfectoire : il servira encore de salle de lecture et de réunion. Il contiendra des tables, des bancs, des armoires pour le pain, les vivres, poste d'eau potable. Il sera au rez-de-chaussée; un petit local pour le lavage de la vaisselle lui sera annexé.

Jardin avec véranda ou abri, bancs et sièges.

Locaux réservés aux infirmiers à l'étage supérieur.

d) Locaux de désinfection et divers.

A cheval sur le mur séparant la cour de la caserne du jardin de l'infirmerie, sera installé un petit local comprenant la chambre des objets infectés, l'étuve, la chambre des objets désinfectés. A côté, enfin, du local de désinfection on trouvera une grille pour l'incinération des ordures ménagères, des pansements usagés et des crachoirs incinérables.

(1) Malgré le mépris des Anglais pour les sièges à la turque, ce système nous paraît être le seul pratique dans tout établissement public.

Organisation et ameublement des locaux.

Sans doute beaucoup d'infirmeries, construites depuis longtemps, ne réalisent pas encore tous les desiderata prévus par la circulaire de 1907, mais toutes ont été sinon agrandies, du moins réorganisées. Des peintures murales vernissées, de ton clair, remplacent les anciennes peintures foncées, ce qui donne à l'infirmerie un air de gaîté. Dans quelques-unes, les lits ont été peints en blanc, quoique cela ne soit pas encore réglementaire.

Par suite de la mise en application de la notice n° 33, du matériel sanitaire moderne a été distribué à profusion, qui remplace l'ancien dont la vétusté rappelait un peu les anciennes chambrées. Une chaise et une table de nuit métalliques, un portemanteau, de jolies descentes de lit contribuent encore à égayer l'œil.

La salle de pansements, modernisée, est actuellement munie d'une jolie et pratique table d'examen, qui permettra désormais aux médecins de faire de la petite chirurgie; d'un autoclave, qui permettra de réaliser la stérilisation des instruments et l'application de pansements aseptiques.

Une salle de bains est actuellement installée dans chaque infirmerie et quelques-unes sont même très esthétiques avec leurs baignoires laquées, leurs colonnes de douches en cuivre rouge et leur chauffe-bains au gaz.

La salle des malades à la chambre, qui n'est qu'un pis-aller inévitable, puisqu'on a souvent dit qu'elle était « l'antichambre des maladies épidémiques », a attiré l'attention de la direction centrale du service de santé. On tend actuellement à affecter à cet usage, tout au moins pendant l'hiver, et au moment des épidémies, un local par unité.

Enfin, un local de désinfection a été annexé à l'infirmerie pour la pratique de la désinfection par la vapeur sous pression ou les vapeurs de formol.

Organisation des divers services.

Le service de l'eau, le service du chauffage et de l'éclairage ont été réorganisés. Des lavabos modernes ont été installés et le chauffage central fonctionne dans plusieurs infirmeries (1). Le chauffage technique facilite la préparation des solutions antiseptiques, la stérilisation extemporanée des instruments et permet la distribution des tisanes et boissons chaudes. Il fonctionne actuellement dans toutes les infirmeries et partout où la chose est possible par l'installation d'appareils à gaz.

Tous les locaux sont largement aérés et éclairés à l'électricité et, quand cette dernière n'existe pas dans la localité, les salles de pansements et de visite sont pourvues d'un bec de gaz à incandescence.

Les infirmeries ainsi réorganisées seront une excellente leçon de choses pour les malades qui y seront admis, et, par la tenue, la

(1) *Le chauffage central dans les infirmeries*, par le médecin aide-major de 1re classe DELPY (*Archives de médecine et de pharmacie militaires*, octobre 1913).

propreté, l'aménagement de leurs divers locaux, elles devront donner l'exemple de l'hygiène de l'habitation et servir de modèle aux chambres de troupe (1).

Ce sera certainement un devoir pour vous autres, étudiants en médecine, qui êtes nos précieux collaborateurs, d'aimer votre infirmerie quand vous serez sous nos ordres, ainsi qu'étudiants vous aurez votre hôpital et votre salle de garde. Là, vous pourrez travailler et apprendre avec nous quelques notions de médecine pratique et d'hygiène.

Visite journalière des malades au quartier.

1° *Conduite des malades à l'infirmerie.* — La conduite des malades a lieu tous les matins à l'heure fixée par le colonel, sur la proposition du médecin chef de service. Dans chaque bataillon (ou dans chaque quartier pour des effectifs moindres), un des sergents de semaine, désigné par le chef de bataillon, rassemble chaque jour à l'infirmerie, avant la visite, les malades qui peuvent marcher et ceux désignés pour être présentés au médecin. Il est porteur du cahier de visite des compagnies, qu'il remet au médecin. Il assiste à la visite, puis conduit ensuite le médecin dans les chambres et les salles de discipline pour la visite des malades qui ne peuvent marcher. Le sergent (2) reçoit du médecin les cahiers de visite annotés et, éventuellement, les billets d'hôpital, qu'il soumet ensuite à chaque sergent-major.

Dans le cas d'une indisposition grave, il fait avertir l'infirmier de garde et envoie chercher, par l'intermédiaire du sous-officier de garde, le médecin de service.

Telles sont les prescriptions des nouveaux règlements (3) sur le service intérieur des corps de troupe, mais de récentes instructions ministérielles (4), édictées pour réduire la propagation des maladies épidémiques par contagion directe, interhumaine entre les soldats des differentes unités, prescrivent qu'en hiver, et au moment des épidémies, les différentes unités (compagnies, escadrons, batteries) ne sont admises que successivement dans la salle d'attente de l'infirmerie et que les malades à la chambre ne seront plus groupés dans un local commun, mais dans un local chauffé de leur unité.

2° *Visite des malades.* — Les malades sont ensuite examinés isolément s'ils le demandent.

Cette visite est pleine de difficultés et d'imprévus et demande, pour être bien faite, une grande habitude. Le médecin doit toujours examiner le consultant avec douceur et faire un examen très minu-

(1) Pour ces améliorations, un crédit de 1 fr. 25 par homme a été alloué au général commandant le corps d'armée qui, sur la proposition du directeur du service de santé, l'a réparti entre les différentes infirmeries.

(2) Ce sous-officier est aussi chargé de la surveillance des malades à la chambre (un par bataillon, un par demi-régiment).

(3) Dans la cavalerie, les malades sont conduits à l'infirmerie par escadron, sous la surveillance du brigadier de semaine.

(4) Dépêche ministérielle du 5 février 1913 et 31 octobre 1913. Cette dernière prescrit, en outre, des contre-visites pour permettre l'isolement rapide des contagieux.

tieux en pensant aux affections latentes : néphrite, vomissements pouvant expliquer une appendicite en évolution, diarrhée pouvant être les premiers symptômes d'une dothiénentérie, anévrisme, endocardite, pleurésie (le diagnostic d'une pleurésie n'est facile qu'à douze inscriptions; prof. ROUGET, Val-de-Grâce), méningite cérébro-spinale, etc... Cette méthode sera d'ailleurs la meilleure façon d'éviter les « tire-au-flanc », qui sont rares dans notre jeune armée nationale. Par sa bienveillance et sa bonté, il donnera du courage à ceux dont le « moi » défaille; une bonne parole les ranimera mieux encore si elle est suivie d'une petite exemption et d'un verre de tisane, qui a toujours la confiance du malade. Enfin, un judicieux conseil à un indiscipliné peut quelquefois le mettre dans le bon chemin.

3° *Décisions du médecin.* — Après cet examen, le médecin inscrit sa sanction sur le cahier de visite.

Selon la gravité, il prendra une des décisions suivantes (1) :

a) Non reconnu malade;

b) Peut faire son service;

c) Consultation motivée;

d) Exemption partielle (chaussures, exercices);

e) Malade à la chambre;

f) Malade entrant à l'infirmerie;

g) Malade entrant à l'hôpital.

Disons de suite quelques mots au sujet des deux dernières catégories.

Les billets des hommes entrant à l'hôpital sont signés par le médecin chef de service ou, en cas d'urgence, par le médecin qui passe la visite. Les malades sont ensuite conduits à l'hôpital par la voiture d'ambulance de garnison (à Paris et dans quelques grandes villes, le service de santé possède de magnifiques voitures automobiles); les contagieux dans une voiture d'ambulance spéciale.

Quant à la dernière catégorie, elle est actuellement rare, depuis que nous pouvons mettre « en observation » pour pouvoir décider s'il y a malaise ou simulation. De plus, par mesure de précaution, l'exécution de toute punition encourue par un militaire pour ce motif est, en principe, ajournée pendant huit jours. Pendant ce temps, le militaire est consigné.

Admission à l'infirmerie.

Les hommes entrant à l'infirmerie prennent un bain; ils reçoivent des effets spéciaux et en bon état (capote, veste, bonnet de police, paire de brodequins légers, ces effets étant entretenus dans les compagnies). Ils sont ensuite placés dans un des différents services de l'infirmerie, suivant leur affection : salles des fiévreux, salles des blessés, salles des vénériens, salles des malades en observation (maladies contagieuses), salles des malades en observation (simulateurs).

---

(1) Ce ne sont pas les prescriptions du règlement, mais ce qui se passe habituellement dans les infirmeries.

Le matin, à la visite, le médecin chef de service fait les prescriptions alimentaires et médicamenteuses; elles sont inscrites par le gradé sur le cahier de visite. Ce cahier (question d'examen) est composé d'autant de feuilles qu'il y a de lits. Il se divise en deux parties : l'une pour les jours pairs, l'autre pour les jours impairs. Il est signé tous les mois et à la sortie de chaque malade. (Voir page 143.)

Régime alimentaire. — Les malades en traitement sont tous mis, en principe, au régime spécial, qui permet de varier, suivant la maladie, la qualité et la quantité de l'alimentation.

Ce régime alimentaire comprend : la diète absolue, la diète lactée ou sans bouillon, le petit régime (aliments légers), la portion entière, la demi-portion.

La portion entière se compose, à chaque repas, d'une soupe grasse ou maigre, de 300 grammes de pain à la main et de 75 grammes de viande bouillie, rôtie ou préparée avec des légumes.

Aussitôt après la visite, le gradé de l'infirmerie établit un relevé des prescriptions alimentaires et le remet à la cantinière ou au mess des sous-officiers (détachements).

Durant tout leur séjour à l'infirmerie, les malades sont sous la surveillance du sergent, qui veille à tous les détails. Ils ne peuvent rien recevoir du dehors sans l'autorisation du médecin chef de service et ne peuvent, en aucun cas, introduire à l'infirmerie des bouteilles de vin.

Sortie des malades. — Les malades sortent de l'infirmerie de différentes façons :

a) Par guérison (ils sont désignés à la visite du matin pour le lendemain);

b) Par guérison et avec une permission à titre de convalescence;

c) Par évacuation sur l'hôpital;

d) Par décès (1), ce qui est très rare.

ADMINISTRATION DE L'INFIRMERIE.

L'infirmerie régimentaire a une administration particulière.

Recettes et dépenses de la masse d'infirmerie. — La masse (2) d'infirmerie est constituée par les versements effectués par les compagnies pour les soldats soumis au régime spécial. Ces versements sont inscrits au registre d'alimentation, à la colonne des recettes du registre d'alimentation.

Dépenses. — *a*) Le but essentiel des fonds de la masse est d'assurer d'une façon aussi parfaite que possible l'alimentation des malades et, en principe, le prix de la portion entière ne doit pas être inférieur au montant des allocations individuelles versées par l'ordinaire; *b*) si cette masse est prospère, tout en assurant une bonne nourriture, sur l'ordre du conseil d'administration, elle peut con-

(1) Voir les dispositions à prendre en cas de décès, page 125.

(2) On appelle « boni », la différence entre les sommes reçues par l'infirmerie et les dépenses faites pour l'alimentation des malades.

tribuer aux dépenses étrangères à l'alimentation nécessaires pour le service des malades ou l'entretien des locaux (brosse, cire, balais). Ces différents ingrédients incombent normalement aux masses (habillement, ameublement), dans la limite de 0 fr. 02 par jour et par lit d'infirmerie; *c*) elle peut également contribuer à l'amélioration des infirmeries (locaux, mobilier, chauffage), après autorisation du directeur du service de santé; *d*) enfin, elle peut contribuer à l'achat d'un pulvérisateur et à des dépenses urgentes et imprévues engagées dans l'intérêt des malades et limitées à 50 francs par an, dont le médecin disposera sans autorisation préalable.

Gestion. — La gestion des infirmeries appartient au conseil d'administration.

MÉDICAMENTS ET MATÉRIEL TECHNIQUE SANITAIRE (1).

Les infirmeries possèdent les médicaments et objets de pansement nécessaires pour le service.

a) *Médicaments.* — Actuellement, les infirmeries régimentaires sont pourvues de tous les médicaments (2) que l'expérience a démontré utiles et actifs. Les pharmaciens militaires ont fait de grands progrès pour la préparation de ces derniers et beaucoup sont actuellement présentés sous forme de comprimés, ce qui facilite leur emploi et leur conservation. Tout comme dans le service du professeur Reclus, le médecin militaire peut actuellement préparer extemporanément sa teinture d'iode;

b) *Matériel.* — Ici encore, une large décentralisation et beaucoup d'initiative laissée aux médecins pour la fourniture du matériel.

Un crédit annuel est actuellement alloué à chaque infirmerie pour le réapprovisionnement en matériel et objets de pansements, dont les médecins disposent entièrement, et avec lequel ils peuvent demander du matériel réglementaire et l'autorisation d'acheter sur place du matériel non réglementaire, ce qui leur est accordé dans une très large mesure.

Les objets de pansement sont accordés suivant les besoins.

Ces demandes sont adressées au directeur du service de santé deux fois par an, du 1er au 15 des mois de février et d'août pour les besoins du semestre suivant.

BIBLIOTHÈQUE DE L'INFIRMERIE.

Elle se compose de tous les règlements relatifs au fonctionnement du service de santé à l'intérieur et en campagne et de ceux relatifs au recrutement de l'armée.

---

(1) Consulter dans les infirmeries les instructions des 28 octobre 1912 et 21 janvier 1913.

(2) Et suivant les besoins pour beaucoup d'entre eux.

(3) Les médicaments sont enfermés dans deux armoires : 1° ceux soumis à la loi sur les substances vénéneuses dans une armoire dont le médecin chef de service garde personnellement la clef, ceux qu'il est prudent de tenir séparés dans un compartiment spécial de la deuxième armoire; 2° les médicaments ordinaires dans une seconde armoire dont le sous-officier a la clef.

REGISTRES ET COMPTABILITÉ (1).

Dans les infirmeries, il y a treize registres. Le nombre des registres a souvent été modifié.

La plupart renferment les renseignements médicaux qui permettent au médecin chef de service d'être immédiatement renseigné sur l'état sanitaire du régiment et d'établir les différentes statistiques.

La nouvelle loi militaire a nécessité une revision des registres et c'est la liste établie par la notification ministérielle du 14 août 1913 que nous donnons (2) :

1° *Registre médical d'incorporation.* — C'est une véritable observation médicale établie pour chaque homme du régiment (voir modèle, p. 114).

2° *Registre médical de casernement*, avec trois parties : 1° installation du casernement; 2° épidémiologie de la caserne; 3° état chronologique des médecins du corps. Il est tenu au courant tous les ans (ce registre vient d'être modifié);

3° *Registre de la visite médicale*, sur lequel sont inscrits tous les consultants, avec les prescriptions médicales ordonnées pour chacun d'eux;

4° *Registre des malades à l'infirmerie*, sur lequel sont inscrits les sous-officiers et soldats de l'armée active et des réserves entrés à l'infirmerie;

5° *Registre des malades à l'hôpital*, sur lequel sont inscrits les mêmes catégories de militaires entrés à l'hôpital;

6° *Registre des décès.* — On y fait figurer tous les sous-officiers et soldats de l'active et des réserves décédés;

7° *Registre des réformes et retraites et du classement dans le service auxiliaire des hommes du service armé;*

8° *Registre des médicaments et objets de consommation courante.* — La bonne tenue de ce registre permet au médecin d'établir avec précision ses demandes semestrielles puisqu'il sait ce qu'il possède et qu'il connaît ses besoins;

9° *Carnet-inventaire permanent du matériel*, sur lequel figure la liste complète du matériel, tant du service courant que de la réserve de guerre, dont le médecin chef de service est responsable envers le conseil d'administration du régiment;

10° *Carnet auxiliaire des visites, manutention et remplacement du matériel et des médicaments entrant dans la composition des approvisionnements,*

11° *Carnet à souches d'enregistrement des bons :* blanchissage du linge à pansement, bandages herniaires, lunettes;

(1) Dans un détachement, il y a exactement les mêmes registres, à l'exception du registre médical d'incorporation.

(2) Nous ne donnons pas les modèles de ces différents registres, que l'on peut facilement consulter dans une infirmerie. C'est une question très importante.

12° *Registre de correspondance*, sur lequel le médecin copie exactement toutes les lettres et rapports qu'il adresse à ses chefs, pour couvrir sa responsabilité;

13° *Registre d'alimentation.* — Il sert à établir la comptabilité du régime spécial : dépenses et recettes (leur différence constitue la masse de l'infirmerie). Les paiements des journées de traitement par les compagnies ont lieu actuellement tous les dix jours.

N° Mle :

Nom :
Prénoms :
Profession :

Né le : à canton département

SUBDIVISION de RECRUTEMENT.	TITRE sous lequel IL SERT.	DATE DU DÉBUT au service.	SERVICE armé ou AUXILIAIRE.	AJOURNEMENTS OU RÉFORMES TEMPORAIR antérieures.

CORPS dans lesquels IL AVAIT SERVI.	DATE de l'arrivée AU PRÉSENT CORPS.	CHANGEMENTS D'ARMES ET ENGAGEMENTS SUCCESSIFS.

	A L'INCORPORATION.	DATES.														
Taille..........																
Périmètre thoracique.......																
Poids..........																

Observations générales :

Antécédents pathologiques, héréditaires et personnels :

Défectuosités congénitales ou acquises :

ACUITÉ VISUELLE ET OBSERVATIONS SUR L'APPAREIL DE LA VISION.

Sans corrections OD = OG =

Après correction OD = avec verres : OG = avec verres :

Audition : ; Denture :

VACCINATIONS ANTIVARIOLIQUES PRATIQUÉES AU CORPS.

Abréviations : + succès) : — (insuccès).

Autres vaccinations :

Objets délivrés :

Radiation (mode, date, cause) :

MALADIES OU ACCIDENTS OBSERVÉS PENDANT LA DURÉE DU SERVICE DANS L'ARMÉE ACTIVE.

DATES.	Cause des indisponibilités, des congés et permissions à titre de convalescence ou pour maladie (infirmerie ou hôpital). Envoi aux eaux minérales, bains de mer, certificats d'origine, procès-verbal d'enquête, résultats des présentations aux commissions de réforme, changements d'armes.	DURÉE.		
		INFIRMERIE.	HÔPITAL.	CONGÉ.

Pièces périodiques fournies par le médecin chef de service.

Pour terminer cette étude, nous donnons la liste (1) des principales pièces que doit fournir le médecin chef de service.

DATES DE PRODUCTION des pièces.	NOMBRE.	AUTORITÉ A QUI ELLES SONT adressées.	DÉSIGNATION DES PIÈCES.	RÉFÉRENCES.	OBSERVATIONS.
Tous les jours au rapport.	1	Colonel commandant le régiment.	Situation-rapport. Modèle 3 annexé au règlement sur le service intérieur des corps de troupe.	Article 54 du règlement du 25 août 1913.	Toute la correspondance est soumise au visa du colonel.
Du 1er au 5.	1	Directeur du service de santé.	Statistique mensuelle service armé et service auxiliaire modèle n° 1 annexé à l'instruction.	Article 6 de l'instruction du 13 juin 1913.	Toutes ces pièces, à l'exclusion de la statistique annuelle, sont fournies par le médecin du détachement.
3 jours avant la date de la réunion.	3	Commandant d'armes de la place où siège la commission.	Etat nominatif des militaires présentés devant la commission de réforme, avec dossier complet pour chaque homme.	Article 7 de l'instruction du 21 janvier 1910.	
Du 1er au 15 novembre.	14	Colonel commandant le régiment.	Statistiques annuelles modèles nos 3, 4, 5, 6, 7, 8, 9, 10, 11, 12, 13, 14, 15, 16, annexées à l'instruction du 13 juin 1913.	Article 21 de l'instruction.	Elle est seulement établie par le médecin de la portion centrale.

		vice de santé.	cine, étudiants en médecine (jeunes et anciens soldats). 2° Etat nominatif des chirurgiens-dentistes ou étudiants en art dentaire.	le du 16 octobre 1906. Volume 83, page 106.
3 janvier.	1	Directeur du service de santé.	Renseignement à fournir pour l'établissement d'un rapport annuel.	Notice n° 4 annexée au règlement sur le service de santé à l'intérieur.
15 janvier.	1	Directeur du service de santé.	Compte rendu sur l'instruction spéciale à donner aux brancardiers et aux infirmiers régimentaires.	Article 11 du règlement sur le service de santé à l'intérieur.
Eventuelle.	1	Directeur du service de santé.	1° Expédition des procès-verbaux des conférences concernant les projets de construction, d'amélioration, d'aménagement des établissements hospitaliers, infirmeries régimentaires et magasins du service de santé; 2° Expédition des procès-verbaux des conférences ou commissions, commission de casernement, dans le cas où le médecin représente le service de santé.	Article 26 du règlement.
Fixée par le directeur du service de santé.	1	Directeur du laboratoire régional.	Demande de flacons stérilisés pour prélèvements d'échantillons d'eau (analyse chimique et bactériologique).	Circulaire ministérielle du 6 juin 1913.
10 juin.	1	Directeur du service de santé.	Feuillets annexés sur lesquels figurent les renseignements annuels inscrits sur le dossier des eaux et le registre médical de casernement.	Instruction du 29 juin 1898 et notice n° 75 annexée au règlement sur le service de santé.

(1) La forme des divers modèles figure dans la partie « modèles » annexée à tout règlement, ou à la suite des circulaires prescrivant de les établir.

DATES DE PRODUCTION des pièces.	NOMBRE.	AUTORITÉ A QUI ELLES SONT adressées.	DÉSIGNATION DES PIÈCES.	RÉFÉRENCES.	OBSERVATIONS.
1er au 15 février et 1er au 15 août.	2	Directeur du service de santé.	Demande spéciale pour les médicaments modèle n° 18.	Article 76 du règlement sur le service de santé à l'intérieur et instruction du 28 octobre 1912.	
1er au 15 février et 1er au 15 août.	2	Directeur du service de santé.	Demande spéciale pour le matériel à pourvoir l'infirmerie d'après le crédit annuel (modèle n° 18).	Article 76 du règlement sur le service de santé à l'intérieur et instruction du 27 janvier 1913.	
Eventuellement.	1	Directeur du service de santé.	Bulletin des mutations survenues parmi les médecins du corps (modèle n° 12).	Article 39 du règlement sur le service de santé à l'intérieur.	
Tous les 3 mois.		Trésorier du régiment.	Pièces justificatives des dépenses à la charge du service de santé.	Article 85 du règlement sur le service de santé à l'intérieur.	
Tous les 3 mois.		Trésorier du régiment.	Demande de registres et imprimés nécessaires pour les besoins du service.	Article 84 du règlement sur le service de santé à l'intérieur.	
1er mars au 1er mai (saison d'été).		Général commandant la subdivision.	Propositions pour les eaux minérales. Bordereau nominatif n° 71 avec certificat de visite n° 17; 1er mars, 1re répartition; 1er mai, 2e répartition	Article 338 du règlement du service de santé à l'intérieur notice n° 18.	

15 septembre et 1er décembre pour les saisons d'hiver.		Général commandant la subdivision.	15 septembre, 1re saison d'Amélie-les-Bains ; 1er décembre, 2e saison d'Amélie-les-Bains.	Article 338 notice n° 18.	
1er juin.		Général.	Propositions pour les bains de mer. Bordereau nominatif n° 71 (modèle n° 17, pour ce qui concerne le certificat de visite.	Article 354 notice n° 18.	
			Diverses demandes de matériel et de médicaments pour la réserve de guerre.		
Pour mémoire.			Pour mémoire.	Pour mémoire.	

CHAPITRE III.

INFIRMERIES DE GARNISON. — INFIRMERIES-HÔPITAUX. ÉTABLISSEMENTS DE CONVALESCENTS.

Infirmeries de garnison.

Les militaires appartenant à des corps qui n'ont pas d'infirmerie sont admis à l'infirmerie régimentaire désignée par le général commandant la subdivision.

Dans les places qui comprennent plusieurs détachements appartenant à des corps divers (train des équipages, commis ouvriers d'administration, secrétaires d'état-major, infirmiers militaires), il peut être créé, avec l'autorisation du général commandant le corps d'armée, une infirmerie unique et commune, dite « de garnison ».

Le général commandant la subdivision désigne le détachement qui est chargé de l'administration de l'infirmerie et le médecin-chef de service.

Une masse unique est constituée par les versements faits par les différents corps pour leurs malades respectifs.

Infirmeries-hôpitaux.

Ce sont de véritables petits hôpitaux fonctionnant dans les villes de garnison dépourvues de ressources hospitalières et situées à une trop grande distance d'un hôpital militaire ou mixte et dans certains camps.

Elles reçoivent les malades qui sont, en principe, soignés dans une infirmerie et ceux qui ne peuvent l'être que dans un hôpital. Elles ont, en effet, deux sections :

a) Section infirmerie (semblable aux infirmeries régimentaires);

b) Section hôpital (matériel appartenant au service de santé).

Personnel et locaux. — Le service est dirigé par le médecin du corps, qui dispose d'infirmiers régimentaires et d'infirmiers militaires, si la nécessité est reconnue par le directeur du service de santé.

Installés dans un pavillon séparé du casernement, les divers locaux doivent satisfaire aux conditions que nous avons exposées pour ceux d'une infirmerie régimentaire.

L'infirmerie-hôpital doit, en outre, disposer dans sa section hôpital de locaux pour contagieux, d'une chambre d'isolement pour un malade gravement atteint; enfin, d'une salle mortuaire.

Régime alimentaire : celui des infirmeries; toutefois, lorsque le régime est insuffisant, il est alloué pour les malades admis à la section hôpital des suppléments de nourriture, dont le corps gestionnaire est remboursé par le service de santé.

Médicaments et matériel. — Même approvisionnement que les

• CORPS D'ARMÉE.

PLACE DE

SITUATION HOSPITALIÈRE.

HOPITAL, INFIRMERIE-HOPITAL, HOSPICE MIXTE.

SITUATION à la date du

Effectif de la garnison. ....

Nombre de lits dont dispose le service de santé......

Nombre de malades en traitement..................

Répartition des maladies contagieuses.

MALADIES.	DANS LES 24 HEURES.				RESTANT EN TRAITEMENT.	RÉPARTITION PAR RÉGIMENTS OU CASERNES.						
	Entrées.	Confirmées.	Sorties.	Décès.		• d'inf.	• d'art.					
Fièvre typhoïde....												
Rougeole...........												
Scarlatine..........												
Méningite cérébro-spinale...........												

Depuis le début de l'épidémie, on a enregistré.

MALADIES.	DATE DU DÉBUT DE L'ÉPIDÉMIE.	NOMBRE DE CAS.	NOMBRE DE DÉCÈS.

Le Médecin-chef,

hôpitaux annexes, mêmes formalités pour leur approvisionnement que pour les infirmeries. Elle reçoit des fournitures de couchage attribuées aux infirmeries régimentaires, et également dans la proportion nécessaire du matériel (couchettes, etc...) appartenant au service de santé. Ce matériel est entretenu par le corps gestionnaire qui est remboursé de ses dépenses par le service de santé.

Registres et imprimés : ceux d'une infirmerie régimentaire et ceux d'un hôpital (1).

Chaque jour, une situation sanitaire est remise au chef de détachement, ou commandant d'armes, suivant le cas, et une situation hospitalière est adressée, avant midi, au ministère (7e direction), tout comme dans les hôpitaux.

De plus, dans toutes les places où des affections contagieuses sont observées à l'état épidémique parmi les troupes, ou lorsque la morbidité et la mortalité sont élevées, les médecins-chefs d'un service hospitalier adressent au ministère (7e direction) un télégramme fournissant la situation pour les dernières vingt-quatre heures. (Dépêche ministérielle du 9 février 1914.)

Formalités en cas de maladie grave ou de décès. — Les mêmes que celles pour les malades en traitement à l'hôpital (2), avec cette restriction que c'est au commandant d'armes qu'il appartient de prévenir la famille et le maire.

Conclusions. — L'infirmerie-hôpital est un excellent établissement hospitalier, très économique pour le traitement des malades, puisque le prix de la journée revient à 1 franc, surtout avec les exigences actuelles des commissions administratives des hospices mixtes; A condition d'être à proximité de la caserne, et d'être installée dans un petit pavillon entouré d'un jardin dans lequel les malades trouveraient le calme indispensable à tout traitement hospitalier (à la façon des infirmeries des colonies agricoles d'enfants, comme celle des Douaires, près de Gaillon, qui ont le même but), l'infirmerie-hôpital paraît être le système d'hospitalisation qui devrait être employé dans toutes les garnisons peu importantes.

Établissements de convalescents.

Beaucoup de familles sont, à cause des exigences de la vie moderne, dans l'impossibilité de recevoir et de bien nourrir leurs enfants envoyés en convalescence. La mère est à l'atelier, le père à l'usine, et les militaires anémiés trouvent bien souvent leurs foyers déserts et sans lumière.

« Si nous considérons le sort réservé aux convalescents ayant obtenu un congé, on peut dire que sur une centaine :

» 65 hommes trouvent dans leurs familles les soins désirables;
» 30 appartiennent à des familles nécessiteuses;
» 5 n'ont pas de famille ! (3). »

Aussi conçoit-on l'importance de ce genre d'établissements.

---

(1) Page 131.
(2) Page 151.
(3) Professeur Simonin, du Val-de-Grâce.

Objet des établissements de convalescents. — Ils sont créés pour recevoir les militaires convalescents à leur sortie des hôpitaux, les hommes des corps de troupe incapables de faire leur service quand ils sont privés de famille ou quand cette dernière est dépourvue de ressources ou habite des régions dont le climat ne serait pas favorable à leur rétablissement.

Ouverture et suppression d'un établissement de convalescents. — L'ouverture et la fermeture d'un établissement de convalescents sont prononcées par le Ministre de la guerre.

Composition du personnel. — Ces établissements fonctionnent comme les hôpitaux militaires et il est attaché à chacun d'eux un personnel médical et administratif, composé d'après les fixations arrêtées par le Ministre.

Admission des convalescents. — Peuvent y être admis (1) : *a*) les militaires à leur sortie des hôpitaux; *b*) les militaires des corps de troupe (dans ce cas, ils sont munis d'un billet d'hôpital).

Les propositions motivées (certificat de visite et de contre-visite) sont adressées au directeur du service de santé du corps d'armée.

Situation et locaux. — Ces établissements doivent être situés près des villes, de préférence sur le versant d'un coteau, bien exposé aux rayons solaires, et les locaux doivent satisfaire aux règles de l'hygiène moderne.

Matériel et gestion. — Ils fonctionnent comme les hôpitaux annexes.

Desiderata. — Les prescriptions du règlement décrétées le 11 février 1911 sont très judicieuses; malheureusement, elles ne sont que théoriques.

Il n'existe, en effet, en France, qu'un seul établissement de convalescents : celui de l'île de Porquerolles. Il dispose de 230 lits environ et encore ne pouvons-nous pas diriger sur ce dépôt une catégorie de militaires (2) à cause de l'influence du climat marin sur le système nerveux de certains convalescents (anémiés à système nerveux éréthique, alcooliques, neurasthéniques). Il y a donc encore beaucoup à faire pour leur installation et, pour que les militaires s'y rendent avec plaisir, il faudra que par leur situation, au milieu de beaux jardins, par les soins qui y sont donnés, ces établissements fassent complètement oublier la vie de caserne. Leur création serait de nature à conserver les effectifs tout en améliorant la race.

Maisons de convalescents de la Croix-Rouge française.

L'importance de l'organisation des maisons de convalescents n'a pas échappé aux trois sociétés de la Croix-Rouge française.

C'est ainsi que le comité de Vichy, de la « Société française de secours aux blessés militaires » vient d'ouvrir une maison de convalescence pour les sous-officiers et les soldats. De même, le comité de Rouen de « l'Union des Femmes de France » a mis à la dispo-

(1) Les convalescents de maladies contagieuses ne sont admis que s'ils ne sont pas susceptibles d'être agents de contagion.

(2) Dépêche ministérielle du 12 mai 1912, n° 2172.

sition du 3e corps d'armée une maison de convalescence à Bois-guillaume.

Dans le même but, « l'Union des Femmes de France » vient de créer un « Etablissement militaire sanitaire et agricole » à Tonnay-Charente (1), destiné à recevoir et à soigner les militaires de l'armée active métropolitaine (sous-officiers, caporaux ou brigadiers et soldats) en état d'imminence tuberculeuse, provenant des corps ou service du gouvernement militaire de Paris, des 3e, 4e, 8e, 9e, 11e, 12e, 13e, 18e corps d'armée, et momentanément incapables de supporter les fatigues du service. Le nombre des places est de 50; l'une d'elles est réservée à un sous-officier. En principe, la durée normale du séjour est de trois mois avec un maximum de six mois. Les pensionnaires sont soumis à un régime alimentaire tonique et à une existence hygiénique au grand air.

Ils sont placés sous la surveillance médicale d'un personnel recruté par la Société; en outre, un médecin-major est chargé de la visite mensuelle de l'établissement. Les pensionnaires sont à la charge de « l'Union des Femmes de France », qui reçoit du service de santé une somme de 2 francs par journée de présence.

Cet établissement a été ouvert le 1er juillet 1913.

Maisons de convalescence des officiers des armées de terre et de mer.

1° *Villa Furtado-Heine.* — C'est en 1895 que le Ministre de la guerre a accepté la donation faite par Mme Furtado-Heine, en faveur des officiers des armées de terre et de mer.

La fondation Furtado-Heine, dite « Villa des officiers des armées de terre et de mer », située à Nice, est un établissement destiné à recevoir les officiers auxquels un repos d'une certaine durée est nécessaire (anémie, surmenage cérébral, neurasthénie). La villa est ouverte du 1er octobre de chaque année au 31 mai de l'année suivante. Le séjour y est absolument gratuit, mais il est exclusivement réservé aux officiers et assimilés qui sont en activité ou en non-activité pour infirmités, exceptionnellement encore aux officiers de réserve ou de l'armée active et de l'armée territoriale et aux officiers retraités (2).

Si certains officiers vous demandent des renseignements, vous ne devrez pas perdre de vue que si le climat de Nice est des plus toniques, le voisinage de la mer lui confère des propriétés excitantes qui doivent faire écarter les pléthoriques, les tempéraments apoplectiques, les cardiopathiques et les sujets placés sous l'imminence d'une affection cérébro-spinale.

La durée du séjour est de un à deux mois au maximum et exceptionnellement de trois mois.

2° *Mont des Oiseaux.* — Don d'un généreux anonyme, un magnifique établissement, le « Mont des Oiseaux », situé près d'Hyères,

(1) Instruction du 18 juin 1913 sur le « Fonctionnement de l'établissement militaire sanitaire et agricole de Tonnay-Charente » (*B. O.*, P. P., 1913, p. 752).

(2) Pour fournir tous renseignements utiles aux intéressés, consulter l'instruction du 7 avril 1902 (*B. O.*, É. M., p. 92).

au milieu d'un parc de 80 hectares, dans un site admirable, est destiné à recevoir les officiers convalescents ou anémiés par le climat des colonies, ainsi que les fonctionnaires coloniaux.

Ce sanatorium a été créé le 1er décembre 1907 par la « Société française de secours aux blessés militaires ». Le séjour n'est pas gratuit, mais le prix de la pension est minime (1).

La durée du séjour est facultative, avec un minimum de quinze jours.

3° *Villa Matignon.* — Tout récemment, il vient d'être créé à Bagnoles-de-l'Orne une maison de convalescents, dite « Villa Matignon », destinée aux officiers subalternes en activité de service et atteints d'affections se traitant avec succès par l'usage des eaux de Bagnoles (phlébites, varices, troubles de ralentissement de la circulation, œdèmes, anémie tropicale, atonie des tissus, paludisme, hypofonctionnement des glandes endocrines).

Le séjour est d'une durée de vingt jours; le prix de la pension est de 3, 4 et 5 francs, suivant le grade. (Voir *B. O.*, P. P., 22 septembre 1913.)

Dispositions spéciales en cas de décès au corps (2).

Quand un militaire présent à la caserne ou dehors vient à décéder, le décès est constaté par le médecin-chef de service. L'officier qui commande la compagnie doit faire immédiatement la déclaration du décès à l'officier de l'état civil du lieu, pour qu'il opère conformément à la loi.

Le décédé, à moins de dispositions particulières prises par la famille, est reçu à titre de dépôt à l'hôpital militaire ou à l'hospice civil du lieu, sur le vu d'un certificat.

Le médecin chef de service rend compte au chef du corps et au directeur du service de santé, dans un rapport circonstancié, des causes du décès. Ces deux rapports sont transmis au ministère de la guerre.

En cas de mort violente, ce qui sera le cas habituel, le corps ne pourra être enlevé que lorsqu'un officier de police judiciaire aura rempli les formalités légales.

La famille est prévenue par le conseil d'administration du corps.

---

(1) Pour fournir les renseignements utiles aux intéressés, consulter la notification du 11 décembre 1907 (*B. O.*, P. R., 1907, p. 1760).

(2) Article 7 du règlement sur le service de santé à l'intérieur, que vous devez consulter si un décès se produit dans un fort dont vous serez chargé du service médical.

TITRE III

Service de santé dans les hôpitaux militaires (1).

CHAPITRE PREMIER.

OBJET DU SERVICE. — PERSONNEL : LE MÉDECIN-CHEF, LES MÉDECINS EN SOUS-ORDRE, LE PHARMACIEN, LES OFFICIERS D'ADMINISTRATION, LES MINISTRES DES CULTES.

Objet du service de santé.

Le service dans les hôpitaux militaires a pour objet de pourvoir au traitement des officiers et à celui des militaires en activité atteints de maladies ou blessures qui ne peuvent être soignées dans les infirmeries régimentaires; il pourvoit encore au traitement de certaines catégories de malades (anciens militaires ou fonctionnaires coloniaux).

Division des hôpitaux.

Ils se divisent en hôpitaux permanents, auxquels peuvent être rattachés des hôpitaux annexes, et en hôpitaux d'eaux minérales.

Ils sont divisés en six classes, et quelques établissements particulièrement importants forment une catégorie spéciale en dehors des six classes (exemple : l'hôpital du Val-de-Grâce).

Hôpitaux annexes.

Dans les garnisons où les ressources sont insuffisantes, les militaires peuvent être traités dans des hôpitaux annexes, qui sont rattachés, au point de vue de la direction et de la gestion, à un hôpital déterminé par le Ministre, dit « hôpital central ».

Le service peut y être assuré soit par des médecins détachés des hôpitaux, soit par des médecins appartenant au corps de troupe de la garnison.

---

(1) Par analogie avec les usages en vigueur pour la dénomination des casernements de toutes armes, les établissements du service de santé militaire peuvent recevoir les noms des médecins, pharmaciens, officiers d'administration, qui ont particulièrement honoré ce service. (Circulaire du 29 octobre 1913.)

Conditions d'admission.

I. — A LA CHARGE DU SERVICE DE SANTÉ.

Ce sont :

1° Les sous-officiers et soldats présents à leur corps ou titulaires d'une permission ou d'un congé de convalescence, y compris ceux de la gendarmerie et de la garde républicaine, les caporaux et brigadiers fourriers (1);

2° Les enfants de troupe, présents ou absents;

3° Les jeunes soldats appelés sous les drapeaux lorsqu'ils ont reçu leur ordre de route;

4° Les engagés volontaires et rengagés de la réserve quand ils sont porteurs de feuilles de route;

5° Les militaires de l'armée active envoyés en congé avant l'expiration de la durée légale du service actif; les hommes de réserve, mais seulement pendant la durée des exercices auxquels ils sont astreints;

6° Les militaires rentrant dans leurs foyers, qui tombent malades en route, dans la direction et dans les délais prescrits par leur feuille de route;

7° Les élèves des Ecoles (Polytechnique, Saint-Cyr, service de santé, les étudiants en pharmacie du service de santé) (2).

Enfin, diverses catégories (voir l'art. 196 du règlement).

II. — CAS D'ADMISSION A CHARGE DE REMBOURSEMENT.

Ce sont :

1° Les officiers généraux, assimilés et fonctionnaires, placés dans le cadre de réserve;

2° Les officiers de toutes armes et assimilés (troupes coloniales, sapeurs-pompiers de Paris) en activité, en disponibilité ou en non-activité, présents ou absents;

3° Les fonctionnaires du corps de contrôle de l'administration de l'armée, les ingénieurs des poudres et salpêtres, dans les mêmes conditions;

4° Les officiers de réserve et assimilés, pendant la durée des exercices auxquels ils sont convoqués;

5° Les sous-officiers et soldats du régiment des sapeurs-pompiers de Paris;

6° Les sous-officiers et soldats appartenant aux troupes coloniales;

7° Les marins, officiers, sous-officiers et soldats, ou traités comme tels;

---

(1) Les quatre dernières catégories du paragraphe sont traitées comme sous-officiers. Pendant leur hospitalisation, les sous-officiers à solde mensuelle perçoivent la solde d'absence si leurs blessures ou maladies ne sont pas dues au service. Les sous-officiers non rengagés ne perçoivent plus rien et sont rayés des contrôles de leur unité. (Vol. 88, p. 50.)

(2) Tous ces élèves sont traités en principe dans des locaux séparés et reçoivent les mêmes allocations que les officiers.

8° Le personnel du service des colonies;

9° Les employés des douanes, les agents des eaux et forêts et les préposés forestiers (1);

10° Les employés des postes embarqués sur les paquebots ou attachés aux bureaux français à l'étranger;

11° Les fonctionnaires et employés des administrations civiles de l'Algérie, ainsi que les colons de l'Algérie, à défaut d'hospice civil ou de place dans ledit hospice;

12° Les prisonniers de guerre;

13° Les militaires étrangers;

14° En cas d'urgence, les victimes d'une catastrophe ou d'un sinistre.

Le Ministre peut encore autoriser l'admission dans les hôpitaux, à charge de remboursement, des personnes pour lesquelles cette faveur peut être justement motivée.

En outre, les anciens militaires pensionnés et les réformés, quand ils sont atteints de maladies aiguës, ou nécessitant des opérations sérieuses, peuvent être hospitalisés à condition que leur admission soit approuvée par le Ministre.

Remboursement des frais de traitement. — Les frais sont remboursés à l'Etat au prix fixé par l'instruction du 22 mars 1910 (voir la notice n° 14 annexée au règlement).

A titre d'exemple, les journées de traitement des officiers admis à charge de remboursement dans les hôpitaux militaires, les hospices civils et les établissements spéciaux sont les suivants :

	France.	Algérie-Tunisie.
	—	—
Officier général.	7 »	6 »
Officier supérieur.	5 50	4 50
Capitaine.	4 30	3 50
Sous-lieutenant et lieutenant.	3 50	2 75

Militaires atteints d'aliénation mentale. — Cette catégorie de malades n'est admise dans les hôpitaux militaires que momentanément et jusqu'à l'accomplissement des formalités imposées par la loi. Ils sont alors dirigés sur un établissement d'aliénés (2).

Personnel.

A la tête de tout hôpital militaire se trouve le médecin-chef.

Il a sous ses ordres :

Agents d'exécution et de gestion : médecins traitants, médecin chirurgien (chirurgie générale), médecin spécialiste, radiographes, bactériologistes, pharmacien-chef et pharmaciens en sous-ordre, infirmiers et infirmières, ministres des cultes (3), officier d'administration gestionnaire et ses subordonnés.

(1) Les élèves de l'Ecole forestière sont traités comme les officiers subalternes.

(2) Il n'existe pas d'établissement d'aliénés militaires.

(3) Voir la circulaire du 15 novembre 1905 (*B. O.*, p. 1711) portant la suppression des emplois d'ecclésiastiques dans les hôpitaux militaires (page 145).

Le médecin-chef (1).

La direction du service appartient au médecin le plus élevé en grade, ou le plus ancien dans le grade. Cet officier du service de santé a les attributions et les devoirs d'un chef de corps (colonel ou commandant de détachement, suivant son grade).

Il a autorité sur tout le personnel militaire et civil attaché à l'hôpital.

« Il assure par lui-même et par les médecins placés sous ses ordres le service médico-chirurgical.

» Il fait établir par l'officier d'administration gestionnaire et approuve la répartition des officiers d'administration et des infirmiers militaires dans les différents services...

» Son action s'étend à toutes les parties du service. Il est détenteur des ordres et documents relatifs à la mobilisation.

» Il fait établir et signe ou vise la correspondance et les rapports relatifs au fonctionnement général du service.

» Il vise et revêt de son cachet toutes les pièces administratives, ainsi que les pièces de la comptabilité du pharmacien et de l'officier d'administration gestionnaire.

» Il procède aux vérifications et aux recensements.

» Il prend part aux conférences concernant les travaux de construction, d'amélioration des locaux destinés au service de l'hôpital... Il adresse une expédition des procès-verbaux au directeur du service de santé.

» Il préside et dirige les conférences qui doivent être faites tous les quinze jours aux médecins aides-majors sur les points de science médico-militaire...

» Toutes les fois qu'il le juge opportun, il pratique lui-même ou fait pratiquer sous sa direction des autopsies cadavériques. »

Telles sont les attributions et tels sont les devoirs généraux du médecin-chef d'après les termes mêmes du règlement.

Voyons encore quelques-unes des fonctions spéciales à cet officier du service de santé.

1° *Police de l'hôpital.* — Il est chargé de la police de l'hôpital (consignes, promenades des malades en ville, visite des malades);

2° *Réceptions diverses.* — Il est le président des commissions chargées de vérifier et, s'il y a lieu, de recevoir le matériel et les objets de consommation destinés à l'établissement;

3° *Rapports et expertises.* — Il procède ou fait procéder, sur l'ordre du commandant d'armes ou du directeur du service de santé, aux expertises demandées dans l'intérêt de l'hygiène ou de la justice;

4° *Visite et contre-visite des militaires.* — Il examine journellement les malades qui sont proposés par les médecins traitants pour être présentés devant les commissions de réforme et il établit lui-même les certificats de contre-visite des militaires qui ont été visités par des médecins traitants (congés de convalescence);

---

(1) Le personnel est subordonné à l'autorité militaire en ce qui concerne la police et la discipline générales. L'autorité directe habituelle est celle du commandant d'armes.

5° *Autorisation de bains, douches, emploi des traitements par l'électricité* (militaires non hospitalisés). — Dans tout hôpital militaire, le médecin-chef peut accorder aux officiers et aux sous-officiers et gendarmes en activité, non hospitalisés, l'autorisation de prendre des bains, douches (1), ou de suivre un traitement électrique. C'est là une mesure de nature à permettre aux médecins militaires de contrôler leur diagnostic (fractures, tumeurs non transparentes par les rayons X); il est seulement regrettable que les conventions passées par l'administration de la guerre avec les commissions administratives des hôpitaux ne renferment pas toujours cette clause.

Actuellement, le taux de remboursement du traitement électrique est de 0 fr. 25 par séance.

Quant aux épreuves radiographiques (2), elles seront remboursées d'après le tarif ci-après :

Main, pied, cou-de-pied ou poignet	3 francs.
Avant-bras, jambe, bras ou cuisse	5 francs.
Thorax, bassin, abdomen	10 francs.

6° *Dossier du personnel; propositions pour l'avancement.* — Il tient les dossiers de tout le personnel et a l'initiative des propositions pour l'avancement dans la hiérarchie et pour l'admission et l'avancement dans la Légion d'honneur.

Obligations envers le directeur du service de santé. — Il est responsable envers le directeur du service de santé de l'instruction du personnel et de la bonne tenue de l'hôpital et de l'exécution du service.

Il lui rend compte des faits importants, tant au point de vue médical qu'administratif (épidémies, approvisionnements de mobilisation).

Il lui adresse les demandes concernant le personnel et le matériel.

Il établit et lui adresse la statistique médicale mensuelle et de fin d'année.

Il lui transmet, après les avoir annotés, les travaux qui lui sont remis par le personnel sous ses ordres.

Il lui adresse, après les avoir visées, les comptabilités du pharmacien et de l'officier d'administration gestionnaire.

Devoirs administratifs, registres, états et situations. — Il adresse tous les jours, au général commandant la subdivision s'il réside dans la localité, ou, à son défaut, au commandant d'armes, ainsi qu'au directeur du service de santé, une situation modèle n° 36, relatant le mouvement des malades et des infirmiers, les mutations survenues dans le personnel, les punitions infligées, etc. (Nous donnons le modèle admis dans les hospices mixtes.)

Chaque jour, il adresse encore directement au Ministre de la

(1) Taux de remboursement pour les bains, 0 fr. 25. Ils sont accordés à titre gratuit aux sous-officiers et gendarmes.

(2) Circulaire du 5 mars 1904 (*B. O.*, É. M., vol. 83, p. 77).

guerre (1), sous le timbre de la 7e direction, une situation conforme au modèle qui figure au paragraphe « Infirmerie-Hôpital », et un télégramme officiel s'il y a lieu (voir page 122).

Il adresse au directeur du service de santé, à chaque mutation d'officier, un bulletin.

Le 1er de chaque mois, il fait établir et transmet à ce même directeur une situation faisant ressortir le nombre de malades, ainsi que des journées de traitement pendant le mois précédent, et comportant un rapport sommaire sur le fonctionnement du service de santé.

Le médecin-chef tient les registres suivants :

1° Registre médical de casernement;
2° Registre des autopsies;
3° Registre des conférences et exercices pratiques;
4° Registre des rapports journaliers;
5° Registre à talon des certificats de visite et de contre-visite;
6° Registre de la statistique médicale (2);
7° Carnet inventaire de l'arsenal chirurgical;
8° Carnet des ouvrages en lecture (3);
9° Registre d'ordre des inspecteurs;
10° Répertoire analytique des procès-verbaux;
11° Registre de correspondance;
12° Registre des ordres de la place;
13° Registre des malades en observation et des rapports médico-légaux;
14° Registre des opérations pratiquées.

Telles sont les fonctions des médecins-chefs, mais ils sont, en outre, chargés d'un service dans l'hôpital qu'ils dirigent, et une circulaire ministérielle du 19 octobre 1907 l'a même rappelé, en prescrivant que « les médecins-chefs d'hôpitaux, tout en accordant à la direction administrative l'importance qu'elle mérite, seront

---

(1) (Dépêche ministérielle du 31 octobre 1913.) La direction centrale au ministère doit être très exactement au courant de l'état sanitaire du corps de troupe pour pouvoir prendre toutes les mesures prophylactiques nécessaires (envoi d'un médecin inspecteur, de bactériologistes). Autrefois, les médecins-chefs des établissements hospitaliers envoyaient un compte rendu télégraphique quotidien. Ce compte rendu fut ensuite (circulaire du 24 juillet 1911) remplacé par un compte rendu postal journalier, et en temps d'épidémie seulement; un télégramme était en outre adressé au Ministre, à partir du deuxième cas pour la fièvre typhoïde et la dysenterie; à partir du premier cas pour le choléra, la peste, la suette miliaire, la variole et la méningite cérébro-spinale. Actuellement, il n'est plus adressé de compte rendu par télégramme que dans les cas spéciaux dont les médecins-chefs apprécieront l'opportunité (dépêche du 31 octobre 1913), et obligatoirement lors de l'apparition d'affections épidémiques (dépêche ministérielle du 9 février 1914, voir page 122).

(2) Ce registre sera modifié à peu près certainement, par suite de la nouvelle loi militaire.

(3) Il y a en effet une bibliothèque dans les hôpitaux militaires et certains hospices mixtes (ex. : salles militaires de l'hospice mixte de Rouen); le médecin-chef pourra vous autoriser à prendre des livres scientifiques (voir page 167).

• CORS D'ARMÉE

—

Place de

—

Hospice mixte de

—

Nombre de lits :

SERVICE DE SANTÉ

SITUATION JOURNALIÈRE
des Malades du au 191

(y compris les maladies contagieuses)

DÉSIGNATION DES CORPS ou CATÉGORIES DE MALADES.	RESTANTS le MATIN.	ENTRÉS.	SORTIS.	DÉCÉDÉS.	RESTANTS.	OBSERVATIONS.
Corps stationnés dans la garnison.						
Militaires étrangers à la garnison						
TOTAUX.........						

Etat des Malades atteints d'affections contagieuses.

DÉSIGNATION		MALADIES CONTAGIEUSES												(1) E — Entrés dans les 24 heures. (2) T — En traitement.
des corps et services.	des casernes.	ROUGEOLE.		SCARLATINE.		OREILLONS		FIÈVRE TYPHOIDE.		M. CÉRÉBRO-SPINALE				OBSERVATIONS.
		E (1)	T (2)	E	T	E	T	E	T	E	T	E	T	
	TOTAL.													

(3) Evénements importants survenus dans les 24 heures. Compte rendu de l'état des malades graves et des malades contagieux. Opérations pratiquées. Décès, etc.

COMPTE RENDU (3)

A , le 191

VU :

Le Médecin-Chef,

L'Econome de l'hospice,

aussi, en réalité, des médecins traitants, le directeur du service de santé demeurant le médecin consultant ». Cette circulaire ajoute que « les médecins-chefs ne doivent jamais renoncer volontairement à la plus précieuse de leurs prérogatives, qui est de pouvoir, à toutes les époques de leur carrière, faire acte professionnel ».

Les médecins en sous-ordre.

1° *Les médecins traitants.* — Les différentes divisions d'un hôpital ont à leur tête un médecin, dit « médecin traitant », responsable vis-à-vis du médecin-chef. Ils dirigent les services de blessés, vénériens, fiévreux, contagieux, maladies de la peau, des voies urinaires (1), des maladies nerveuses (1). Ces médecins doivent faire deux visites par jour, aux heures prescrites, rendre compte au médecin-chef des malades atteints d'une affection présentant quelque gravité, pour que leurs familles soient prévenues, et lui présenter les militaires susceptibles d'être proposés pour les eaux minérales. Enfin, les médecins traitants dirigent l'instruction des aides-majors placés sous leurs ordres, celle des médecins auxiliaires et des infirmiers;

2° *Aides-majors et médecins auxiliaires.* — Leurs fonctions rappellent celles des internes des hôpitaux civils (surveillance des régimes et des prescriptions médicamenteuses, application des pansements et appareils, instruction des infirmiers, service de garde);

3° *Service de garde.* — Ce service fonctionne quand l'effectif des médecins aides-majors ou auxiliaires est de trois au moins. Dans le cas contraire, un médecin de jour, désigné par le médecin-chef, est tenu de faire connaître le lieu où on pourra le trouver jour et nuit.

Le médecin de garde a les mêmes fonctions que l'interne de garde (réception des malades, leur admission et leur classement dans les services, prescriptions alimentaires et médicamenteuses, soins aux grands malades, constatation des crises, des décès). Ces médecins peuvent être nourris à l'hôpital contre remboursement.

Les pharmaciens.

Le pharmacien-chef. — Il est chargé, sous l'autorité du médecin-chef, du service de la pharmacie. Il est l'intermédiaire hiérarchique entre le médecin-chef et le personnel pharmaceutique de l'établissement.

Il est chargé de la comptabilité de la pharmacie et produit un compte annuel de ses opérations.

Il établit les demandes de médicaments et de matériel spécial de pharmacie.

Il est responsable de ses approvisionnements, qu'il doit classer avec méthode et entretenir en bon état par des échanges réguliers entre les médicaments de service courant et de la réserve de guerre.

---

(1) Dans certains hôpitaux.

Il est chargé de l'organisation et de la bonne tenue de l'armoire aux contre-poisons.

C'est lui qui prépare l'envoi des médicaments aux infirmeries régimentaires et vétérinaires.

Il exécute, en outre, les analyses, les essais de denrées alimentaires et de médicaments, les expertises qui lui sont demandées par l'intermédiaire du médecin-chef dans l'intérêt des malades, de l'hygiène des troupes et de divers services de l'armée (1).

Les officiers d'administration.

L'officier d'administration gestionnaire est chargé de la gestion de l'hôpital, sous l'autorité du médecin-chef (service administratif, approvisionnement, service courant, réserve de guerre).

Il assure, sous l'autorité du médecin-chef, l'ordre et la discipline dans tout l'hôpital; il commande le détachement d'infirmiers et dirige son administration. Il centralise toutes les propositions faites pour le personnel infirmier (avancement, médaille militaire); il dirige l'instruction des officiers d'administration sous ses ordres, entre lesquels il répartit le service. Ces derniers doivent être successivement chargés des différents services d'un hôpital (bureau des entrées, mobilier, dépenses, surveillance générale de l'établissement, administration des infirmiers, et, enfin, comptabilité).

Ils commandent chaque jour, et à tour de rôle, un officier ou un adjudant de garde quand l'effectif des officiers d'administration de 2e et de 3e classe et des adjudants est de trois au moins.

Service de garde. — Cet officier reçoit les personnes autorisées à visiter l'hôpital et les accompagne. Il fait des rondes fréquentes de jour et de nuit pour assurer le maintien de l'ordre dans l'établissement. Il a la police spéciale des infirmiers. Il peut être nourri à l'hôpital comme le médecin de garde.

Infirmiers militaires.

Les infirmiers (2), qu'il ne faut pas confondre avec les infirmiers régimentaires, sont les auxiliaires directs des médecins; ils portent un uniforme spécial.

Ils sont répartis en plusieurs catégories :

1° Infirmiers employés aux écritures;

2° Infirmiers de visite : *a*) divisions de malades, tenue des cahiers de visite, établissement des relevés journaliers de prescriptions, distributions des médicaments, exécution des pansements simples; *b*) pharmacie, tenue des écritures, préparation des tisanes;

3° Infirmiers d'exploitation : détail intérieur des établissements, soins de propreté;

4° Service des maîtres infirmiers (ils sont nommés par le Ministre) : auxiliaires directs du médecin traitant pour tout ce qui a trait exclusivement au service des malades, traitement des grands malades (ils sont recrutés parmi les caporaux et soldats rengagés

---

(1) Voir, page 191, les devoirs administratifs du pharmacien-chef.

(2) Organisation des sections d'infirmiers (voir page 192).

ou commissionnés; ils doivent avoir suivi des cours d'une durée de trois mois et subi un examen professionnel avec succès).

Nombre d'infirmiers à affecter à chaque hôpital : il est variable suivant le nombre de malades traités.

L'effectif invariable est le suivant à son chiffre minimum :

Val-de-Grâce. . . .	77
Hôpital de 1re classe. . . .	53
— de 2e classe. . . .	45
— de 3e classe. . . .	35
— de 4e classe. . . .	25
— de 5e classe. . . .	22
— de 6e classe. . . .	20

Devoirs des infirmiers. — Dévouement continuel et absolu vis-à-vis des malades, qu'ils doivent toujours entourer d'une affectueuse sollicitude. Conduite toujours exemplaire, sobriété ne souffrant aucune exception (1).

Les infirmiers-majors. — Un infirmier-major, qui est toujours un sergent rengagé ou commissionné, est chargé du service d'une division. Il a dans sa division les mêmes fonctions qu'un sergent infirmier dans une infirmerie.

Tous les jours, il y a un infirmier-major de garde, dont les attributions (1) rappellent le jour celles d'un sergent de semaine (corvées, police des cours et des promenoirs, appels et contre-appels), et la nuit celles d'un sergent de garde (surveillance la nuit de tout le service, rondes fréquentes dans les salles).

Il existe, en outre, un service de garde journalier, d'une durée de vingt-quatre heures. Mais, à 8 heures du soir, la moitié des hommes peut être autorisée à se coucher jusqu'à minuit, pour venir ensuite reprendre le service jusqu'à l'expiration des vingt-quatre heures.

Infirmières laïques.

(Voir notice n° 27, page 196.)

Des ministres des cultes.

Depuis le vote de la loi de séparation, qui a eu pour conséquence la laïcisation des hôpitaux militaires, tous les emplois d'ecclésiastiques (2), concernant à un titre quelconque les services du culte dans les établissements hospitaliers militaires, ont été supprimés.

Toutefois, les malades peuvent demander le secours de la religion et, dans ce cas, on s'adresse à un ministre appartenant au clergé local, ou au pasteur ou au rabbin du lieu pour les protes-

(1) *Manuel du maître infirmier,* que je ne saurais trop vous engager à lire, il vous apprendra les menus petits détails que connaissent si bien les infirmiers professionnels.

(2) Circulaire du 15 novembre 1905 (É. M., p. 524).

tants et les israélites. Les dépenses qu'entraînerait l'assistance religieuse seront, dans ce cas, à la charge du service de santé (1).

De plus, à titre de mesure transitoire, les anciens aumôniers des hôpitaux ayant un certain âge seront choisis de préférence pour remplir les fonctions de leur ministère auprès des malades qui le demandent spontanément.

Dans ce cas, ils reçoivent une indemnité viagère.

La circulaire du 24 janvier 1906 (É. M., vol. 83, p. 526) comprend dans ces fonctions « la célébration des offices religieux ordinaires du culte ».

De même, les frais de services religieux sont aussi à la charge du budget de la guerre, mais ils ne sont célébrés que sur la demande expresse des familles ou d'après la volonté exprimée en toute liberté par les défunts.

---

(1) Le Parlement a maintenu une somme de 30.000 francs pour l'allocation de secours annuels et indemnités aux différents cultes.

CHAPITRE II.

FORMALITÉS POUR L'ADMISSION A L'HOPITAL : LE BILLET D'HOPITAL. — LE SÉJOUR A L'HOPITAL : VISITES, PRESCRIPTIONS, DISTRIBUTIONS. — RÉGIME ALIMENTAIRE DES MALADES ET DES INFIRMIERS. — HYGIÈNE DES CHAMBRES. — POLICE ET SURVEILLANCE.

Entrée.

Nul n'est admis dans un hôpital militaire sans un billet d'hôpital régulièrement établi, sauf le cas d'extrême urgence (1). Pour les militaires de tout grade appartenant à un corps de troupe, ce billet est rempli par le médecin chef de service et, en cas d'urgence, par l'un des médecins en sous-ordre; il est signé par le commandant de la compagnie, de l'escadron ou de la batterie et visé par le major.

Pour les officiers généraux, les officiers sans troupes, les isolés, les permissionnaires malades chez eux (2), ce billet est établi par le médecin désigné par le commandant d'armes.

Ces billets sont établis la veille de l'entrée; toutefois, si le malade doit entrer le jour même, il est établi un billet d'urgence; le billet régulier est envoyé le lendemain au plus tard. Le jour de l'entrée appartient à l'hôpital.

Quand l'homme rentre à son corps, la partie administrative est conservée par l'officier d'administration gestionnaire et la partie médicale est adressée au corps et remise au médecin-chef de service pour servir à l'établissement de la statistique médicale.

Dès son arrivée à l'hôpital, le malade est examiné par le médecin de garde, qui désigne la division où il doit être admis. Il détache ensuite la première partie du billet pour la remettre au médecin traitant. Lorsque l'état du malade lui paraît grave, il en informe aussitôt le médecin traitant et le médecin-chef (3). La partie administrative est ensuite remise à l'officier d'administration préposé au bureau des entrées.

Le malade remet l'argent, les bijoux et valeurs qu'il possède à l'officier d'administration gestionnaire, qui lui délivre un reçu.

Le malade entrant qui vient d'être examiné est conduit à la salle qui a été indiquée par le médecin ou au vestiaire si son état le permet. Il fait le dépôt de tous ses effets, qui sont désinfectés puis réunis en un paquet sur lequel est attaché l'inventaire figurant sur la troisième partie du billet d'hôpital. Le tout est placé au

---

(1) Examiner avec soin ce billet d'hôpital; c'est une question d'examen.

(2) Dans ce cas, l'officier d'administration gestionnaire doit prévenir le chef de corps de l'intéressé.

(3) Ne l'oubliez pas quand vous serez de garde.

magasin (1). En attendant la première visite, le médecin de garde prescrit, au moyen de bons, les aliments et les médicaments nécessaires.

Visites. — Prescriptions. — Distributions.

Les médecins traitants ont seuls le droit d'ordonner les remèdes et le régime alimentaire de leurs malades.

Les visites sont faites par le médecin traitant à 7 heures du 11 avril au 30 septembre, et à 7 heures et demie du 11 octobre au 31 mars; les contre-visites, entre 2 heures et 4 heures.

Les prescriptions d'aliments et de médicaments sont habituellement faites à la visite du matin pour toute la journée; la prescription du régime alimentaire est toujours faite à haute voix, afin que chaque malade sache ce qui doit lui être donné en aliments. Ces prescriptions sont ensuite inscrites par l'infirmier de visite *sur le cahier de la visite* (modèle n° 14); seuls les médicaments compris dans la nomenclature du service de santé peuvent être ordonnés. L'infirmier établit ensuite des relevés des prescriptions médicamenteuses (relevés différents pour les médicaments à usage interne et à usage externe); il fait les étiquettes (2) et les remet à la pharmacie. Dès que les médicaments sont préparés, ils sont remis à l'infirmier de visite qui en fait la distribution sous la surveillance du médecin aide-major ou du médecin auxiliaire.

1° RÉGIME ALIMENTAIRE DES MALADES (3).

Les malades font trois repas par jour : un petit repas à 7 heures, le déjeuner à 10 heures et le dîner à 17 heures. La distribution des aliments est annoncée par une sonnerie qui convoque les infirmiers de la division à la cuisine, où ces derniers vont les prendre sous la surveillance d'un infirmier-major.

Les aliments sont de même espèce pour les officiers, sous-officiers, caporaux et soldats; toutefois, les officiers reçoivent des suppléments.

Les malades sont traités suivant un des régimes ci-après (4) :

Grand régime;
Petit régime;
Régime spécial (petit régime détaillé);
Régime des diètes.

---

(1) Le malade reçoit en échange le vêtement d'hôpital. Les officiers peuvent conserver les effets qu'ils désirent garder et les valeurs dont ils sont porteurs.

(2) Chaque étiquette doit indiquer le médicament, sa dose et le numéro du lit auquel il est destiné. (*Manuel technique du maître infirmier*, p. 41.)

(3) Comme pour les médicaments, aussitôt après la visite, l'infirmier chargé de la tenue des cahiers établit un relevé des prescriptions alimentaires; il utilise, pour faciliter sa tâche, un relevé préparatoire appelé « musique » ou « minute »; les indications de la minute lui permettent d'établir rapidement le relevé des prescriptions alimentaires. Ce relevé est signé par le médecin traitant, puis remis à l'officier d'administration gestionnaire assez à temps pour permettre la préparation des aliments (nature et quantité).

(4) Dispositions de la notice n° 17 appliquée depuis le 1er janvier 1912.

Onglet servant à fixer le billet à la gauche du Livret individuel.

No 221 D de la Nomenclature.

Modèle No 44. (Art. 203 du Règlement.)

CERTIFICAT DE VISITE.

Le (1) ......

sera admis à l'hôpital étant atteint de :

1° Indication de la blessure ou de la maladie.

2° Moyens curatifs déjà employés

3° Observations générales

A ...... le ...... 19 ......

Le Médecin-major,

OBSERVATIONS DU MÉDECIN TRAITANT AU MOMENT DE LA SORTIE. (Diagnostic conforme à la nomenclature et renseignements divers).	SIGNATURE DU MÉDECIN TRAITANT.
Sorti le	

(1) Grade, nom, prénoms, corps ou service.

139-140

SERVICE DE SANTÉ

BILLET D'HOPITAL
concernant :

Nom (2) ......

Prénoms ......

Grade ......

Corps ......

...... Cie, ... Escon, ... Bie, No matricule ......

Né le ...... 18 ...... , à ......

Canton d ...... , dépt d ......

Fils de ...... et de ......

domiciliés actuellement à ...... rue ......

canton d ...... dépt d ......

Domicilié de droit à ......

Canton d ...... dépt d ......

Marié à D ......

actuellement domiciliée à ......

canton d ...... , dépt d ......

A ...... , le (1) ...... 19 ......

Vu :
Le Major,

Le Capitaine commandant,

(1) Date en toutes lettres. (2) En gros caractères.

CASES DESTINÉES À L'APPOSITION DU TIMBRE HUMIDE INDIQUANT

LA DATE DE L'ENTRÉE.	LA DATE DE LA SORTIE.
No ...... d'enregistrement à l'hôpital.	

SERVICE DE SANTÉ

INVENTAIRE DES EFFETS.

MATRICULE. No ......

CORPS ......

CASE. No ......

Le (3) ......

Entré le ...... 19 ......

HABILLEMENT.		PETIT ÉQUIPEMENT.	
Capotes		Bas ou chaussettes (paires de)	
Ceinture de flanelle		Bottes (paires de)	
Dolman		Bretellles de pantalon (paires de)	
Epaulettes (paires d')		Brodequins (paires de)	
Pantalon de drap		Caleçons	
— de toile		Calottes	
Tunique		Chemises	
Veste		Cravates ou cols	
		Gamelle	
		Gants (paires de)	
Képi		Guêtres de cuir (paires de)	
		— de toile (paires de)	
GRAND ÉQUIPEMENT.		Mouchoirs	
		Musette	
Bretelle de fusil		Pompon	
Cartouchière		Quart	
Casque		Sac de petite monture	
Ceinturon		Souliers (paires de)	
Giberne		Tricot	
Havresac		Trousse	
Portemanteau			
Shako			
ARMEMENT.			
Fusil ou carabine no			
Nécessaire d'armes no			
Revolver no			
Sabre no			

Le Malade entrant, *L'Infirmier* ...... *chargé du vestiaire,*

(3) Grade, nom et prénoms.

Nota. — Dans le service en campagne, cette partie ne sera remplie qu'au moment de l'arrivée du malade dans un établissement de l'intérieur. En cas d'évacuation en temps de paix, l'inventaire suit toujours le malade.

Ordre de visite

pour les officiers sans troupe, les isolés, etc.

M. ....

médecin .... est invité à visiter

M. ....

....

....

et à déclarer s'il est dans le cas d'entrer à l'hôpital et quels sont les motifs de son admission.

A ...., le .... 19 ....

Le Commandant d'armes,

INDICATIONS SPÉCIALES.

Anciens militaires traités en exécution de la loi du 12 juillet 1873 et militaires pensionnés ou réformés.

(A remplir par le commandant d'armes.)

Domicilié à ...., canton d ....

dép^t d .... titulaire d'une pension de retraite

de .... sous le n° ....

ou

d'un traitement de réforme de ....

ou

d'une gratification de réforme de ....

CASES DESTINÉES A L'APPOSITION DU TIMBRE HUMIDE INDIQUANT	
LA DATE DE L'**ENTRÉE.**	LA DATE DE LA **SORTIE.**
N° .... d'enregistrement à l'hôpital.	
N° .... d'enregistrement à l'hôpital.	
N° .... d'enregistrement à l'hôpital.	
N° .... d'enregistrement à l'hôpital.	
N° .... d'enregistrement à l'hôpital.	

OBSERVATIONS DU MÉDECIN TRAITANT AU MOMENT DE LA SORTIE. (Diagnostic, traitement, etc.).	SIGNATURE DU MÉDECIN TRAITANT et date de la sortie.

• CORPS D'ARMÉE
ou
GOUVERNEMENT MILITAIRE
d
—
PLACE d

N° 221 E
de la Nomenclature.

MODÈLE N° 45.
—
Article 203 du Règlement sur le service de santé.

CERTIFICAT DE VISITE
POUR LE CAS D'ADMISSION D'URGENCE A L'HOPITAL

Le

, corps

sera admis d'urgence à l'hôpital étant atteint de :

1°
Date et marche de la maladie.
Première atteinte ou récidive.

2°
Moyens curatifs déjà employés, soit au corps, soit dans les formations sanitaires.

3°
Observations générales.

A , le 19 .

Le Médecin major de • classe,

* CORPS D'ARMÉE.

ou

GOUVERNEMENT MILITAIRE

d

PLACE d

(1) Infirmerie régimentaire (indiquer le corps) ou l'hôpital militaire d

(2) Nom et grade du médecin traitant.

(3) Pairs ou impairs.

(4) Blessés, fiévreux, contagieux ou vénériens.

(5) Nombre en toutes lettres.

SERVICE DE SANTÉ.

(1)

MOIS DE 19 .

CAHIER

de la visite de M (2)

Médecin

DIVISION (4)

JOURS (3)

Le soussigné, médecin aide-major, chargé de suivre la visite de la division des (4) , faite par M (2) , certifie que le présent cahier de visite, contenant (5) pages, est conforme aux prescriptions faites pendant le mois de 19 .

Le Médecin aide-major,

Vu et approuvé par le médecin traitant,

INSTRUCTION.

Les prescriptions alimentaires et médicamenteuses faites à la visite du matin pour toute la journée sont inscrites sur le présent cahier de visite, composé d'autant de feuilles qu'il y a de lits et divisé en deux parties, l'une pour les jours pairs, et l'autre pour les jours impairs.

Dans les infirmeries, ce cahier est signé tous les mois et à la sortie de chaque malade, par le médecin-chef de service.

Dans les hôpitaux militaires, il est signé tous les mois par le médecin aide-major et par le médecin traitant; ce dernier le signe également à la sortie de chaque malade.

Les cahiers de visite sont conservés par les corps de troupe et par les hôpitaux deux ans après l'année qu'ils concernent; ils sont ensuite incinérés.

Salle n° . — Lit n° .

NOMS et PRÉNOMS.	CORPS.	DATES		MUTATIONS.
		de l'invasion de la maladie.	de l'entrée à l'hôpital.	

JOURS du MOIS.	ALIMENTS		BOISSON ALIMENTAIRE		REMÈDES et PRESCRIPTIONS.	OBSERVATIONS.
	du matin.	du soir.	du matin.	du soir.		

a) *Alimentation des officiers* (grand et petit régime).

GRAND RÉGIME.	PETIT RÉGIME.
Réveil : café, lait, chocolat ou soupe maigre.	Réveil : *Idem.*
Repas du matin ou du soir : Pain, 300, 200 ou 100 grammes. Potage, 40 centilitres, ou hors-d'œuvre. Aliments, 5 aliments du tarif.	Repas du matin ou du soir : Pain, 150, 100 ou 50 grammes. Potage. 40 centilitres, ou hors-d'œuvre. Aliments. 5 aliments du tarif.

(Voir, dans le Règlement sur le service de santé à l'intérieur, annexe n° 1 de la notice n° 17, les tarifs des allocations. Les officiers supérieurs ont droit, à chaque repas, à un aliment en plus.)

b) *Alimentation des sous-officiers et soldats.*

GRAND RÉGIME.	PETIT RÉGIME.
Réveil : café noir avec pain ou soupe maigre avec pain.	Réveil : café noir, ou café au lait, ou chocolat, ou soupe maigre avec pain.
Repas du matin ou du soir : Pain, 300, 200, 100 grammes. Soupe, 40 centilitres. Aliments, une portion de viande ou de poisson du tarif. Une portion de légumes du tarif. (Quand les ressources le permettent, les malades au grand régime pourront recevoir un dessert en supplément et la soupe du matin peut être remplacée par un hors-d'œuvre.)	Repas du matin ou du soir : Pain, 150, 100 ou 50 grammes. Soupe ou potage, 40 centilitres. Aliments du tarif, 2.

Les sous-officiers au grand ou au petit régime peuvent recevoir un dessert à chaque repas.

Les adjudants reçoivent les mêmes allocations que les sous-officiers avec un aliment en plus du grand régime des officiers à chaque repas.

c) *Régime spécial* (1). — Ce régime est commun aux officiers, sous-officiers et soldats. Il est composé, aux repas du matin et du soir, de deux aliments du tarif. Au réveil, les malades peuvent recevoir, soit du café noir, soit du lait.

(1) Ces aliments ne comprendront jamais ni pain, ni viande, ni volaille, ni poisson, ni gibier, et ne pourront être que des œufs, des légumes, des purées de légumes et des desserts.

d) *Régime des diètes.* — Ce régime est commun à tous les malades. Il comprend deux degrés, composés, aux repas du matin et du soir, de la manière suivante : diète lactée, un litre lait; diète absolue, néant.

e) *Boissons alimentaires.* — Elles sont indépendantes du régime alimentaire; les médecins traitants peuvent, pour chaque repas, faire les prescriptions suivantes :

	OFFICIERS.	ADJUDANTS.	SOUS-OFFICIERS AUTRES QUE les adjudants, caporaux et soldats.
Vin	50 25	40 25	20 10
Lait	50 25	50 25	50 25
Bière ou cidre	75 »	75 »	50 25
Thé	50 25	50 25	25 »

La mise en application de ce système d'alimentation des malades, qui a simplifié dans de grandes proportions la complexité de la comptabilité, semble donner les meilleurs résultats. Il permet, en outre, d'éviter la monotonie du grand régime de l'ancien mode d'alimentation, puisque, désormais, les médecins traitants peuvent formuler leurs prescriptions alimentaires dans les divers régimes, suivant les besoins réels et le goût des malades.

Toutefois, pour permettre la facile préparation des aliments (grand régime, petit régime), des menus communs sont préparés à l'avance et soumis à l'approbation du médecin-chef; ils sont ensuite remis aux médecins traitants qui, dans leurs prescriptions, ne doivent pas s'en écarter.

Il eût peut-être été plus simple de fusionner l'alimentation des infirmiers avec le grand régime de l'hôpital; mais, actuellement, l'alimentation des infirmiers est indépendante de celle des malades.

2° RÉGIME ALIMENTAIRE DES INFIRMIERS.

Les infirmiers font ordinaire, sauf dans quelques hôpitaux peu importants (1); toutefois, en Algérie et en Tunisie, suivant les éventualités du service, le général commandant le 19ᵉ corps ou la division d'occupation pourra, sur la proposition du directeur du service de santé, autoriser temporairement la substitution d'un régime à l'autre. Il en serait dans ce cas rendu compte au Ministre.

a) *Sous-officiers non mariés.* — Les sous-officiers infirmiers,

(1) Exemple : Calais, Longwy en France.

quels que soient les services auxquels ils sont affectés, sont toujours nourris aux vivres d'hôpital (comme le sont les sous-officiers malades du grand régime). Ils subissent, sur leur solde, une retenue de 0 fr. 20 par jour.

Les officiers mariés peuvent être autorisés à vivre dans leur famille.

b) *Caporaux et soldats.* — Ils font ordinaire dans l'établissement, mais ils reçoivent gratuitement, à chaque repas, une ration de 20 centilitres de vin ou de 50 centilitres de bière ou de cidre, allouée par le service de santé. En cas d'épidémie, les infirmiers de la division des contagieux, ceux qui, en temps ordinaire, sont exposés à des fatigues exceptionnelles, pourront recevoir soit une ration supplémentaire de vin, soit une boisson tonique et stimulante.

3° ALIMENTATION DES INFIRMIÈRES ET DES CUISINIERS CIVILS.

Même allocation que les sous-officiers infirmiers; en outre, les infirmières assurant un service de nuit recevront un petit repas.

Police et surveillance intérieures.

Les malades doivent obéir aux prescriptions du personnel du service de santé, en ce qui concerne leur traitement et le bon ordre de l'établissement. Ils doivent toujours être convenables avec les infirmiers, mais ces derniers n'oublieront pas « que la souffrance influe sur le caractère et rend l'homme injuste et difficile: s'il arrive, par suite, que les malades leur manquent d'égards, ils ne devront pas en prendre ombrage et feront toujours preuve de patience et de bonté (1) ». Les malades ne devront donc rien faire qui soit contraire au bon ordre; ce sera, pour eux, la meilleure façon d'éviter d'être placés à la salle des consignés, qui est la salle de police de l'hôpital. Les malades peuvent être visités les jeudis et dimanches, de midi à 2 heures, et, avec l'autorisation du médecin-chef, leurs parents et amis peuvent les visiter plus souvent. Un concierge, ancien sous-officier, exerce à l'entrée de l'hôpital, une surveillance très sévère. Il veille à ce qu'aucune espèce de comestibles ne soit introduite dans l'hôpital sans l'autorisation du médecin-chef et il le fait avec d'autant plus de zèle que ce sous-officier a l'autorisation de vendre quelques friandises aux malades.

Chaque jour, un officier est commandé pour faire la visite de l'hôpital, conformément au règlement sur le service de place; il reçoit les réclamations des malades.

Surveillance du service dans les hôpitaux militaires. — Cette surveillance, qui a pour but de vérifier l'existence réelle des personnes inscrites sur les contrôles de l'établissement, ainsi que des fonds ou des matières dont le service est détenteur, est exercée par le directeur du service de santé.

En outre, le commandant d'armes, toutes les fois qu'il le juge

(1) *Manuel technique du maître infirmier*, page 1.

utile ou qu'il en reçoit l'ordre, passe des revues d'effectifs dans l'hôpital (effectif des malades, effectif du personnel, officiers et infirmiers). Ces revues ont lieu l'après-midi, pour ne point gêner le service. C'est le médecin-chef qui reçoit le commandant d'armes et l'accompagne dans les différents services.

CHAPITRE III.

I. — COMMENT ON SORT DE L'HOPITAL : 1° APRÈS GUÉRISON ; 2° PAR CONVALESCENCE ; 3° AVANT GUÉRISON ; 4° POUR CAUSE D'INCAPACITÉ DE SERVIR ; 5° PAR ÉVASION ; 6° POUR ORDRE ; 7° PAR DÉCÈS ; 8° PAR ÉVACUATION.

II. — ANNEXE : TRAITEMENT DES MILITAIRES DÉTENUS.

Sorties.

On sort de l'hôpital de différentes façons.

1° SORTIE APRÈS GUÉRISON.

Les militaires dont la guérison est achevée sont désignés par le médecin traitant à la visite du matin.

Ils sortent le lendemain; le médecin-chef doit veiller à ce que les malades sortent dès leur guérison (1).

Le billet d'hôpital est complété tant dans la partie médicale que dans la partie administrative. La partie médicale est adressée au médecin du corps pour l'établissement de la statistique médicale et la surveillance médicale du sujet s'il y a lieu.

L'officier d'administration gestionnaire adresse chaque jour aux divers corps de la garnison l'état des hommes désignés pour sortir. afin qu'un fourrier puisse venir les prendre. Dès la sortie des malades, il adresse immédiatement un bulletin modèle n° 46 au conseil d'administration du corps. Les effets et valeurs sont remis au malade avant son départ.

2° SORTIE PAR CONVALESCENCE.

a) *Congé de convalescence.* — Quand la santé du malade le réclame, il peut être accordé des congés de convalescence (un, deux, trois mois habituellement). Dans ce cas, un certificat de visite modèle n° 35 (voir page 182) est établi par le médecin traitant; la contre-visite est faite par un médecin-chef. Ces certificats sont joints au titre de congé que le médecin-chef fait établir et qu'il transmet au général commandant la subdivision. Ce dernier statue par délégation du général commandant le corps d'armée; il renvoie ensuite les pièces au médecin-chef de l'hôpital.

b) *Envoi dans un dépôt de convalescents.* — Les malades sans familles peuvent y être renvoyés (voir page 122).

---

(1) Le médecin-chef doit d'ailleurs signaler le premier de chaque mois au Ministre, par la voie du directeur du service de santé, les militaires dont l'entrée date de trois mois et plus.

3° SORTIE AVANT GUÉRISON.

Les parents qui en font la demande peuvent être admis à amener et à soigner chez eux les militaires en traitement dans les hôpitaux, mais seulement quand ceux-ci sont atteints « d'affections non contagieuses (1) et susceptibles de justifier vraisemblablement la nécessité d'un congé de convalescence après la guérison ».

La famille doit prendre un engagement écrit par lequel elle s'engage à prendre à sa charge les frais de transport et de traitement. Dans ce cas, il est accordé un congé de convalescence.

4° SORTIE PAR INCAPACITÉ DE SERVIR.

Ces militaires sont présentés au médecin-chef qui établit un certificat de visite modèle n° 8 (voir page 184). Ces militaires sont ensuite présentés à la commission spéciale de réforme, qui se réunit une fois par mois, laquelle, après contre-visite faite par les médecins experts, décide s'il y a lieu ou non de prononcer leur réforme.

Les militaires réformés peuvent toutefois être maintenus à l'hôpital lorsqu'ils appartiennent à des familles sans ressources et jusqu'à leur transport dans un établissement hospitalier civil. Le directeur du service de santé statue sur le maintien en traitement pour une durée supérieure à huit jours, mais les autorisations ainsi accordées font l'objet d'un compte rendu au Ministre.

Les militaires réformés doivent toujours être mis en route par les soins de l'hôpital, sans être dirigés, en aucun cas, sur le corps auquel ils appartenaient.

5° SORTIE PAR ÉVASION.

Ce sont, habituellement, les détenus qui s'évadent, usant des ruses les plus savantes. Durant notre passage dans un hôpital, un détenu s'est évadé en se glissant dans un égout dont il connaissait sans doute les nombreuses ramifications.

Dès la constatation de l'évasion, l'officier d'administration gestionnaire doit donner d'urgence avis au commandant d'armes, au commandant de la gendarmerie, au conseil d'administration du corps auquel le militaire appartenait. Il fait un rapport au médecin-chef, qui doit en rendre compte immédiatement au directeur du service de santé. Une enquête est faite pour être jointe à la plainte en désertion, s'il y a lieu.

6° MUTATIONS POUR ORDRE.

Dès la radiation des contrôles de l'effectif solde (réforme, destitution, non-activité, perte du grade, passage dans la réserve), les militaires en traitement sont signalés par les corps de troupe ou les services au sous-intendant militaire, qui avise *immédiatement*

(1) Liste fixée par le décret du 10 février 1903.

le médecin-chef (1). Ces militaires sortent de l'hôpital pour ordre et entrent à nouveau s'il y a lieu.

Les frais de traitement n'incombent plus au service de santé (2).

7° SORTIE PAR DÉCÈS.

a) *Avis à donner en cas de maladie grave.* — Jusqu'en 1908, un télégramme alarmant (3) était le premier et le seul avis adressé aux familles. Ce télégramme, envoyé systématiquement par les médecins traitants dans tous les cas de maladies à pronostic réservé, telle la pneumonie par exemple, venait quelquefois apporter trop brutalement la tristesse dans les familles. Aussi une circulaire (3) vient-elle d'édicter « que toutes les fois qu'un militaire sera atteint d'une maladie grave, les médecins-chefs devront adresser au maire de la commune où sont domiciliés les plus proches parents du malade une lettre affranchie pour le prier de leur annoncer, avec tous les ménagements désirables, que ce militaire est atteint d'une maladie présentant un certain caractère de gravité ». A cette lettre est jointe :

1° Une copie de la circulaire du 11 mai 1905 relative aux réductions de tarif consenties par les Compagnies de chemins de fer (demi-place) et de navigation (trois quarts de place), en faveur des parents du militaire malade;

2° Un certificat du médecin traitant constatant l'état du militaire;

3° Un modèle du certificat que doit délivrer le maire attestant que les intéressés ne disposent pas de ressources suffisantes pour effectuer le déplacement entièrement à leurs frais et établissant leur degré de parenté avec le malade (ascendants, frères, sœurs, épouse, enfants). L'envoi de cette lettre est effectué dès que l'état du malade présente quelque gravité.

Indépendamment de cette lettre, le télégramme habituel est adressé par l'officier d'administration gestionnaire, sur l'ordre du médecin-chef, au maire de la commune où sont domiciliés les père, mère, tuteur ou proches parents du malade. Ces dépenses sont supportées par le service de santé.

b) *Facilités à donner aux malades pour tester légalement.* — L'officier d'administration gestionnaire est tenu de leur procurer les moyens légaux pour tester.

c) *Constatation de décès et avis à donner en cas de décès.* — Dès qu'un décès se produit, il est constaté par le médecin de garde, qui fait transporter le corps, muni de sa plaque d'identité, dans la salle des morts. L'officier d'administration gestionnaire donne sans délai, télégraphiquement, avis du décès, comme il l'a déjà fait pour l'envoi du premier télégramme (maladie grave). Le commandant d'armes et le corps sont également prévenus.

---

(1) Circulaire du 8 décembre 1905 (É. M., vol. 83, p. 564).

(2) Le billet d'hôpital est établi par l'officier d'administration gestionnaire et signé par le médecin-chef.

(3) Circulaire du 4 janvier 1908.

S'il s'agit d'un officier, le Ministre est directement informé.

Dans les vingt-quatre heures, l'officier d'administration gestionnaire adresse à l'officier de l'état civil du lieu une déclaration pour lui permettre de constater le décès, conformément à la loi.

En cas de mort violente, ou même lorsqu'il y a indice, le médecin-chef retarde l'inhumation jusqu'à ce que les formalités réglementaires aient été remplies par l'officier de police judiciaire, assisté d'un médecin légiste.

Aussitôt après cette déclaration, le décès est inscrit sur le registre des décès avec une annotation signée du médecin-chef désignant la maladie ou la blessure qui a occasionné la mort. Deux extraits du registre sont adressés : le premier, sur lequel on n'indiquera pas la cause du décès, au maire du dernier domicile du décédé; le second, sur lequel on indiquera la cause du décès en conformité de la nomenclature de la statistique médicale du 13 juin 1913, au directeur du service de santé, qui le fait parvenir d'urgence au ministère de la guerre (bureau des Archives).

d) *Inhumation des corps.* — Ces dépenses sont à la charge du service de santé dans la limite fixée par la notice n° 13.

8° SORTIE PAR ÉVACUATION.

a) *Evacuation individuelle.* — Sur la demande du médecin-chef, le directeur du service de santé peut autoriser l'évacuation individuelle d'un malade sur un autre établissement hospitalier du corps d'armée lorsque l'intérêt du malade l'exige.

b) *Evacuations collectives.* — Dans tout autre cas (encombrement de l'hôpital), les évacuations collectives sont autorisées par le général commandant le corps d'armée sur la demande du médecin-chef et la proposition du directeur du service de santé. Les évacuations sur les établissements d'un autre corps d'armée sont subordonnées à l'autorisation du Ministre.

Formalités à observer. — Le médecin-chef adresse au directeur du service de santé un certificat de visite et de contre-visite. Ce directeur statue.

Il est établi, pour chaque malade isolément évacué, une feuille d'évacuation modèle n° 70 qui est remise au malade, s'il n'est pas accompagné, ainsi que sa feuille de route et la partie administrative du billet d'hôpital.

Pour les évacuations collectives, lorsque le nombre ou la gravité des malades l'exigent, un personnel médical est désigné pour faire partie du convoi d'évacuation. Un infirmier seulement accompagne les malades si ces évacuations sont effectuées par chemin de fer sur un hôpital peu éloigné. Il est établi une feuille d'évacuation, qui est remise au chef du détachement avec les billets d'hôpital. Durant le voyage, si l'état d'un malade s'est aggravé, il est admis dans un des hôpitaux des régions traversées.

Dispositions spéciales aux détenus (1).

s détenus sont placés dans des salles spéciales (2) et, par ure de sûreté, ces salles doivent être choisies dans les étages essus du rez-de-chaussée. Les fenêtres doivent être garnies barreaux de fer scellés dans le mur; les portes de ces salles gardées suivant une consigne arrêtée par l'autorité militaire i appartient la garde des détenus, conformément au règlement le service de place.

pendant, le médecin-chef et l'officier d'administration de garde ent veiller à ce qu'il ne se passe rien de contraire au bon e dans les salles où ils sont traités.

utorisation de visiter les détenus. — Aucune personne n'est ise à visiter les détenus sans l'autorisation du commandant mes. Cette autorisation doit être présentée à l'officier d'administration de garde, qui prend les mesures convenables.

rtie des détenus. — Ils ne peuvent sortir, soit par guérison, pour être traduits devant les tribunaux, sans l'assentiment du écin-chef e l'autorisation du commandant d'armes.

ils sont devenus impropres au service, ils peuvent être réfor- dans les conditions ordinaires.

écès d'un détenu. — En cas de décès, le commandant de l'établissement pénitencier ou de la prison doit être immédiatement venu; ce dernier envoie un agent pour reconnaître le détenu édé.

---

(1) Un médecin militaire est chargé du service médical de la prison; ce dernier désigne les malades qu'il y a lieu d'hospitaliser.

(2) La manche gauche de la capote d'un détenu est remplacée par une manche semblable, mais en drap bleu foncé.

CHAPITRE IV.

DISPOSITIONS SPÉCIALES AUX EAUX MINÉRALES ET BAINS DE MER : INDICATIONS THÉRAPEUTIQUES; FORMALITÉS A REMPLIR POUR LA DÉSIGNATION ET L'ENVOI DES MALADES.

A. — Eaux minérales.

Les établissements d'eaux minérales sur lesquels peuvent être dirigés les militaires sont les suivants :

I. — Eaux sulfurées sodiques.

a) Amélie-les-Bains. — 276 mètres d'altitude, située dans un vallon protégé des vents froids; température moyenne, 15°,5; deux établissements et un hôpital militaire.

Principes minéralisateurs : sulfure de sodium avec hyposulfite de soude.

Indications thérapeutiques : station hivernale et hydro-thermale indiquée dans les cas suivants : tuberculose pulmonaire torpide, laryngite chronique, rhumatisme chronique, affections cutanées chroniques, torpides.

Les eaux sont excitantes et, par suite, contre-indiquées chez les malades présentant des affections à formes éréthiques.

b) Barèges (Hautes-Pyrénées). — 1.232 mètres d'altitude; climat de montagne; établissement thermal et hôpital militaire. Eaux sulfurées sodiques chaudes et froides.

Indications thérapeutiques : beaucoup d'analogie avec les eaux d'Amélie-les-Bains; elles sont cependant plus excitantes que ces dernières. On réservera leur emploi aux affections suivantes : suites de lésions traumatiques ou de blessures, affections articulaires et surtout osseuses, tuberculose locale à forme torpide, lymphatisme. Ces eaux seront contre-indiquées dans la tuberculose pulmonaire à tous ses degrés et dans toutes les maladies à forme congestive et éréthique.

II. — Eaux chlorurées sodiques faibles.

a) Bourbonne-les-Bains (Haute-Marne). — 280 mètres d'altitude; climat tempéré; établissements thermaux et hôpital militaire (1). Eaux chlorurées sodiques lithinées très chaudes (65°).

---

(1) Un essai de fonctionnement permanent de l'hôpital militaire thermal de Bourbonne-les-Bains est actuellement à l'étude en raison du bon résultat thérapeutique donné par ces eaux et de la nature spéciale de cet établissement : gymnastique mécanique, massage vibratoire. (Dépêche ministérielle du 19 novembre 1918.)

L'hôpital militaire de Bourbonne-les-Bains est pourvu d'un outillage complet pour l'emploi de la mécanothérapie, du massage vibratoire, de l'électricité, de la photothérapie, pour le traitement des complications des traumatismes.

b) Bourbon-l'Archambault (Allier). — Altitude, 215 mètres; climat tempéré; établissements thermaux et hôpital militaire. Eaux chlorurées sodiques lithinées très chaudes.

Indications thérapeutiques : ces eaux conviennent indifféremment aux mêmes affections : lymphatisme et scrofule, rhumatisme chronique, atrophie musculaire, arthrite torpide, raideurs articulaires.

Contre-indications : état pléthorique, tendance aux congestions, tuberculose pulmonaire à tous ses degrés.

III. — Eaux bicarbonatées sodiques.

Vichy (Allier). — 260 mètres d'altitude; climat doux et égal; hôpital militaire et nombreux établissements civils.

Principe minéralisateur prépondérant : le bicarbonate de soude (5 grammes par litre environ).

Indications thérapeutiques : affections du tube digestif et de ses annexes, dyspepsies, gastralgies, engorgement du foie chez les paludiques, lithiase biliaire, diabète gras, arthritisme, goutte, obésité.

Contre-indications : formes cachectiques de certaines affections; affections pulmonaires, cardiaques ou névropathiques.

IV. — Eaux hyperthermales à minéralisation indéterminée.

Plombières (Vosges). — Hôpital civil; 420 mètres d'altitude; minéralisation totale très faible; eau alcaline sulfatée et silicatée sodique (température variant de 12° à 70°, suivant la source).

Indications thérapeutiques : dyspepsie nervo-motrice, entérocolite muco-membraneuse avec crises diarrhéiques et douloureuses (spécialisation); dermatoses chez les arthritiques.

Contre-indications : tempérament lymphatique et prétuberculose.

Le service de santé dispose, en outre, d'un certain nombre d'établissements en Algérie et en Tunisie (1) :

1° *Hammam-Rira :* chlorurées-sodiques;

2° *Mers-El-Kébir* (bains de la Reine) : eaux chlorurées sodiques et magnésiennes très fortement minéralisées;

3° *Hammam-Lif* (Tunisie) : eaux chlorurées sodiques.

Des formalités à remplir pour l'admission des malades dans les hôpitaux militaires thermaux.

Avant de proposer un malade pour son admission dans un hôpital militaire thermal, il faut que les moyens ordinaires de traite-

---

(1) Voir dans la notice n° 18 les indications de ces différentes stations thermales.

ment aient été employés et que les eaux minérales puissent avoir une action thérapeutique sur l'affection dont il est atteint. Les personnes susceptibles d'être admises dans les hôpitaux militaires (voir page 127) peuvent être dirigées sur un hôpital d'eaux minérales; mais, par suite du nombre de places mises à la disposition des malades, les militaires et marins en activité sont les premiers à être désignés.

1° ENVOI AUX EAUX MINÉRALES DES MILITAIRES EN ACTIVITÉ DE SERVICE (deux catégories).

Première catégorie : soldats, sous-officiers et officiers subalternes :

a) Etablissement d'un certificat de visite par les médecins chefs de services des corps de troupes et hôpitaux (certificat modèle n° 17) (1);

b) Certificat de contre-visite établi par le directeur du service de santé ou le médecin qu'il a désigné;

c) Envoi de ces certificats au général commandant la subdivision, dans un bordereau nominatif;

d) Etat récapitulatif fourni par ce général au directeur du service de santé;

e) Formation des relevés numériques par le directeur du service de santé, qu'il transmet au Ministre de la guerre qui statue, sauf en ce qui concerne Amélie-les-Bains, auquel cas les relevés sont adressés au directeur du service de santé du 16° corps, qui fait connaître aux différents directeurs le nombre de places mises à leur disposition;

f) Sous-répartition des places par le directeur du service de santé d'après la décision ministérielle ou celle du directeur du 16° corps;

g) Notification des décisions aux intéressés par la voie hiérarchique et retour des certificats de visite. Ce certificat doit être complété avant son départ pour bien juger de la réelle nécessité des eaux. Les malades sont toujours porteurs d'un billet d'hôpital (2).

Deuxième catégorie. — Officiers généraux et supérieurs et officiers non hospitalisés :

a) Désignation des officiers, certificats de visite et de contre-visite comme ci-dessus;

b) Transmission de la demande de l'officier appuyée des certificats au général commandant le corps d'armée, qui statue et donne des congés à solde entière s'il y a lieu (3).

---

(1) Au 1er mars et au 1er mai pour les saisons d'été; au 15 septembre et au 1er décembre pour les saisons d'hiver d'Amélie-les-Bains.

(2) Circulaire du 11 octobre 1895.

(3) Le Ministre statue quand il s'agit d'officiers généraux et assimilés.

' CORPS D'ARMÉE.
ou
GOUVERNEMENT MILITAIRE
de

PLACE d

ANNÉE 191 .

N° d'ordre
sur l'état de proposition.

N° d'ordre
du registre tenu à l'hôpital
d'eaux minérales
ou de bains de mer.

SERVICE DE SANTÉ.

EAUX MINÉRALES ET BAINS DE MER.

MODÈLE N° 17.

Règlement
du 25 novembre 1889,
art. 22, 67,
68, 337 et 354.

Format : 0m,30 sur 0m,20.

CERTIFICAT INDIVIDUEL.

PREMIÈRE PARTIE.

Visite et contre-visite constatant la nécessité de l'envoi aux (1) d (2)
d (3) (4) ,
né à , *département d*
, *âgé de* *ans,*

Indications spéciales aux anciens militaires envoyés aux eaux en exécution de la loi du 12 juillet 1873. { *domicilié à* , *département d* , *titulaire d'une pension de retraite de* *sous le n°* , *titulaire d'un traitement de réforme de* *sous le n°* , *a droit à la* *classe de chemin de fer partant de la gare d* , *département d* .

Le soussigné (5)
certifie que l
est atteint (6) .

En conséquence, estime que les accidents ci-dessus relatés ont pour résultat le besoin de faire usage des pendant la (7) saison.

Fait à , le 191 .

Nous soussigné, (5)
certifions, (8) après avoir contre-visité le malade ci-dessus dénommé, que les infirmités relatées (9) l'envoi aux (1)

Fait à , le 191 .

(1) Eaux minérales ou bains de mer.
(2) Indiquer l'établissement ou le lieu.
(3) Nom, prénoms et grade lisiblement écrits.
(4) Indiquer le corps, le bataillon, l'escadron ou l'emploi et la résidence.
(5) Nom, grade et emploi du médecin.
(6) Faire connaître, avec les détails suffisants, la nature, l'origine, l'ancienneté de la maladie ou infirmité, les traitements employés avec ou sans succès.
(7) Indiquer si c'est la 1re, la 2e, la 3e, la 4e ou la 5e saison.
(8) Dans le cas où la constatation du droit a lieu sur pièces, remplacer les mots :
Après avoir contre-visité le malade dénommé ci-dessus,
par les mots suivants :
Après avoir commenté le certificat ci-dessus.
(9) Nécessitent *ou* ne nécessitent pas.

AVIS DU MÉDECIN
chargé de la visite au moment du départ.

Résultat de la visite à l'arrivée
à l'hôpital d'eaux minérales d
et à la sortie du même établissement.

Nous soussigné, Médecin-chef de l'hôpital
certifions que
le dénommé d'autre part est arrivé audit
hôpital

et qu'après jours de traitement, il en
est sorti pour se rendre à (1)
étant dans l'état suivant :

(1) A son corps, ou à tel hôpital, ou en convalescence, ou dans ses foyers.

A , le 191 .

DEUXIÈME PARTIE. — BAINS DE MER.

Résultat de la visite à l'arrivée au corps chargé des subsistants et au départ.

Nous soussigné, Médecin-chef de service des militaires mis en subsistance audit corps pour faire usage des bains de mer à
certifions que le dénommé d'autre part est arrivé au corps le dans l'état suivant :

et qu'après jours de traitement, il est parti pour se rendre à (1)
étant dans l'état suivant :

A , le 191

En ce qui concerne les établissements de l'Algérie, c'est le général commandant le 19e corps d'armée qui est seul chargé de la répartition des places disponibles.

2° ENVOI DES ANCIENS MARINS ET MILITAIRES AUX EAUX MINÉRALES.

La loi du 12 juillet 1873 accorde à ces anciens militaires l'autorisation de faire usage, d'être admis et traités aux frais de l'Etat dans les établissements d'eaux minérales, à condition que leurs blessures ou infirmités soient contractées dans le service.

Ces derniers adressent leurs demandes et un certificat médical au général commandant la subdivision territoriale. Cet officier général les convoque devant la commission spéciale de réforme pour qu'ils soient visités et contre-visités. Les demandes ainsi instruites et complétées par un procès-verbal de la commission sont adressées au Ministre par la voie du général commandant le corps d'armée. Ils reçoivent en temps voulu notification de la décision prise (1).

Militaires des troupes coloniales. — Ces dispositions ne sont pas applicables aux militaires des troupes coloniales qui peuvent être visités et proposés pour les eaux à toute époque de l'année.

B. — **Bains de mer.**

Principes minéralisateurs : très abondants (30 à 40 grammes de chlorure de sodium par litre); chlorure de magnésium et de calcium; iode; brome à l'état de sels. L'atmosphère marine est saturée de ce même sel.

Indications thérapeutiques : ils seront prescrits aux sujets dont l'organisme aura besoin d'un stimulant énergique (lymphatisme, scrofule, adénite chronique, faiblesse générale, anémie).

Contre-indications : contre-indiqués pour les malades atteints d'affections cardiaques, pulmonaires, de dermatoses aiguës et de maladies du système nerveux.

Pour les bains de mer, les saisons sont réglées de la manière suivante, tant pour les militaires hospitalisés que pour ceux mis en subsistance dans un corps de troupe.

Région de la Méditerranée (Nice et Marseille). — 1re saison : du 1er juillet au 14 août; 2e saison : du 15 août au 30 septembre.

Régions de l'Océan et de la Manche. — Saison unique : du 1er juillet au 31 août.

Dispositions spéciales pour les bains de mer.

Les médecins-chefs des corps de troupe, des hôpitaux militaires désignent les militaires susceptibles de faire usage des bains de

(1) Cette catégorie de militaires fait parvenir sa demande avant le 15 février, pour la première saison, et le 15 avril pour la deuxième. Pour les saisons d'Amélie-les-Bains, les demandes doivent être transmises le 1er décembre.

mer. Les formalités sont les mêmes que celles pour l'admission dans les établissements militaires thermaux, avec cette restriction que ces militaires sont classés en deux catégories.

La première catégorie comprend : les débiles, les convalescents, chez lesquels on ne cherche qu'à stimuler l'organisme et qui sont mis en subsistance dans un corps du littoral; ces militaires reçoivent une ration journalière de vin.

La deuxième comprend les malades exigeant des soins et un régime particulier.

Les différents états récapitulatifs sont transmis au directeur du service de santé, qui établit des relevés numériques distincts, par catégories, et les transmet à son collègue du corps d'armée sur lequel se trouvent les corps et hôpitaux désignés pour recevoir ces militaires. Ce dernier directeur du service de santé provoque, du général commandant ce corps, des ordres nécessaires pour la mise en subsistance ou l'hospitalisation des malades (1).

(1) Saint-Martin-de-Ré et Dieppe pour les militaires en subsistance; La Rochelle et Dunkerque pour les militaires hospitalisés.

EAUX MINÉRALES.

I. — Durée des saisons.

INDICATION DES ÉTABLISSEMENTS.	Des circonscriptions qui envoient des militaires aux eaux.	DURÉE DE CHAQUE SAISON. 1re.	2me.	3me.	4me.	5me.	6me.	SAISONS D'HIVER à Amélie-les-Bains.	
Amélie-les-Bains	Toutes.	15 mai au 18 juin.	3 juillet au 6 août.	31 août au 14 sept.	»	»	»	1er nov. au 1er janv.	15 janv. au 15 mars.
Barèges	Id.	12 juin au 11 juill.	14 juillet au 12 août.	15 août au 15 sept.	»	»	»	»	»
Bourbonne	Id.	15 mai au 23 juin.	26 juin au 3 août.	6 août au 15 sept.	»	»	»	»	»
Bourbon — l'Archambault.	Id.	15 mai au 23 juin.	26 juin au 3 août.	6 août au 15 sept.	»	»	»	»	»
Plombières	Id.	15 mai au 14 juin.	15 juin au 14 juill.	15 juill. au 14 août.	15 août au 15 sept.	»	»	»	»
Vichy	Id.	1er mai au 21 mai.	24 mai au 13 juin.	16 juin au 6 juillet.	9 juillet au 29 juill.	1er août au 21 août.	24 août au 13 sept.	»	»
Hammam-Rira	Algérie.	15 avril au 15 mai.	15 mai au 15 juin.	1er au 30 sept.	»	»	»	»	»
Bains de la Reine	Id.	15 avril au 23 mai.	26 mai au 30 juin.	15 sept. au 31 octob.	»	»	»	»	»
Hammam-Lif	Tunisie.	1er août au 15 sept.	16 sept. au 31 octob.	»	»	»	»	»	»

OBSERVATIONS.

NOTA. — A titre d'essai, l'hôpital thermal de Bourbonne-les-Bains sera ouvert pendant la saison d'hiver du 15 décembre au 23 janvier, du 26 janvier au 3 mars, du 6 mars au 15 avril. (Dépêche ministérielle du 19 novembre 1913.)

Les relevés numériques établis le 1er mars comprennent : la 1re, la 2e saison de tous les établissements et la 3e saison de Vichy ; ceux établis le 1er mai comprennent la 3e saison de tous les établissements sauf Vichy, les 4es saisons de Plombières et Vichy, la 5e et 6e saison de Vichy.

CHAPITRE V.

HOPITAUX MILITAIRES (suite) : BATIMENTS ET LOCAUX ; APPROVISIONNEMENT ; GESTION ; RÉFORME DU MATÉRIEL ; DISPOSITIONS CONCERNANT LES EFFETS DES MILITAIRES DÉCÉDÉS OU ÉVADÉS. — BIBLIOTHÈQUE DE L'HÔPITAL MILITAIRE ET BIBLIOTHÈQUES MÉDICALES RÉGIONALES.

Bâtiments et locaux.

La composition d'un hôpital militaire est donnée par la notice n° 22 annexée au règlement sur le service de santé à l'intérieur, et les règles à observer pour la construction ou la restauration des hôpitaux militaires sont précisées dans la circulaire ministérielle du 27 août 1907, dont on doit tenir grand compte.

Les instructions de cette circulaire répondent à des préoccupations de premier ordre. « Tout ce qui touche à la santé du soldat intéresse directement l'avenir de la nation (1). »

La composition d'un hôpital militaire est sensiblement la même que celle d'un hospice civil.

Rappelons-la sommairement par une simple énumération :

1° Un local pour le concierge;

2° La chambre de garde des médecins, qui rappelle la salle de garde des hôpitaux;

3° Une salle d'honneur;

4° Un cabinet pour le médecin-chef;

5° Un bureau pour l'officier d'administration;

6° Le bureau des entrées;

7° Le vestiaire;

8° Des salles d'officiers en nombre suffisant;

9° Des salles pour les sous-officiers;

10° Des salles communes destinées aux autres malades. Ces salles sont disposées pour pouvoir être réunies en divisions (chirurgie, médecine, affections vénériennes), dont sont chargés des médecins traitants; de plus, une salle d'opérations est annexée à chaque division de chirurgie. Ces salles devront assurer à chaque malade une place de 10 mètres carrés de surface par lit et un volume d'air égal à 40 mètres cubes. La circulaire précitée attache une grande importance à ce que les salles communes ne contiennent pas plus de six lits et elle prévoit, en outre, la création de nombreuses chambres individuelles permettant d'isoler « les malades graves, les agités, les moribonds »;

---

(1) Circulaire du 27 août 1907 (*B. O.*, P. R., 1907, 2e vol., p. 1438).

11° Des pavillons ou, à leur défaut, des salles pour l'isolement des contagieux, « complètement séparés de l'hôpital général tout en restant desservis par les mêmes organes généraux à la faveur de dispositions spéciales maintenant leur isolement (1) ». Ces pavillons de contagieux seront divisés en sections strictement séparées qui, chacune, recevront une maladie spéciale. Une section sera même créée pour les tuberculoses ouvertes;

12° Des salles pour les malades détenus;

13° Un bâtiment spécial pour les divers services suivants : bactériologie, radiothérapie, ophtalmologie, cabinet dentaire, mécanothérapie.

Chaque hôpital comprendra, en outre, une pharmacie placée dans un local bien éclairé; elle sera élevée sur cave servant de magasin et comprendra un laboratoire, une tisanerie, un préparatoire, un dépôt de médicaments, un cabinet pour le pharmacien.

Le casernement des infirmiers sera construit le plus loin possible du bâtiment central et le nombre des places sera calculé à raison d'un infirmier pour cinq malades.

Chaque pavillon sera muni de salles de bains et un bâtiment sera aménagé pour la pratique de la désinfection.

Enfin, hors de la vue des malades, le bâtiment des morts, avec une chambre mortuaire, une salle d'autopsies et une chapelle, sera annexé à tout hôpital.

Cette même circulaire prévoit, en outre, que le médecin-chef et l'officier d'administration aient leurs logements dans l'intérieur de l'hôpital.

Approvisionnement des hôpitaux militaires.

Les hôpitaux militaires, pour l'exécution du service, sont pourvus :

1° De médicaments, réactifs et accessoires dont l'entrée et la sortie sont justifiées par le pharmacien;

2° De matériel d'exploitation;

3° De denrées, liquides, combustibles, fournitures diverses (objets de pansement et de consommation courante) qui ne forment pas approvisionnement.

Comment il est pourvu à la fourniture. — Elle a lieu :

1° Par des expéditions des magasins d'approvisionnement du service de santé;

2° Par des achats par marchés ou par des achats sur place en marchés;

3° Eventuellement encore, par des cessions, par des emprunts d'autres services et par réquisition en cas de mobilisation totale ou partielle.

Des demandes à établir. — Tout comme cela se passe dans les infirmeries régimentaires, des demandes en triple expédition sont établies par l'officier d'administration gestionnaire à la date du 1er janvier et du 1er juillet. Ces demandes sont transmises par le

(1) Circulaire du 27 août 1907 (*loc. cit.*).

directeur du service de santé, qui les examine et les modifie s'il y a lieu, puis les transmet au Ministre, qui décide.

Quant aux demandes de médicaments réactifs et accessoires qui sont du ressort des pharmacies d'approvisionnement, elles sont demandes sont ensuite visées par le médecin-chef et transmises au Ministre par la voie du service de santé.

Les objets de consommation qui ne forment pas approvisionnement sont, en principe, livrés aux hôpitaux militaires par les titulaires des marchés passés d'après les ordres du Ministre, soit à la suite d'une adjudication publique, soit de gré à gré.

Gestion.

La gestion du matériel des hôpitaux militaires est régie :

1° En ce qui concerne le matériel, par le règlement sur la comptabilité des matières du Département de la guerre (vol. 27) et par les dispositions du règlement sur le service de santé;

2° En ce qui concerne les objets de consommation, par les dispositions contenues dans le même règlement.

La gestion du matériel est confiée à l'officier d'administration gestionnaire, qui est responsable pécuniairement (1).

Responsabilité du pharmacien. — Le pharmacien-chef est responsable des médicaments, réactifs et accessoires qui sont considérés, dans les hôpitaux, comme objets de consommation.

C'est le pharmacien qui prépare les matières et objets à délivrer aux corps de troupe, mais c'est à l'officier d'administration qu'incombent les formalités prévues tant pour l'envoi que pour la prise en charge par la partie prenante.

Responsabilités particulières du médecin-chef et du médecin traitant. — Le médecin-chef est responsable de la conservation et de l'entretien de l'arsenal chirurgical; il l'est encore de la bibliothèque (voir p. 167).

Les médecins traitants sont responsables du linge et objets de pansement qui leur sont remis à titre d'approvisionnement.

Réception du matériel.

Les médicaments, le matériel et les objets de consommation livrés à l'établissement en vertu de marchés ou achats sur place sont vérifiés pour constater s'ils répondent aux conditions exigées par le cahier des charges. Cette vérification est exercée par une commission composée ainsi qu'il suit : le médecin-chef, président, le pharmacien-chef, l'officier d'administration gestionnaire.

Cette commission délibère à la majorité des voix. Immédiatement après leur réception, les objets mobiliers, quand ils s'y prêtent par leur nature, doivent être marqués des lettres H. M. et, au-dessous, de la lettre initiale de la place dans laquelle est situé l'établisse-

(1) Cet officier est tenu de fournir un cautionnement (notice n° 11).

ment dans lequel ont eu lieu les réceptions; ils sont ensuite pris en charge par l'officier d'administration gestionnaire.

Tout le matériel doit être conservé dans le plus grand état de propreté. Le blanchissage a lieu, soit, par économie, dans l'hôpital, soit par entreprise.

Le linge et les effets sont réparés, soit dans l'établissement, soit au dehors.

Les instruments de chirurgie sont remis en état sur place après autorisation du directeur du service de santé (1).

Réforme du matériel. — Vente.

Chaque année, l'officier d'administration gestionnaire soumet à l'examen du médecin-chef les effets et objets mobiliers qu'il juge devoir être mis hors service.

Ces objets figurent sur l'état (modèle n° 92). Ils sont ensuite présentés, lors de sa visite annuelle, au directeur du service de santé, qui prononce.

Tous les objets dont la réforme est décidée sont marqués, en la présence du directeur, du timbre de réforme.

En principe, la réforme du matériel n'a lieu qu'une fois par an.

Les effets et objets réformés sont employés au nettoyage, réparations ou confections d'effets d'une autre espèce. Ceux dont on ne peut tirer aucun parti sont remis au domaine pour être vendus au profit du Trésor.

Dispositions concernant les effets des militaires décédés ou évadés.

1° *Effets appartenant à l'Etat.* — Les effets des sous-officiers, caporaux et soldats sont rendus aux corps dont les militaires faisaient partie, lorsque ces corps sont à portée de les faire retirer. Si les effets n'ont qu'une valeur relative, ils sont remis par la sous-intendance, et à titre gratuit, à un des corps de la garnison;

2° *Effets et valeurs appartenant aux successions.* — S'il est trouvé un testament, l'officier d'administration en fait la remise au président du tribunal civil.

Quant aux effets, papiers et valeurs personnels, cet officier en doit compte aux héritiers.

A cet effet, immédiatement après le décès, il adresse à la famille, avec l'extrait du registre des décès, l'état de tous les objets compris dans la succession en indiquant ceux qui sont susceptibles d'être vendus, à défaut de réclamation, dans un délai de six mois.

Justifications à produire par les héritiers. — *a*) Pour les successions de 150 francs et au-dessous, un certificat d'hérédité établi par le maire de la commune est la seule pièce exigée;

b) Pour les successions dont l'actif dépasse 150 francs, les héritiers ont à fournir différentes pièces pour établir leurs droits (modèle n° 104).

---

(1) Lettre ministérielle du 11 décembre 1912.

Enfin, tous les six mois, les bijoux, armes, effets, objets quelconques non réclamés dans ce délai ou ceux dont la vente a été autorisée par la famille, sont vendus par les soins de l'officier d'administration gestionnaire.

Les produits des ventes sont, suivant le cas, versés à la caisse des dépôts et consignations au nom de la succession ou bien adressés aux héritiers et à leurs frais.

Bibliothèques.

« Pour donner à tous les officiers du corps de santé les moyens de se tenir au courant des progrès scientifiques (1) », une *bibliothèque médicale régionale* a été créée dans chaque corps d'armée. Ces bibliothèques sont très complètes; elles se composent d'ouvrages scientifiques, administratifs et littéraires, des différents règlements et nomenclatures du service de santé, enfin d'ouvrages spécialement destinés à l'usage des malades.

Des fiches par noms d'auteurs, comme cela existe dans les bibliothèques de Facultés, permettent de trouver facilement l'ouvrage que l'on désire. Tous les ouvrages et publications périodiques sont à la disposition des officiers du service de santé du corps d'armée.

Les demandes de prêts (2) seront adressées par simple bulletin au directeur du service de santé, qui donnera l'ordre d'expédition. En principe, la durée du prêt ne devra pas dépasser quinze jours.

Indépendamment de cette bibliothèque médicale régionale, il est établi dans chaque hôpital non régional une petite bibliothèque contenant les ouvrages indispensables à la pratique journalière. Seuls les officiers du service de santé de la garnison ont droit au prêt des livres de cette bibliothèque.

Les ouvrages sont, en principe, envoyés dans les diverses bibliothèques par les soins de l'administration centrale; toutefois, les directeurs du service de santé pourront proposer l'achat de livres par des demandes motivées qu'ils transmettront au ministère.

---

(1) Circulaire relative à la création de bibliothèques médicales régionales du 10 mars 1892 (É. M., vol. 83, p. 501).

(2) En en faisant la demande, il vous sera peut-être accordé l'autorisation de prendre des livres pour continuer vos études à vos moments de loisirs, quand vous serez médecins auxiliaires, mais vous devrez faire une visite au médecin-chef de l'hôpital chargé de la direction de la bibliothèque.

TITRE IV

Service de santé dans les hospices civils et dans certains établissements spéciaux.

CHAPITRE PREMIER.

I. — ORGANISATION DU SERVICE DANS LES HOSPICES CIVILS : 1° HOSPICES MIXTES OU MILITAIRES; 2° HOSPICES CIVILS PROPREMENT DITS.

II. — ÉTABLISSEMENTS SPÉCIAUX : 1° ÉTABLISSEMENTS CIVILS D'EAUX MINÉRALES; 2° ÉTABLISSEMENTS D'ALIÉNÉS.

I. — Organisation du service dans les hospices civils.

Le service de santé dans les hospices civils est réglé : 1° conformément aux dispositions de la loi du 7 juillet 1877 et du décret du 1er août 1879, modifié depuis; 2° par les prescriptions spéciales aux règlements sur le service de santé.

Division des hospices civils en catégories. — Les hospices civils sont divisés en trois catégories :

1° Hospices civils mixtes ou militarisés (1) dans les villes dont la garnison est d'au moins 300 hommes;

2° Hospices civils proprement dits dans les garnisons dont l'effectif est inférieur à 300 hommes;

3° Exceptionnellement, enfin, hospices civils situés dans les villes dépourvues de garnison, pour les militaires de passage ou évacués (manœuvres, tirs de guerre).

Hospices mixtes ou militarisés.

Le fonctionnement de ces hospices ressemble à celui des hôpitaux militaires; les malades sont traités par des médecins militaires dans des salles qui leur sont spécialement réservées. Lorsque l'effectif de la garnison atteindra 1.000 hommes au moins, le traitement des malades sera toujours confié à des médecins militaires.

---

(1) Toutes les dispositions relatives à l'hôpital sont applicables aux salles militaires de l'hospice civil, l'officier d'administration gestionnaire est, dans ce cas, remplacé par la commission administrative de l'hospice.

Au-dessous de ce chiffre, le service sera fait par des médecins civils, en cas d'insuffisance du personnel médical de la garnison.

Médecin-chef. — Il a les mêmes attributions que le médecin-chef d'un hôpital militaire.

Infirmiers militaires. — Le Ministre de la guerre peut, selon qu'il le juge nécessaire, faire exécuter le service des salles militaires par des infirmiers de l'armée, dont il fixe le nombre, ou par des servants civils, qui sont fournis par l'hospice. Ces infirmiers militaires, suivant leur nombre, sont commandés par un officier d'administration ou par un sous-officier. Ils sont logés et nourris d'après les stipulations admises dans les conventions. Ils doivent le respect aux médecins civils, aux aumôniers, aux sœurs et aux employés civils de l'établissement.

Attributions de la commission administrative. — Le décret du 1er août 1879 a édicté que la commission administrative conserverait la direction des services généraux de l'hospice et qu'elle aurait les droits et les attributions qui sont dévolus dans les hôpitaux militaires à l'officier d'administration gestionnaire. Elle tient les registres, dont la liste est prévue par la notice n° 10; elle fait préparer les états et relevés prévus par cette même notice, qu'elle soumet ensuite au visa du médecin-chef.

Arsenal chirurgical. — Il est attribué à chaque hospice mixte un arsenal chirurgical, dont la nature et l'importance sont déterminées suivant la classe à laquelle appartient l'hôpital.

La circulaire du 1er juin 1897 a, en effet, divisé ces hospices mixtes en trois classes (1).

Conventions passées entre le ministère de la guerre et la commission administrative. — Une convention passée entre le représentant du ministère de la guerre (habituellement le directeur du service de santé) et la commission administrative, déterminera, pour chaque hôpital, suivant la catégorie à laquelle il appartiendra, le régime spécial à chaque établissement, le nombre de lits affectés aux malades militaires, qui ne peut dépasser que d'une façon exceptionnelle le quart de l'effectif (2), et le taux du prix de journée dû par l'Etat pour les caporaux, soldats, sous-officiers, officiers et officiers supérieurs (3).

Cette convention ne sera exécutoire qu'après avoir été approuvée par le conseil municipal et ratifiée par les Ministres de la guerre et de l'intérieur.

En cas de désaccord entre ces diverses autorités, les conditions et le prix du traitement des militaires seront réglés par un décret rendu en Conseil d'Etat.

Les contestations qui pourront s'élever sur l'exécution de la con-

---

(1). Les candidats qui voudraient approfondir cette question trouveront tous les renseignements utiles dans la circulaire du 1er juin 1897, relative à la composition de l'arsenal chirurgical des hospices mixtes (É. M., vol. 83, p. 153). Cette même circulaire assimile les infirmeries-hôpitaux aux hospices mixtes de la 3e catégorie.

(2) Circulaire ministérielle du 6 juillet 1895 (É. M., vol. 83, p. 152).

(3) Les modèles de conventions sont donnés dans la notice n° 29.

vention seront portées devant le conseil de préfecture du département et, en cas d'appel, devant le Conseil d'Etat.

C'est au médecin chef des salles militaires qu'incombe la surveillance de l'exécution du contrat.

La convention a une durée de cinq ans.

Mode de calcul du prix de journée. — Le prix de journée payé par l'Etat à l'hospice, comme indemnité des frais résultant du traitement des militaires, comprend les dépenses ci-après :

1° Nourriture des malades;

2° Indemnité locative comprenant les grosses réparations et l'entretien des bâtiments affectés au service militaire;

3° Entretien du matériel de couchage et d'habillement;

4° Linge, blanchissage et médicaments pour les malades, éclairage et chauffage des salles;

5° Nourriture et blanchissage du personnel de service; gages de ce personnel lorsqu'il est fourni par l'hospice (une journée de servant civil pour six journées de malades) (1).

N. B. — Le prix de la journée de traitement de maladie est environ de 2 fr. 15 pour un soldat. Mais les commissions administratives deviennent de plus en plus exigeantes; c'est pour cette raison que dans les petites garnisons l'institution des infirmeries-hôpitaux permettrait le traitement des malades dans les meilleures conditions de prix (1 fr. par jour environ).

Hospices civils proprement dits.

Nous avons vu que les hospices civils proprement dits comprenaient deux catégories : ceux existant dans les villes de garnison et ceux fonctionnant dans les villes dépourvues de garnison.

Dans ces établissements, les malades militaires sont traités, à tous égards, comme les malades civils; toutefois, ils ne sont placés dans les salles civiles que s'il est impossible de leur affecter une salle spéciale.

Ces malades sont soignés par les médecins civils; les médecins de la garnison auront le droit de les visiter, mais, sous aucun prétexte, ils ne pourront s'immiscer dans le traitement ni donner des ordres dans le service.

L'autorité militaire aura la surveillance de ses malades, qui est plus spécialement dévolue au commandant d'armes, chargé de veiller à l'exécution de la convention.

Tout comme pour les hospices mixtes, une convention passée entre le représentant du Ministre de la guerre et la commission administrative, détermine l'allocation due par l'Etat.

Le fonctionnement des hospices situés dans des villes dépourvues de garnison est le même, avec cette restriction que l'entrée et la sortie de chaque militaire sont signalées au commandant de la gendarmerie, qui est chargé d'en rendre immédiatement compte au directeur du service de santé.

---

(1) La dépense des travaux de construction ou d'appropriation reconnus nécessaires pour l'établissement, dans les hospices civils, des services hospitaliers de garnison, est exclusivement à la charge de l'Etat.

Nota. — Les dispositions de la loi du 7 juillet 1877, relatives à l'organisation des services hospitaliers de l'armée dans les hospices civils, sont applicables en Algérie (décret du 19 mai 1896).

II. — Etablissements spéciaux.

1° Etablissements civils d'eaux minérales.

Les établissements civils d'eaux minérales, dans lesquels les malades peuvent être traités au compte du Département de la guerre, sont désignés par le Ministre.

Une convention spéciale détermine les conditions de traitement tout comme pour les hospices mixtes.

2° Etablissements d'aliénés.

Les établissements civils destinés à recevoir les militaires en activité de service atteints d'aliénation mentale sont désignés par le Ministre de la guerre.

Une convention spéciale règle les conditions de leur traitement.

Formalités à remplir pour l'admission. — Toute demande d'admission de militaires dans un établissement d'aliénés est établie par le général commandant la subdivision et adressée, dans les départements, au préfet (à Paris, au préfet de police).

Elle est accompagnée : 1° de l'état signalétique et des services du militaire;

2° D'un certificat du médecin-chef indiquant les caractères de la maladie et constatant l'état mental du militaire, ainsi que la nécessité de le tenir enfermé dans un établissement d'aliénés (1).

Les militaires admis sont traités aux frais du Département de la guerre, dans les conditions stipulées par la convention, et jusqu'à ce qu'il ait été statué sur leur position (2).

Immédiatement après l'admission, le directeur de l'établissement adresse au directeur du service de santé, pour être transmis au Ministre, un certificat établi par le médecin chef de l'établissement civil.

Surveillance du service dans les hospices civils et établissements spéciaux. — Tout comme les hôpitaux militaires, une surveillance est exercée dans ces établissements, conformément au décret sur le service de place.

---

(1) Ce certificat n'est plus valable s'il a été délivré depuis plus de quinze jours (notice n° 5, § VII, et art. 8 de la loi du 30 juin 1838 sur les aliénés).

(2) Ces malades sont présentés devant la commission spéciale de réforme et réformés sur pièces. A dater du jour de leur réforme, les frais de traitement n'incombent plus au Département de la guerre. (Circulaires du 3 juin 1897 et de février 1901; vol 83, p. 539 et 540.)

TITRES V ET VI

I. — DISPOSITIONS SPÉCIALES AU MATÉRIEL DE MOBILISATION DU SERVICE DE SANTÉ.

II. — MAGASINS D'APPROVISIONNEMENT DU SERVICE DE SANTÉ.

III. — PHARMACIES RÉGIONALES.

I. — Matériel de mobilisation.

Le matériel de mobilisation du service de santé est géré :

1° Dans les corps de troupe, par les conseils d'administration des corps, quand ils existent, et, dans le cas contraire, par le colonel;

2° Dans les hôpitaux militaires, par les officiers d'administration gestionnaires desdits hôpitaux;

3° Dans les magasins et dépôts du matériel du service de santé, par les officiers d'administration gestionnaires de ces magasins ou dépôts (1).

SURVEILLANCE DU MATÉRIEL.

Le matériel de mobilisation est visité, tous les six mois au moins, par un médecin, en présence du gestionnaire. Les résultats des visites sont consignés dans un rapport adressé au directeur du service de santé, qui provoque les mesures utiles pour maintenir l'approvisionnement au complet et en bon état.

La notice n° 34 donne les instructions nécessaires pour l'entretien et la conservation des approvisionnements.

ÉCHANGES OU REMPLACEMENTS DU MATÉRIEL ET DES MÉDICAMENTS.

Des échanges peuvent être faits entre le service courant et la réserve de guerre, en vue d'assurer la conservation des approvisionnements. Ces échanges peuvent être faits sur place, dans l'intérieur du corps d'armée, et avec l'autorisation du Ministre dans d'autres corps d'armée.

---

(1) Les dépôts de matériel de mobilisation du service de santé sont au nombre de 16; celui du 3° corps est à Vernon.

II. — Magasins d'approvisionnement du service de santé.

Ces magasins sont placés sous l'autorité immédiate du Ministre, qui règle leur fonctionnement, ainsi que les approvisionnements à constituer et à entretenir dans chacun d'eux.

Ces magasins comprennent :

1° Les *pharmacies d'approvisionnement* (1);
2° Les *magasins de matériel* (2).

Ils sont placés sous la direction du directeur du service de santé et leur gestion est assurée par un officier d'administration gestionnaire, qui est, sous l'autorité du directeur du service de santé, le chef de l'établissement.

PERSONNEL.

La composition du personnel est arrêtée par le Ministre; elle comprend un personnel militaire et un personnel civil (commis de diverses classes, ouvriers et ouvrières d'exploitation).

RÉCEPTION DU MATÉRIEL.

Le matériel fourni par l'industrie privée est reçu par des commissions spéciales instituées par le Ministre.

Quant aux expéditions, elles s'effectuent d'après les ordres du Ministre, qui est tenu, tous les trois mois, au courant des quantités de matériel disponible dans les divers établissements.

DISPOSITIONS SPÉCIALES AUX PHARMACIES D'APPROVISIONNEMENT.

Elles ont pour but la constitution des approvisionnements en médicaments, réactifs et accessoires et en matériel spécial de pharmacie. Leur gestion est confiée à un pharmacien militaire.

MODES D'APPROVISIONNEMENT.

Les médicaments dont la qualité est difficile à contrôler, ainsi que tous ceux dont la préparation est économique, sont préparés par les pharmacies d'approvisionnement. Les autres médicaments sont demandés à l'industrie privée par voie d'adjudication, de marchés de gré à gré, ou d'achats sur place, suivant le cas.

Toutes les substances médicamenteuses doivent être rigoureusement analysées avant d'être soumises à l'acceptation de la commission.

Tous les médicaments existants portent une étiquette faisant mention de la date de la préparation et de la réception (3).

---

(1) Deux pharmacies d'approvisionnement : 1° pharmacie centrale du service de santé; 2° la réserve des médicaments de Marseille.

(2) Ces magasins sont au nombre de trois : 1° magasin central du service de santé, à Paris; 2° les docks du service de santé, à Paris-Vanves; 3° le magasin de réserve de matériel, à Marseille.

(3) Je ne saurais trop vous engager à appliquer cette prescription dans les infirmeries régimentaires où, en qualité de médecin auxiliaire, vous serez plus spécialement chargé des détails techniques.

III. — Pharmacies régionales.

ORGANISATION ET FONCTIONNEMENT.

Dans les corps d'armée dépourvus d'hôpitaux militaires, il peut être institué par le Ministre une *pharmacie régionale* (1).

Elle a pour but d'assurer :

1° La surveillance et l'entretien des médicaments et du matériel spécial qui existe dans les approvisionnements du service de santé en campagne de la région;

2° La livraison aux infirmeries régimentaires et vétérinaires du corps d'armée des médicaments et objets dont le renouvellement s'impose dans lesdits approvisionnements;

3° La livraison de tous les autres médicaments et objets figurant dans les nomenclatures spéciales des infirmeries, lorsque le Ministre en aura donné l'ordre;

4° L'exécution des analyses, essais ou expertises demandés par l'intermédiaire du directeur du service de santé, dans l'intérêt des différents services.

Cette pharmacie est dirigée, sous l'autorité du directeur du service de santé, par un pharmacien, qui tient les registres prescrits par la notice n° 10 (voir page 191) aux pharmaciens des hôpitaux militaires (2).

---

(1) Actuellement, il n'existe qu'une seule pharmacie régionale au chef-lieu du 12° corps d'armée, à Limoges.

(2) Les services pharmaceutiques de l'armée comprennent donc trois sortes d'établissements : 1° les pharmacies des hôpitaux militaires; 2° les pharmacies d'approvisionnement; 3° les pharmacies régionales.

Tableau et Notices annexés au Règlement sur le service de santé.

Les notices ont pour but de préciser certains articles importants du Règlement pour en permettre une facile application. Elles ont donc une grande importance.

Nous en donnons la liste sous forme de tableau en marquant d'un astérisque celles qu'il vous importe de bien connaitre, et que nous résumons.

Vous pourrez d'ailleurs lire *in-extenso* ces notices dans le Règlement sur le service de santé à l'intérieur, en ayant soin de choisir un Règlement mis à jour (1).

NUMÉRO.	OBJET DE LA NOTICE.	ANALYSE SOMMAIRE.
Tableau A.	Nombre d'infirmiers militaires à attacher à chaque hôpital.	Ce tableau donne les effectifs variables et invariables (voir page 135.
Notice n° 1.	Loi du 16 mars 1882 sur l'administration de l'armée.	Cette loi est insérée au vol. 64 de l'édition méthodique, c'est une grosse question de l'examen qui a été traitée page 58.
N° 2*.	Indemnités à allouer aux médecins et pharmaciens civils requis.	Elle est résumée page 179.
N° 3*.	Sur la pratique de la vaccination et de la revaccination dans l'armée.	Nous la résumons page 179.
N° 4.	Cette notice précise et complète les prescriptions du Réglement en ce qui concerne les obligations incombant au directeur du service de santé dans les corps d'armée et les gouvernements militaires.	Voir le chapitre relatif à la direction du service de santé dans les corps d'armée.
N° 5*.	Sur les divers certificats que les médecins militaires sont appelés à établir.	C'est une question souvent posée à l'examen ; cette notice est résumée page 181.
N° 6*.	Organisation de brancardiers régimentaires et de brancardiers d'ambulance.	Vous devez très bien connaitre cette notice que nous étudions page 187.
N° 7*.	Sur les désinfections.	Voir page 189.

(*) Les astérisques désignent les notices résumées.

(1) Règlement sur le service de santé de l'armée à l'intérieur. Charles-Lavauzelle, éditeur, Paris.

NUMÉRO.	OBJET DE LA NOTICE.	ANALYSE SOMMAIRE.
N° 8.	Supprimée.	
N° 9.	Instructions pour le blanchiment du linge et des couvertures de laine.	Sans grand intérêt pour l'examen.
N° 10*.	Comptabilité.	Certaines parties de cette notice renferment des renseignements qu'il vous importe de bien connaitre, voir page 190.
N° 11.	Division des établissements du service de santé en classes ; fixation des cautionnements, des indemnités de responsabilité et des indemnités pour frais de bureau.	Sans intérêt pour l'examen. En ce qui concerne la division des hôpitaux, voir page 126.
N° 12*.	Organisation des sections d'infirmiers militaires.	Les dispositions de cette notice doivent vous être très familières, aussi nous donnons un résumé assez complet de cette notice page 192.
N° 13.	Dispositions relatives au service du culte et aux inhumations.	Sans intérêt pour l'examen.
N° 14.	Remboursement des frais de traitement.	Voir page 128.
N° 15.	Loi du 30 juin 1838 sur les aliénés.	Cette notice reproduit le texte de la loi du 30 juin 1838. Voir page 171 les dispositions relatives aux aliénés.
N° 16.	Marques distinctives à apposer sur les capotes et vareuses des malades admis dans les hôpitaux militaires et hospices civils.	Insigne du grade pour les sous-officiers : pattes en galon argenté fixées sur les collets des capotes et vareuses. Les contagieux portent à la manche gauche de leurs effets un galon de laine jonquille. Détenus : voir page 153.
N° 17*.	Régime alimentaire des hôpitaux militaires.	Résumée à cause de son importance au chapitre. Voir page 142.
N° 18.	Usage des eaux minérales naturelles et des bains de mer.	Question souvent posée à l'examen, voir page 154.

NUMÉRO.	OBJET DE LA NOTICE.	ANALYSE SOMMAIRE.
N° 19.	Effets à emporter par les militaires se rendant aux bains de mer ou aux eaux minérales.	Sans intérêt pour l'examen.
N° 20.	Loi ayant pour objet l'envoi et le traitement aux frais de l'Etat, dans les établissements d'eaux minérales, des anciens militaires et marins blessés ou infirmes.	Il faut que les blessures ou infirmités aient été contractées au service, voir page 160.
N° 21.	Mesures à prendre pour prévenir et combattre les incendies dans les établissements du service de santé.	Lisez-la lorsque vous serez médecin de garde dans un hôpital.
N° 22.	Composition des locaux d'un hôpital militaire.	Voir page 163.
N° 23.	Marquage des effets.	Sans intérêt pour l'examen.
N° 24.	Description des jeux d'ustensiles pour les distributions.	Sans intérêt pour l'examen.
N° 25.	Confection du grand linge à pansement et du petit linge à pansement.	Sans intérêt pour l'examen.
N° 26.	Cessions remboursables et imputations.	
N° 27*.	Organisation et administration d'un personnel d'infirmières laïques dans les hôpitaux militaires.	Cette notice est résumée page 196.
N° 28*.	Organisation du service dans les hôpitaux militaires et dans les hôpitaux civils.	Question très importante, voir page 168.
N° 29.	Modèles de convention.	Sans intérêt pour l'examen.
N°s 30 et 31	Supprimées.	La notice 31 était relative au transport des militaires décédés. La notification du 5 février 1910 donne tous renseignements à ce sujet. Vol. 1003, page 132 et suivantes.

NUMÉRO.	OBJET DE LA NOTICE.	ANALYSE SOMMAIRE
N° 32.	Instructions pour les cas d'empoisonnements.	Si vous vous trouvez en présence d'un accident de ce genre, reportez-vous à cette notice, ainsi qu'aux instructions figurant dans le formulaire pharmaceutique des hôpitaux.
N° 33.	Organisation et fonctionnement des infirmeries régimentaires.	Une des plus importantes et que vous devez très bien connaître, c'est cette notice qui a donné les règles pour la récente réorganisation des infirmeries.
N° 34.	Entretien, conservation et renouvellement des approvisionnements de réserve.	Lisez cette notice quand votre chef de service vous chargera de la visite semestrielle des approvisionnements de réserve.
N° 35.	Etude des eaux potables.	Cette notice est actuellement sans objet, car de nouvelles dispositions réglementent actuellement la surveillance des eaux (circulaire du 6 juin 1913). *a*) Analyse des eaux de bonne qualité : une ou deux fois par an. *b*) Analyse des eaux de mauvaise qualité : analyse dans des cas exceptionnels. *c*) Analyse des eaux de qualité variable : une ou deux fois par an.
N° 36.	Sur l'application de la loi du 15 février 1902 relative à la protection de la santé publique.	Cette notice édicte des prescriptions pour l'application de certains articles par le service de santé de l'armée.
N° 37.	Militaires mordus par les animaux enragés.	Ces militaires sont de suite évacués par les soins des chefs de corps ou de détachement sur les hôpitaux militaires d'une des sept villes suivantes : Lille, Val-de-Grâce, Lyon, Bordeaux, Montpellier, Alger, Tunis.

NOTICE N° 2.

Cette notice fixe les indemnités à allouer aux médecins (1) et pharmaciens civils requis et indique les formalités à remplir pour en obtenir le paiement.

Il est alloué, suivant le cas :

1° *Hôpitaux militaires ou hospices mixtes.* — *a*) 800 francs par an aux médecins requis dans le lieu de leur domicile; *b*) 1.200 francs par an aux médecins requis hors le lieu de leur domicile;

2° *Dans les corps de troupe.* — 3 francs par homme et par an, avec cette restriction que la somme à payer ne doit jamais dépasser 100 francs par mois;

3° *Dans les hôpitaux ou hospices et dans les corps de troupe.* — 1.200 francs par an aux médecins civils requis pour assurer simultanément, dans le lieu de leur domicile, le service dans les hôpitaux militaires ou mixtes et dans les corps de troupe. Il peut être dérogé à ces diverses fixations par le Ministre de la guerre sur la demande du général commandant le corps d'armée;

4° *Réquisition d'un médecin civil par les chefs de détachement topographique.* — Les chefs de détachement sont autorisés, le cas échéant, à réquisitionner un médecin civil pour eux et leurs hommes. Les honoraires dûs à ces médecins, ainsi que les médicaments pour les hommes de troupe, seront payés par ces chefs de détachement, sous réserve de remboursement ultérieur par le service de santé.

Je ne saurais trop vous engager à avoir recours à l'expérience d'un médecin plus âgé que vous pour des malades graves, lorsque vous accompagnerez un détachement. Ce sera là la meilleure façon de vous attirer la bienveillance de vos chefs.

En cas de réquisition d'un pharmacien civil pour faire le service dans un hôpital militaire, le général commandant le corps d'armée adresse au Ministre des propositions pour le taux de l'indemnité à allouer.

NOTICE N° 3 (2).

Cette notice réglemente la pratique de la vaccination et de la revaccination jennerienne dans l'armée :

1° Tous les ans, à l'incorporation, les recrues sont revaccinées, ainsi que les hommes de contingents antérieurs, chez lesquels l'inoculation est restée stérile. L'opération est renouvelée chez les sujets réfractaires pendant l'année qui suit le premier essai;

---

(1) Des indemnités plus élevées peuvent être accordées suivant les circonstances.

(2) Si vous êtes appelés à pratiquer des vaccinations dans des forts ou détachements, lisez auparavant cette notice qui est très clairement rédigée tout en étant très scientifique.

2° Les hommes des réserves sont encore vaccinés à l'occasion des périodes d'exercices pendant lesquelles ils sont convoqués;

3° En temps d'épidémie variolique, tous les hommes chez lesquels les inoculations antérieures seront restées stériles seront revaccinés.

Des différentes formalités relatives à cette opération.

1° Demande de vaccin adressée au directeur du service de santé dès que l'on connaît l'époque de l'arrivée du contingent ou des réservistes.

2° Vaccination des sujets (lire la notice);

3° Constatation des résultats huit jours après;

4° Nouvel examen des insuccès et des douteux huit jours après;

5° Enregistrement des résultats sur les livrets individuels;

6° Etablissement d'un rapport et de deux états, qui sont transmis au directeur du service de santé.

Il n'existe plus actuellement de registre de vaccination; les résultats de ces opérations figurent sur un des états (1) prescrits pour l'établissement de la statistique médicale annuelle.

Actuellement, les médecins militaires pratiquent sur une grande échelle la vaccination antityphoïdique. Elle est facultative, obligatoire cependant pour les soldats stationnés en Algérie-Tunisie et ceux qui demandent à servir au Maroc (2). Mais un projet de loi, émanant de M. le sénateur L. Labbé, de l'Institut, vient d'être voté, pour rendre obligatoire dans l'armée la vaccination antityphoïdique (3).

La lecture de ce rapport sera très instructive pour vous; c'est une remarquable leçon d'épidémiologie exposée d'une façon très littéraire par l'éminent professeur.

Le vote de cette loi donne au service de santé la priorité de cette vaccination; ce sera une grande œuvre de prophylaxie sociale, à l'instar de la vaccination jennérienne, qui est obligatoire dans l'armée depuis le 29 mai 1811, alors qu'elle n'est obligatoire pour la nation que depuis la loi de 1902.

(1) Vous pouvez prendre connaissance de ces différents états dans une infirmerie régimentaire.

(2) Circulaire du 5 mars 1913.

(3) Voir le *Journal médical français* du 15 octobre 1913.

NOTICE N° 5.

SUR LES DIVERS CERTIFICATS QUE LES MÉDECINS MILITAIRES SONT APPELÉS A ÉTABLIR.

Introduction.

Hors des cas prévus par le règlement ou des ordres du commandement ou du directeur du service de santé, il n'est délivré aucun certificat par les médecins militaires.

L'autorité militaire ne peut demander des certificats que dans un but réglementaire et d'après des règles tracées par les circulaires ministérielles.

Dans le libellé des certificats, le médecin militaire agit selon ses lumières et sa conscience, mais, pour les conséquences qu'il en déduit, il doit les rédiger conformément aux termes des conclusions formulées et rendues officielles par les règlements particuliers (voir lois sur les pensions militaires). Ces conclusions sont nécessaires pour la validité de l'acte.

Le médecin doit toujours établir le certificat demandé sur un sujet indiqué par l'autorité compétente, mais il peut se refuser à formuler des conclusions qui ne sont pas réglementaires et, dans ce cas, il doit motiver son refus par écrit.

Quand plusieurs médecins sont appelés à établir des certificats (de visite ou de contre-visite), ceux d'un grade inférieur procèdent en première instance pour pouvoir émettre leur avis en toute indépendance.

Etude sommaire des divers certificats établis par les médecins militaires.

La plus grande partie des certificats que les médecins sont appelés à établir règlent, soit l'entrée dans l'armée, soit la sortie pour impossibilité de servir temporairement ou définitivement (1).

Toutefois, à cause de l'importance de la question, nous croyons utile de donner la liste des divers certificats et d'attirer votre attention sur le nombre des médecins désignés, qui est facteur de la nature des certificats et d'autant plus élevé que les finances de l'Etat sont en jeu.

I. — Engagement volontaire.

Certificat délivré habituellement par le commandant de bureau de recrutement, dans lequel s'engage le jeune homme, et exception-

(1) Dans les paragraphes réservés aux commissions spéciales de réforme, aux pensions, aux gratifications, il a été souvent question des divers certificats médicaux.

nellement par le chef de corps quand l'intéressé s'engage directement au régiment. Il est signé par l'un de ces officiers et par le médecin expert.

Vous pouvez en trouver le modèle dans toutes les infirmeries.

II. — Rengagement.

Il est délivré par le chef de corps et signé par cet officier et le médecin chef de service.

III. — Admission d'un enfant de troupe.

Le certificat de visite est signé par le médecin qui est désigné; sa conclusion est la suivante : « ... certifions que l'enfant a eu la petite vérole (ou qu'il a été vacciné) et qu'il n'est atteint d'aucune maladie ou infirmité pouvant l'empêcher plus tard de contracter un engagement. »

IV. — Passage d'un militaire au régiment de sapeurs-pompiers, dans la garde républicaine, dans la gendarmerie ou a l'école de gymnastique.

Les conclusions de ce certificat sont les suivantes : « ... certifions qu'il est sain, robuste et bien constitué; qu'il n'est atteint d'aucune affection cachée ou apparente, et qu'il réunit les conditions d'aptitude physique nécessaires pour faire un bon service dans le régiment, etc..., ou à l'Ecole. »

V. — Changement d'arme.

Le changement d'arme est prononcé par le général commandant le corps d'armée, après avis de la commission spéciale de réforme; le médecin chef de service du corps établit le certificat de visite (modèle n° 8) comme pour les hommes proposés pour la réforme.

Les conclusions sont les suivantes : « ... X... est atteint (détail des maladies, blessures ou infirmités); en conséquence, estimons que les accidents ci-dessus relatés ont pour résultat de rendre X... absolument impropre au service de l'arme à laquelle il appartient, mais qu'ils permettront cependant, en raison de sa constitution, de l'utiliser de préférence dans (indiquer l'arme). »

VI. — Congés de convalescence.

Ces certificats sont seulement établis dans les établissements hospitaliers dans lesquels sont traités les malades susceptibles d'obtenir un congé de convalescence.

Ils sont détachés d'un registre à souche et signés de deux médecins. Ce certificat comprend, en effet, deux parties : certificat de visite et certificat de contre-visite, comportant une description complète, précise et assez détaillée de la maladie; ces conclusions sont les suivantes : « ... en conséquence, estimons que les accidents ci-dessus relatés ont pour résultat la nécessité d'un congé de convalescence de... à passer dans sa famille, à..., ou au dépôt de convalescents de... (1). »

Il arrive fréquemment, surtout pour des officiers ou des sous-officiers, que des soins soient nécessaires à la sortie de l'hôpital; pour que ces militaires puissent jouir de la solde de présence, le libellé de ce certificat, à la suite de l'énoncé de la maladie, est le suivant : « ... affection qui nécessite la continuation de soins longs et dispendieux; en conséquence..., estimons... la nécessité d'un congé de convalescence de..., mais avec allocation de la solde de présence, à passer à... »

Le certificat de contre-visite est dans tous ces cas identique; il est signé par le médecin-chef.

VII. — Admission d'un malade dans un établissement d'aliénés.

Ce certificat est établi par le médecin-chef; il constate l'état mental, les particularités de la maladie, la nécessité de faire traiter le malade dans un établissement spécial et de le tenir enfermé.

Ce certificat n'est plus valable s'il a été délivré depuis plus de quinze jours (2).

VIII. — Evacuation d'un malade sur l'hôpital du Val-de-Grace.

Certificat de visite et de contre-visite faisant ressortir que l'affection est exceptionnelle, de nature à employer des moyens curatifs spéciaux qui ne se trouveraient que dans cet établissement.

Ces certificats sont adressés par le directeur du service de santé du corps d'armée au Ministre, qui statue.

(1) Le général commandant la subdivision, qui statue par délégation du général commandant le corps d'armée, peut accorder l'allocation des frais de route aux militaires nécessiteux.

(2) Voir Aliénés, page 171.

• CORPS D'ARMÉE

—

• DIVISION

—

PLACE

d

—

N° du registre.

(1)

MODÈLE N° 8.

—

Article 38 du règlement.

CERTIFICAT DE (2)

(1) Indication du corps.
(2) Visite ou contre-visite.
(3) Indication du corps ou service et grade du militaire.
(4) Détail des maladies, blessures ou infirmités.

Nous soussigné

certifions que le sieur

natif d , canton d

département d , âgé de

(3)

est atteint (4)

En conséquence estimons que les accidents ci-dessus relaté, ont pour résultat

A , le 191 .

Vu :

Le Chef de corps.

IX. — Réforme des sous-officiers et des soldats.

1° *Congé de réforme temporaire.* — Certificat modèle n° 8, établi par le médecin chef de service du régiment ou médecin traitant de l'hôpital, suivant le cas. Ce certificat est joint au dossier, établi ainsi que nous l'avons indiqué au paragraphe : Commissions spéciales de réforme.

La contre-visite est passée par les deux médecins désignés par le président de la commission de réforme.

Ces certificats décrivent avec détail les infirmités ou les maladies et concluent à l'impossibilité absolue de servir actuellement, mais non de rentrer ultérieurement au service, et à la nécessité d'un congé de réforme temporaire. Le certificat de visite modèle n° 8 est recopié sur le registre à souche de la commission spéciale de réforme. (Voir les dispositions spéciales aux réformes temporaires.)

2° *Réforme n° 2.* — Mêmes formalités; seules les conclusions du certificat diffèrent : impossibilité absolue de servir et de rentrer ultérieurement au service (1).

3° *Réforme n° 1.* — Certificats d'examen et de vérification, imprimés spéciaux (modèles n°s 10 et 11), établis chacun par deux médecins différents, décrivant soigneusement la nature et le degré de gravité des infirmités, établissant les relations existant entre ces infirmités et la cause qui leur est assignée dans le certificat d'origine, et l'impossibilité absolue de continuer tout service, et mentionnant, en outre, la nécessité de la réforme n° 1 avec ou sans gratification.

La vérification doit être faite par des médecins plus élevés en grade que ceux qui ont procédé à l'examen. (Voir les paragraphes Gratifications de réforme et Pensions.)

X. — Gratifications renouvelables.

Ces certificats sont établis lors de la constatation bisannuelle de l'invalidité : certificat de visite et de contre-visite, extraits du registre à souche. (Voir Gratifications temporaires.)

XI. — Mise en non-activité pour infirmité temporaire (officiers et assimilés auxquels sont applicables les dispositions de la loi du 19 mai 1834).

Certificats d'examen et de vérification, imprimés spéciaux, les mêmes que pour les pensions modèles n°s 10 et 11 (É. M., vol. 661), constatant, avec les plus grands détails, la nature de l'affection, le traitement suivi.

Conclusions : « ... ont pour résultat de n'être pas incurables, mais d'être telles qu'un congé de six mois serait insuffisant pour obtenir la guérison et qu'elles nécessitent la mise en non-activité pour infirmité temporaire. »

Lors du rappel à l'activité par guérison des maladies, un certi-

(1) Dans ces deux cas, qui ne grèvent pas le budget de l'Etat, trois médecins sont appelés à examiner l'intéressé.

ficat de visite et de contre-visite mentionnant formellement la cessation de l'incapacité temporaire et la possibilité de reprendre du service, sont établis.

XII. — Réforme des officiers et assimilés pour infirmités incurables.

Dans ce cas, un certificat d'incurabilité doit être établi par le médecin chef de l'hôpital dans lequel l'intéressé aura suivi le dernier traitement, ou qui a été désigné par l'autorité militaire.

Les conclusions doivent se résumer en ces termes : « que lesdites blessures ou infirmités paraissent incurables... »

Un certificat d'examen et de vérification est ensuite établi avec les conclusions suivantes : « Estimons, en conséquence, que la gravité est telle qu'il résulte pour M. X... l'incapacité de rester non seulement en activité, mais encore d'y rentrer ultérieurement. » (Voir loi 1834.)

XIII. — Retraites pour causes de blessures ou infirmités.

La rédaction de ces certificats doit toujours être claire, logique et contenir une description suffisante pour ne laisser au comité consultatif de santé aucun doute sur leurs conclusions.

Les conclusions sont régies par les formules indiquées, en vertu des articles 13 à 16 de la loi du 11 avril 1831.

Elles ont été données dans l'article réservé à cette loi.

XIV. — Admission a l'hôtel des invalides.

Certificat de visite et de contre-visite, établi avec beaucoup de soin.

Les conclusions spécifient que ces blessures ou infirmités sont équivalentes, au moins, par leur nature ou leurs résultats, à la perte absolue de l'usage d'un membre (1).

XV. — Les médecins militaires peuvent, en outre, être appelés à établir des certificats motivés pour l'attribution de pensions aux veuves et orphelins :

1° Des militaires qui ont péri à l'armée ou hors d'Europe (mort causée par des événements de guerre);

2° Des militaires qui ont péri à l'armée ou hors d'Europe (mort causée par des maladies contagieuses ou endémiques aux influences desquelles ils ont été soumis);

3° Des militaires morts des suites de blessures reçues soit sur le champ de bataille, soit en service commandé.

---

(1) Le *B. O.*, P. P., 1913, page 1488, vient de prescrire aux commissions de réforme de fournir aux intéressés tous renseignements relatifs aux conditions d'admission aux Invalides, dans le but de provoquer les candidatures de militaires très dignes d'intérêt.

NOTICE N° 6.

Cette notice traite de l'organisation des infirmiers et brancardiers régimentaires et des brancardiers d'ambulance.

Infirmiers régimentaires.

Il y a deux catégories d'infirmiers régimentaires : les titulaires et les auxiliaires.

Les titulaires sont chargés du service de l'infirmerie; ils accompagnent les médecins dans les différents services extérieurs ou manœuvres; dans ce cas, ils remplissent les fonctions de porte-sac ou de porte-sacoche.

Les auxiliaires suppléent les titulaires dans le service intérieur de l'infirmerie et sont plus spécialement chargés de la propreté des locaux, des bains, des douches, des désinfections.

EFFECTIFS.

Ces effectifs, fixés par les récentes lois des cadres, ont été donnés à la page 100.

Quant aux effectifs sur le pied de guerre, ils sont donnés aux pages 243 et suivantes. Ces différents effectifs sont résumés dans le tableau suivant :

Effectifs des infirmiers régimentaires.

	NOMBRE D'INFIRMIERS RÉGIMENTARES	
	Titulaires.	Auxiliaires.
1° Sur le pied de paix.		
Par bataillon d'infanterie	1	1
Par régiment de cavalerie	2	2
Par régiment d'artillerie	2	2
Par bataillon du génie	1	1
Par escadron du train	1	1
2° Sur le pied de guerre.		
Par compagnie d'infanterie	1	»
Par escadron de cavalerie	1	»
Par batterie d'artillerie	1	»
Par compagnie du génie	1	»

OBSERVATIONS. — Un des trois infirmiers titulaires du régiment peut être caporal ; en campagne, dans chaque bataillon d'infanterie ou groupe de batteries, un de ces infirmiers aura le grade de caporal ou de brigadier. Dans la cavalerie, il n'y a en campagne qu'un sous-officier infirmier par régiment.

RECRUTEMENT DES INFIRMIERS.

Chaque chef de corps, sur la proposition du médecin chef de service, désigne les hommes appelés à remplacer, au départ de la classe, les infirmiers libérables.

Le choix des infirmiers titulaires devra s'exercer sur des hommes particulièrement robustes et vigoureux.

Ils doivent savoir lire et écrire, et avoir une bonne conduite.

Les infirmiers titulaires sont, lors de leur libération, affectés à une compagnie, de telle sorte que chacune de ces unités arrive successivement à posséder l'infirmier qui lui est attribué sur le pied de guerre; quant aux infirmiers auxiliaires, ils sont affectés, au moment de leur passage dans la réserve, aux sections d'infirmiers militaires, pour être utilisés dans les services du territoire.

INSTRUCTION.

Dès leur entrée à l'infirmerie (1), le médecin-major chef de service est chargé de l'instruction pratique et théorique des infirmiers régimentaires. Cette instruction doit se rapprocher de celle des infirmiers d'hôpitaux. Les cours doivent être achevés le 1er juin.

Ce sera là une de vos fonctions; vous trouverez les matières à enseigner dans l'*Ecole de l'infirmier et du brancardier militaire* et dans le *Manuel technique du maître infirmier*.

Brancardiers régimentaires.

Leurs effectifs dans les différentes armes sont donnés à l'article relatif au service de santé en campagne, pages 243 et suivantes.

EFFECTIFS DES BRANCARDIERS RÉGIMENTAIRES.

Il doit y avoir sur le pied de guerre :

4 brancardiers............	par compagnie d'infanterie; par batterie montée ou à pied. par compagnie du génie.
1 caporal ou brigadier.....	par bataillon d'infanterie; par groupe de batteries montées ou à pied.

La cavalerie et l'artillerie à cheval n'ont pas de brancardiers régimentaires.

Leur recrutement se fait parmi les réservistes anciens musiciens et, à leur défaut, parmi les hommes instruits chaque année dans les infirmeries pour remplir ces fonctions.

(1) La date à laquelle ces hommes sont mis à la disposition du médecin chef de service sera donnée dès que la notice n° 6 aura été mise en conformité avec la nouvelle loi militaire.

Un homme par deux compagnies ou par deux batteries reçoivent dès le temps de paix l'instruction spéciale du brancardier militaire.

INSTRUCTION.

Dans le but de préparer les cadres des brancardiers régimentaires, tous les musiciens, les hommes ci-dessus désignés, les étudiants en médecine qui ont subi avec succès l'examen de médecin auxiliaire, reçoivent l'instruction spéciale du brancardier militaire.

Les matières enseignées sont contenues dans l'*Ecole de l'infirmier militaire*. Elles se composent d'un enseignement théorique de quinze à vingt séances et d'un enseignement pratique d'égale durée.

Brancardiers d'ambulance.

Ces brancardiers ne sont pas prévus par le nouveau règlement sur le service de santé en campagne.

Par ce mot, vous devrez entendre les groupes de brancardiers dont il a été longuement question (voir p. 275) et les hommes de troupe affectés aux ambulances (voir p. 267 et suivantes).

Ces brancardiers sont recrutés parmi les hommes de la disponibilité ou de la réserve appartenant aux sections d'infirmiers militaires et parmi les réservistes musiciens et les hommes en excédent dans le corps de troupe ayant reçu l'instruction du brancardier militaire.

N. B. — Cette notice, qui n'est plus en harmonie avec les dispositions de la nouvelle loi militaire et le règlement sur le service de santé en campagne, sera modifiée à peu près certainement avant votre examen de juillet 1914.

Nous en avons, toutefois, résumé les diverses dispositions.

NOTICE N° 7.

Elle est relative à la pratique des différents modes de désinfection dans l'armée.

Vous serez souvent chargés de la direction de ces différentes opérations. La lecture de cette notice vous donnera tous les renseignements voulus.

Je ne saurais trop vous recommander d'aider de vos conseils les commandants de compagnie pour la pratique de la désinfection des effets d'habillement laissés par les hommes libérés, réformés ou changés de corps, par les réservistes et les territoriaux.

La circulaire du 30 avril 1906 (vol. 83, p. 186), très scientifiquement rédigée, vous donnera toutes instructions à ce sujet.

Dans l'armée on emploie :

A. — 1° Le formol (1) liquide vaporisé, suivant la méthode de

---

(1) M. le médecin principal de 2e classe ARNOULD, vient de vulgariser l'ingénieux procédé d'Evans et Russel, heureusement modifié par Gins et Hammerl, qui consiste à vaporiser l'aldéhyde formique par l'action du permanganate de potasse auquel on peut substituer une partie de chaux anhydride bien pure sur le formol. (*Archives de médecine et de pharmacie militaires*, décembre 1913, p. 606.)

Plügge, qui doit vous être familière, puisque c'est une question souvent posée au quatrième doctorat;

2° Les cartouches « Fumigator », à base de trioxyméthylène. La notice délivrée par cette maison vous donnera tous les renseignements désirés;

3° Dans certains corps de troupe, certains appareils tel l'appareil de Linguer, qui n'est autre chose qu'un autoclave à formol et qui a l'avantage de permettre de pratiquer la désinfection en faisant passer le tuyau de dégagement dans un trou de serrure;

4° Enfin, chaque corps de troupe doit posséder un pulvérisateur pour la désinfection du casernement, de la literie et de l'habillement (notice n° 33, p. 17).

B. — Différents antiseptiques.

C. — Les étuves à désinfection (étuve de Geneste et Herscher; étuve de Vaillard et Besson).

NOTICE N° 10.

Cette notice est relative à la comptabilité dans les directions et divers établissements du service de santé.

Certaines parties intéressent plus spécialement les candidats au grade de médecin et de pharmacien auxiliaires; ce sont les seules que nous résumons.

I. — Infirmeries régimentaires.

Nomenclature des registres tenus par le médecin-chef.

Cette liste vous est donnée page 112; vous pourrez d'ailleurs consulter ces divers registres dans les infirmeries régimentaires, ainsi que les modèles des bons à établir qui sont récapitulés en fin de trimestre et payés par les services compétents.

II. — Infirmeries-hôpitaux.

Registres et imprimés nécessaires au médecin-chef pour l'exécution du service dans une infirmerie-hôpital.

Les mêmes registres que dans une infirmerie; il existe, en outre, les documents réglementaires pouvant être nécessaires quand il se produit un décès.

Vous trouverez la liste de ces différents imprimés dans la notice n° 10.

III. — Hôpitaux militaires.

Registres à tenir par le médecin-chef dans un hôpital militaire.

Cette liste est donnée page 131. Nous ne donnons pas la nomenclature des registres à tenir et des documents à produire par l'officier d'administration gestionnaire.

Disons seulement que l'officier d'administration tient une série de registres pour permettre la bonne tenue de la comptabilité.

Les comptes produits par l'officier d'administration gestionnaire comprennent :

1° La comptabilité en deniers;

2° La comptabilité en journées : compte trimestriel en journées (modèle n° 119); compte annuel en journées (modèle n° 120);

3° La comptabilité en consommations : carnet trimestriel des consommations (modèle n° 122), compte annuel en consommations (modèle n° 124);

4° La comptabilité des successions : compte annuel de destination des effets des décédés ou évadés (modèle n° 125);

5° La comptabilité-matières.

IV. — Pharmacies (1).

A. — Écritures.

Nomenclature des registres tenus par le pharmacien.

Le pharmacien tient les registres ci-après :

1° *Registre des réceptions de médicaments.* — Ce registre reçoit l'inscription des médicaments, réactifs, accessoires de pharmacie et de laboratoire et denrées médicinales livrées à la pharmacie pendant le cours de chaque trimestre;

2° *Carnet des livraisons faites par la dépense à la pharmacie.* — Ce carnet reçoit l'inscription journalière des médicaments achetés sur place, ainsi que des denrées et objets de consommation remis à la pharmacie par la dépense. Ces quantités sont récapitulées trimestriellement et les résultats reportés sur le registre de réception des médicaments;

3° *Registre des livraisons de médicaments.* — Ce registre reçoit l'inscription des médicaments, réactifs et accessoires de pharmacie et de laboratoire que le pharmacien remet à l'officier d'administration gestionnaire pour être expédiés ou livrés à diverses parties prenantes;

4° *Registre des compositions officinales.* — Ce registre relate toutes les transformations de médicaments et de réactifs inscrites sous cette dénomination au formulaire;

5° *Registre des prescriptions médicamenteuses journalières pour l'usage interne.* — Ce registre récapitule chaque jour les médicaments prescrits aux visites des médecins traitants;

6° *Registre des prescriptions médicamenteuses journalières pour l'usage externe.* — Même but que le précédent;

7° *Registre d'analyses chimiques.* — Le titre définit suffisamment le but de ce registre.

Le pharmacien établit, en outre, un relevé trimestriel des consommations de la pharmacie destiné à faire ressortir les médica-

(1) Cette question intéresse plus spécialement les étudiants en pharmacie.

ments et accessoires réellement consommés pour le service des malades au cours du trimestre.

Les quantités réellement consommées sont ensuite reportées au compte annuel des entrées et des sorties.

B. — Comptes.

Les comptes produits par le pharmacien sont :

Le *compte annuel des médicaments;*
Le *compte annuel des réactifs.*

Le compte annuel fait ressortir en fin d'année le prix moyen de la journée de pharmacie.

Le compte annuel des réactifs reçoit l'inscription des réactifs et accessoires de laboratoire nécessaires à l'exécution des analyses dont le résultat est constaté sur le registre dont il a été question (1).

V. — Hospices mixtes.

1° *Registres à tenir par le médecin-chef dans un hospice mixte.*

Le médecin chef tient et conserve :

Le registre à talon des certificats de visite et de contre-visite;
Le carnet inventaire de l'arsenal chirurgical;
Le registre des ordres laissés par les inspecteurs généraux;
Le registre de correspondance;
Le registre de statistique médicale;
Le registre des autopsies.

2° *Commission administrative.*

Elle tient une série de registres pour lui permettre de justifier le nombre de journées par catégories des malades traités, de façon à obtenir le remboursement des sommes dues par le service de santé.

Le *Bulletin officiel* est envoyé gratuitement à la commission administrative qui est tenue de le faire brocher.

NOTICE N° 12.

Elle traite de l'organisation des sections d'infirmiers militaires.

Les dispositions de cette notice doivent vous être très familières. Aussi nous croyons utile de vous l'exposer avec quelques détails.

I. — Recrutement des infirmiers militaires.

Les infirmiers militaires, qu'il ne faut pas confondre avec les infirmiers régimentaires (voir p. 187), se recrutent par voie d'appel,

---

(1) La comptabilité des hôpitaux dépourvus de pharmacies et des hôpitaux annexes est sensiblement la même.

au moyen des jeunes soldats (1) fournis par les contingents annuels et qui sont directement incorporés dans les sections.

Ils sont choisis parmi les jeunes soldats sachant lire, écrire et n'ayant subi aucune condamnation.

Aucun engagement ne peut être reçu au titre de ces sections.

C'est là, semble-t-il, une disposition de nature à priver le service de santé d'infirmiers civils professionnels, au grand détriment des malades.

II. — Organisation.

Les sections d'infirmiers sont au nombre de vingt-cinq. Le Ministre désigne l'emplacement occupé par la portion centrale de chacune d'elles.

Chaque section forme un corps distinct, tant pour l'administration que pour le commandement.

Elle relève de l'autorité locale militaire sous le rapport de la police et de la discipline générale; le règlement sur le service intérieur des corps de troupe (vol. 78) leur est applicable et la hiérarchie des hommes des sections est la même que celle des autres corps de troupe d'infanterie.

Leur effectif est déterminé par le Ministre.

NOMBRE DE GRADÉS.

Cinquante adjudants, un sergent sur dix hommes, deux caporaux sur seize hommes, comptant sur l'effectif de la section.

NUMÉROS DES SECTIONS.	EMPLACEMENTS.	NUMÉROS DES SECTIONS.	EMPLACEMENTS.
1re	Lille.	14e	Lyon.
2e	Amiens.	15e	Marseille.
3e	Vernon.	16e	Perpignan.
4e	Le Mans.	17e	Toulouse.
5e	Paris.	18e	Bordeaux.
6e	Camp de Châlons	19e	Algérie.
7e	Dôle.	20e	Algérie.
8e	Dijon.	21e	Algérie.
9e	Châteauroux.	22e	Paris.
10e	Rennes.	23e	Troyes.
11e	Nantes.	24e	Versailles.
12e	Limoges.	25e	Tunis.
13e	Vichy.		

(1) Service armé et service auxiliaire, ces derniers étant plus spécialement destinés à des emplois de secrétaires, d'ouvriers, d'hommes de corvées, d'ordonnances, etc.

III. — Avancement.

Le passage d'une classe à une autre, ainsi que toutes les nominations aux emplois, ont lieu au choix et roulent sur toute la section.

C'est le directeur du service de santé qui prononce les nominations jusqu'au grade de sergent inclusivement, sur la proposition du médecin chargé de la surveillance de la section, conjointement avec le commandant de cette section.

La circulaire du 17 octobre 1913 donne tous les renseignements relatifs à l'avancement.

IV. — Commandement et administration des sections.

Le commandement de chaque section d'infirmiers est exercé par un officier d'administration de 1re classe, sous l'autorité supérieure d'un médecin chef désigné par le général commandant le corps d'armée (art. 378 du vol. 78[1]), et qui remplit toutes les attributions conférées aux chefs de corps en ce qui concerne la discipline et la police intérieures de la section.

ATTRIBUTIONS GÉNÉRALES DU MÉDECIN-CHEF.

L'expression de chef de corps employée vis-à-vis du médecin-chef ne comporte pas la prise de commandement effective de la section par cet officier supérieur; elle a simplement pour objet d'indiquer les correspondances d'attributions et de responsabilités imparties d'une part à l'officier d'administration commandant la section et de l'autre au médecin-chef sous l'autorité duquel est placée la section, en ce qui concerne uniquement la police et la discipline intérieures; les médecins-chefs ne doivent donc en aucun cas s'attribuer la qualification de commandant de la section placée sous leur autorité supérieure. (Ce sont les termes mêmes du règlement.)

Le commandement supérieur de la section appartient au directeur du service de santé.

Le médecin-chef est l'intermédiaire hiérarchique entre le commandant de la section et le directeur du service de santé; il s'assure que l'instruction militaire est donnée aux jeunes soldats dans les dépôts des sections (marques extérieures de respect, différentes appellations à donner aux officiers).

Il veille à ce que toutes les dispositions à prendre pour une mobilisation soient prévues et réalisables; il tient le dossier du personnel d'administration de la section; il exerce enfin une haute surveillance sur l'ordinaire de la troupe.

ATTRIBUTIONS DU COMMANDANT DE LA SECTION.

Les attributions et les responsabilités du commandant de la section sont les mêmes que celles de l'officier commandant un corps organisé sous le titre de compagnie.

Il a sous ses ordres un officier d'administration et, s'il y a lieu, un adjudant.

Tous les matins, il adresse un rapport au médecin-chef relatant tous les faits survenus au dépôt (mutations, punitions, événements divers).

V. — Instruction militaire technique et professionnelle des infirmiers.

a) INSTRUCTION MILITAIRE.

Tout comme les soldats des corps de troupe, les recrues affectées aux sections font une page de dictée et une opération de chacune des quatre règles d'arithmétique. Ces compositions, adressées au directeur du service de santé, lui serviront à désigner ceux qui doivent suivre les cours du peloton spécial d'instruction pour l'obtention du Caducée.

L'instruction militaire est donnée pendant six semaines par l'officier commandant, conformément à un programme dressé par le Ministre. Ensuite, ces infirmiers doivent, sans exception, assister aux exercices militaires qui auront lieu dans chaque établissement au moins deux fois par semaine.

A l'expiration du temps exclusivement consacré à l'instruction militaire, les jeunes soldats sont répartis dans les différents détachements par les soins du directeur du service de santé.

Les soldats aptes à suivre le cours du peloton sont envoyés dans les hôpitaux militaires désignés par les directeurs du service de santé comme centre d'instruction, ou bien maintenus en dépôt si les cours doivent y être organisés.

b) FORMATION ET BUT DU PELOTON D'INSTRUCTION.

Les infirmiers désignés après leur examen sont affectés au peloton.

Ce peloton est destiné à former : 1° les infirmiers secrétaires (commis aux écritures dans les bureaux); 2° les infirmiers de visite; 3° les infirmiers chargés des différents services dans les établissements.

Ceux qui ont suivi avec succès les cours reçoivent le Caducée, dont ils sont très fiers, et qu'ils conservent lors de leur promotion au grade de caporal ou de sous-officier.

Les caporaux sont choisis exclusivement parmi eux, exception faite pour les soldats cuisiniers ayant reçu un certificat d'aptitude à l'emploi de chef cuisinier.

c) INSTRUCTION TECHNIQUE (1).

Elle n'est donnée qu'aux infirmiers classés dans le peloton; elle comprend la deuxième partie du *Manuel de l'infirmier militaire :*

---

(1) Voir, page 134, les dispositions relatives au maître infirmier.

tenue du cahier de visite, asepsie, antisepsie, pansements, hydrothérapie, bandages. Cette instruction est théorique et pratique; les cours sont journaliers et ont une durée de trois mois.

Ils sont professés par un médecin instructeur et un officier d'administration désigné par le directeur du service de santé.

d) INSTRUCTION PROFESSIONNELLE.

Elle est donnée toute l'année à tout le personnel, gradés compris.

Elle comprend la première partie du *Manuel de l'infirmier militaire :* organisation générale et fonctionnement du service de santé à l'intérieur et en campagne, soins à donner aux malades et blessés, manœuvres spéciales du service de santé.

Cette instruction est de la plus haute importance, puisqu'elle vise la préparation de ces infirmiers au service de la guerre.

VI. — Annexes.

(Voir circulaire du 4 mars 1908.)

Certains infirmiers sont plus spécialement instruits en vue du fonctionnement de divers appareils délicats ou de la pratique de la balnéothérapie.

Des cours sont faits en vue de la pratique et du fonctionnement des appareils de désinfection dans un certain nombre d'hôpitaux.

De même, tous les ans, il est formé une équipe d'élèves doucheurs et masseurs qui doivent suivre des cours dans un des hôpitaux où ils sont professés : Val-de-Grâce, Lyon, Alger, Tunis.

Cuisiniers. — Dans les hôpitaux militaires, le personnel employé à la cuisine comprend un chef cuisinier et des aides. Ces employés sont choisis parmi les hommes ayant exercé la profession de cuisinier avant leur incorporation.

Les soldats cuisiniers qui obtiennent le certificat de chef cuisinier peuvent être promus au grade de caporal ou de sous-officier, à condition de rester dans la cuisine.

A défaut de professionnels, le Ministre confie ces emplois à des cuisiniers chefs civils.

NOTICE N° 27.

Organisation et administration d'un personnel d'infirmières laïques dans les hôpitaux militaires.

A l'instar de ce qui se fait en Angleterre, où l'assistance et les soins aux malades et blessés, tant civils que militaires, sont presque entièrement confiés à des femmes, il a été créé, par décret en date du 22 juillet 1909, un personnel d'infirmières laïques.

Ce décret, qui dote le service de santé d'un corps d'élite naturellement porté à soigner nos soldats avec plus d'abnégation, de dévouement et de douceur que les hommes ne sauraient le faire, a trouvé une approbation unanime.

La campagne du Maroc a, du reste, montré tout ce que le service de santé pouvait attendre du trésor de dévouement et de bonté qui se trouve dans le cœur de toutes les femmes.

PERSONNEL DES INFIRMIÈRES.

Les infirmières laïques des hôpitaux militaires sont recrutées par voie de concours parmi les infirmières diplômées de l'Assistance publique et des Ecoles d'infirmières laïques publiques ou privées.

Ce concours comprend une épreuve écrite d'instruction générale et une épreuve pratique. Le programme de ces épreuves est développé à l'article 28 de la notice.

Une fois nommées, les infirmières sont affectées à un hôpital avec le grade d'infirmières stagiaires; elles deviennent ensuite infirmières titulaires de 1re, 2e ou 3e classe, puis infirmières principales de 1re ou de 2e classe.

Leurs traitements s'échelonnent entre 800 francs et 1.458 francs. Lorsqu'elles ne sont pas logées à l'hôpital, il leur est alloué une indemnité annuelle de logement.

Elles ont droit à certains congés, à vingt-quatre heures consécutives de repos par semaine.

DEVOIRS DES INFIRMIÈRES.

Leur service consiste à donner des soins aux malades et blessés, à suivre les médecins dans leurs visites, à les aider, à veiller à l'exécution de leurs prescriptions, enfin à assurer un service de garde et effectuer les petits travaux d'intérieur qui sont plutôt du ressort de la femme (1). Et l'on peut dire qu'elles accomplissent une œuvre de dévouement qui leur donne droit à tous les égards et au respect des infirmiers et des malades qui retrouvent, grâce à elles, un peu du réconfort que seule sait donner une mère (2).

---

(1) Le dévouement de certaines infirmières de la Croix-Rouge française les a conduites jusqu'au sacrifice de leur vie et, pour honorer la mémoire d'une infirmière de la Croix-Rouge française, morte au Maroc des suites d'une fièvre typhoïde contractée en soignant des malades, son nom a été donné à l'hôpital militaire de Rabat (Maroc).

(2) Lire l'attachant ouvrage : *La femme sur le champ de bataille*, par MM. les médecins-majors Arnaud et Bonnette (Lavauzelle, éditeur, Paris), et, dans le même ordre d'idées, *Les femmes françaises à la guerre*, par M. Jablonski (Lavauzelle, éditeur, Paris).

ANNEXES

Statistique médicale de l'armée (1).

Introduction.

Ainsi que le définit l'instruction du 9 juillet 1910 pour l'exécution de la loi du 22 janvier 1851, portant création de la statistique médicale de l'armée, la statistique « est un des moyens de la prophylaxie et a pour but, en contribuant à la découverte des causes déterminantes ou occasionnelles des diverses maladies, de diriger d'une façon toujours plus sûre et plus précise les efforts de l'hygiéniste ».

Toutefois, à côté de ces indications d'ordre prophylactique, la nouvelle instruction pour l'établissement de cette statistique du 13 juin 1913 édicte que la « statistique médicale devra encore faire ressortir les conséquences sanitaires des lois et règlements militaires pour apprécier la résistance physique et, par suite, la valeur militaire des différents contingents français ou indigènes qui entrent dans la composition de l'armée ».

C'est d'ailleurs ce principe qui a motivé la revision de l'instruction du 9 juillet 1910.

Etat statistique et rapports.

Dans les corps d'armée de l'intérieur, les divisions de l'Algérie-Tunisie, dans les corps de troupe et formations sanitaires du Maroc (2), il est établi :

1° Statistiques mensuelles et statistique annuelle des corps de troupe ou écoles militaires;

2° Statistiques mensuelles et statistique annuelle des hôpitaux;

3° Statistique annuelle de garnison;

4° Statistiques mensuelles et statistique annuelle de corps d'armée.

Chaque statistique annuelle comprend la période qui s'étend du 1er octobre d'une année au 30 septembre de l'année suivante.

---

(1) Vous pourrez consulter, dans les infirmeries, l'instruction du 13 juin 1913 pour l'établissement de la statistique médicale de l'armée.

(2) Dans les formations sanitaires du Maroc, il est seulement établi une statistique annuelle.

Instruction sur l'aptitude physique au service militaire.

(22 octobre 1905.)

Cette instruction détermine avec précision les aptitudes particulières aux différentes armes : taille, aptitude à la marche, à l'équitation, aux manœuvres de force.

Elle fixe ensuite les maladies, infirmités ou vices de conformation susceptibles de motiver l'ajournement, l'exemption ou le classement dans le service auxiliaire, la réforme temporaire ou la réforme définitive.

Les conseils de revision ou de réforme doivent appliquer à la lettre cette instruction pour prendre une décision définitive vis-à-vis des intéressés.

La réforme d'un homme n'est donc pas faite au hasard. Le médecin constate l'affection et les différents conseils décident, d'après cette instruction, sur le sort de l'intéressé.

Vous trouverez dans cette instruction tous les renseignements qui pourront vous être utiles.

La réforme des hommes de troupe.

(Classement dans le service auxiliaire, changement d'arme pour inaptitude physique.)

L'instruction qui régit le fonctionnement des commissions spéciales de réforme date du 21 janvier 1910 et est insérée au *B. O.*, É. M., vol. 68[4].

Cette instruction ne peut être rédigée que d'après les dispositions de la loi de recrutement; on peut donc prévoir qu'elle sera prochainement modifiée et mise en harmonie avec la nouvelle loi militaire.

SON ORGANISATION.

Une commission spéciale de réforme est, en principe, établie dans chaque subdivision de région et siège au chef-lieu de la subdivision.

SA COMPOSITION.

La commission spéciale de réforme se compose :

D'un général de brigade (1), président;

D'un fonctionnaire de l'intendance militaire;

---

(1) Ce général ne se fait suppléer que lorsqu'il y a pour lui impossibilité absolue de présider la commission; il désigne dans ce cas un officier supérieur pour le remplacer. Cet officier supérieur doit être du grade de colonel ou de lieutenant-colonel au moins, et peut être choisi dans une garnison quelconque du corps d'armée.

Du commandant du bureau de recrutement de la subdivision de région;

De l'officier commandant la gendarmerie de l'arrondissement.

En cas de partage des voix, la voix du président est prépondérante.

Afin d'éclairer la commission, le major et le médecin chef de service assistent la commission devant laquelle doivent comparaître les hommes de leur corps.

Les commandants de compagnie, escadron ou batterie doivent y assister lorsque leurs hommes sont proposés pour la réforme n° 1.

Deux médecins assistent la commission.

Ces deux médecins militaires ne doivent pas, en principe, être choisis parmi les médecins qui ont examiné les hommes avant leur présentation.

Autant que possible, l'un des médecins doit être du grade de médecin principal ou, au moins, du grade de major de 1re classe.

A défaut de médecin militaire, le président désigne des médecins civils attachés aux hôpitaux civils, les noms des médecins désignés ne doivent jamais être divulgués.

ATTRIBUTIONS DE LA COMMISSION.

Cette commission se réunit toutes les fois que cela est nécessaire, sur la convocation de son président.

A. — La commission spéciale de réforme prononce :

1° La réforme temporaire;

2° La réforme définitive;

3° Le maintien dans les troisième et quatrième catégories des jeunes gens qui y ont été classés par le conseil de revision (art. 18 de la loi, voir p. 25);

4° Le passage dans le service armé, le maintien dans le service auxiliaire ou la réforme des jeunes gens ajournés et classés dans le service auxiliaire après qu'ils ont accompli une année dans ce service.

C'est là une application de l'article 19 de l'ancienne loi.

Ces dispositions n'existeront plus sous le régime de la nouvelle loi militaire (classe 1913).

B. — Elle émet un avis :

1° Sur la concession d'un congé de réforme n° 1 et, éventuellement, d'une gratification renouvelable;

2° Sur l'aptitude au service auxiliaire des militaires qui cessent d'être aptes au service armé;

3° Sur l'aptitude au service armé des jeunes gens du service auxiliaire qui demandent à passer dans le service armé;

4° Sur les propositions de changement d'armes pour inaptitude physique.

C. — Elle fait contre-visiter sur leur demande :

1° Les militaires qui désirent contracter un rengagement lorsqu'ils n'ont pu obtenir du médecin du corps le certificat d'aptitude physique (1);

2° Les militaires des réserves qui demandent à contracter un rengagement ou un engagement volontaire au titre de la légion étrangère et qui n'ont pas obtenu du médecin du recrutement le certificat d'aptitude physique;

3° Elle fait visiter et contre-visiter les anciens militaires et marins qui demandent à faire usage des eaux minérales (voir page 160);

4° Elle fait visiter bisannuellement les titulaires de gratifications renouvelables domiciliés dans les chefs-lieux de subdivision (voir p. 27 du vol. 66[2]);

5° Elle a enfin qualité pour accorder aux réservistes et territoriaux des changements de série ou des ajournements pour raison de santé.

ÉTAT NOMINATIF DES MILITAIRES A PRÉSENTER DEVANT LA COMMISSION SPÉCIALE DE RÉFORME.

Les corps de troupe ou services qui ont des hommes à présenter devant la commission spéciale de réforme doivent adresser au général commandant d'armes de la place où siège la commission, trois jours au moins avant la date fixée pour la séance, un état nominatif de ces militaires en triple expédition (voir ce modèle dans toutes les infirmeries ou dans l'É. M., vol. 68[4]).

Les commandants d'armes font parvenir une des expéditions des états au sous-intendant militaire et les deux autres au commandant de recrutement; celui-ci les présente en séance au président de la commission.

Les décisions de la commission sont consignées immédiatement sur les états du président et du commandant de recrutement.

Un trait à l'encre est passé sous le dernier nom inscrit, et un arrêté en toutes lettres, signé par le président de la commission, indique numériquement les décisions prises ou les avis émis par la commission spéciale de réforme.

A l'aide de ces états, le commandant de recrutement opère les inscriptions nécessaires sur les registres et livrets.

Il conserve une expédition dans ses archives et adresse l'autre aux corps de troupe ou services intéressés pour les informer des décisions prises.

EXAMEN MÉDICAL DES HOMMES PRÉSENTÉS DEVANT LA COMMISSION.

Les médecins, après avoir pris connaissance du dossier sanitaire prévu par l'article 10 de la loi de recrutement, procèdent, en présence de la commission, à la contre-visite ou à la vérification des hommes présentés pour la réforme et constatent, par un certificat n° 35 (voir notice n° 5), établi dans la forme ordinaire, le résultat de leur examen.

Ces certificats sont extraits d'un registre à souche exclusivement réservé à la commission spéciale et qui est conservé par le médecin chef de l'hôpital. Avant la séance, les certificats établis par

---

(1) C'est là une garantie pour les sous-officiers rengagés. Le refus de la commission spéciale de réforme permet à l'intéressé d'être proposé par son corps pour la réforme n° 1 ou n° 2.

les médecins auteurs des propositions sont transcrits sur le registre et certifiés pour copie conforme par le médecin-chef.

Un procès-verbal de la séance est établi par le sous-intendant. Il est signé en séance.

Le président de la commission signale au général commandant le corps d'armée, en indiquant les motifs, les cas dans lesquels la commission n'a pas cru devoir adopter les conclusions des médecins.

DISPOSITIONS PARTICULIÈRES A L'ALGÉRIE ET A LA TUNISIE.

A. *Algérie.* — Il est institué une commission spéciale de réforme au chef-lieu de chacune des subdivisions de l'Algérie.

Le Ministre peut, en outre, lorsque la nécessité en est démontrée, instituer, en Algérie des commissions spéciales de réforme dans des localités autres que les subdivisions de région.

La composition des commissions spéciales de réforme des subdivisions d'Alger, d'Oran et de Constantine est identique à celle que nous avons donnée.

Ces commissions opèrent comme celles de l'intérieur. Celles des autres subdivisions ont sensiblement la même composition.

Le commandant du bureau de recrutement est remplacé par un officier supérieur.

Dans ce cas, c'est le fonctionnaire de l'intendance qui remplit, outre les fonctions qui lui sont dévolues, toutes les attributions du commandant de recrutement.

B. *Tunisie.* — Il est établi en Tunisie une commission spéciale de réforme au chef-lieu de chacun des commandements militaires; ces commissions sont composées soit comme celles de l'intérieur, soit comme celles de la deuxième catégorie fonctionnant en Algérie.

I. — De la réforme définitive.

Tout homme figurant sur le registre matricule qui est jugé hors d'état de faire un service actif, en raison d'une infirmité ou d'une maladie, est libéré par la réforme définitive, des obligations nées de l'acte ou de la disposition légale qui le liait au service.

Il y a deux sortes de réformes définitives :

a) La réforme n° 1;

b) La réforme n° 2.

Il n'est délivré de titre de congé que pour la réforme n° 1; il est établi et délivré par le commandant du bureau de recrutement, membre de la commission, qui a fait la proposition de réforme, après décision du Ministre.

RÉFORME DÉFINITIVE N° 1.

Le congé n° 1 est délivré lorsque la réforme définitive a été prononcée par le Ministre, sur l'avis du comité consultatif de santé et sur la proposition de la commission spéciale de réforme.

Ce congé est délivré dans trois cas :

1° Soit pour infirmités ou mutilations reçues en service commandé;

2° Soit pour infirmités provenant de maladies contractées par le fait des obligations du service militaire;

3° Soit enfin pour infirmités antérieures à l'incorporation ou ne dépendant pas exclusivement d'une circonstance déterminée de service ayant cependant acquis, sous l'influence des conditions spéciales à la vie militaire, un développement entraînant l'incapacité de service. (Ce sont les termes mêmes du règlement.)

Il résulte donc des dispositions réglementaires que le congé de réforme n° 1 n'est accordé qu'aux militaires atteints d'une infirmité ou d'une maladie imputables au service militaire, d'où l'importance du certificat d'origine de blessures, qui doit toujours être joint au dossier de proposition (1).

Certificat d'origine de blessures ou de maladies. — Le modèle de ce certificat vous montrera suffisamment comment il est compris.

Il est composé de trois parties : la première partie est le témoignage de trois témoins; la deuxième est le certificat médical qui doit être clair, précis et qui doit bien définir le côté atteint, à la façon des certificats des accidents du travail; la troisième partie, enfin, contient une vérification des faits avancés.

Ce certificat est délivré au corps au moment de l'accident; il est établi en triple expédition pour les officiers et en double expédition pour les hommes de troupe. (Voir à la notice n° 5 le modèle des certificats médicaux qui font partie du dossier de proposition.)

Ce dossier se compose d'un mémoire de proposition comprenant :

1° Un certificat d'examen établi par deux médecins militaires;

2° Un certificat de vérification établi par deux médecins militaires d'un grade supérieur ou plus anciens dans le grade. Cet examen est fait en présence du conseil d'administration du corps et du sous-intendant militaire qui rédige un procès-verbal d'examen et de vérification. L'examen de vérification a lieu en présence du général chargé de l'instruction qui signe le procès-verbal;

3° Certificat d'origine et pièces annexées s'il y a lieu;

4° Etat des services;

5° Pièces d'état civil.

Les dossiers sont transmis, par le président des commissions, aux généraux commandant les corps d'armée, qui, après vérification, les font parvenir au Ministre.

Les dossiers sont soumis au comité consultatif de santé, qui examine si les infirmités invoquées peuvent réellement, par leur origine et leur nature, justifier la délivrance du congé n° 1 et si, en raison de leur degré de gravité, elles doivent motiver l'allocation de la gratification renouvelable. Le Ministre statue ensuite sur l'avis du comité et prononce à la fois sur la réforme et sur la gratification.

---

(1) Il peut arriver qu'un certificat n'a pas été établi au moment de l'accident; l'intéressé peut toutefois faire établir après coup un certificat d'origine retardé qui porte alors le nom de procès-verbal d'enquête.

La décision intervenue, en ce qui concerne la réforme et la détermination de ses causes, est notifiée au général commandant le corps d'armée, par les soins duquel avis en est donné au corps intéressé, au bureau de recrutement chargé de l'établissement et de la remise au titulaire de ce congé, et au sous-intendant militaire détenteur des registres des procès-verbaux qu'il doit annoter dans ce sens.

Le rejet par le Ministre d'une proposition de congé de réforme n° 1 entraîne concession de la réforme n° 2, à la date de la comparution de l'intéressé devant la commission spéciale.

RÉFORME DÉFINITIVE N° 2.

La réforme définitive n° 2 est prononcée :

1° Soit pour des infirmités antérieures à l'incorporation;

2° Soit pour des infirmités ou mutilations résultant de blessures reçues hors du service;

3° Soit pour des infirmités provenant de maladies ne résultant pas du fait des obligations du service militaire. (Ce sont encore les termes mêmes du règlement.)

Il n'est pas délivré de titre de congé pour la réforme n° 2. On mentionne seulement, à la page 5 du livret individuel, les causes de la cessation du service de l'homme ainsi réformé; cette inscription est faite par le commandant du recrutement, membre de la commission.

Seul, le registre matricule de l'homme mentionne la cause de la réforme n° 2.

Peuvent être réformés n° 2 :

a) Les jeunes soldats qui, avant la mise en route du contingent, se croient susceptibles d'être réformés. Ces jeunes gens doivent en faire la demande au commandant de la brigade de gendarmerie de leur résidence en fournissant, si possible, un certificat médical. Le dossier est transmis au commandant du bureau de recrutement, qui convoque ces jeunes appelés devant la commission spéciale (1).

b) Les appelés non encore incorporés (sursis).

c) Les bons-absents, avant leur mise en route. Ces derniers doivent, d'office, produire un certificat délivré par le médecin qui les a traités.

L'instruction du 19 avril 1911 ajoute même que ces jeunes gens ne peuvent être réformés que « s'il est absolument impossible de les utiliser dans un service quelconque ». C'est là, semble-t-il, une atténuation de l'article 19 de la loi, qui recommande impérativement « de n'affecter sous aucun prétexte au service auxiliaire les hommes reconnus faibles de constitution ».

De plus, vous ne tarderez pas à vous apercevoir « que les non-valeurs gênent le service général, compliquent la tâche des médecins et sont plutôt un élément de faiblesse pour les unités ».

---

(1) Cette demande ne peut être transmise que lorsque ces jeunes soldats ont reçu leur ordre d'appel.

Decision ministérielle du 31 janvier 1887.

Art. 5, 6 et 7 de l'Ordonnance du 2 juillet 1831 et art. 2 du Décret du 10 août 1886.

Corps ou établissement.

MODÈLE N° 9.

Art. 38 du Règlement du 25 novembre 1889, modifié par la Décision présidentielle du 19 mars 1902.

FORMAT :

Hauteur 0m,26
Largeur 0m,18

• CORPS D'ARMÉE

PLACE d

N°

(*) Blessure ou de maladie. — Indiquer si la blessure est une blessure de guerre ou une blessure reçue en service commandé.

(1) Indiquer les noms, prénoms, grades.

(2) Nom, prénoms, grade, compagnie, escadron ou batterie.

(3) En toutes lettres : heure, jour, mois et année.

(4) Relater les faits que les témoins ont vus en désignant bien exactement la partie du corps atteinte, sans employer, toutefois, aucune indication médicale technique.

(5) Préciser avec le plus grand soin toutes les circonstances dans lesquelles se sont produits les faits ainsi que la nature du service commandé que l'intéressé accomplissait en ce moment.

CERTIFICAT

D'ORIGINE DE (*)

Nous, soussignés,

1er Témoin (1)
2e Témoin (1)
3e Témoin (1)

Certifions que (2)

immatriculé sous le no , le (3)

à (4)

dans (5)

Fait à , le 19 .

1er *Témoin*, 2e *Témoin*, 3e *Témoin*,

Nous,

Nous, soussigné, (6) , médecin certifions que (7)

le (8)

a été (9)

A , le 19 .

Le Médecin,

(10) Nous, Membres du Conseil d'administration central *ou* éventuel ou Officier commandant l (11)

certifions que les signatures apposées ci-dessus sont bien celles des (12)

et (13)

A , le 19 .

(10) *Les Membres du Conseil d'administration,*
ou (14) *L'Officier commandant,*

Vu ·

Le Sous-Intendant militaire,

(Cachet du Sous-Intendant militaire.)

(6) Indiquer le nom et le grade.

(7) Nom et prénoms.

(8) Jour, mois et année.

(9) Décrire l'état du malade au moment où les premiers soins lui ont été donnés, en mentionnant, aussi exactement que possible, le siège et la nature des lésions.

(10) Barrer celles des indications qui ne conviennent pas.

(11) Indiquer la compagnie, l'escadron, la batterie, ou la section ou le détachement.

(12) Nom, prénoms et grades des trois témoins et du médecin.

(13) Confirmer l'exactitude des faits relatés par les témoins.

(14) Suivant que la fraction de corps est administrée par un Conseil d'administration central ou éventuel ou par l'officier commandant.

d) Les militaires à leur arrivée au corps ou en cours de service (c'est là le cas le plus habituel).

La proposition est établie par le chef de corps, et, pour éclairer la commission, elle comprend les pièces suivantes (modèle n° 8);

1° Un certificat de l'un des médecins du corps;
2° Un rapport du capitaine commandant la compagnie;
3° Un extrait du registre de la visite médicale;
4° Un extrait du registre des malades à l'infirmerie et à l'hôpital;
5° Le livret matricule et le livret individuel de l'homme présenté;
6° Le dossier sanitaire prévu par l'article 10 de la loi de recrutement.

e) Les militaires aux hôpitaux ou en position régulière d'absence.

Les certificats de visite sont établis soit par le médecin traitant de l'hôpital, soit par le médecin chargé de la visite des isolés.

Ce certificat est adressé au commandant de recrutement, qui est chargé de constituer le dossier.

f) Vraisemblablement, les jeunes gens admis à l'Ecole polytechnique, à l'Ecole normale supérieure et à l'Ecole forestière, devront être présentés devant la commission spéciale de réforme rattachée au bureau de recrutement sur le territoire duquel l'Ecole est stationnée, si, au moment de leur entrée à l'Ecole, ils n'ont pas été admis à contracter leur engagement de huit ans parce qu'ils ont été reconnus aptes seulement au service auxiliaire.

Cette présentation était réglementaire, conformément à l'article 23 de la loi du 21 mars 1905.

g) Les hommes dans leurs foyers. Ces derniers doivent faire la déclaration à la gendarmerie, qui la transmet, avec une enquête sommaire appuyée d'un certificat médical, au recrutement. Ces hommes sont ensuite convoqués.

Il est du plus grand intérêt pour les hommes impropres au service de provoquer leur présentation devant une commission spéciale de réforme, car ils sont tenus de rejoindre leur corps en cas de mobilisation.

Le commandant du bureau de recrutement tient un contrôle des hommes soumis à l'examen de la commission. Il doit informer les corps de troupe et services des décisions prises par la commission.

La date et les motifs de la réforme sont inscrits sur les livrets matricules des militaires réformés. On mentionne seulement la date de la réforme sur le livret individuel. Les livrets matricules sont ensuite renvoyés au corps.

h) Les insoumis arrêtés ou ceux qui ont fait régulièrement leur soumission peuvent être déférés à la commission spéciale de réforme avant qu'une décision judiciaire ait été prise à leur égard, mais la réforme ne doit être prononcée que s'ils sont reconnus impropres au service armé et au service auxiliaire.

II. — De la réforme temporaire.

(Ancienne et nouvelle loi militaire.)

Tout militaire appartenant à l'armée active peut être réformé temporairement lorsqu'il est atteint d'une affection qui « le met dans l'impossibilité absolue de servir actuellement, mais non de rentrer ultérieurement au service ».

L'instruction sur l'aptitude physique donne les indications à ce sujet.

La commission procède de la même façon que pour la réforme définitive.

Toutefois, elle n'est pas applicable aux militaires rengagés et engagés, à l'exception des engagés par devancement d'appel (art. 50 de la loi); aux étrangers et aux Français servant au titre étranger dans les régiments étrangers; aux indigènes des régiments de tirailleurs et de spahis; sous l'ancienne loi, enfin, aux réformés temporairement ou aux ajournés aux conseils de revision.

Pour les militaires régis par l'ancienne loi militaire, il y a deux sortes de réforme temporaire :

1° Ceux qui sont réformés temporairement avant ou après leur incorporation pour maladies ou infirmités contractées avant leur entrée au service. Ces militaires sont soumis aux mêmes règles que les ajournés et astreints à deux ans de service, s'ils sont reconnus bons à l'expiration de leur congé de réforme temporaire (application de l'article 19 de l'ancienne loi);

2° Ceux dont la réforme temporaire est prononcée après un certain temps passé au corps et par suite de maladie contractée au service (art. 38 de l'ancienne loi). Ces derniers sont renvoyés dans leurs foyers, et passent dans la réserve en même temps que les hommes de leur classe; c'est-à-dire que le temps passé par eux en réforme temporaire leur compte comme service accompli.

Si la durée du service accompli par le militaire est un peu longue et si l'affection a été contractée au cours du service, il y a présomption qu'elle est imputable aux obligations du service en général (instruction du 21 janvier 1910) et ces militaires doivent être classés dans la deuxième catégorie.

Il n'est pas délivré de titre de congé de réforme temporaire.

Seuls, le livret matricule et le registre matricule du recrutement reçoivent l'indication de la réforme temporaire, ainsi qu'un fascicule qui est annexé au livret individuel et qui est arraché lors du rappel à l'activité du titulaire.

DURÉE DU CONGÉ DE RÉFORME TEMPORAIRE.

Le congé de réforme temporaire est d'un an. Il n'est pas renouvelable. A l'expiration de ce congé, le militaire comparaît devant la commission spéciale de réforme, qui le déclare bon, soit pour le service armé, soit pour le service auxiliaire, ou le réforme définitivement.

OBLIGATIONS DU RÉFORMÉ TEMPORAIRE.

S'il se déplace, il est astreint aux déclarations de changement de domicile ou de résidence, au visa du livret à la gendarmerie.

VISITE DU RÉFORMÉ TEMPORAIRE AVANT L'EXPIRATION DE SON CONGÉ.

Chaque commandant de recrutement tient un registre spécial des hommes en congé de réforme temporaire domiciliés dans sa région.

Quarante jours avant l'expiration du congé, les réformés temporaires sont convoqués par le commandant de recrutement devant la commission de réforme.

La commission spéciale, après avoir pris connaissance du dossier, fait procéder à un nouvel examen médical et prend une des quatre solutions suivantes :

Proposé pour la réforme n° 1;
Réformé n° 2;
Propre au service armé;
Propre au service auxiliaire.

AFFECTATION DES RÉFORMÉS TEMPORAIRES RAPPELÉS EN ACTIVITÉ.

En principe, les militaires déclarés propres au service armé sont rappelés à leur ancien corps.

Toutefois, il est fait exception à ce principe :

1° Quand les réformés temporaires sont changés d'arme par le général commandant le corps d'armée, sur la proposition de la commission;

2° Quand les réformés temporaires appartenaient à un corps de troupe stationné dans l'Est ou dans un climat rigoureux, ils sont affectés à un corps stationné dans leur subdivision d'origine;

3° Quand, enfin, ils appartenaient à la cavalerie, ils sont, lors de leur rappel à l'activité, affectés dans une autre arme, sauf exception motivée par une très bonne instruction équestre préalable.

Les hommes qui ont des antécédents judiciaires doivent être réaffectés aux bataillons d'infanterie légère d'Afrique, dans lesquels ils ont déjà servi.

Toutefois, les hommes qui ont été, avant leur mise en réforme temporaire, l'objet d'une proposition régulière de réintégration dans les corps de troupe et ceux dont le congé de réforme temporaire expire moins de trois mois avant leur passage dans la réserve sont maintenus en France.

En cas de mobilisation, tout homme placé en congé de réforme temporaire est maintenu dans ses foyers jusqu'à expiration de son congé (1).

Telles sont les dispositions qui régissent les militaires placés sous le régime de la loi du 21 mars 1905.

La nouvelle loi de recrutement modifiera très sensiblement l'instruction relative à cette catégorie de militaires.

Il est à prévoir qu'il n'existera plus désormais qu'une seule sorte de réforme temporaire.

Le temps passé dans la position de réforme temporaire comptera pour le service actif (art. 19 de la loi du 7 août 1913, et instruction

---

(1) Le réformé temporaire qui, avant l'expiration de son congé, se croit en état d'être rappelé en activité ou juge que son état nécessite une réforme, peut demander son rappel à l'activité ou sa réforme définitive. Il est convoqué par le commandant de recrutement devant la commission spéciale, qui décide si la demande peut être suivie d'effet. Le droit de demander soit le rappel à l'activité, soit la réforme, ne peut être demandé que deux fois. La première, trois mois au plus tôt après sa mise en réforme temporaire; la seconde, quatre mois au plus tôt après le premier examen facultatif. Les frais de déplacement sont toujours à la charge de l'intéressé.

du 20 novembre 1913 réglant le mode d'attribution des congés ou permissions prévus par la loi du 7 août 1913).

De plus, les règles applicables aux ajournés le seront également aux réformés temporaires. C'est dire que ces militaires pourront être réformés temporairement trois ans de suite et astreints aux périodes de la classe à laquelle ils appartiennent s'ils sont déclarés bons au dernier examen qu'ils doivent subir. (Voir loi du 7 août 1913.)

III. — Du classement dans le service auxiliaire.

(Ancienne et nouvelle loi militaire.)

En exécution de l'article 19 de l'ancienne loi de recrutement, les jeunes gens qui ont été incorporés après un *ajournement* et ceux qui ont été réformés temporairement pendant leur présence sous les drapeaux doivent être présentés d'office devant la commission spéciale de réforme dès que les premiers ont accompli un an de service et les seconds un an après leur rappel à l'activité. La commission spéciale décide si ces jeunes gens doivent accomplir la seconde année dans le service auxiliaire, le service armé ou bien être réformés définitivement.

Ces dispositions sont abrogées par le nouveau texte de l'article 19 (loi du 7 août 1913).

Les hommes classés dans le service auxiliaire peuvent, *sur leur demande*, et à toute époque de l'année, être classés dans le service armé, après avis de la commission spéciale de réforme. C'est le général commandant la subdivision qui propose leur classement dans le service armé.

Les commissions spéciales de réforme peuvent encore, conformément aux prescriptions de l'article 49 de la loi de recrutement, émettre un avis sur l'opportunité du classement dans le service auxiliaire des militaires appartenant à l'armée active, à la réserve ou à l'armée territoriale, qui cessent d'être aptes au service armé.

C'est le général commandant la subdivision qui prononce le classement dans le service auxiliaire et affecte le militaire qui a fait l'objet de cet avis au mieux des intérêts de l'armée.

Un point particulier mérite d'attirer votre attention : c'est l'application de ces dispositions aux engagés volontaires ou rengagés qui sont classés dans le service auxiliaire.

Dans ce cas, les actes les liant au service doivent être considérés comme annulés.

Trois cas peuvent alors se présenter :

1° L'intéressé appartient par son âge à une classe déjà passée dans la réserve et il a fait plus de deux ans de service : il doit être immédiatement renvoyé dans ses foyers;

2° L'intéressé appartient par son âge à une classe actuellement sous les drapeaux et il a accompli moins de deux ans de service : il doit compléter dans le service auxiliaire le temps de service imposé par la loi;

3° L'intéressé appartient par son âge à une classe qui n'est pas encore recensée et il a accompli moins de deux ans de service : il peut alors opter entre les deux situations suivantes :

a) Ou bien achever immédiatement dans le service auxiliaire la durée légale du service;

b) Ou bien être renvoyé dans ses foyers. Il est alors astreint à comparaître devant le conseil de revision de sa classe d'âge et à accomplir, suivant son classement par le conseil de revision, la durée légale du service, déduction faite du temps passé sous les drapeaux comme engagé volontaire.

Ces mesures résultent du principe que les engagements volontaires ne sont pas reçus au titre du service auxiliaire.

Gradés ne remplissant plus les conditions d'aptitude au service armé (1). — Les hommes du service auxiliaire ne peuvent acquérir aucun grade. Sans doute, ils servent la patrie dans les mêmes conditions de temps que les hommes du service armé et, quel que soient leur zèle et leur dévouement, ils ne peuvent aspirer au moindre galon de laine.

C'est là, semble-t-il, une situation d'infériorité militaire des hommes du service auxiliaire, qui, en temps de paix, rendent les plus grands services dans les sections d'infirmiers, d'état-major, dans nos infirmeries régimentaires, ainsi que vous ne tarderez pas à vous en rendre compte.

En temps de guerre, comme leurs camarades du service armé, ils exposeront leur vie dans différentes situations et, cependant, on leur refuse la plaque d'identité.

Par application rigoureuse de ces principes, l'inaptitude au service armé devrait entraîner pour les gradés la perte de leur grade.

Mais il y a lieu de considérer que les sous-officiers, caporaux ou brigadiers, ne peuvent perdre leur grade que par cassation, rétrogradation ou mise à la retraite d'office.

Aucun gradé ne saurait donc être légalement classé dans le service auxiliaire comme simple soldat par mesure administrative; en conséquence, lorsqu'un gradé est signalé comme ne remplissant plus les conditions d'aptitude au service armé, le chef de corps doit l'utiliser autant que possible dans un emploi sédentaire de son grade.

Toutefois, le gradé qui fait abandon volontaire de ses galons rentre dans le cadre général.

La commission de réforme ne peut donc être appelée à se prononcer que sur le maintien dans le service armé ou sur la réforme; elle ne peut, dans aucun cas, proposer le classement dans le service auxiliaire, qu'il s'agisse d'un gradé de l'active ou de la réserve.

IV. — Des changements d'armes pour cause d'inaptitude physique.

Ces changements sont prononcés par les généraux commandant les corps d'armée, après avis de la commission spéciale de réforme. Cela permet aux médecins des corps de troupe d'infanterie de proposer pour le train des équipages les hommes présentant une aptitude restreinte à la marche et à l'équitation (*B. O.*, P. P., 1913, p. 123).

---

(1) Y compris les soldats de 1re classe.

« Le fantassin, disait l'humoristique général Poiloüe de Saint-Mars, est un pied. »

Les hommes sont affectés dans une section de commis et ouvriers militaires d'administration, s'ils ne peuvent être employés utilement dans l'une quelconque des autres armes.

En aucun cas, ils ne peuvent être affectés à des sections d'infirmiers militaires, s'ils appartiennent au service armé.

Pensions et gratifications de réforme.

(Décret du 13 février 1906 et instruction du 31 mars 1906.)

D'après la loi sur les retraites et la décision impériale du 3 janvier 1857 modifiée par le décret du 13 février 1906, les militaires de l'armée de terre acquièrent des droits à une pension viagère inscrite au Trésor de deux manières :

1° Pour ancienneté de service;

2° Pour blessures ou infirmités lorsqu'elles sont graves ou incurables et qu'elles proviennent d'événements de guerre ou d'accidents éprouvés dans un service commandé.

Si ces blessures ou infirmités ne sont pas très graves et considérées comme incurables, le militaire est réformé avec une gratification.

Car parmi ces militaires, ainsi que le fait justement remarquer la décision impériale du 3 janvier 1857, il en est beaucoup « qui, au bout de trois ans et même moins, n'ont pour ainsi dire aucun souvenir de la cause qui les a fait réformer ».

Pour concilier les intérêts du Trésor avec la sollicitude que méritent les militaires réformés pour blessures ou infirmités contractées au service, on a donc été amené à accorder des *gratifications de réforme renouvelables*.

Cette décision avait le tort d'être imprécise, puisqu'elle ne déterminait pas la gravité des blessures ou des infirmités auxquelles la gratification devait s'appliquer.

Le taux était uniformément fixé à la moitié du minimum de la pension de retraite.

Aussi, le décret du 13 février 1906 a complété heureusement le texte de la décision impériale en faisant observer « qu'il n'eût pas été équitable d'accorder la demi-pension à celui dont la capacité de travail n'était réduite que dans une proportion restreinte (10 à 20 p. 100 par exemple) ».

D'après les nouvelles dispositions de ce décret, actuellement en vigueur, les blessures reçues ou les infirmités contractées au service par un militaire non officier, qui ne rempliront pas les conditions requises pour donner droit à une pension de retraite, mais qui seront cependant de nature à réduire d'une façon appréciable les facultés de travail, pourront nécessiter l'attribution de gratifications renouvelables, dont la concession est réservée au Ministre.

Selon la gravité de la blessure ou de l'infirmité, le taux annuel de la gratification est ainsi fixé :

1re *catégorie :* réduction d'au moins 30 p. 100 des facultés de travail. — La moitié du minimum de la pension d'ancienneté de grade.

2ᵉ *catégorie :* réduction d'au moins 20 p. 100. — Le tiers de ce minimum.

3ᵉ *catégorie :* réduction d'au moins 10 p. 100. — Le sixième de ce minimum.

A titre d'exemple : un adjudant dont le minimum de la pension d'ancienneté de grade est de 1.000 francs touchera, suivant qu'il est classé dans la 1ʳᵉ, 2ᵉ ou 3ᵉ catégorie : 500, 334 ou 168 francs; un soldat touchera : 300, 200 ou 100 francs. Les gratifications sont, en principe, accordées pour deux années; elles peuvent être renouvelées pour une période d'égale durée et même converties en gratifications permanentes lorsque les infirmités qui les ont motivées sont devenues incurables.

Ces gratifications peuvent être retirées pour inconduite, après avis du général commandant la région où réside le bénéficiaire.

INSTRUCTION DES DEMANDES ET PROPOSITIONS.

Les hommes présents sous les drapeaux et se trouvant dans les conditions exigées sont proposés d'office pour la gratification.

Les hommes rentrés dans leurs foyers doivent adresser leur demande au Ministre.

Pour l'admission à la gratification, l'intéressé est toujours visité devant une commission spéciale de réforme. Quant aux demandes, elles sont instruites comme les demandes de pension.

La commission, après examen de l'homme, établit, s'il y a lieu, un mémoire de proposition qui comprend les pièces suivantes :

1° Mémoire de proposition;
2° Les pièces de l'état civil;
3° L'état des services;
4° Le certificat d'origine;
5° Le certificat et procès-verbal d'examen;
6° Le certificat et procès-verbal de vérification.

Ces certificats et procès-verbaux d'examen et de vérification n'indiquent pas nécessairement l'impossibilité absolue de servir; par contre, ils indiquent toujours, dans les conclusions, en termes précis, le degré et la durée probable de la diminution d'aptitude au travail.

L'avis motivé de la commission de réforme, quant aux droits à la gratification, *avec* ou *sans réforme*, est inscrit sur le procès-verbal de vérification.

Nous rappelons ici que lorsque la commission conclut à la réforme, la réforme est acquise, le Ministre ne s'étant réservé que le droit de statuer sur le point de savoir s'il sera délivré un congé n° 1, en raison de l'origine de la blessure ou infirmité.

Les militaires peuvent attendre, soit au corps, soit à l'hôpital, la notification de la décision à intervenir.

Le dossier est transmis au général commandant le corps d'armée qui, après vérification, le transmet au Ministre, qui statue.

Les gratifications renouvelables sont payables par semestre et d'avance.

L'intéressé peut changer de domicile, peut même obtenir l'autorisation de toucher sa gratification lorsqu'il séjourne à l'étranger.

CONSTATATION BISANNUELLE DE L'INVALIDITÉ.

La gratification renouvelable n'est accordée, avons-nous dit, que pour deux années; elle peut cependant être continuée par périodes semblables, maintenue à titre permanent, élevée ou abaissée à une autre catégorie.

Cette mesure est subordonnée, en principe, au résultat de l'examen physique des titulaires, qui sont appelés, à cet effet, à subir une visite tous les deux ans.

En France (exception faite toutefois pour les hommes domiciliés dans le département de la Seine ou dans les chefs-lieux de subdivision, qui sont examinés par les commissions de réforme), les visites bisannuelles sont passées au moment des tournées cantonales des conseils de revision.

A cette époque, les autorités militaires qui assistent au conseil de revision se constituent en commission extraordinaire de réforme et statuent, sous la présidence de l'officier général ou supérieur, sur la situation des titulaires de la gratification renouvelable.

La visite médicale est passée par le médecin qui accompagne le conseil de revision.

Cette commission n'a qu'un droit très limité : elle ne peut constater le droit à l'admission à la gratification, ni au maintien, à titre permanent, ou au passage dans une catégorie supérieure; elle peut seulement donner son avis sur la suppression de l'allocation, ou le maintien pendant deux nouvelles années, ou son passage dans une catégorie inférieure.

Pour les aliénés gratifiés à ce titre, la gratification renouvelable est maintenue d'office, sur la simple production d'un simple certificat de présence à l'asile.

Il est procédé, en Algérie (territoire civil), comme en France.

Pour les gratifiés qui sont domiciliés dans le territoire militaire, la visite est pratiquée par le médecin militaire de l'hôpital ou de la garnison la plus rapprochée.

Les certificats sont établis dans les formes ordinaires (certificat de visite et de contre-visite, extraits du registre à souche).

CHANGEMENT DE CATÉGORIE. — MAINTIEN OU SUPPRESSION DE LA GRATIFICATION.

La gratification est supprimée à compter de la fin de la période bisannuelle en cours lorsque le titulaire a été reconnu avoir suffisamment recouvré la faculté de travailler; c'est également à la fin de la période en cours que le passage dans une catégorie inférieure est prononcé.

Les titres de concession sont toujours laissés entre les mains du titulaire, comme pouvant lui servir, pour être mis à l'appui d'une demande de réadmission. Ils sont simplement modifiés.

C'est toujours le Ministre qui statue sur le maintien à titre permanent ou le passage dans une catégorie supérieure.

Quant au maintien dans la même catégorie, le passage dans une catégorie inférieure et la radiation pour guérison, ils font l'objet d'une inscription d'office sur les contrôles.

Les comptes rendus de la visite bisannuelle lui sont adressés aussitôt après la clôture des tournées cantonales du conseil de revision ou dès que la commission spéciale de réforme statue.

Les anciens militaires qui ont été rayés de la gratification peuvent adresser une demande de réadmission si leur état d'invalidité première vient à se reproduire.

La procédure est la même que pour l'admission. Le dossier est transmis, avec avis motivé, par le général commandant le corps d'armée. Le Ministre statue (1).

CONCLUSION.

Ces gratifications renouvelables, qui, dans une certaine mesure, ménagent les intérêts de l'Etat, sans toutefois priver un ancien militaire de la gratification à laquelle il peut justement prétendre, nous paraissent la juste récompense que l'on doit à ceux qui ont contracté des maladies en servant leur pays.

Il nous semble pourtant, ainsi que d'ailleurs nous le faisait justement remarquer notre ancien professeur du Val-de-Grâce (2), qu'il eût été équitable de créer une catégorie correspondant à une incapacité de 50 p. 100, et surtout d'établir un barème qui serait un guide pour les médecins militaires, alors qu'actuellement nous avons pour tout guide la classification des blessures ou infirmités susceptibles d'obtenir le droit à la pension de 6ᵉ classe, celle-ci étant réputée occasionner une diminution à la faculté de travail égale à 60 p. 100 (3).

L'application de ces desiderata éviterait quelquefois d'accorder des pensions pour des blessures ou infirmités paraissant au premier abord graves et incurables, mais qui ne tardent pas à la longue à s'amender ou même à disparaître.

Gratifications temporaires de réforme spéciales aux militaires de la gendarmerie réformés pour cause d'infirmités.

La décision présidentielle du 30 octobre 1852 a prévu pour cette catégorie de militaires « exposés à toutes les intempéries et à des accidents sans nombre, origine d'infirmités... », réformés pour cause d'infirmités et sans avoir droit à la pension, une gratification temporaire de réforme égale aux deux tiers du minimum de la retraite de leur grade, et à en répéter le paiement pendant un nombre d'années égal à la moitié de la durée de leur service.

A l'expiration de la gratification temporaire de réforme, les gendarmes restent d'ailleurs aptes à recevoir des secours éventuels comme tous les autres militaires de l'armée.

Ces gratifications peuvent leur être retirées par le Ministre de la guerre pour faits graves d'inconduite ou réadmission dans l'armée.

---

(1) Ceux d'entre vous qui voudraient connaître la procédure exacte des demandes de gratification de réforme devront consulter le *B. O.*, F. M., vol. 66-2.

(2) Professeur SIMONIN (*loc. cit.*).

(3) Professeur SIMONIN (*Société de médecine militaire*, 6 juin 1907).

Des pensions militaires.

La loi du 11 avril 1831, souvent modifiée depuis, règle les différentes catégories de pensions militaires.

D'après cette loi, des pensions seront accordées :

1° Pour ancienneté de service;

2° Pour cause de blessures ou infirmités;

3° Pour récompenser des services militaires (éminents ou extraordinaires).

Cette même loi fixe les conditions que doivent remplir les veuves de militaires et leurs orphelins pour bénéficier d'une pension viagère.

I. — Des pensions de retraite pour ancienneté de service.

Le droit à la pension de retraite pour ancienneté de service est acquis à trente ans accomplis de service effectif (1).

Pour les sous-officiers, caporaux et soldats, le droit à la pension de retraite est acquis à vingt-cinq ans de service (art. 19 de la loi du 26 avril 1855).

Les militaires qui auront le temps de service exigé seront admis à compter en sus les années de campagne.

Sera compté pour la totalité, en sus de sa durée effective, le service militaire qui aura été fait :

1° Sur le pied de guerre;

2° Dans un corps d'armée occupant un territoire étranger en temps de paix ou de guerre;

3° A bord, pour les troupes embarquées en temps de guerre maritime;

4° Hors d'Europe, en temps de paix, pour les militaires envoyés d'Europe; le même service en temps de guerre sera compté pour le double en sus de sa durée effective.

Sera compté pour moitié en sus de sa durée effective :

1° Le service militaire sur la côte en temps de guerre maritime;

2° Le service militaire à bord pour les troupes embarquées en temps de paix.

Pour les bénéfices attachés aux campagnes, la loi du 15 mars 1904, qui modifie la loi susvisée, a édicté que l'on compterait pour une année entière la campagne dans laquelle le militaire aura été blessé et mis hors de service, et qu'en tout autre cas la campagne serait comptée pour sa durée effective.

---

(1) Il est compté quatre années de service effectif aux élèves de l'Ecole polytechnique, et six années aux médecins militaires.

FIXATION DE LA PENSION D'ANCIENNETÉ.

Après trente ans de service effectif ou vingt-cinq ans, les militaires ont droit au minimum de la pension d'ancienneté (1).

Chaque année de service au delà de trente ans et chaque année de campagne ajoutent à la pension un vingtième de la différence du minimum au maximum.

Le maximum est acquis à cinquante ans de service, campagnes comprises, aux officiers et assimilés.

La pension d'ancienneté se règle sur le grade dont le militaire est titulaire (2); si, néanmoins, il *demande* sa retraite avant d'avoir au moins deux années d'activité dans ce grade, la pension se règle sur le grade immédiatement inférieur.

II. — Des pensions de retraite pour cause de blessures ou d'infirmités.

Les blessures donnent droit à la pension de retraite lorsqu'elles sont graves et incurables et qu'elles proviennent d'événements de guerre ou d'accidents éprouvés dans un service commandé.

Les infirmités donnent le même droit lorsqu'elles sont graves et incurables et qu'elles sont reconnues provenir des fatigues ou dangers du service militaire.

Les blessures ou infirmités provenant des causes qui viennent d'être énoncées ouvrent un droit immédiat à la pension, si elles ont occasionné la cécité, l'amputation ou la perte absolue d'un ou de plusieurs membres.

Dans les cas moins graves, elles ne donnent lieu à la pension que sous les conditions suivantes :

1° Pour les officiers, si elles les mettent hors d'état de rester en activité et leur ôtent la possibilité d'y rentrer ultérieurement;

2° Pour les sous-officiers, caporaux, brigadiers et soldats, si elles les mettent hors d'état de servir et de pourvoir à leur subsistance.

FIXATION DE LA PENSION.

La décision ministérielle du 23 juillet 1887 a dressé le tableau de la classification des blessures ou infirmités ouvrant droit à la pension (3).

CLASSIFICATION.

Suivant leur degré de gravité, les blessures ou infirmités sont rangées dans l'une des six classes ci-après (4) :

---

(1) Les tarifs sont annexés aux lois relatives aux pensions (É. M., vol. 66-1).

(2) Pour pouvoir renseigner les soldats infirmiers susceptibles de rengager, reportez-vous à l'article 65 de la loi de recrutement.

(3) Vous trouverez, dans la notice n° 5 annexée au règlement sur le service de santé à l'intérieur, la classification complète; nous donnons simplement ici un extrait de ce tableau.

(4) La pension se règle sur le grade dont le militaire est titulaire.

1re classe....	Cécité complète.	Maximum de la pension augmenté pour les officiers de 20 p. 100 et pour les sous-officiers, caporaux et brigadiers, de 30 p. 100.
2e classe....	Amputation des deux membres.	
3e classe....	Amputation d'un membre (pied ou main).	Maximum de la pension d'ancienneté, quelle que soit la durée des services.
4e classe....	Perte absolue de l'usage des deux membres ou infirmités équivalentes.	Maximum de la pension d'ancienneté.
5e classe....	Perte absolue de l'usage d'un membre ou infirmité équivalente.	Minimum de la pension d'ancienneté augmenté du vingtième de la différence du minimum au maximum d'ancienneté par année de service et les campagnes. Le maximum est acquis à vingt ans de service, campagnes comprises.
6e classe....	Blessures ou infirmités diverses qui mettent l'officier hors d'état de rester en activité et d'y rentrer ultérieurement : le sous-officier, caporal, brigadier ou soldat hors d'état de servir et de pourvoir à sa subsistance.	Minimum d'ancienneté augmenté du vingtième pour chaque année de service au delà de trente ans (officiers) et vingt-cinq ans (sous-officiers), campagnes comprises.

JUSTIFICATION DU DROIT A PENSION RÉSULTANT DE BLESSURES OU INFIRMITÉS.

Pour ouvrir le droit à la retraite, il est nécessaire qu'il y ait certitude absolue que la blessure ou infirmité est imputable au service militaire, d'où la nécessité d'un certificat d'origine de blessures. Il faut, en outre, que la blessure ou l'infirmité soient incurables.

Un certificat d'incurabilité doit donc être établi par le médecin chef de l'hôpital dans lequel le militaire a été traité en dernier lieu ou un médecin désigné à cet effet par l'autorité chargée de l'instruction de la demande de pension.

Sauf vérification par le comité consultatif de santé, les médecins experts ont seuls qualité pour apprécier la gravité de l'infirmité alléguée, sa relation avec la cause invoquée pour la justifier et le droit qui en résulte.

Le postulant est visité par deux médecins désignés par le général commandant le corps d'armée; ces médecins procèdent à un examen détaillé de l'état actuel de l'intéressé en présence du sous-intendant militaire et du conseil d'administration.

Ces médecins examinent la blessure ou l'infirmité au triple point de vue des conclusions qu'ils sont appelés à formuler :

1° Au point de vue de la gravité : description exacte du siège, de la nature de l'affection; altérations organiques (ce certificat d'examen doit être rédigé clairement, méthodiquement pour permettre au comité consultatif de santé de juger sur le vu des pièces);

2° Au point de vue de l'impotence fonctionnelle : indication nette sur la forme, le volume, la situation du membre ou de la partie du corps soumise à leur examen (en cas d'infirmité, les médecins devront se conformer rigoureusement à la classification du 23 juillet 1887);

3° Au point de vue de la relation qui existe entre la lésion et la cause invoquée pour la justifier (les médecins s'attachent à établir, en s'appuyant sur les données anatomiques, que le fait rapporté par le certificat d'origine est bien, médicalement parlant, la cause de l'état d'invalidité qu'ils ont mission d'apprécier).

Les conclusions doivent être *textuellement* libellées ainsi qu'il suit :

1° Ces blessures ou infirmités sont graves et incurables;

2° L'état d'invalidité qu'entraînent ces blessures ou infirmités paraît résulter des faits relatés au certificat d'origine (ou préciser et développer les raisons qui motivent des conclusions contraires);

3° S'il s'agit d'un officier : elles le mettent hors d'état de rester en activité et lui ôtent la possibilité d'y rentrer ultérieurement; s'il s'agit d'un sous-officier, caporal ou soldat : elles le mettent non seulement hors d'état de servir, mais encore de pourvoir à sa subsistance;

4° Elles doivent être rangées dans la • échelle de gravité (spécifier le numéro de la classification du 23 juillet 1887 que l'on entend viser).

Après avoir pris connaissance des pièces du dossier, l'officier général chargé de présider à l'instruction fait procéder en sa présence, par deux autres médecins choisis parmi ceux qui ont été qualifiés ci-dessus, à une vérification des causes qui motivent la demande; quelles qu'aient été les conclusions des experts chargés de l'examen, ces médecins doivent être d'un grade supérieur à celui des premiers experts ou plus anciens dans le grade. S'il n'existe pas de médecins militaires en nombre suffisant, la première opération est confiée de préférence au médecin civil.

Ces médecins s'inspirent des mêmes considérations que ceux chargés d'établir le certificat d'examen.

Toutefois, l'appréciation émise par le certificat d'examen ne s'impose pas aux seconds experts. Ceux-ci doivent donc procéder minutieusement à la visite et s'efforcer de faire ressortir les points qui n'auraient pas été mis suffisamment en lumière; en aucun cas ils ne se contentent de reproduire textuellement le libellé de l'examen.

Les conclusions sont les mêmes.

Le comité consultatif de santé a seul qualité pour juger comme expert en dernier ressort, au point de vue médical, du rapport existant entre la nature de l'infirmité et la cause invoquée pour la justifier.

Son avis est prépondérant toutes les fois qu'il croit pouvoir se prononcer sans avoir besoin d'un supplément d'instruction.

Toutefois, cet avis est purement consultatif : le pouvoir de décision n'appartient qu'au Ministre et, en appel, au Conseil d'Etat statuant au Contentieux.

Nous résumons les formalités à remplir en vue d'une proposition pour la pension de retraite :

1° Quand le militaire fait partie d'un corps de troupe, la demande est instruite par le conseil d'administration du régiment;

2° Les pièces à fournir sont les suivantes :

a) Demande de proposition;
b) Pièces d'état civil;
c) Etat des services;
d) Certificat d'origine;
e) Certificat d'incurabilité;
f) Certificat et procès-verbal d'examen;
g) Certificat et procès-verbal de vérification.

III. — Des pensions des veuves et orphelins.

Ont droit à une pension viagère :

1° Les veuves des militaires tués sur le champ de bataille ou dans un service commandé;

2° Les veuves des militaires morts en activité des suites de maladies contagieuses ou endémiques, aux influences desquelles ils ont été soumis par les obligations de leur service;

3° Les veuves de militaires morts des suites de blessures ou d'accidents de service;

Pourvu que le mariage soit antérieur aux blessures ou à l'origine des maladies.

4° Les veuves de militaires morts en jouissance de la pension de retraite ou en possession de droits à cette pension;

5° Les veuves des officiers ou assimilés morts en activité ou non-activité après vingt-cinq ans accomplis de service effectif;

6° Les veuves de militaires morts en jouissance de la pension de retraite ou en possession de droits à cette pension;

7° Les veuves d'officiers ou assimilés morts en activité ou non-activité après vingt-cinq ans accomplis de service effectif.

Pourvu que le mariage soit antérieur de deux années au moins à la cessation de l'activité du traitement militaire du mari ou, à défaut, qu'il existe un ou plusieurs enfants issus du mariage contracté antérieurement à cette cessation. Il n'est d'ailleurs pas exigé que l'enfant issu du mariage ainsi contracté soit mineur ou né pendant l'activité et il suffit qu'il ait survécu au père.

Toutefois, si le mari a été retraité pour blessures ou infirmités, il suffit que le mariage soit antérieur auxdites blessures ou à l'origine desdites infirmités.

Orphelins. — Après le décès de leur mère ou lorsque celle-ci se trouve déchue de ses droits, les enfants légitimes ou légitimés des militaires morts dans les conditions ci-dessus ont droit à un secours annuel payable jusqu'à la majorité du plus jeune d'entre eux.

Telles sont les dispositions de la loi de 1831 relatives aux veuves et orphelins, loi souvent modifiée depuis.

IV. — Dispositions générales.

Dans ces dispositions générales, la loi a prévu que s'il y avait lieu de récompenser des services militaires éminents ou extraordinaires, ces pensions ne pourraient être accordées que par une loi spéciale.

Citons le cas du médecin inspecteur Maillot.

Cette loi édicte, en outre : 1° que les pensions militaires sont personnelles et viagères; 2° que tout pourvoi contre leur liquidation doit être formé dans le délai de deux mois à partir du premier paiement des arrérages; 3° qu'elles peuvent être suspendues par la condamnation à une peine afflictive ou infamante pendant la durée de la peine; 4° par les circonstances qui font perdre la qualité de Français durant la privation de cette qualité; 5° par la résidence à l'étranger sans autorisation du Ministre de la guerre, lorsque le titulaire de la pension est Français ou naturalisé Français; 6° qu'elles ne peuvent être cumulées en aucun cas avec un traitement civil d'activité; 7° qu'elles sont, ainsi que leurs arrérages, incessibles et insaisissables, sauf en cas de débet envers l'Etat et les circonstances prévues par les articles 203 et 205 du Code civil.

Réforme des officiers et assimilés pour infirmités incurables.

La loi du 19 mai 1834 sur l'état des officiers a prévu que les officiers pouvaient être réformés pour des infirmités incurables ne résultant pas du service, à condition qu'ils aient plus de vingt ans de service et que les blessures pour lesquelles ils sont réformés ne proviennent pas du service.

Cette pension n'est pas reversible sur la veuve et les enfants (voir loi de 1834).

CONCLUSIONS.

Notre ancien professeur du Val-de-Grâce (1) nous enseignait d'une façon éloquente et convaincue « que l'armée, cette éducatrice de la nation, n'avait pas attendu les suggestions humanitaires de lois civiles nées d'hier pour secourir l'infortune des serviteurs du pays blessés sous les drapeaux ou devenus malades du fait d'un service pénible accompli, soit en France, soit aux colonies », et que les lois civiles étaient plus strictes et parcimonieuses que les lois militaires.

Nous ne partageons plus actuellement cette opinion et nous estimons que des modifications profondes doivent être apportées aux nombreux textes qui régissent cette sorte de pension (2).

---

(1) M. le professeur Simonin.

(2) Lire la très intéressante étude du médecin principal Pech, « Les pensions militaires pour blessures ou infirmités », *Archives de médecine et de pharmacie militaires*, 1914, p. 561.

Des gratifications renouvelables d'un taux plus élevé, établies suivant la situation sociale du gratifié, nous paraîtraient plus équitables.

L'intérêt du Trésor serait sauvegardé et nous ne verrions plus, ainsi que nous avons pu l'observer nous-mêmes, des réformés militaires accomplir les plus dures besognes.

Le temps et la nature guérissent souvent des malades jugés incurables par les plus distingués cliniciens.

TROISIÈME PARTIE

SERVICE DE SANTÉ EN CAMPAGNE

RÈGLEMENT SUR LE SERVICE DE SANTÉ EN CAMPAGNE DU 26 AVRIL 1910 (NOTIONS SOMMAIRES).

INTRODUCTION

Actuellement, le service de santé en campagne est réglementé par le décret du 26 avril 1910.

L'expérience des guerres modernes avait, en effet, démontré qu'il était souvent difficile, sinon impossible, d'appliquer strictement certains principes de l'ancien règlement de 1892, qui « n'en reste pas moins une œuvre de haute valeur parfaitement adaptée aux exigences de son époque (1) ».

Ce règlement, rédigé sous l'impulsion donnée par les chirurgiens militaires à l'aurore de cette science, avait prévu un service chirurgical aux abords de la ligne de feu; mais, depuis, l'expérience des guerres modernes a démontré que l'abstention opératoire sur le champ de bataille donnait aux blessés graves de plus grandes chances de guérison et un éminent chirurgien français, de retour des champs de batailles d'Orient, où les méthodes françaises étaient appliquées, se plaisait à le confirmer dans une communication très écoutée par l'Académie de Médecine (2).

On ne s'étonnera donc pas si le service de l'avant a été complètement remanié. Si le nouveau règlement a porté plus en arrière le « poste de secours », il a prévu un nouvel échelon médical : les « refuges pour blessés », en envoyant un *personnel sanitaire sur la ligne de feu* qui apporte un soulagement immédiat, un réconfort moral aux blessés qui combattent : « C'est le secours qui doit aller au blessé et non pas le blessé au secours. » Dans Metz assiégée, les soldats allaient gaiement au feu : « Nous ne craignons plus rien, notre Ambroise est avec nous », disaient-ils (3).

---

(1) Professeur SIMONIN, *Cours de législation militaire* (Ecole d'application du Val-de-Grâce, 1911).

(2) MONTPROFIT, séance de l'Académie de Médecine, 4 mars 1913.

(3) Cité dans la *Médecine pratique* (novembre 1913) et dans l'article du médecin-major BONNETTE sur le service de santé en campagne, publié dans la P. M. O.

Dans l'ancien règlement, les moyens de relèvement des blessés et leur transport étaient et sont peut-être encore insuffisants. Ils n'avaient pas assez d'indépendance. On a donc été amené à créer des « groupes de brancardiers », dirigés par le service de santé, ayant une vie indépendante et jouissant d'une grande mobilité.

Ce sont de véritables compagnies de brancardiers désignées ainsi quelquefois dans les états-majors.

Enfin, l'administration a été simplifiée; on a donné plus d'initiative au personnel médical.

Ce règlement, d'une précision mathématique, quoique très court, permet à tous, par ses principes directeurs, d'agir suivant les circonstances.

Désormais, tout médecin-chef aura autorité sur tout le personnel de sa formation, y compris les officiers du train des équipages et les officiers d'administration.

Cette mesure, nous dit M. le médecin-major Bonnette (1), évitera le retour des faits constatés en 1870, où l'on vit des médecins qui voulaient « marcher au canon », tandis que les officiers du train refusaient d'atteler, n'ayant pas reçu d'ordres de l'intendant, seul maître alors des ambulances.

Quant aux notices, elles ne réglementent plus d'une façon mathématique nos actes journaliers à la façon de celles de l'ancien règlement.

Nous résumons ce qu'elles renferment d'indispensable pour un médecin auxiliaire.

L'étude du service de santé en campagne a fait l'objet de beaucoup de communications pendant les grandes guerres modernes (2).

Une étude d'ensemble en a été faite par M. le médecin inspecteur Troussaint (3), ancien professeur à l'Ecole supérieure de guerre. Nous avons beaucoup puisé dans cet enseignement, qui a été pour nous un guide aussi précieux que Farabeuf, quand nous faisions de la médecine opératoire.

Nous vous engageons à la lire quand vous connaîtrez les notions sommaires du fonctionnement du service de santé en campagne.

Mars 1913.

---

(1) Dr Bonnette, *loc. cit.*, 1er supplément de P. M. C., page 1476.

(2) Lire la très intéressante étude de M. le médecin-major Cousergue : *Organisation et fonctionnement du service de santé des armées coalisées* (*Archives de médecine et de pharmacie militaires*, août et septembre 1913).

(3) Médecin inspecteur Troussaint : *La direction du service de santé en campagne*, 2e édition, revue et augmentée (Henri Charles-Lavauzelle, éditeur, Paris). — Ouvrage couronné par l'Institut; prix Larrey 1912.

Le théâtre des opérations.

Zones de l'arrière, de l'avant, des étapes, service des chemins de fer (1).

Le Ministre fixe au début de la guerre, pour chaque théâtre d'opérations :

1° Les limites entre le territoire placé sous les ordres du commandement en chef, dénommé « zone des armées », et le territoire restant sous son autorité, appelé « zone de l'intérieur ».

Zone des armées.

La zone des armées comprend :

1° La *zone de l'avant*, ou zone d'opérations, dans laquelle opèrent, au contact immédiat des troupes combattantes, les services appartenant en propre à celle-ci;

2° La *zone de l'arrière*, dans laquelle fonctionnent les grands services d'armée et de groupes d'armée.

Attributions générales des services de l'arrière.

Les services de l'arrière ont pour but d'assurer la continuité des relations et des échanges entre les armées et le territoire national.

Ils sont chargés notamment :

1° De faire arriver aux troupes tous les ravitaillements nécessaires (personnel, munitions, vivres, matériel);

2° De ramener en arrière les malades, les blessés, les prisonniers, le matériel inutile ou hors de service;

3° D'assurer les mouvements et les transports sur les voies de communication de toute nature (réparation, entretien, établissement et garde de ces voies);

4° D'administrer le territoire ennemi occupé, de façon à permettre d'en exploiter les ressources matérielles, et d'y assurer l'ordre.

Lignes de communication.

Les relations et les échanges entre les armées et le territoire national ont lieu par les lignes de communication (une par armée, si possible). Celles-ci sont constituées par des voies ferrées qui sont prolongées, s'il y a lieu, par des routes d'étapes. Elles peuvent, éventuellement, emprunter les voies navigables. Les évacuations

---

(1) Pour permettre aux candidats de bien saisir le fonctionnement du service de santé en campagne, nous leur recommandons de lire avec attention cet article, rédigé avec beaucoup de méthode par le lieutenant Léguillette.

s'effectuent, en général, par les mêmes lignes que les ravitaillements.

Organisation d'une ligne de communication.

Une ligne de communication comporte :

1° Au point de vue des ravitaillements :

SUR LES VOIES FERRÉES.

a) Les *gares de rassemblement*, point de réunion des expéditions en provenance ou à destination d'une même région de corps d'armée;

b) Les *stations halte-repas*, aménagées pour l'alimentation des hommes et des chevaux en cours de route;

c) Les *stations-magasins* (S.-M.), entrepôt des approvisionnements destinés aux armées;

d) La *gare régulatrice* (G. R.), sur laquelle sont dirigés tous les transports à destination ou en provenance des gares de ravitaillement et des gares d'évacuation (1);

e) Eventuellement, les *stations de transition*, qui séparent les sections des chemins de fer exploitées par le personnel des compagnies, des sections exploitées par les troupes des chemins de fer;

f) Les *gares de ravitaillement* (G. Rav.), point de contact entre le service des chemins de fer et les équipages des armées; ces gares sont également utilisées par les évacuations quotidiennes;

g) Eventuellement, les *gares d'origine d'étapes* (G. O. E.), point de contact entre le service des chemins de fer et les équipages du service des étapes;

SUR LES ROUTES D'ÉTAPES.

h) Les *gîtes ordinaires* et les *gîtes principaux d'étapes* (G. E.), pour les éléments qui font mouvement par voie de terre;

i) La *tête d'étapes* (T. E.), localité la plus voisine de l'armée où s'installe le personnel des étapes chargé de prendre le contact avec les services de l'avant.

2° Au point de vue des évacuations : les organes mentionnés ci-dessus et, en plus :

Les *gares d'évacuation*, choisies pour les évacuations importantes des malades et blessés, en particulier après une bataille;

Les *infirmeries de gare*, organisées sur les voies ferrées et destinées à assurer l'alimentation des malades et blessés et à leur donner, en cas d'urgence, des soins médicaux.

---

(1) C'est la gare terminus pour les trains venant de l'intérieur. Deux organes importants fonctionnent à la gare régulatrice :

1° La commission régulatrice, qui est chargée de régler tous les transports faits par la gare régulatrice;

2° Le commandement d'étapes de la gare régulatrice, représentant le directeur des étapes et des services.

ORGANISATION GÉNÉRALE DES SERVICES DE L'ARRIÈRE

ZONE DE L'INTÉRIEUR MINISTRE ET ÉTAT-MAJOR DE L'ARMÉE	ZONE DES ARMÉES }	COMMANDANT EN CHEF
	ZONE DE L'ARRIÈRE : Directeur de l'arrière assisté du Directeur des chemins de fer et ayant autorité sur les directeurs des étapes et des services des différentes armes.	ZONE DES ÉTAPES DES ARMÉES : Commandant de l'armée et Directeur des étapes et des services.

GARE DE RASSEMBLEMENT
Gare de Répartition
GARE DE RASSEMBLEMENT
S^on M^in
Gares de répartition
1re Armée
GARE DE RASSEMBLEMENT
Ligne de démarcation
Limite de Subd^on territoriale ou administrative
le Réseau des Armées et le réseau de l'intérieur
Ligne de démarcation entre
1re Armée
Ligne de Communication de la 1re Armée
Station Halte repas
Limites
1re Armée
1^r Corps
de 2e Corps
Gares de Ravitail^t
Gare d'Evacuation
3e Corps
Div^on admin^tive
Infirmerie de gare
Gare régulatrice
Zone des Etapes de la 1re Armée
GARE DE RAS.
GARE DE RAS.
GARE DE RAS.
S^on M^in
2e Armée
Ligne de Communication de la 2e Armée
Station de transition
Gare d'origine d'étapes
Gîte d'étapes
Gare régulatrice
Gîte d'étapes
Gare d'origine d'étapes
2e Armée
1er Corps
Tête d'étapes
2e Corps
Tête d'étapes
3e Corps
Zone des Etapes de la 2e Armée

Les *gares de répartition*, d'où les malades et blessés évacués sont répartis entre les divers établissements hospitaliers de chaque région d'hospitalisation.

Organisation d'ensemble des services de l'armée.

Pour l'ensemble des armées obéissant au même commandement, les services de l'arrière sont reliés et coordonnés par la *Direction de l'arrière* (1).

L'officier général directeur de l'arrière (D. A.) est placé sous l'autorité immédiate du commandant en chef. Il est secondé par un état-major qui comprend un personnel militaire et un personnel technique.

Sous l'impulsion supérieure du D. A. fonctionnent les deux grands services de l'arrière :

1° Le *service des chemins de fer*, chargé de l'organisation, de l'entretien, de l'exploitation, de la construction et de la destruction des voies ferrées, et centralisé pour l'ensemble des armées par un officier général ou supérieur : le directeur des chemins de fer (D. C. F.);

2° Le *service des étapes*, assumant toutes les attributions qui ne rentrent pas dans le service des chemins de fer et dirigé, dans chaque armée, par un officier général : le directeur des étapes et des services de cette armée (D. E. S.).

A. — Organisation du service des chemins de fer.

1° *En temps de paix.*

Ce service est préparé, d'après les instructions du Ministre, par l'état-major de l'armée, les commandants de corps d'armée et les divers services. Le tout est centralisé au 4° bureau de l'état-major de l'armée. A ce bureau sont adjointes six commissions de réseau (correspondant aux six grands réseaux), composées chacune d'un représentant de la Compagnie agréé par le Ministre, commissaire technique, et d'un officier supérieur, commissaire militaire. Ces commissions sont spécialement chargées d'étudier et de préparer toutes les mesures d'exécution.

2° *En temps de guerre.*

L'ensemble du réseau des chemins de fer est alors divisé en réseau de l'intérieur et réseau des armées.

Sur le *réseau de l'intérieur*, les transports sont ordonnés par le Ministre, réglés par l'E.-M. de l'armée (4° bureau) et exécutées par

---

(1) Par service de l'arrière, il faut entendre la partie : zone commune à toutes les armées opérant sur le même théâtre d'opérations. Le directeur de l'arrière a la haute direction dans la zone de l'arrière, mais dans chaque armée la direction de la zone de l'arrière affectée à cette armée incombe au directeur des étapes et services, mais seulement dans la portion de la zone de l'arrière, qui constitue la zone des étapes de cette armée.

les commissions de réseau qui prennent en main, dès la mobilisation, le service complet du réseau.

Sur le *réseau des armées*, les transports sont ordonnés par le général commandant en chef, réglés par le D. C. F. et exécutés soit par les commissions de réseau, avec le personnel des Compagnies (si l'on est assez loin de l'ennemi), soit par des commissions de chemins de fer de campagne, à l'aide de troupes de chemins de fer.

Commissions de gare. — Les commissions de réseau ou de chemin de fer de campagne disposent d'un certain nombre de commissions de gare, composées d'un commissaire militaire et d'un commissaire technique (chef de gare). Ces commissions sont les intermédiaires obligés entre les troupes de passage et les agents de chemin de fer.

Commissions régulatrices. — Sur chaque ligne de communication, les commissions de réseau ou de chemins de fer de campagne sont représentées par une commission régulatrice (une par armée) siégeant à la G. R. Cette commission assure, à la demande du D. E. S., les transports par voie ferrée nécessaires pour les ravitaillements et évacuations de l'arrière.

B. — Organisation du service des étapes.

Le service des étapes, organisé par armée, embrasse toute la partie des services de l'arrière de l'armée qui ne rentre pas dans le service des chemins de fer. Il a pour objet :

1° D'assurer les ravitaillements et les évacuations de l'armée et, pour cela, d'organiser des routes d'étapes quand l'armée s'éloigne des voies ferrées ou que celles-ci deviennent inutilisables;

2° De maintenir l'ordre et la sécurité dans la zone des étapes.

Le D. E. S. (ordinairement un général de division) est secondé par un état-major et par des directeurs ou chefs de service (artillerie, génie, intendance, santé, télégraphie, prévôté, vétérinaire, trésor et postes).

Pour l'organisation des transports sur route, le D. E. S. dispose :

1° Des *convois auxiliaires*, provenant de régions origines des corps d'armée faisant partie de l'arrière;

2° Des *convois éventuels*, qu'il constitue avec les ressources de sa zone d'étapes;

3° Des *convois automobiles*, qui peuvent remplacer en totalité ou en partie les convois auxiliaires et les convois éventuels.

Commandement d'étapes. — Pour assurer l'exécution des ordres qu'il donne, le D. E. S. organise des commandements d'étapes dont il fixe le siège et dont il définit le territoire, le rôle particulier et la composition.

L'un de ces « commandements », toujours installé à la G. R., prend le nom de commandement d'étapes de gare régulatrice.

Il a pour mission d'assurer les ravitaillements et les évacuations entre la gare régulatrice et les gares de ravitaillement.

Routes d'étapes. — Si les corps d'armée ne peuvent se ravitailler directement aux gares de ravitaillement, le service des étapes doit faire parvenir par voie de terre les approvisionnements de l'arrière et, pour cela, organiser des routes d'étapes.

Ces routes, qui prolongent les voies ferrées, partent des G. O. E., point terminus de la voie; elles sont jalonnées par des gîtes d'étapes distants l'un de l'autre d'une journée de marche et aboutissent aux têtes d'étapes, localités aussi voisines que possible des corps d'armée, où ceux-ci viennent se ravitailler.

Dans chaque gîte, ainsi qu'aux têtes d'étapes, est installé un commandement d'étapes.

Quand les routes s'allongent, le D. E. S. peut constituer des arrondissements d'étapes comprenant une étendue de trois ou quatre étapes. L'un des gîtes d'étapes devient alors gîte principal d'étapes.

Le D. E. S. a tout pouvoir, dans la zone des étapes, pour maintenir l'ordre, exercer la police et exploiter les ressources locales.

En territoire ennemi, il est chargé provisoirement de l'administration civile des pays occupés. Il crée, suivant les besoins, des dépôts de convalescents et éclopés; il reçoit, quand il y a lieu, toutes les indications utiles des commandants de corps d'armée.

On ne conserve dans ces dépôts que les hommes susceptibles d'être renvoyés à l'armée dans un court délai; les autres sont évacués sur l'intérieur. Il crée de même des dépôts de chevaux malades ou blessés.

TABLEAU

des signes conventionnels du Service de Santé

Règlement du 26 avril 1910.

	Ambulance.
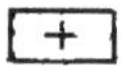	Section d'hospitalisation.
	Ambulance immobilisée.
	Groupe de brancardiers divisionnaire.
	Groupe de brancardiers de corps.
	Réserve de matériel sanitaire de la gare régulatrice.
	Réserve de personnel.
	Hôpital d'évacuation.
	Section d'hôpital d'évacuation.
	Section magasin.
	Infirmerie de gites d'étapes.
	Infirmerie de gare.
	Dépôt de convalescents et d'éclopés.

TITRE I

Vue d'ensemble du service de santé en campagne. Objet et division.

CHAPITRE PREMIER.

ÉTUDE SYNTHÉTIQUE DU SERVICE DE SANTÉ EN CAMPAGNE.

Une troupe qui combat a un service médical régimentaire (*service régimentaire*) organisé par unité tactique : groupe, bataillon, escadron, chargé d'assurer le relèvement et le traitement immédiat de ses blessés.

Ce service régimentaire, placé derrière son unité tactique, sous l'autorité du médecin-chef, dès que le combat commence, utilise les accidents de terrain, en profitant des accalmies pour créer des *refuges pour blessés* derrière chaque compagnie.

Ces abris médicaux doivent être multiples et disséminés sans être aperçus de l'ennemi. Ils sont, en quelque sorte, « des prolongements avancés de l'organe régimentaire central d'assistance (1) ».

Echelles de secours légères, mobiles, capables de se dissimuler, d'utiliser tous les éléments de protection, ils apportent aux troupes un réconfort moral « de nature à favoriser la cohésion et la valeur des combattants » et le secours médical effectif de l'infirmier et du médecin auxiliaire.

Placé à côté du chef de corps, mis sans cesse au courant de l'action, le médecin chef de service, dès que le combat se précise, installe, avec le concours du personnel sanitaire resté à sa disposition, le deuxième échelon du service de santé de première ligne : le *poste de secours*, qui n'est, en somme, qu'un atelier d'emballage aseptique et un bureau d'expédition sur l'arrière (Rapp). Des flèches à la craie, au charbon, indiqueront aux brancardiers les itinéraires les plus favorables pour s'y rendre.

Au poste de secours, toute l'action chirurgicale est limitée au pansement des plaies, aux secours immédiats, à l'application d'appareils simples et provisoires pour les fractures.

Les blessés légers sont, après pansement, renvoyés à leur unité; les blessés capables de marcher sont formés en détachements successifs qui, sous la surveillance du plus ancien gradé, sont dirigés sur le point de rassemblement des blessés de cette catégorie indiqué par le commandement; les autres blessés, enfin, sont évacués

---

(1) TROUSSAINT, *loc. cit.*, page 352.

sur les formations sanitaires par le moyen de transport des *groupes de brancardiers.*

Si l'armée est victorieuse, par suite de l'éloignement des refuges pour blessés, il y a quelquefois intérêt à installer un nouveau poste; en cas de défaite, il faut évacuer hâtivement ce poste en laissant, si les circonstances l'exigent, sous la surveillance d'un infirmier, des blessés graves qui seront placés sous la protection de la Convention de Genève.

Le service régimentaire a donc pour fonction essentielle de donner les premiers secours aux malades et blessés, de créer des *refuges pour blessés* qui seront ensuite évacués sur le *poste de secours.*

Mais que vont devenir ces malades et blessés réunis au poste de secours?

Des *formations sanitaires* mobiles et interchangeables suivent à peu de distance les divisions qui combattent; affectées à ces dernières, elles peuvent, comme elles, se déplacer suivant les nécessités du combat.

Ambulances (véritables hôpitaux mobiles), *sections d'hospitalisation* (qui transportent du matériel de complément pour les ambulances, pour leur permettre de s'immobiliser et de devenir des hôpitaux fixes) se sont donc, suivant les ordres du médecin divisionnaire, progressivement avancées. Les postes de secours ont été reconnus par un gradé monté de l'ambulance.

Placée loin de l'ennemi, à proximité d'une route et, si c'est possible, dans des locaux, l'ambulance va pouvoir fonctionner et s'immobiliser s'il y a lieu.

Mais comment les postes de secours vont-ils pouvoir évacuer leurs blessés sur les ambulances? L'ambulance du nouveau règlement ne possède pas de moyens de transport.

Des *groupes de brancardiers*, véritables compagnies, qui sont encore des formations sanitaires, seront les organes d'évacuation des postes de secours.

Organismes mobiles, divisibles en deux sections pouvant fonctionner dans différents secteurs du champ de bataille, dirigés par le médecin divisionnaire (groupe divisionnaire de brancardiers) ou par le directeur du service de santé du corps d'armée (groupe de brancardiers de corps), ces groupes de brancardiers auront pour fonctions de venir en aide aux brancardiers régimentaires s'ils n'ont pas achevé leur ouvrage et d'évacuer ensuite les postes de secours sur les ambulances ou autres formations sanitaires venues à courte distance du champ de bataille.

A l'ambulance, les blessés sont soignés, puis triés, pour leur évacuation éventuelle, en :

a) *Blessés non transportables*, dont le traitement s'impose dans une formation du champ de bataille (1);

b) *Blessés transportables assis;*

---

(1) Les ambulances immobilisées sont relevées le plus rapidement possible, soit par des hôpitaux auxiliaires de territoire appartenant aux sociétés d'assistance aux blessés militaires, soit par des hôpitaux créés avec les ressources locales et gérés par le service de santé.

Publié dans le *Journal des Praticiens* du 29 novembre 1913. (8, square du Croisic, 8. PARIS.)

RÈGLEMENT DU 26 AVRIL 1910 : LE SERVICE DE SANTÉ DANS LE COMBAT MODERNE

Échelonnement des formations sanitaires de l'avant. — Les évacuations après la bataille.

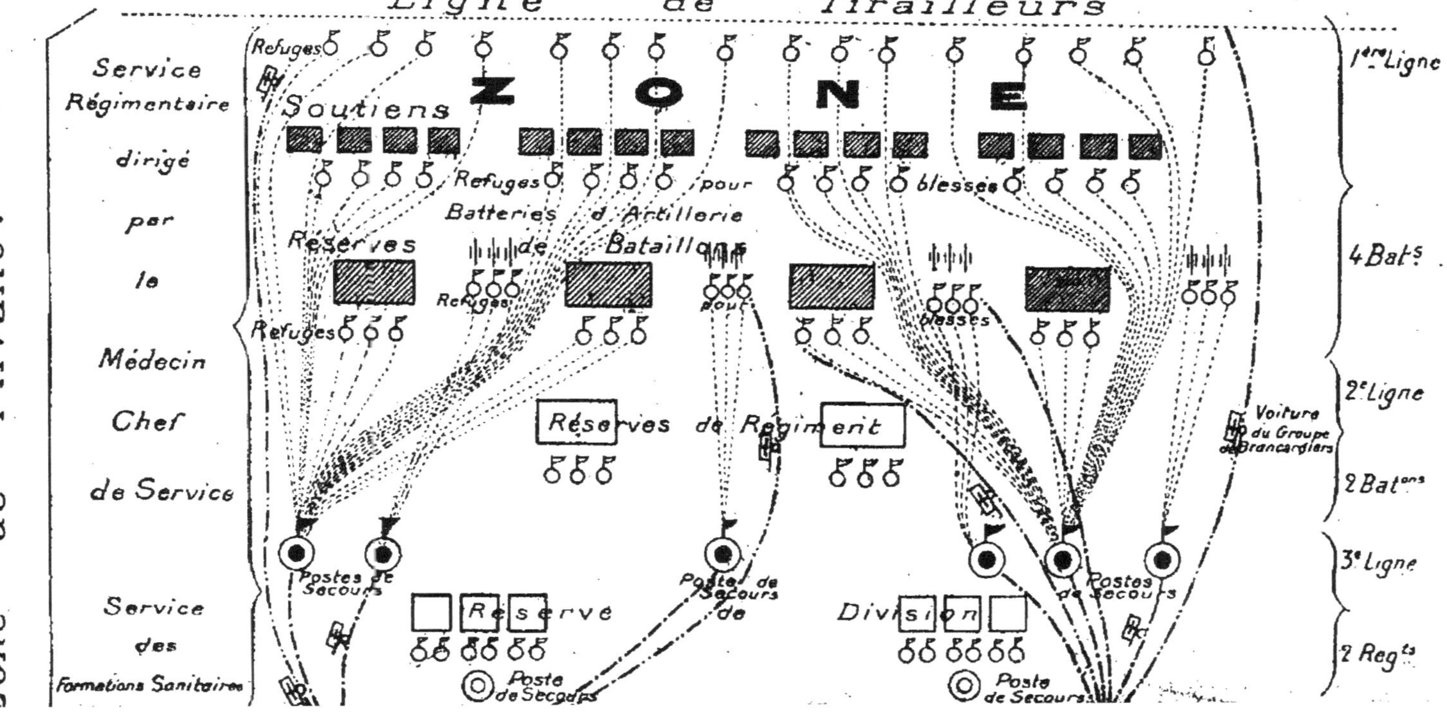

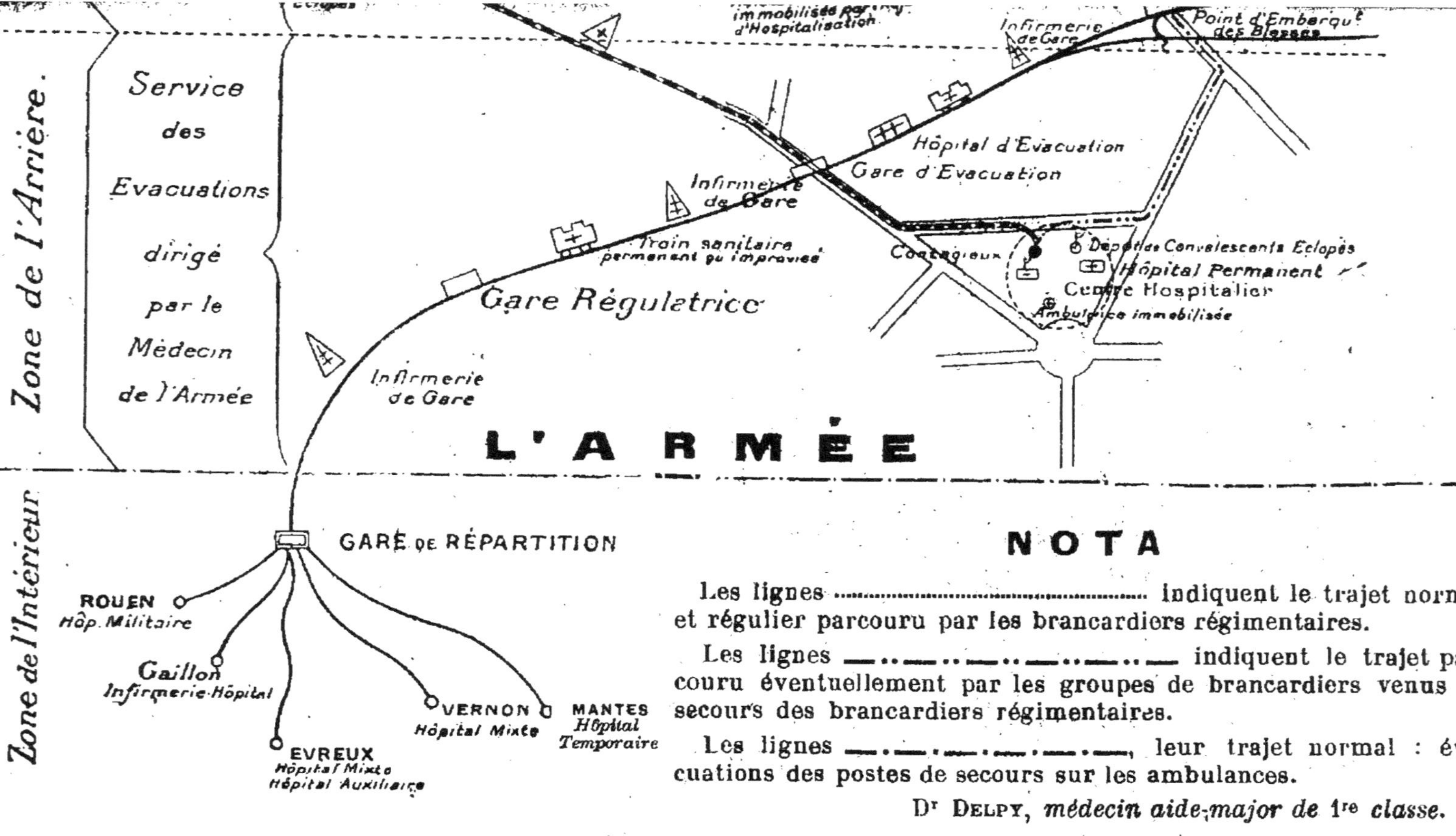

NOTA

Les lignes .... indiquent le trajet normal et régulier parcouru par les brancardiers régimentaires.

Les lignes —·—·—·—·—·— indiquent le trajet parcouru éventuellement par les groupes de brancardiers venus au secours des brancardiers régimentaires.

Les lignes —·—·—·—·—·—, leur trajet normal : évacuations des postes de secours sur les ambulances.

Dr Delpy, *médecin aide-major de 1re classe.*

LÉGENDE :

Dans ce croquis d'ensemble demi-schématique qui représente le service de santé à la fin d'une bataille, saisissez bien le fonctionnement du « service de santé régimentaire », dont toute la mission consiste à créer des refuges pour blessés derrière chaque unité et les évacuer rapidement sur le « poste de secours », organe central d'assistance.

Saisissez bien ensuite le fonctionnement des « formations sanitaires » que vous voyez installées derrière le service régimentaire et dont le rôle consiste à recevoir et à traiter les blessés évacués des postes de secours et à les diriger sur l'arrière.

Vous voyez en plein fonctionnement un « groupe de brancardiers » qui, par le moyen de ses voitures, évacue les postes de secours sur les ambulances.

L'armée victorieuse va poursuivre l'ennemi. Les ambulances évacuent hâtivement leurs blessés sur les « gares points d'embarquement de blessés » et les « gares d'évacuation »; une ambulance, toutefois, va s'immobiliser pour recevoir les inévacuables et fonctionne comme un véritable hôpital.

Voyez enfin les trains sanitaires qui gagnent la « gare point de répartition des blessés » d'où ces derniers seront dirigés suivant les places disponibles sur les hôpitaux régionaux.

Pour éviter aux blessés gravement atteints les fatigues d'une longue évacuation, ils sont dirigés sur les « centres hospitaliers » constitués dans la zone de l'arrière.

c) *Blessés transportables couchés;*

d) *Blessés pouvant marcher.*

Service régimentaire, ambulances et groupes de brancardiers font partie du service de l'avant.

Quelle sera donc la destinée de ces blessés, si bien classés pour leur éventuelle évacuation ? Hâtivement, pour libérer les formations sanitaires, ils vont être évacués sur une destination indiquée par le médecin divisionnaire (gares d'évacuations, gares point d'embarquement de blessés, pour certaines catégories de blessés), sur des ambulances voisines qui vont s'immobiliser pour des blessés évacuables. Ce service d'évacuation des ambulances aux gares et points d'embarquement est assuré :

1° Par les voitures à chevaux des groupes de brancardiers;

2° Par les voitures des sections sanitaires automobiles (1);

3° Par les convois automobiles éventuels;

4° Par les convois auxiliaires et les convois administratifs.

Sur ces gares sont dirigés les trains sanitaires qui évacueront ensuite les malades amenés près du rail (trains sanitaires aménagés par l'hôpital d'évacuation).

Des *hôpitaux d'évacuation*, formation essentielle du service de santé de l'arrière, placés sous la direction d'un médecin-chef énergique, seront installés par le directeur des étapes et des services aux points les plus favorables à l'organisation et à l'exécution des évacuations (gares origines d'étapes, têtes d'étapes, gares de ravitaillement). C'est à l'hôpital d'évacuation qu'aboutissent tous les convois ou trains de malades et blessés, quelle que soit leur provenance.

Ces hôpitaux d'évacuation assureront l'hospitalisation transitoire des blessés et leur évacuation sur des *centres hospitaliers* de l'arrière ou vers l'intérieur. Ils exercent, par suite, une importante action sur la conservation des effectifs.

Les évacuations seront faites par des *trains sanitaires permanents* (2), au nombre de cinq, comprenant 23 wagons, dont 16 pour les blessés; par des *trains sanitaires improvisés* (3), aménagés avec les appareils Bry-Ameline ou Bréchot-Desprez-Ameline, comprenant 40 wagons, dont 33 pour les blessés; par des voitures à voyageurs comprises dans les trains ordinaires ou constituant des trains complets pour les malades ou blessés assis (4).

Il y aura souvent avantage, quand les circonstances le permettront, à pousser le plus tôt possible un train sanitaire sur les gares

---

(1) Sections sanitaires automobiles : une par corps d'armée, comprenant dix à douze voitures par section (type des voitures de livraison du « Bon Marché »)

(2) Capacité de transport : 123 blessés couchés par train; vitesse : 40 kilomètres à l'heure.

(3) Capacité de transport : 12 blessés couchés par wagon; vitesse : 30 kilomètres à l'heure

(4) Capacité de transport : 1.500 blessés assis; composés de voiture de 1re ou 2e classe; voyageant de jour seulement; s'arrêtent la nuit à une station siège d'une infirmerie de gare.

de la zone de l'avant, en vue de hâter la libération des formations sanitaires. Ces trains passeront ensuite en transit dans une gare siège d'un hôpital d'évacuation où malades et blessés seront examinés.

Sur les trajets que suivront ces trains sont installées des *infirmeries de gare* destinées à donner des secours médicaux urgents aux blessés graves et à recevoir les blessés qui ne peuvent continuer.

Que vont devenir ces blessés? Leur répartition sera faite à partir des hôpitaux d'évacuation d'après un plan d'ensemble établi par le Ministre.

Tenu au courant par les directeurs régionaux du service de santé du nombre de lits disponibles dans les régions d'hospitalisation affectées à l'armée correspondante, le directeur des étapes et des services fait connaître à la commission régulatrice les gares *points de répartition* des malades et blessés sur lesquelles les trains d'évacuation doivent être dirigés.

A l'arrivée dans ces gares, les trains sont reçus par le directeur régional du service de santé, qui fixe la répartition des malades et blessés entre les divers établissements hospitaliers de la région sur lesquels sont dirigés les blessés, en évitant de changer la composition des wagons.

Ces blessés, enfin, sont dirigés sur l'hôpital par l'autorité militaire locale.

Cette évacuation sera longue et pénible. Il faudra souvent que nos blessés aient le courage du médecin-major Haller, de la mission Fourreau-Lamy, qui, la cuisse gauche fracassée à Dikoa, fut évacué sur le Val-de-Grâce, douloureuse évacuation qui dura huit mois (1).

(1) Nous ne parlons pas ici des transports d'évacuation par route et par eau.

CHAPITRE II.

DIVISION DU SERVICE : SERVICE DE L'AVANT. — SERVICE DE L'ARRIÈRE. — PERSONNEL ET MATÉRIEL COUVERTS PAR LA CONVENTION DE GENÈVE. — ORGANISATION GÉNÉRALE.

Le service de santé en campagne a pour objet les soins à donner aux malades en marche et en station, le relèvement, le traitement, l'évacuation des blessés et l'hospitalisation sur place des malades et blessés temporairement inévacuables ou légèrement atteints.

Il a, en outre, pour objet la prévision, la préparation et l'exécution des mesures d'hygiène et de prophylaxie.

Il est organisé *par armée*.

Division du service.

Il se divise en « service de l'avant » et « service de l'arrière », dont l'action doit être *concordante*, sous la direction d'un seul médecin, dit médecin de l'armée.

SERVICE DE L'AVANT.

Le service de l'avant assure le traitement immédiat, le relèvement et le transport des malades et blessés (1).

Ses organes d'exécution sont :

1° Le *service régimentaire*, dont le fonctionnement rappelle celui des manœuvres;

2° Les *formations sanitaires* qui, quoique affectées aux corps d'armée, sont placées sous la direction du service de santé. Mobiles, interchangeables, elles peuvent s'adapter aux exigences de la guerre moderne.

Elles comprennent :

a) Les *ambulances*, véritables hôpitaux mobiles, toutefois sans moyens de transport pour blessés, qui traitent sur place les malades et blessés et qui en préparent l'évacuation incessante;

b) Les *groupes de brancardiers*, création heureuse du nouveau règlement, qui ont pour but de relever et de transporter jusqu'aux ambulances ou autres formations sanitaires les malades et blessés;

c) Les *sections d'hospitalisation*, qui transportent du matériel de complément pour permettre aux ambulances de s'immobiliser.

---

(1) Il englobe tous les éléments sanitaires qui appartiennent organiquement ou sont provisoirement rattachés aux corps d'armée et division de cavalerie.

En principe, une division d'infanterie (1) dispose de :

1° Quatre ambulances;

2° Trois sections d'hospitalisation, réparties entre le train de combat de la division, le train de combat du corps d'armée, et le groupe des parcs;

3° D'un groupe divisionnaire de brancardiers.

Le corps d'armée dispose, en outre, d'un groupe de brancardiers de corps, qui dispose d'une section d'hygiène et de prophylaxie.

SERVICE DE L'ARRIÈRE.

Le service de l'arrière (2), dit aussi *service de santé des étapes*, assure l'hospitalisation sur place, temporaire ou permanente des malades ou blessés, l'évacuation des malades ou blessés sur les hôpitaux de l'arrière ou de l'intérieur (c'est là son rôle capital), le remplacement du personnel et des formations sanitaires et le réapprovisionnement en matériel des formations de l'avant.

Ses organes d'exécution sont :

1° Les *hôpitaux d'évacuation* (un par corps d'armée), destinés à trier, à hospitaliser transitoirement et évacuer les malades et blessés. C'est l'organe essentiel du service de santé de l'arrière;

2° Les *ambulances* et *sections d'hospitalisation d'armée* (huit ambulances et six sections d'hospitalisation par corps d'armée); certaines ne sont constituées qu'en personnel et matériel sanitaires. Organes essentiellement mobiles, elles sont destinées à remplacer auprès des troupes les formations de même nature immobilisées;

3° Les *infirmeries de gare, de gîte d'étapes* et *de port*, établies sur le parcours des trains ou convois; elles sont de véritables postes de secours donnant la nourriture et les soins aux malades et blessés de passage et recueillant ceux qui ne peuvent continuer leur route;

4° Les *ambulances immobilisées*, pour traiter sur place les malades et blessés dont l'évacuation n'a pas été possible.

5° Les *hôpitaux* et *hospices temporaires* ou *permanents* existant ou créés sur les territoires occupés;

6° Les *hôpitaux auxiliaires*, organisés par les sociétés d'assistance ou les particuliers;

7° Les *dépôts de convalescents et d'éclopés;*

8° La *réserve de personnel sanitaire d'armée*, destinée à combler les vides survenus dans les cadres du service de santé;

9° La *réserve de matériel sanitaire d'armée*, destinée au réapprovisionnement;

10° Enfin, des *stations-magasins*, organes spéciaux de ravitaillement pour le service de santé de l'armée.

---

(1) La division de cavalerie possède une ambulance spéciale.

(2) Il comprend tous les éléments sanitaires de l'armée non affectés à un corps d'armée ou à une division de cavalerie.

Personnel et matériel couverts par la Convention de Genève.

Par application des dispositions de la Convention de Genève du 6 juillet 1906, tout le personnel du service de santé, y compris les brancardiers régimentaires et les soldats ordonnances des officiers du service, porte le brassard international.

Seuls, les musiciens font exception; ils ont un brassard spécial.

Tout le matériel porte, peints d'une manière apparente, les couleurs nationales et l'insigne de la convention de Genève.

De nuit, toute formation sanitaire est signalée par deux feux superposés, l'un rouge, l'autre blanc.

Organisation générale du service de santé en campagne.

Pour fonctionner régulièrement et normalement, sous l'autorité du commandement, le service de santé a besoin de trois organes ayant chacun leur personnel :

a) Personnel de direction;
b) Personnel d'exécution;
c) Personnel de gestion.

PERSONNEL DE DIRECTION.

La direction (1) est assurée, sous l'autorité du commandement :

Dans une armée, par un médecin inspecteur général ou inspecteur, *chef supérieur du service de santé de l'armée, médecin de l'armée;*

Dans un corps d'armée, par un médecin inspecteur ou principal de 1re classe, *directeur du service de santé du corps d'armée;*

Dans une division, par un médecin principal de 1re ou 2e classe, *médecin divisionnaire*, qui est un des plus beaux rôles, sinon le plus difficile, du moins celui qui réclame le plus d'activité;

Dans une place forte, par un médecin principal ou major, *chef de service de santé de la place.*

RELATION AVEC LE COMMANDEMENT.

La direction doit sans cesse être en liaison avec l'état-major, soudée pour ainsi dire à lui : « Concevoir une direction du service de santé ambulante, isolée sur le champ de bataille en activité, est une erreur grosse de conséquences (2). »

PERSONNEL D'EXÉCUTION.

Il comprend :

A l'avant.

1° Le service médical des corps de troupe, placé sous la direction du médecin chef de service;

---

(1) Les attributions spéciales aux directeurs et médecins divisionnaires sont synthétisées dans un article spécial, page 320 des annexes.

(2) TROUSSAINT (*loc. cit.*, p. 236).

2° Le personnel médical des formations sanitaires, sous l'autorité technique du médecin divisionnaire.

Ce personnel comprend, en outre :

a) Des pharmaciens. Ces derniers assurent le service pharmaceutique dans les formations sanitaires, sous l'autorité du médecin-chef.

Ils vérifient la nature et la qualité des susbtances médicamenteuses, notamment celles qui proviennent des dons, achats et réquisitions.

Ils participent aux vérifications inopinées des boissons et denrées débitées dans les camps et cantonnements.

Ils procèdent à toutes les expertises prescrites.

Ils peuvent, enfin, être chargés par le médecin-chef de tous les travaux relevant de leur compétence professionnelle.

b) Un personnel d'infirmiers militaires (infirmiers de toutes les catégories).

c) Du personnel du train des équipages (officiers et hommes de troupe); ce personnel est actuellement placé sous l'autorité du médecin-chef, mais il n'en continue pas moins à relever parallèlement de ses chefs hiérarchiques du train des équipages, en ce qui concerne la discipline et le service intérieur du corps.

Les détachements du train sont neutralisés.

d) Des ministres des cultes, uniquement affectés aux groupes de brancardiers, « qui doivent suivre toutes les évolutions des troupes et procéder, de concert avec le service régimentaire, au relèvement des blessés sur le champ de bataille ».

Seules les ambulances des divisions de cavalerie conservent leurs ministres des cultes (*B. O.*, É. M., vol. 64, p. 205).

e) Enfin, du personnel civil requis (installation des formations sanitaires, gros travaux, inhumations).

A l'arrière.

Les médecins affectés aux formations de l'arrière, sous l'autorité du médecin de l'armée.

PERSONNEL DE GESTION.

Le matériel est pris en charge : dans les corps de troupe, par les conseils d'administration; dans les formations sanitaires, par un officier d'administration gestionnaire.

TITRE II

Etude analytique sommaire du service de l'avant.

CHAPITRE PREMIER.

SERVICE RÉGIMENTAIRE : OBJET, ORGANISATION GÉNÉRALE, PERSONNEL ET MATÉRIEL.

Rappelons que le service de l'avant se compose du *service régimentaire*, des *ambulances*, des *groupes de brancardiers* et des *sections d'hospitalisation*. Son bon fonctionnement exige l'action concordante de ses divers organes d'exécution.

Service régimentaire.

Le service régimentaire a un triple rôle :

1° Soigner les malades et blessés;

2° Préparer leur évacuation;

3° Faire de la prophylaxie,

pendant les marches, le stationnement et le combat.

Pour l'exécution de sa mission, le service régimentaire est organisé de la façon suivante :

Régiment d'infanterie.

PERSONNEL MÉDICAL.

1 médecin-major chef de service,
1 médecin aide-major (1), } par bataillon.
1 médecin auxiliaire, } par bataillon.
4 infirmiers, dont 1 caporal, } par bataillon.
4 brancardiers par compagnie (2),
1 caporal brancardier par bataillon (3),
1 sous-officier brancardier par régiment,
1 conducteur,
38 musiciens par régiment (4).

---

(1) En tout, 3 aides-majors, dont 2 de la réserve.

(2) Recrutés parmi les réservistes anciens musiciens.

(3) Notice n° 6 (règlement sur le service de santé à l'intérieur).

(4) Ils ne sont pas neutralisés.

MATÉRIEL SANITAIRE (1).

1° Le *paquet de pansement individuel*. — C'est un petit paquet de pansement d'urgence que chaque combattant emporte dans la poche de ses vêtements.

Est-il utile ? On a souvent dit : ce paquet sera sali, perdu même, utilisé pour tout autre usage que celui auquel il est destiné; on a dit : le blessé ne pourra l'appliquer lui-même et ses camarades ne devront pas détourner leur attention du combat. S'il est conservé, au moment de s'en servir, on le trouvera malpropre.

Mais l'expérience a démontré que le soldat le conservait intact et même qu'avant son adoption beaucoup d'entre eux emportaient en campagne des objets de pansement.

L'application en est facile, grâce aux théories faites aux soldats par leurs officiers. Utile : il est d'un excellent effet moral pour le combattant et il constitue une grosse réserve de pansements qu'infirmiers et médecins auront toujours sous la main.

L'expérience des guerres modernes en a d'ailleurs consacré l'utilité : « Le pansement individuel est très bon » (Logaschkin et Sonnenblick). « Il suffit sur le champ de bataille » (Von Gettingen); et à la suite des enseignements de la guerre des Balkans (2) certains chirurgiens seraient heureux de voir chaque combattant muni de deux paquets (3).

---

(1) Vous trouverez tous les renseignements utiles sur la composition du personnel et du matériel des corps de troupe et formations sanitaires dans la deuxième édition de *La direction du service de santé en campagne* (médecin inspecteur TROUSSAINT, *loc. cit.*) et dans la notice n° 2 annexée au règlement sur le service de santé en campagne.

(2) Séance de l'Académie de Médecine du 4 mars 1913, professeur MONTPROFIT : *Pansement français chez les Grecs, pansement hollandais d'Utermohlen chez les Serbes et les Bulgares.*

(3) Le paquet de pansement individuel. — Les inconvénients du paquet actuel. — Des modifications à lui apporter. — De la diversité dans les moyens de les réaliser. (Médecin inspecteur G. SALLE, *Archives de Médecine et de Pharmacie militaires*, avril 1914, pages 390 et suivantes.)

2° *Voiture médicale régimentaire* (une par bataillon).

Tableau indiquant le chargement de la voiture, indépendamment des musettes à pansements des brassards de neutralité, des trousses d'infirmiers dont les fixations varient avec la nature et l'importance des formations des corps de troupe auxquels ce matériel est affecté.

DÉSIGNATION DES MATIÈRES ET OBJETS.	QUANTITÉS.	DÉSIGNATION DES MATIÈRES ET OBJETS.	QUANTITÉS.
Collection de six paniers.....	6	Fanion de neutralité..........	1
Panier n° 1 (opérations et bandages).....................	1	Fanion tricolore............	1
Panier n° 2 (médicaments et accessoires)..............	1	Boîte contenant des appareils d'éclairage....	1
Panier n° 3 (pansements petits, 100; pansements individuels, 50)................	1	Bidon de 1 litre pour brancardiers....................	20
Panier n° 4 T (pansements moyens, 100).............	2	Brancards avec bretelles...... (Si plus de 4 compagnies par bataillon, 2 brancards supplémentaires par compagnie.)	8
Panier n° 5 (pansements grands, 36).....................	1	Caisse de règlements, imprimés et objets de bureau........	1
Support et brancard pour table opération (1)..............	1	Divers objets et accessoires en vrac.	
Tonnelet de 30 litres...... ...	1	Des appareils à fracture.	
Lanternes marines, une à verre rouge, l'autre à verre blanc.	2	Lanterne à acétylène pour la recherche des blessés......	1

3° *Sacs d'ambulance* (2). — Destiné à l'infanterie, au génie, à l'artillerie montée, ce sac renferme les principaux médicaments et objets de pansements nécessaires pendant la marche, les manœuvres et en cas d'accident.

Il contient dix pansements individuels, différents accessoires (médicaments, thermomètre, lampe à alcool, etc.).

Un sac d'ambulance est affecté à chaque bataillon d'infanterie, compagnie du génie, groupe de batteries montées.

4° *Paire de sacoches d'ambulance.* — La paire de sacoches d'ambulance répond aux mêmes besoins que le sac d'ambulance.

Il est attribué une paire de sacoches par escadron ou par groupe de batteries à cheval.

5° *Musette à pansement.* — Confectionnée en toile imperméable, elle renferme 20 paquets de pansements individuels, 100 grammes de sucre et 100 grammes d'alcoolat de mélisse; 1 bande pour l'hémostase; 6 lais en treillis avec boucle.

(1) Support-brancard, système Dujardin-Beaumetz-Strauss, grand modèle pour table d'opérations.

(2) Il est complété par un rouleau de secours (flanelle, gants).

Il y a 12 musettes à pansement par bataillon d'infanterie, 12 par groupe d'artillerie montée, 1 par escadron de cavalerie.

6° *Trousse d'infirmier.* — Une trousse, contenant des ciseaux, une pince à pansement, un rasoir, une spatule, est attribuée à chacun des infirmiers affecté aux formations des corps de troupe.

7° *Brassards de neutralité.* — Les infirmiers, les brancardiers régimentaires et les soldats ordonnances des officiers du service de santé reçoivent un brassard qui, portant l'insigne de la Convention de Genève, leur confère la neutralité.

8° *Chargement de petites voitures pour blessés.* — Des petites voitures pour blessés sont affectées aux régiments de cavalerie ou aux groupes de batteries à cheval.

Ces voitures reçoivent un chargement de matériel sanitaire, comprenant, notamment, deux brancards, un fanion de neutralité, un fanion national, un réservoir à eau de huit litres, un urinal en étain.

Deux voitures pour blessés à deux roues par régiment. Indépendamment des voitures pour blessés, une voiture médicale régimentaire est attribuée à chaque brigade faisant partie d'une division de cavalerie indépendante.

Cette dernière voiture marche habituellement avec le train régimentaire de l'état-major de la brigade.

Elle est affectée au régiment qui attelle le fourgon du général; il est également attribué une voiture médicale à chaque régiment de cavalerie de corps.

Dans les régiments de cavalerie dépourvus de voiture médicale et dans les groupes de batteries à cheval, il a été ajouté à chacune des voitures à deux roues pour blessés un panier n° 6, « passe-partout » (1), à deux traits, qui forme le complément des paires de sacoches médicales.

Ce panier est placé dans le coffre arrière des voitures pour blessés.

QUELQUES CONSIDÉRATIONS RELATIVES AUX PANSEMENTS DE GUERRE ET A LEUR APPLICATION (2).

Il n'y a pas bien longtemps, les paniers régimentaires renfermaient des pansements non préparés à l'avance. La confection des pansements, dont les éléments constitutifs étaient dans des paquets distincts, demandait beaucoup de temps et rendait inévitable le gaspillage.

Le pansement préparé par avance reste toujours identique dans ses éléments, dans sa disposition. Il forme un tout complet; sa ma-

(1) Ce panier contient en petit nombre des objets qui sont contenus dans les paniers n° 1 et n° 2; ils contiennent en outre 50 pansements individuels.

(2) L'adoption des pansements complets et tout préparés date de 1907 (*B. O., É. M.*, vol. 83, p. 39.)

Il existe quatre types de pansements : grand pansement (type A); pansement moyen (type B); pansement petit (type C); pansement individuel (type D).

nipulation est simple. On peut, avec des mains sales, l'appliquer propre. Avec lui, enfin, pas de gaspillage et une très grande facilité de réapprovisionnement.

Que peut-on lui reprocher? Un coût initial plus élevé, mais cette augmentation de prix sera vite compensée. C'est donc une substitution des plus heureuses. Mais ces pansements n'ont-ils pas le tort d'être de formes et de dimensions différentes? Sans doute on a dit : il faut plusieurs modèles pouvant s'adapter, les grands aux vastes plaies du thorax et de l'abdomen, formant bandage de corps, les autres aux plaies moyennes et petites.

En temps de paix, c'est parfait. Mais, en campagne, il faut l'extrême simplicité pour la constitution et l'application du pansement, quel qu'il soit.

Comme nous l'enseignait M. le professeur Ferraton, surtout depuis que nous avons manipulé des objets de pansements, nous préférerions un seul modèle : un pansement moyen. Avons-nous une grande plaie? La juxtaposition facile de plusieurs pansements moyens en permettrait l'occlusion. Le petit modèle pourrait facilement être remplacé par le pansement individuel, « nous aurions ainsi un pansement toujours identique, assurant l'ordre, l'économie, la simplicité du réapprovisionnement, alors qu'avec le système des modèles multiples, nous risquerons de manquer, au moment voulu, du modèle qui nous serait nécessaire. Nous serons amenés à utiliser de grands ou moyens pansements pour de petites plaies (1) ».

Toutefois, un grand progrès a été réalisé pour la confection des nouveaux approvisionnements, puisque désormais ces paquets de pansements sont renfermés dans des paniers séparés suivant leur catégorie :

Panier n° 3 : 100 pansements petits et 50 pansements individuels.
Panier n° 4 T : 100 pansements moyens.
Panier n° 5 : 36 pansements grands.

Application du pansement préparé. — Un abri de pansement contre la pluie, le soleil, la poussière paraît indispensable sur le champ de bataille, et l'enseignement du professeur Ferraton (2) paraît encore ici très digne d'attention.

« ... Il semble qu'on pourrait avec avantage adapter aux voitures à deux roues régimentaires quelque système analogue aux tentes Tortoise, mais beaucoup plus léger, sorte d'auvent à armature de bambou par exemple, pouvant se démonter en quelques instants, lors de l'installation d'un poste de secours... »

M. le médecin-major de 1re classe Montagné a décrit un dispositif permettant de réaliser facilement un abri de pansement contre la pluie, le soleil, le vent, la poussière dans les formations instables que sont les postes de secours.

---

(1) Professeur FERRATON, du Val-de-Grâce, *Cours de chirurgie d'armée* (1er fascicule, 1909-1910, p. 245).
(2) Professeur FERRATON, du Val de-Grâce. *Loc. cit.*, page 258.

Le cliché ci-joint nous permettra, le cas échéant, de réaliser à la mobilisation ces abris avec des moyens de fortune (1).

Régiment de cavalerie.

PERSONNEL MÉDICAL.

1 médecin-major de 2e classe.
1 médecin aide-major de réserve.
3 infirmiers.
1 brigadier.
2 ou 3 conducteurs (2).

(La cavalerie et l'artillerie à cheval n'ont pas de brancardiers.)

MATÉRIEL SANITAIRE.

1° Deux voitures à deux roues pour blessés par régiment, voitures légères renfermant un panier n° 6, dit « passe-partout »;

2° Une voiture médicale régimentaire, attribuée à chaque brigade faisant partie d'une division de cavalerie indépendante;

3° Une paire de sacoches d'ambulance par escadron;

4° Une musette à pansements par escadron;

5° Quatre brancards par régiment (3).

---

(1) MONTAGNÉ, médecin-major de 1re classe, *Archives de Médecine et de Pharmacie militaires*, pages 414 et suivantes. Juin 1912.

(2) Trois, lorsque le régiment attelle la voiture médicale affectée à la brigade

(3) Voir, pages 236 et 237, la description du matériel sanitaire.

Régiments d'artillerie.

A. — *Groupe de trois batteries montées* (1) :

PERSONNEL.

1 médecin aide-major.
1 médecin auxiliaire.
1 brigadier infirmier.
3 infirmiers.
12 brancardiers et un brigadier brancardier.
1 conducteur.

MATÉRIEL SANITAIRE.

1 voiture médicale, comme l'infanterie.
1 sac d'ambulance.
12 musettes à pansements.
4 trousses d'infirmier.

B. — *Groupe de deux batteries à cheval :*

PERSONNEL.

1 médecin aide-major de l'active.
1 médecin auxiliaire.
1 brigadier infirmier.
2 infirmiers.
1 conducteur.

MATÉRIEL SANITAIRE.

1 petite voiture pour blessés.
2 musettes à pansements.
2 trousses d'infirmier.
1 paire de sacoches d'ambulance.

Bataillon de chasseurs à 6 compagnies.

PERSONNEL.

1 médecin-major.
1 médecin aide-major.
1 médecin auxiliaire.
7 infirmiers, dont 1 caporal.
25 brancardiers, dont 1 caporal.

MATÉRIEL SANITAIRE.

1 voiture médicale.
18 musettes.
6 sacs d'ambulance.
7 trousses d'infirmiers.
12 brancards à bretelles.

---

(1) Le groupe constitue l'unité de combat.

Bataillon de chasseurs alpins à 6 compagnies.

PERSONNEL.

1 médecin-major.
1 médecin aide-major.
1 médecin auxiliaire.
7 infirmiers, dont 1 caporal.
25 brancardiers, dont 1 caporal.

MATÉRIEL SANITAIRE.

1 voiture médicale.
6 sacs d'ambulance.
18 musettes.
7 trousses d'infirmiers.
12 brancards à bretelles.
3 mulets porteurs de cantines médicales.

Génie (compagnie).

PERSONNEL.

1 médecin auxiliaire.
1 infirmier.
4 brancardiers.

MATÉRIEL.

1 sac d'ambulance avec rouleau de secours.
3 musettes.
1 trousse d'infirmier.
2 brancards.

(En ce qui concerne le service médical de l'aéronautique, voir Troussaint, page 386.)

Service régimentaire pendant les périodes de marches.

Pendant les marches, son action est analogue à celle que vous verrez aux tirs de combats.

Les *médecins en sous-ordre* marchent à la gauche de leur bataillon; ils ont auprès d'eux les infirmiers régimentaires (1) et la voiture médicale de bataillon; en cas de fractionnement de ce dernier, les infirmiers accompagnent leurs compagnies.

En prévision d'un combat, les brancardiers sont également réunis à la gauche de leur bataillon.

---

(1) Il est indispensable d'organiser ainsi le service médical. Nous avons eu l'occasion, lors de coups de chaleur très graves, sous la direction de notre chef de service, d'apprécier cette organisation.

Quant au *médecin-chef*, il se tient à la disposition du chef de corps; il marche, en principe, à la gauche du régiment, suivi de la grande voiture pour blessés (1), détachée auprès du régiment par le groupe de brancardiers de l'unité.

Après l'arrivée au cantonnement, le médecin chef de service passe la visite (autant que possible dans un local situé à proximité du poste de police).

Les malades et éclopés légers sont soignés au corps. Ceux qui doivent être évacués sont réunis à temps pour pouvoir être transportés aux gares de ravitaillement; ceux, enfin, dont l'état est grave sont remis aux municipalités, qui sont requises d'assurer le traitement.

Service dans les cantonnements et pendant les séjours.

Un médecin marche avec le campement pour s'informer de l'état sanitaire de la localité, de la qualité des eaux et de la salubrité générale, pour en rendre compte à son chef de service.

Pendant le stationnement, il doit s'astreindre à l'application des règles de l'hygiène : « Péril de l'eau, péril du sol, péril fécal (2). »

Il doit organiser hâtivement, mais avec soin, une infirmerie régimentaire, où malades et éclopés sont mis sous la surveillance d'un personnel médical de garde; il doit, enfin, à l'aide de la voiture pour blessés, évacuer (3) ceux des hommes qui paraissent incapables de suivre au moment de la reprise prévue du mouvement.

Service pendant le combat. — But du service.

Au combat, le service de santé régimentaire a pour mission :

1° De mettre les blessés à l'abri du feu de l'ennemi;

2° De constituer des places de pansements de première ligne, dites « refuges pour blessés » lorsqu'elles sont dans le voisinage de la ligne de feu, et « postes de secours » quand elles sont plus en arrière (l'organisation de ce premier échelon est une heureuse création du nouveau règlement, qui a pensé avec justice que le service de santé ne devait pas se résigner à l'inaction pendant le combat);

3° D'assurer le transport des blessés depuis les refuges jusqu'au poste de secours et même jusqu'aux « formations sanitaires ».

Ce service a comme principes directeurs : de relever rapidement les blessés, de leur donner les soins nécessaires et de préparer hâtivement leur évacuation.

DISPOSITIONS PRÉPARATOIRES.

Lorsque l'ordre est parvenu de s'engager, le médecin chef de service prend les instructions du chef de corps. Il fait ensuite connaître à chaque médecin de bataillon, dont le personnel se réunit :

---

(1) Cette voiture rejoint le groupe de brancardiers pendant les séjours et dès l'imminence d'un combat.

(2) TROUSSAINT, *loc. cit.*, page 318.

(3) Ces évacuations se feront soit sur une ambulance, soit sur la gare de ravitaillement.

1° Le personnel qui marchera avec les unités de première ligne (1);

2° Le personnel qui restera auprès de lui (2).

Les brancardiers et infirmiers désignés déposent leur sac à la voiture médicale et sont munis, par leur médecin de bataillon, de musettes, brancards et bidons.

Le personnel et le matériel restés avec le médecin-chef suivent d'aussi près que possible les réserves du régiment.

(Généralement, les voitures médicales, conduites par le sergent infirmier, auront intérêt à se conformer aux mouvements des voitures à munitions.)

Après cette organisation méthodique, le médecin-chef ne doit pas perdre le contact de son chef de corps, « car il est à peu près certain... de ne plus savoir au bout de peu de temps où seront les diverses unités ou même ce que sera devenu son régiment » (Troussaint).

FONCTIONNEMENT DU SERVICE. — REFUGES POUR BLESSÉS (3).

Ce sont des *nids de blessés* que crée le personnel médical de première ligne groupé derrière chaque compagnie, qui se dissimule tout comme les combattants.

Derrière les abris ou plis du sol, les blessés viennent instinctivement s'agglomérer pour échapper au feu de l'ennemi, ou bien y sont transportés par le personnel médical pendant les courtes accalmies du feu ou pendant le combat si les couverts le permettent.

Installés derrière chaque compagnie, ces refuges pour blessés sont un prolongement avancé de l'organe central d'assistance.

Ils sont une véritable échelle de secours, légère, mobile, capable de suivre la troupe qui combat, de se dissimuler comme elle.

Dans ces nids, où les blessés sont réunis, des soins élémentaires sans doute, mais réels, leur sont donnés : les plaies y sont pansées avec le paquet individuel de pansement et le contenu des musettes, les fractures immobilisées avec des moyens de fortune (armement, habillement).

Les hommes peu gravement blessés reviennent combattre avec courage, car ils ont derrière eux leur médecin en qui ils ont placé leur confiance.

Sans doute, nous aurons beaucoup de pertes dans nos rangs, mais ce sacrifice ne sera pas inutile : « La présence du personnel médical sur la ligne de feu constitue un facteur moral (4) qui est

---

(1) En principe : 1re compagnie, 1 médecin auxiliaire et 1 infirmier; 2e compagnie, 2 brancardiers; 3e compagnie, 1 infirmier et 1 brancardier; 4e compagnie, 2 brancardiers.

(2) Conserver le personnel restant : 3 médecins aides-majors, 10 infirmiers, 33 brancardiers (Troussaint, *loc. cit.*, page 353).

(3) En partie, d'après la conférence de M. le médecin-major de 1re classe Crépet (Ecole d'instruction de Rouen, 1913).

(4) La présence des médecins derrière la ligne de feu constitue un appui moral pour les courageux, mais aussi un rôle de surveillance pour les lâches (médecin inspecteur Nimier : instructions données aux médecins ayant pris part au cours d'instruction du 14e corps d'armée en 1913).

de nature à favoriser la cohésion et la valeur des troupes. » Ce sont les termes mêmes du règlement.

Poste de secours.

Derrière ce premier échelon va s'installer et fonctionner le poste de secours régimentaire, sous la direction du médecin-major chef de service.

Le nouveau règlement a donné sur cet échelon sanitaire des règles générales inspiratrices des actes de tous, grâce auxquelles les exécutants pourraient agir suivant les circonstances.

Nous ne saurions mieux faire que de reproduire intégralement l'article du règlement.

« *Composition du poste de secours.* — Le poste de secours régimentaire est constitué par le groupement du personnel sanitaire resté à la disposition du médecin chef de service et par la réunion du matériel roulant (voitures médicales).

» Si le poste de secours doit s'installer en plein champ, assez loin des routes, sur un terrain ne permettant pas l'accès facile des voitures, le matériel est déchargé au bord d'un chemin et transporté à bras par les brancardiers sur l'emplacement choisi. Les voitures restent sous la surveillance du sergent brancardier.

» *Installation du poste.* — Le médecin-chef doit éviter d'installer son poste *prématurément.* A cet effet, il attend que l'action soit nettement engagée, que les progrès de la première ligne soient arrêtés ou, en tout cas, que les pertes deviennent sérieuses.

» Comme la circulation méthodique de brancardiers transportant des blessés n'est possible que si le feu n'atteint pas une trop grande intensité, il y aura souvent intérêt à ne déployer un poste de secours en arrière d'un point qu'à partir du moment où l'effet principal du combat s'en est détourné.

» Ce poste sera défilé aux coups de l'infanterie et, autant que possible, de l'artillerie ennemies (1); il ne sera signalé, non plus que les chemins d'accès, par aucun fanion apparent ou autre signe visible de la position adverse. Des flèches à la craie, au charbon, ou mieux à la peinture, indiqueront les itinéraires les plus favorables pour s'y rendre. Tout mouvement de voiture sera interdit pendant l'action.

» Les circonstances de la lutte, la distance, le nombre, l'importance et la dispersion des refuges pour blessés peuvent amener le médecin chef de service à établir plusieurs postes de secours.

» *Fonctionnement du poste.* — L'action chirurgicale (2) est limitée : 1° au pansement des plaies; 2° aux secours immédiats; 3° à l'application d'appareils simples et provisoires pour les fractures.

(1) L'ancien règlement avait prévu que « le poste de secours serait établi en arrière et près des réserves de régiment ». Il était trop rapproché de la ligne de feu.

(2) Cette abstention opératoire a été appliquée lors de la guerre des Balkans. M. Soubtotitch, chirurgien de l'hôpital d'Etat à Belgrade, vient d'adresser à la société de chirurgie de Paris, un intéressant compte rendu relatif à ce sujet (*Bulletin de la Société de chirurgie* du 25 février 1913).

» Les blessés qui peuvent combattre sont renvoyés à leur unité, après pansement, les blessés capables de marcher sont, dans le plus bref délai possible, formés en détachements successifs commandés par le plus ancien gradé et dirigés sur le point de rassemblement des blessés de cette catégorie désigné par le commandement; les autres blessés sont normalement évacués sur une formation sanitaire par les moyens de transport des groupes de brancardiers, mais le médecin-chef ne devra pas attendre l'entrée en action de ces groupes si les ressources dont il dispose lui permettent de commencer l'évacuation de ses blessés.

» Les pansements qui doivent être refaits sont marqués d'un trait de crayon rouge (1).

» Le billet d'hôpital annexé au livret individuel (2) reçoit, au poste de secours, les indications techniques nécessaires pour tous les hommes évacués sur une formation sanitaire.

» *Mouvement en avant.* — Lorsque, par suite du mouvement en avant du régiment, la zone des refuges pour blessés devient trop éloignée du poste de secours, le médecin-chef décide de l'opportunité de l'installation d'un nouveau poste. Le personnel et le matériel laissés en arrière rejoignent dès que les blessés du premier poste ont été évacués ou passés à une formation sanitaire.

» *Mouvement rétrograde.* — En cas de mouvement rétrograde, les blessés sont évacués en commençant par les moins gravement atteints; si l'évacuation du poste ne peut être achevée avant l'arrivée de l'ennemi, un médecin et quelques infirmiers restent auprès des blessés sous la protection de la Convention de Genève. Il en est rendu compte au chef de corps. »

Tel est le poste de secours théorique et idéal; mais, si nous en croyons notre ancien professeur (3) du Val-de-Grâce, son installation sera plus précaire; souvent nous devrons nous contenter d'un abri de pansement si nous en trouvons un et, dans ce cas, ne serait-il pas préférable d'avoir sur notre voiture un panier où nous puiserions hâtivement les paquets de pansements d'un seul modèle et une tente-abri qui nous permettrait de les appliquer facilement par les temps chauds ou pluvieux?

Rôle des infirmiers et brancardiers régimentaires.

Les brancardiers et infirmiers ont donc un rôle bien chargé et souvent difficile à remplir. Ils doivent : ceux de première ligne, organiser et faire fonctionner les refuges de blessés; ceux de seconde ligne, transporter les blessés, *quelle que soit leur nationalité*, depuis les refuges jusqu'au poste de secours ou formation

---

(1) Il en résulte, par suite, que les fiches de diagnostic (rouges pour les blessés évacuables, blanches pour ceux qui ont besoin d'une hospitalisation sur place) prévues par l'ancien règlement, sont désormais sans emploi. C'est une simplification des plus heureuses.

(2) Voir page 263.

(3) Professeur FERRATON, du Val-de-Grâce (*loc. cit.*, p. 233).

sanitaire venue à proximité, ou même jusqu'aux trains et convois d'évacuation s'ils ont accès sur le champ de bataille.

Ils ont encore la mission délicate de rechercher ou de construire des abris pouvant convenir comme refuges, la conduite et le soutien des blessés.

Précieux auxiliaires du médecin, ils méritent souvent, de par leur fonction et leur dévouement, l'amitié respectueuse que leur témoignent, même en temps de paix, leurs camarades qui combattent.

Ils sont souvent, en effet, des cibles inertes sans aucun moyen de défense et les balles ne respectent pas le brassard rouge (1).

Il est indispensable de rappeler que seuls les médecins, infirmiers et brancardiers relèvent les blessés sur le champ de bataille. C'est une règle admise dans toutes les armées européennes et qu'il est indispensable d'appliquer. La discipline du rang doit être sans défaillance sur la ligne de feu. « S'il le faut, les blessés se traîneront seuls au poste de secours. » (De Vernoy.)

Brancardiers et infirmiers parcourent donc et explorent le champ de bataille pendant les accalmies, lors des progrès vers l'avant, après la fin de la lutte (2), sous la surveillance du médecin auxiliaire. Leur tâche pourra être facilitée grâce à l'utilisation des voitures médicales débarrassées de leur chargement de sacs; les groupes de brancardiers (3) leur viendront également en aide si les pertes l'exigent.

Lorsque tous les blessés d'un poste de secours ont été passés à un groupe de brancardiers ou à une formation sanitaire, le personnel médical régimentaire est groupé par bataillon et reconduit à son unité.

Rôle des musiciens.

Ce personnel intelligent et facilement instruit, dès le temps de paix, nous rendra de grands services.

« Les musiciens, y compris leurs chefs et sous-chefs, sont mis à la disposition du médecin-chef, sur sa demande et sur l'ordre du chef de corps, dès que la situation l'exige ou à la fin du combat.

» Ils se rendent au poste de secours, y déposent leurs instruments et remplissent le rôle attribué aux brancardiers régimentaires. »

Comme ils ne sont pas neutralisés, ils paraissent plutôt désignés pour évacuer les refuges vers les postes de secours et ceux-ci sur les formations sanitaires, que pour opérer pendant l'action sur la ligne de feu.

---

(1) L'infirmerie-ambulance de Mogador porte à son frontispice le nom de Tommy, infirmier militaire tué au combat de Tammerza, le 8 janvier 1913.

(2) C'est surtout à ce moment que la relève et le transport des blessés battront leur plein. Le médecin-chef devra, avec le concours des musiciens et des brancardiers organisés *méthodiquement*, faire battre le terrain et relever les blessés.

(3) Pendant le combat, le médecin-chef pourra et devra rester en communication avec le médecin divisionnaire qui est chargé de la direction des formations sanitaires de l'avant. Sur sa demande, le médecin divisionnaire enverra le groupe des brancardiers ou une section; il installera même, s'il y a lieu, une ambulance.

Le personnel médical peut-il et doit-il aller sur la ligne de feu.

C'est là une question doctrinale qui a fait émettre les opinions les plus diverses.

Que disait l'ancien règlement? « Les brancardiers transportent ou conduisent les blessés au poste de secours dès que les circonstances le permettent. »

L'esprit de l'ancien règlement ne s'opposait donc pas à la présence du corps médical sur la ligne de feu.

Le nouveau règlement, au contraire, rend l'action des brancardiers constante, permanente, « pendant les courtes accalmies du feu et pendant le combat si les couverts le permettent ».

D'ailleurs, même quand le service de santé vivait sous la dépendance de l'intendance, n'ayant pas son libre essor, les médecins et chirurgiens d'armée ne pouvaient se résoudre à l'inactivité pendant le combat.

Habitués au danger de par leur profession, ils ne voulaient pas renoncer à faire œuvre utile sur le champ de bataille.

Même quand il n'existait aucune réglementation du service de santé en campagne, nous voyons une pléiade d'hommes illustres donner l'exemple du courage. A Waterloo, Wellington aperçut des hauteurs du Mont-Saint-Jean un chirurgien qui s'avançait sur les lignes de feu. Ayant reconnu Larrey, il dit au duc de Cambridge : « Saluons l'honneur et la générosité qui passent! »

On compte d'ailleurs en moins de quatre-vingts ans, 548 médecins tués au feu (1).

La mort héroïque et modeste du jeune médecin aide-major Auvert, de la colonne Gouraud, est trop connue de tous pour être rappelée, et c'est avec une douloureuse émotion que nous apprenons la mort du médecin aide-major Mallet, à peine âgé de 29 ans, tombé glorieusement devant l'ennemi au combat de Sidi-Ali-ben-Brahim, le 28 avril 1913 (2).

A l'officier qui l'aperçoit et lui dit : « Docteur, restez en arrière; il y a du danger », Mallet, qui était un tendre et un affectif, répondit : « Ma place est là où il y a des blessés. » Il se baisse pour soigner un caporal fourrier et, à ce moment, des cryptes du rocher sortaient des Marocains qui l'entouraient et le tuaient à bout portant d'une balle dans la tête (3).

Mais, dira-t-on, n'est-ce pas un sacrifice inutile? Nous ne le croyons pas. Les Allemands opèrent comme nous et, pendant les guerres récentes, on a adopté cette manière de faire.

---

(1) Projet d'augmentation du nombre des médecins militaires (rapport de M. Léon Labbé, page 6).

(2) Lire, dans la *Presse médicale* du 2 août 1913, le récit de la mort du médecin aide-major Mallet, par P. Bonnette.

(3) Si les circonstances vous permettent de parcourir les cloîtres de notre Ecole du Val-de-Grâce, vous y lirez les noms glorieux des membres de la médecine militaire morts victimes de leur dévouement ou tués à l'ennemi. L'émotion que vous ressentirez vous rendra fiers d'appartenir à notre corps dont les traditions sont faites d'abnégation et de sacrifices.

Cependant, il ne faut pas que le corps de santé s'expose *inutilement :* nous ne pourrions remplacer notre personnel.

Les brancardiers doivent et peuvent enlever les blessés « dont la vue est démoralisante pour les combattants », mais seulement en agissant avec prudence et dans des conditions précisées dans le règlement. Que penserait donc du corps de santé l'état-major, s'il le voyait s'aventurer sur les glacis par un feu violent comme à la bataille de Saint-Privas ?

Fonctions administratives du médecin chef de service.

Le nouveau règlement les a simplifiées et vous ne tarderez pas à reconnaître combien est injuste la critique légendaire qui nous est faite.

Le médecin-chef n'est distrait de ses fonctions professionnelles que pour un instant.

Il fournit une « situation-rapport », modèle n° 2, en double expédition (direction technique, médecin divisionnaire et chef de corps).

Il tient le « journal des marches et opérations », modèle n° 1, sur lequel il inscrit les principaux faits survenus.

Il veille à la bonne tenue du « carnet médical », modèle n° 5, et à l'inscription sur les « certificats d'origine », modèle n° 4, des diagnostics précis.

Il a, enfin, l'initiative des propositions pour l'avancement, la Légion d'honneur et la médaille militaire en faveur du personnel sous ses ordres. C'est le chef de corps qui fait toute proposition pour le médecin chef de service.

Avant de terminer cet article, qui renferme les notions que doit posséder tout médecin auxiliaire, disons quelques mots du *billet d'hôpital à coupons*, modèle n° 29, dont tous les livrets individuels ont été munis.

Ce billet reçoit, dès le temps de paix, toutes les indications d'ordre administratif; seule la partie technique est remplie au moment du besoin.

A l'entrée dans chaque formation, un coupon d'ordre médical et un coupon d'ordre administratif sont détachés. Le premier est collé sur le carnet médical, l'autre sert à constituer le carnet de passage et des entrées, et, en cas d'évacuation, un nouveau coupon administratif sert à constituer la feuille d'évacuation.

• ARMÉE.

—

• CORPS D'ARMÉE.

(1) Désigner la formation sanitaire.

SERVICE DE SANTÉ EN CAMPAGNE.

---

(1)

M. , médecin.

JOURNAL DES MARCHES ET OPÉRATIONS

du *au* 19 .

Le présent journal, contenant feuillets, celui-ci et le dernier compris, a été coté et paraphé par nous, Directeur du service de santé du • corps d'armée.

A , *le* 19 .

DATES.	HISTORIQUE DES FAITS.
	Principaux faits à signaler par les médecins directeurs. Entrée en fonctions du médecin directeur; inspection des formations sanitaires et des résultats de cette inspection. Emploi des formations pendant la période de concentration; mesures pour l'évacuation des malades pendant cette période. Mesures prises au début des opérations actives, évacuations; relèvement successif des formations sanitaires. Observations recueillies pendant les marches; soins donnés aux blessés pendant et après; évacuations journalières. Rencontre de l'ennemi; dispositions prises pendant et après le combat. Cantonnements de longue durée; organisation du service. Autres faits importants (épidémies, mesures de police sanitaire; établissements d'hôpitaux à destination spéciale). Description sommaire des causes locales ayant influencé la santé des troupes; description détaillée dans le cas où cette influence serait peu connue. Mesures sanitaires sur les lignes d'étapes; dépôts de convalescents, etc.; leur organisation. Emploi de réserves de personnel et de matériel; observations à ce sujet.

MODÈLE N° 2.

° ARMÉE.

° CORPS D'ARMÉE.

° DIVISION.

° BRIGADE.

(1) Désigner le corps.

SERVICE DE SANTÉ
EN CAMPAGNE.

(1)

Situation-rapport du au 19 .

Mouvements des malades et blessés.

DÉSIGNATION DES CORPS DE TROUPES, brigades, divisions ou corps d'armée. (Selon le cas.)	INDISPONIBLES au CORPS.		ÉVACUÉS sur les formations sanitaires.		ÉVACUÉS sur les dépôts de convalescents ou d'éclopés.		LAISSÉS AUX SOINS des municipalités.		OBSERVATIONS.
	Officiers.	Troupe.	Officiers.	Troupe.	Officiers.	Troupe.	Officiers.	Troupe.	

NOTA. — Cette situation est établie journellement par les directeurs et chefs de service suivant les indications ci-après :

1° Corps de troupe......... 2	1 au chef de corps; 1 au médecin divisionnaire.	
2° Médecin divisionnaire... 2	1 au général de division; 1 au directeur du service de santé du corps d'armée.	
3° Directeur du service de santé du corps d'armée....... 2	1 au général commandant le corps d'armée; 1 au médecin d'armée.	
4° Chef du service de santé des étapes........ 1	1 au chef supérieur du service de santé de l'armée.	
5° Chef supérieur du service de santé de l'armée....... 1	1 au directeur des étapes et des services.	

A , le 19 .

Le (2)

(2) Le médecin-major chef de service *ou* le médecin divisionnaire *ou* le directeur du service de santé.

RAPPORT SUR L'ÉTAT SANITAIRE.

A , le 19 .

Le (1)

Vu :

Le Chef de Corps,

(1) Le médecin-major chef de service *ou* le médecin divisionnaire *ou* le directeur du service de santé.

Modèle n° 29.
(Art. 36 du règlement)
Format 20/16.

N° 272 *ter* de la nomenclature spéciale.

BILLET D'HOPITAL (PARTIE MÉDICALE)

	Coupon à détacher pour la tenue du carnet médical.	Coupon à détacher pour la tenue du carnet médical.	Coupon à détacher pour la tenue du carnet médical.
Numéro d'ordre..............	1	Ce coupon a été détaché et collé sur le carnet médical de l'ambulance n° 6 du III° C. A., sur laquelle a été évacué ce blessé. (Page 286.)	Ce coupon a été détaché et collé sur le carnet médical du 74° régiment d'infanterie. (Page 266.)
Nom........................	*Durand*		
Prénom (usuel).............	*Emile*		
Grade......................	*caporal*		
Corps......................	*74° de ligne*		
Compagnie ou batterie......	*2° compagnie*		
N° matricule du corps......	15260		
Plaque d'identité — Classe de recrutement..	1882		
Plaque d'identité — Subdivision de région...	*Rouen-nord*		
Plaque d'identité — N° du registre matricule.	297		
Nature de la maladie ou de la blessure..................	*Fracture de la jambe droite par coup de feu au tiers supérieur.*		
Evacuable. — Oui (1).........	*Oui*		
Evacuable. — Non	~~*Non*~~ (2)		

Nota. — Les indications relatives à l'état civil sont portées en temps de paix.
(1) Effacer le oui ou non suivant le cas. (2) Date et signature du médecin traitant.

(PARTIE ADMINISTRATIVE).

RENSEIGNEMENTS sur le passage, le traitement et l'évacuation des malades et blessés.	N° matricule	DÉSIGNATION du corps.	DÉSIGNATION de la Cie.	NOMS et prénoms.	GRADE.	DATE et lieu de naissance (1).	DOMICILE des parents (1).
N° 1 au carnet de passage et des entrées de l'ambulance, de l'ambulance n° 6 3° C. A. (Timbre humide indicatif des dates d'entrée et de sortie.) Entrée 4 août 1892 Sortie 6 août 1892	(2) Ce coupon a été détaché et collé sur le carnet de passage et des entrées de l'ambulance n° 6 du III° C. A. (Page 288.)						
Evacué sur l'intérieur (indicat. de la formation) de	15260	(3) *74° rég. d'infanterie.*	*2° Cie*	*Durand Emile.*	*Capor.*	*15 juill. 1861 Rouen (Seine-Infér.)*	*Yvetot (Seine-Infér.)*
N° au carnet de passage et des entrées de :							
Evacué le							
N° au carnet de passage et des entrées de :							
Evacué sur							

(1) Indication de la commune et du département. (2) Coupon à détacher et à coller sur le carnet de passage et des entrées. (3) Coupon à détacher et à coller sur la feuille d'évacuation.

MODÈLE n° 5

(1) ARMÉE

—

(1) CORPS D'ARMÉE

—

(1) DIVISION

—

(1) BRIGADE

(1) Désigner le corps ou la formation sanitaire.

SERVICE DE SANTÉ
EN
CAMPAGNE

---

(1) 74e *Régiment d'infanterie*

CARNET MÉDICAL

Commencé le 19

Terminé le 19

NOTA. — Ce carnet est établi au moyen de coupons à détacher des billets d'hôpital. Les inscriptions qui ne figurent pas sur ces coupons sont portées à la main sur ce carnet dès l'arrivée des malades et blessés au poste de secours.

Les indications qui ne peuvent être remplies au moment de l'action sont complétées ultérieurement, et, autant que possible, avant l'envoi des carnets au bureau de comptabilité et de renseignements.

Numéro d'ordre	1
Nom	*Durand*
Prénom (usuel)	*Emile*
Grade	*caporal*
Corps	*74e de ligne*
Compagnie, escadron ou batterie	*2e compagnie*
Numéro matricule du corps	15260
Plaque d'identité. — Classe de recrutement	1882
Plaque d'identité. — Subdivision de région	*Rouen-nord*
Plaque d'identité. — Nº du registre matricule de recrutement	297
Genre de maladie	*Fracture de la jambe droite par coup de feu au tiers supérieur.*
Genre, suite, cause de la blessure.	*Oui*
(Indications portées sur la fiche de pansement ou sur la fiche de diagnostic.)	*Dr X...*
Opérations pratiquées	*Immobilisation dans une gouttière en fil de fer.*
Pansement appliqué	
Lieu, jour et heure de l'accident	*Toul, le 4 août* 1892, *à* 3 *heures du soir.*
Date de l'interruption de service	4 *août* 1892.
Destination donnée	*Evacué sur l'ambulance* 6 *du IIIe C. A.*
Dates — du départ du corps	4 *août* 1892.
Dates — de la rentrée au corps	

Observations.

CHAPITRE II.

FORMATIONS SANITAIRES : LEUR ORGANISATION GÉNÉRALE; PERSONNEL ET MATÉRIEL; LEUR ROLE ET LEUR FONCTIONNEMENT; COMPLÉMENT EN PERSONNEL ET RÉAPPROVISIONNEMENT EN MATÉRIEL. — FONCTIONS ADMINISTRATIVES DES MÉDECINS-CHEFS.

Rappelons que les formations sanitaires du service de l'avant sont constituées par les *ambulances* (4 par division), les *sections d'hospitalisation* (3 par division), les *groupes de brancardiers* (1 *groupe divisionnaire* et 1 *groupe de brancardiers de corps*).

Etude sommaire des ambulances (1).

L'ambulance est une formation sanitaire plus complète, plus stable que l'organe régimentaire d'assistance, tout en restant un organe léger qui est dirigé par le médecin divisionnaire.

Toutes les ambulances d'un corps d'armée sont du même type; l'ambulance de division de cavalerie beaucoup plus légère et d'un type différent.

Elles sont réparties entre le train de combat de la division, le train de combat du corps d'armée et le groupe des parcs.

Marchent-elles réunies? Elles sont placées sous l'autorité du médecin le plus ancien, médecin chef du groupe.

COMPOSITION D'UNE AMBULANCE.

1° Personnel.			NOMBRE.		CHEVAUX.
1° Officiers.		Médecin-major de 1re ou de 2e classe	1	9	1
		Médecin aide-major	5		1
		Pharmacien aide-major	1		»
		Officier d'administration	2		1
		(Un monté comme officier d'approvisionnement.)			
2° Hommes de troupe.	Détachements d'infirmiers.	Sous-officiers	2	38	»
		Caporaux	4		»
		Soldats	32		»
	Détachement du train des équipages militaires.	Sous-officiers	1	13	1
		Brigadiers	1		1
		Conducteurs	8		»
		Ordonnances	3		»
		TOTAL		60	5

(1) Pour remplir son rôle, elle dispose d'un personnel technique surtout orienté vers la chirurgie, et d'un outillage moderne perfectionné, à la hauteur de tous les besoins.

2° Voitures et attelages.

	NOMBRE.	CHEVAUX.
Voiture pour le personnel	1	2
Fourgon du service de santé	4	8
Fourgon à vivres	1	2
Attelage haut-le-pied	»	2
TOTAL	6	14

3° Matériel.

		NOMBRE.
Paniers.	N° 2. — Médicaments	1
	N° 3. Pansements — Petits et individuels	4
	N° 4A Pansements — Moyens	18
	N° 5. Pansements — Grands	8
	N° 7. — Appareils de lavage	2
	N° 8. — Complémentaire du n° 7	2
	N° 9. — Accessoires de pansement	2
	N°s 10 et 10 *bis.* — Arsenal chirurgical	2
	N° 11. — Appareils plâtrés	2
	N° 12. — Médicaments complémentaires du n° 2	1
	N° 13. — Objets de propreté	2
	N° 14. — Chemises, brassards, etc	1
	TOTAL	45
Caisses.	N° 1. — Appareil à fracture	1
	A. (vide) Successions, fonds	1
	B. — Comptabilité	1
	C et D. Règlements, imprimés, objets de bureau	2
	N° 2. — Matériel d'éclairage	2
	N° 3. — Ustensiles pour la cuisine et les repas	1
	N°s 4 et 5. — Denrées	2
	TOTAL	10
Ballots.	N° 1. — Gouttières en fil de fer	2
	N° 2. — Couvertures de laine (10)	2
	N° 3. — Sacs à denrées (10), torchons (50)	1
	N° 4. — Draps de lit (40)	1
	TOTAL	6
Matériel en vrac.	Caisse de lampes à acétylène pour opérations	2
	Supports-brancards pour table d'opérations	4
	Tentes Tortoises	2
	Brancards	20
	Réservoirs à eau, à tisane et à vin	6

		NOMBRE.
Matériel en vrac (*suite*).	Divers outils de terrassier	4
	Seaux en toile	12
	Table articulée en X	1
	Table à opérations	1
	Corbeilles et paniers vides	4
	Cantines à vivre pour officiers	q. s.
	Cantines à bagages	q. s.
	Petit outillage pour officier d'approvisionnement	2
	Vivres de réserve du détachement	q. s.
	Avoine pour les chevaux	q. s.

N. B. — Une ambulance spéciale est attribuée à *chaque division de cavalerie*;

Composition : *a*) personnel : 5 médecins (1), 8 infirmiers, 13 hommes du train ; *b*) voitures et attelages : 6 petites voitures pour blessés, 2 fourgons du service de santé avec des paniers et des caisses ; *c*) matériel : 800 pansements, 20 brancards dont 12 dans les petites voitures.

SERVICE DE L'AMBULANCE.

a) *Pendant les marches.* — Loin de l'ennemi, une ambulance est affectée à chaque division. A proximité de l'ennemi, une ou plusieurs ambulances marchent avec l'avant-garde; chaque division est suivie d'une ou plusieurs ambulances avec, s'il y a lieu, des sections d'hospitalisation.

b) *Pendant les séjours.* — Elles peuvent recevoir des malades et blessés des corps de troupe; elles en préparent l'évacuation.

c) *Pendant le combat.* — Progressivement avancé vers la ligne de feu, cet organe, essentiellement mobile, va donc pouvoir fonctionner dès que le médecin divisionnaire l'ordonnera.

Chaque ambulance détache alors auprès de ce médecin un gradé monté qui reconnaîtra les emplacements des postes de secours qui doivent évacuer sur l'ambulance correspondante et leur indiquera le point d'installation de l'ambulance. Il rendra compte au médecin-chef de cette formation et ralliera ensuite le médecin divisionnaire.

A défaut d'ordre, le médecin chef de l'ambulance prendra l'initiative de l'entrée en action de sa formation (2).

EMPLACEMENT D'UNE AMBULANCE.

Il faut faire choix d'un endroit entièrement défilé des vues de l'ennemi et protégé contre le feu adverse, d'accès facile, pourvu d'eau et situé, s'il se peut, à proximité d'une route.

Prévoit-on une immobilisation possible? Il y aura intérêt à l'installer dans de vastes constructions (château, fermes, usines), à condition qu'elles offrent les qualités de défilement indispensables.

(1) Le médecin chef de cette formation est en même temps médecin divisionnaire.

(2) Si les ambulances deviennent insuffisantes, le médecin divisionnaire demande au directeur du service de santé des ambulances supplémentaires.

Les prescriptions du règlement (notice n° 4) sont très judicieuses; chacun connaît le triste sort qui fut réservé à nos malheureux blessés de Saint-Privat, installés dans l'église qui fut enflammée par l'artillerie ennemie et qui les ensevelit sous ses décombres brûlants.

INSTALLATION ET FONCTIONNEMENT DE L'AMBULANCE.

Les voitures sont amenées au point choisi, déchargées de leur matériel au fur et à mesure des besoins.

On déroule les tentes Tortoise, s'il y a lieu d'abriter les blessés.

Les infirmiers réunissent la provision d'eau, de bois, de paille de couchage.

A-t-on installé l'ambulance dans des locaux et en prévision de l'immobilisation possible ? Les dispositions sont prises pour approprier les bâtiments.

Dans ce cas, il y aura à prévoir :

Des salles d'attente pour les blessés;
Une salle de pansement;
Une salle de pansements compliqués et appareils;
Une salle d'opérations;
Des salles pour les blessés à évacuer assis ou couchés;
Des salles pour les malades inévacuables;
Des salles pour les mourants;
Un local pour les décédés;

Enfin, des locaux pour le service général (bureau des entrées, cuisines, pharmacie, magasin, dépôt des armes et des effets des entrants, etc.).

Plan-type de l'installation d'une ambulance immobilisée.

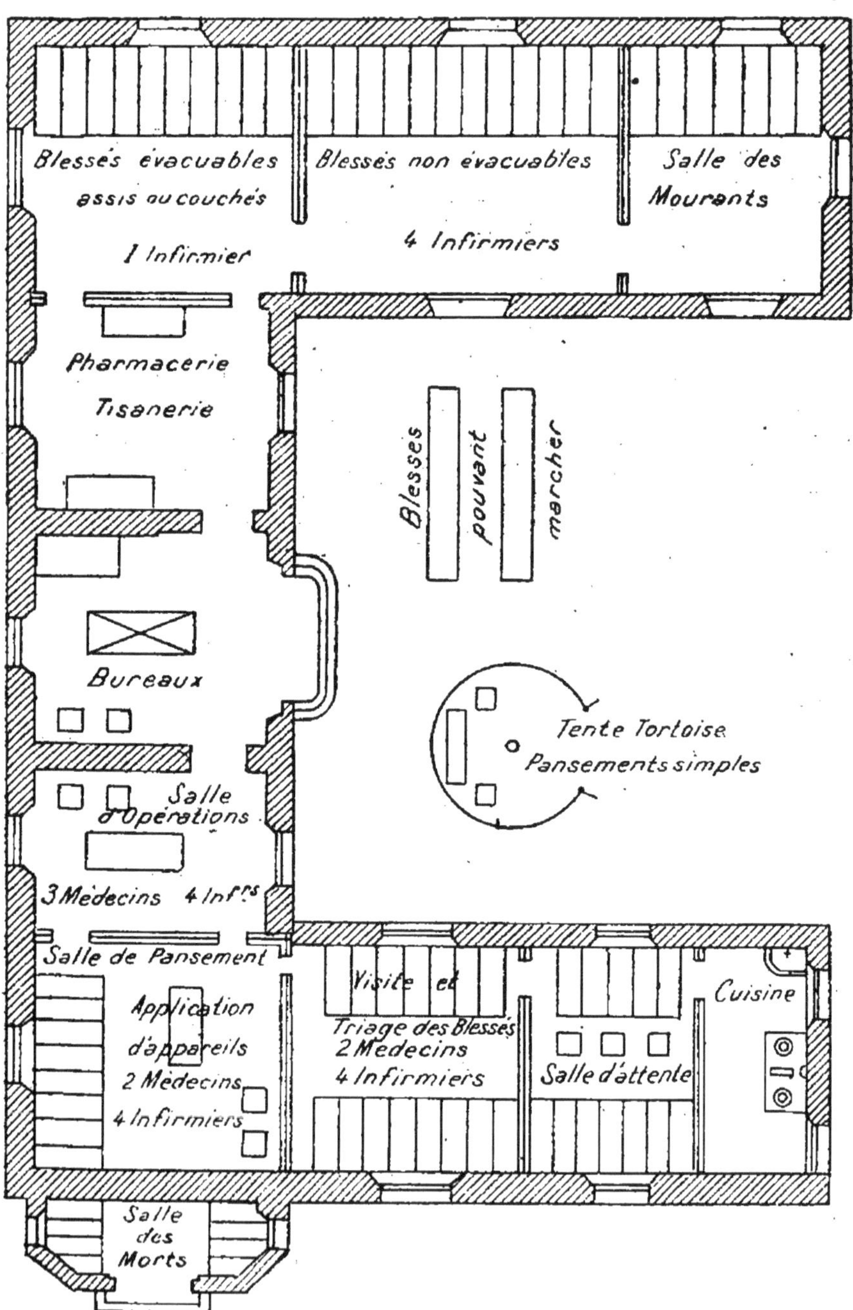

Fourgon-tente (système Tortoise).

Tente Tortoise (2 par ambulance d'infanterie).

Cette tente est portée par un fourgon ordinaire, dont elle remplace la bâche de couverture. En marche, elle est roulée et contenue dans deux fausses ridelles appliquées sur les deux côtés du fourgon. Elle se monte et se démonte très facilement en quelques minutes et répond à des installations provisoires et rapides. Elle peut donner abri à une trentaine de blessés. Les deux grands côtés sont garnis de lucarnes. Quatre infirmiers la montent très rapidement.

Dès leur arrivée à l'ambulance, les blessés sont examinés, et les indications portées sur leur pansement et leur billet d'hôpital dictent la conduite du médecin.

Les blessés sont classés en trois catégories : pansés, à panser, à opérer.

Au fur et à mesure qu'ils ont été examinés, pansés ou opérés, ils sont groupés dans les catégories suivantes :

1° Blessés susceptibles de reprendre immédiatement leur service dans les corps et de combattre;

2° Blessés légers, mais ne pouvant rejoindre leur corps immédiatement et devant être évacués sur un dépôt de convalescents et d'éclopés pour y attendre leur guérison complète;

3° Blessés graves, mais évacuables (pouvant marcher, assis, couchés);

4° Blessés inévacuables.

Les blessés de la première catégorie sont renvoyés à leur corps.

Ceux de la deuxième catégorie sont rassemblés sur un emplacement déterminé à l'avance, puis ils sont formés en détachement et dirigés, sous les ordres du gradé le plus ancien, sur le point fixé par le commandement, ou, à défaut d'ordres, sur l'hôpital d'évacuation le plus voisin. Ces détachements sont pourvus d'une voiture de réquisition par vingt-cinq ou trente hommes entrant dans leur composition.

Les blessés graves, mais évacuables, sont dirigés, par des convois de vingt-cinq à trente voitures au maximum, sur la destination fixée par le commandement. Pour ces transports, on utilise de préférence les trains sanitaires improvisés, quand ceux-ci peuvent être poussés dans le voisinage de la formation.

Dans le cas contraire, et fatalement, pour amener les blessés des formations sanitaires aux gares points d'embarquement des blessés, on utilise tous les moyens dont on peut disposer (1), pourvu que ces évacuations soient hâtives (voitures requises dans la zone des ambulances; voitures des groupes de brancardiers qui, lourdes, ne permettront que des évacuations à peu de distance des formations sanitaires; véhicules de toute nature, à traction mécanique ou animale, mises par le directeur des étapes et des services à la disposition du service de santé.

L'évacuation reste toujours un des problèmes les plus difficiles à résoudre. Sans doute, l'expérience des guerres modernes a démontré qu'il était souvent possible, dans les gares de la zone de l'avant, d'organiser des trains sanitaires pour libérer hâtivement nos formations, mais ne se heurtera-t-on pas à des difficultés pour se procurer les moyens de transport? Aussi, tout récemment, a-t-on créé des « sections sanitaires automobiles » pour parer à cette insuffisance, à raison d'une par corps d'armée.

Chaque section comprend 10 voitures automobiles (type des voitures de livraison du « Bon Marché ») pouvant transporter 80 à 100 malades ou blessés assis et pouvant faire 100 kilomètres par jour. Cette section est commandée par un officier du train et a

(1) Voir page 294.

comme cadre médical un médecin auxiliaire et quelques infirmiers. Elle pourra, s'il y a lieu, se diviser en deux sections.

Les blessés inévacuables seront traités sur place. Ceux-ci, dit la notice n° 4, seront vraisemblablement en nombre considérable.

Beaucoup de blessés sont, en effet, regardés comme incapables, au moins pendant les huit à dix premiers jours, de supporter les fatigues d'une évacuation. Dans ce nombre, il convient de ranger les blessures de la tête, de la poitrine, de l'abdomen, les fractures comminutives des os longs, les lésions des grandes articulations, des gros vaisseaux, etc., et, enfin, les blessés chez qui se manifestent déjà des phénomènes d'infection.

Ces blessés seront, en principe, hospitalisés et traités dans une ambulance immobilisée.

IMMOBILISATION DE L'AMBULANCE.

L'ambulance ne se libère que quand elle a évacué tous ses blessés. Fatalement, une ou des ambulances devront s'immobiliser pour recevoir les blessés inévacuables des ambulances en fonctionnement dans la zone de la division. Ces ambulances sont désignées par le médecin divisionnaire et, ainsi que nous le verrons, elles sont doublées d'une « section d'hospitalisation ». De nouvelles ambulances viennent de l'arrière pour les remplacer et suivre les mouvements de la division si elle se porte en avant.

En cas de défaite, comme pour le poste de secours, le médecin chef ordonne l'évacuation rapide des blessés sur le point fixé par le médecin divisionnaire, « en commençant par les moins gravement atteints »; ceux qui restent sont placés sous la protection de la Convention de Genève.

Etude sommaire des groupes de brancardiers.

Ce sont de véritables compagnies essentiellement mobiles « qui doivent suivre toutes les évolutions des troupes et procéder, de concert avec le service régimentaire, au relèvement des blessés sur le champ de bataille (1) ».

Il existe, par division, un groupe divisionnaire de brancardiers dirigé par le médecin divisionnaire, qui marche avec le train de combat de la division.

En outre, chaque corps d'armée dispose d'un groupe de brancardiers de corps qui marche avec le train de combat du corps d'armée.

Chaque groupe est divisible en deux sections, et la première section du groupe des brancardiers de corps s'augmente du personnel et du matériel de la « section d'hygiène et de prophylaxie ».

(1) Décret du 5 mai 1913.

COMPOSITION DES GROUPES DE BRANCARDIERS (1).

1° *Personnel.*

	GROUPES DES BRANCARDIERS			
	DIVISIONNAIRE.		DE CORPS.	
	1re section.	2e section.	1re section.	2e section.
Officiers.				
Médecin-major de 1re ou de 2e classe	1	»	1	»
Médecin-major de 2e classe (bactériologiste)	»	»	1	»
Médecin aide-major	»	1	»	1
Officier d'administration	1	1	1	1
Officier du train des équipages militaires	1	»	»	1
Vétérinaire	»	»	1	»
TOTAUX	5		7	
* *Ministres des cultes* (dont 1 protestant, 1 israélite, au groupe de brancardiers de corps.)	1	»	2	2
TOTAUX	1		4	
Hommes de troupe.				
Détachement d'infirmiers. — Médecins auxiliaires	3	3	5	4
Détachement d'infirmiers. — Sous-officiers	3	3	6	4
Détachement d'infirmiers. — Caporaux	6	6	12	8
Détachement d'infirmiers. — Soldats	60	60	105	80
TOTAUX	144		224	
Détachement du train des équipages militaires. — Sous-officiers montés	2	2	3	2
Détachement du train des équipages militaires. — Brigadiers	2	2	3	4
Détachement du train des équipages militaires. — Conducteurs et divers	24	27	35	31
Détachement du train des équipages militaires. — Ordonnances	2	2	3	2
TOTAUX	63		83	

* Décret du 5 mai 1903 relatif aux ministres des différents cultes qui doivent être attachés au service en campagne.

(1) Le personnel de la section d'hygiène et de prophylaxie est compris dans la 1re section du groupe de brancardiers de corps.

2° *Voitures, chevaux et mulets.*

	GROUPES DE BRANCARDIERS			
	DIVISIONNAIRE.		DE CORPS.	
	1re section.	2e section.	1re section.	2e section.
Voitures.				
Voitures médicales	1	1	1	1
Petites voitures pour blessés	3	3	4	4
Grandes voitures pour blessés	3	3	3	3
Fourgons du service de santé	1	1	2	1
Fourgons à vivres	1	1	1	1
Voiture du transport du personnel	»	»	1	»
Cuisine roulante	»	1	»	1
Fourgon-forge	»	1	»	1
Chariots de parc	1	1	2	1
TOTAUX	22		27	
Chevaux et mulets.				
Chevaux de selle. — Officiers	3	2	6	3
Chevaux de selle. — Troupe	4	5	6	6
Chevaux de trait	19	23	29	24
Mulets de bât	8 (1)	9 (1)	10 (2)	12 (2)
TOTAUX	73		96	

(1) Pour 8 cacolets par section, 1 mulet haut-le-pied.
(2) Pour 10 cacolets par section, 2 mulets haut-le-pied.

3° *Matériel.*

	Groupes de brancardiers	
	Divisionnaire.	De corps.
Chargements de voiture médicale	2	2
Brassards de neutralité pour officier	10	20
— — pour soldat	300	450
Fanions de neutralité	8	10
Fanions tricolores	8	10
Panier n° 6	2	3
Musette à pansement	140	210
Trousses d'infirmiers	40	60
Chargements de petites voitures pour blessés	6	6
Chargements de grandes voitures pour blessés	6	8
Brouettes porte-brancards	30	45
Brancards	(1)	(1)
Appareils pour suspension de brancards pour voiture auxiliaire (Jeu de quatre)	20	30
Caisse n° 6 d'ustensiles de cuisine	2	2
Caisse B de comptabilité	1	1
Caisses de règlements, imprimés et objets de bureau (E et F)	2	2
Caisses d'appareils d'éclairage	2	3
Nécessaire pour analyse d'eau d'alimentation	1	1
Sacs d'outils complets	2	2
Divers outils de terrassier	q. s.	q. s.
Petit outillage pour officier d'approvisionnement	1	1
Cantine à vivres des officiers	q. s.	q. s.
Cantines à bagages	q. s.	q. s.
Vivres du détachement	q. s.	q. s.
Avoine pour les chevaux	q. s.	q. s.
Matériel de la section d'hygiène et de prophylaxie.		
Appareil à désinfection par pulvérisation	»	1
Blouses de corvée	»	20
Caisse n° 13 « substances désinfectantes »	»	1
Laboratoire portatif de bactériologie	»	1
Caisse n° 15 « cartouches fumigator »	»	2

(1) Indication du nombre de brancards appartenant à ces deux formations :

	Divisionnaire.	De corps.
Voitures médicales	16	16
Fourgons du service de santé	24	36
Chariots de parc	30	45
Grandes voitures pour blessés	20	32
Petites voitures pour blessés	12	12
Totaux	102	141

RÔLE DES GROUPES DE BRANCARDIERS. — ENTRÉE EN ACTION ET FONCTIONNEMENT DES GROUPES.

En principe, les groupes de brancardiers doivent assurer l'évacuation des postes de secours sur les ambulances ou autres formations sanitaires venues à courte distance du champ de bataille; ils participent même au relèvement des blessés qui sont transportés directement sur les formations sanitaires, sans les faire passer par les postes de secours.

Les groupes de brancardiers entrent en action sur l'ordre et les indications du médecin divisionnaire (1er groupe) ou du directeur du service de santé (2e groupe). Il arrivera souvent, d'ailleurs, que les brancardiers de corps seront affectés par le directeur aux divisions.

Divisible en deux sections, chaque groupe opère généralement par section.

Arrivé sur le terrain qui lui a été affecté, le chef de section constitue, à proximité d'une ambulance installée sur ce terrain, si possible, un dépôt de voitures. Les brouettes porte-brancards sont déchargées, les sacs des hommes disposés sur le chariot de parc, les brancardiers munis d'un brancard pour quatre porteurs, de bidons remplis d'eau et de musettes à pansements.

Arrivés sur le terrain de relèvement, ils sont constitués en un certain nombre d'équipes qui procèdent au relèvement des blessés, puis à leur transport jusqu'aux ambulances (1).

Une fois le transport terminé, ils s'équipent de leur sac, rechargent le matériel. Le groupe reconstitué prend la direction qui lui a été assignée par le médecin divisionnaire ou le directeur du service de santé (2).

La création de ces compagnies de brancardiers est une heureuse innovation; les ambulances du nouveau règlement ne possèdent plus de moyens de transport et, par suite, sont plus légères.

Cette réglementation nouvelle donne à la direction du service de santé « un organe ayant une vie propre, une complète indépendance, une véritable autonomie ». (Professeur Simonin.)

Chiens sanitaires (3).

Actuellement est à l'étude la question si intéressante du chien sanitaire. Il existe des chiens policiers et il paraît très utile d'instruire des chiens sanitaires.

Chacun sait combien est important le nombre des blessés disparus et irrémédiablement perdus, faute de moyens de recherches (17.000 en Mandchourie du seul côté japonais).

---

(1) En principe, le rôle du groupe de brancardiers ne commencera qu'après la bataille.

(2) La section d'hygiène et de prophylaxie, outre ses fonctions spéciales (analyse d'eau, désinfections), participe au relèvement des blessés.

(3) Lire le discours de M. le médecin inspecteur Troussaint, prononcé le 22 mai 1913 à la réunion de la *Société du chien sanitaire*, dans la salle des fêtes du *Petit Journal;* l'article « Les chiens sanitaires », n° 46 de la revue *l'Hygiène*, et la très intéressante étude de MM. Bichelonne, médecin-major de 1re classe, et Toiet, capitaine au 13e escadron du train (*Archives de Médecine et de Pharmacie militaires*, juin 1914).

Le transfert du chenil militaire central est à l'étude pour le camp de Châlons.

A la mobilisation, chaque groupe de brancardiers sera doté de quatre à six chiens à provenir :

1° Des chiens dressés au chenil militaire en temps de paix et affectés aux sections d'infirmiers (chiens de l'active);

2° Des chiens appartenant aux particuliers (chiens de réserve) réquisitionnés à la mobilisation.

Pour entretenir le dressage des animaux, des stages ont été prescrits pour les sous-officiers rengagés des diverses sections. Il existe actuellement huit chiens de l'active et quatre-vingts chiens de réserve (1).

Etude sommaire des sections d'hospitalisation.

L'ambulance du nouveau règlement, essentiellement mobile et légère, ne possède pas le matériel suffisant pour son immobilisation; d'où la nécessité des *sections d'hospitalisation*, qui ont pour but de rejoindre les ambulances qui s'immobilisent, pour en permettre le fonctionnement comme organes hospitaliers.

Il existe trois sections d'hospitalisation par division entrant dans la composition d'un corps d'armée.

Dès qu'elles sont arrivées à destination, leur matériel est déchargé; les fourgons disponibles de l'ambulance immobilisée et de la section d'hospitalisation sont ensuite dirigés sur le point indiqué par le directeur compétent.

Ces voitures constituent, avec les formations sanitaires d'armée dépourvues de moyens de transport, de nouvelles ambulances et sections d'hospitalisation.

Ces formations sanitaires ont, en effet, été transportées par chemin de fer à proximité de la zone d'utilisation éventuelle et, dès leur matériel chargé, elles seront prêtes à prendre place dans les formations de l'avant.

Voilà donc l'ambulance immobilisée, transformée en un véritable hôpital pouvant réquisitionner le personnel (médecin, corvées d'habitants) et le matériel de complément nécessaire pour son fonctionnement. Les blessés y seront soignés, mais le médecin chef ne devra pas perdre de vue sa principale fonction, qui est l'évacuation rapide des blessés.

---

(1) M. le médecin principal Berthier, chaud partisan de l'emploi des chiens sanitaires, préférerait qu'ils soient dénommés « chiens ambulanciers ».

SECTION D'HOSPITALISATION.

La composition de cette formation (1) est la suivante :

1° Personnel.

		NOMBRE.	
Détachement d'infirmiers.	Caporal	1	4
	Soldats	3	
Détachement du train des équipages militaires.	Brigadier monté	1	4
	Conducteurs	3	
	TOTAL....		8

2° Voitures, attelages et chevaux de selle.

	NOMBRE.	CHEVAUX.
Fourgons du service de santé	3	6
Cheval de selle de troupe	»	1
TOTAUX....	3	7

3° Matériel.

		NOMBRE
Paniers.	N° 3. — Pansements petits et individuels	1
	N° 4A. — — moyens	4
	N° 5. — — grands	1
	N° 9. — Accessoires de pansements	1
	TOTAL....	7
Caisses.	N° 1. — Appareils à fracture	1
	N°s 6, 7, 8. — Objets du service général	3
	N°s 9, 10. — Denrées	2
	N° 11. — Plâtre à mouler	1
	TOTAL....	7
Ballots.	N° 1. — Gouttières en fil de fer	1
	N° 2. — Couvertures (10)	8
	N° 4. — Draps de lit (40)	4
	N° 5. — Paillasses (40)	2
	N° 6. — Paillasses (40) sacs à paille (100)	1
	N° 7. — Chemises (100)	2
	N° 8. — Effets divers	1
	TOTAL....	19

(1) 1° La gestion du groupe des sections d'hospitalisation non affectées aux ambulances du corps d'armée est assurée par un officier d'administration chef de groupe auquel sont adjoints deux sous-officiers;
2° Une monture est attribuée à l'officier d'administration gestionnaire du groupe des sections d'hospitalisation.

Formations sanitaires à destination spéciale. — Hôpitaux de contagieux.

En cas de nécessité, et faute d'hôpitaux du territoire, le directeur du service fait installer des hôpitaux de contagieux. Le personnel et le matériel nécessaires sont prélevés sur les ressources sanitaires du corps d'armée. Ces formations spéciales fonctionnent comme des hôpitaux.

Ils sont organisés en dehors des grandes lignes de communication et signalés par un *fanion jaune;* leurs abords sont interdits à la troupe. Toutes les mesures de prophylaxie sont prises pour éviter la contagion; la paille, les abris légers et les effets sont détruits par le feu, sous la responsabilité du médecin chef de service.

Les maladies contagieuses sont un péril plus grand en campagne qu'en temps de paix et nul n'ignore que souvent elles sont plus meurtrières que les balles. La grande épidémie de peste qui s'est abattue sur la Mandchourie eût-elle apparu plus tôt, les deux grandes armées auraient été décimées.

Tout le monde connaît les ravages occasionnés par le choléra dans la guerre des Balkans.

Complément en personnel et réapprovisionnement en matériel.

a) *Personnel.* — Le personnel manquant (tués au combat, malades, etc.) est demandé au médecin d'armée (par la voie hiérarchique) qui désigne le personnel de remplacement pris à la « réserve de personnel d'armée ».

b) *Matériel.* — Il existe des « centres de ravitaillement », rapprochés de la gare de ravitaillement, où se rendent des infirmiers munis de bons ou d'états de demande signés du médecin-chef. Les infirmiers rejoignent ensuite leur corps ou leur formation sanitaire par l'intermédiaire des trains régimentaires qui assurent le ravitaillement de leurs unités.

En cas d'urgence, le médecin divisionnaire peut prescrire des prélèvements entre les corps de troupe de la division, et le directeur du service de santé entre les diverses formations du corps d'armée.

Fonctions administratives des médecins chefs des formations sanitaires.

Même simplicité que pour le service régimentaire (et pourtant, même critique).

Le médecin-chef produit :

Une situation-rapport, modèle n° 3 (1);

Un journal des marches et opérations, modèle n° 1 (2);

---

(1) Sur les situations-rapports à produire par les groupes de brancardiers, ne figureront pas les renseignements relatifs au mouvement des malades.

(2) Voir page 259.

Un carnet médical, modèle n° 5;

Le carnet des passages et des entrées, modèle n° 24 (1).

Il a, enfin, l'initiative des propositions pour l'avancement dans la hiérarchie et pour l'admission et l'avancement dans la Légion d'honneur, pour l'obtention de la médaille militaire du personnel du service de santé sous ses ordres; mais il annote les propositions du personnel rattaché provisoirement à sa formation sanitaire.

(1) Ne sont considérés comme entrants, que les malades ou blessés séjournant au moins vingt-quatre heures à la formation.

SERVICE DE SANTÉ EN CAMPAGNE

• ARMÉE.

• CORPS D'ARMÉE

• DIVISION

(1) Désigner la formation sanitaire.

(1) Ambulance n° 6 du III° C. A.

SITUATION-RAPPORT du au 19 .

Mouvement des Malades et Blessés.

DÉSIGNATION DES CORPS OU SERVICES ou des formations sanitaires.	RESTANTS LE MATIN.				ENTRÉS A DIVERS TITRES.				SORTIS A DIVERS TITRES.				DÉCÉDÉS.				RESTANTS LE SOIR.				OBSERVATIONS.
	Officiers supérieurs.	Officiers.	Sous-officiers.	Soldats.	Officiers supérieurs.	Officiers.	Sous-officiers.	Soldats.	Officiers supérieurs.	Officiers.	Sous-officiers.	Soldats.	Officiers supérieurs.	Officiers.	Sous-officiers.	Soldats.	Officiers supérieurs.	Officiers.	Sous-officiers.	Soldats.	

AMBULANCE.	MÉDECIN DIVISIONNAIRE.	DIRECTEUR DU SERVICE DE SANTÉ DU CORPS D'ARMÉE.	MÉDECIN D'ARMÉE.	
NOTA. — Les formations sanitaires de l'avant et les directeurs du serv. de santé établissent tous les jours cette situation, conformément aux indications ci-contre. — 1 exemplaire au médecin divisionnaire ou au directeur du service de santé du corps d'armée.	1 au général commandant la division. 1 au directeur du service de santé du corps d'armée.	1 au général commandant le corps d'armée. 1 au médecin d'armée.	1 au général directeur des étapes et des services.	Les formations sanitaires de la zone des étapes fournissent : Une situation au commandement d'étapes et une autre au chef du service de santé des étapes. Les formations sanitaires maintenues dans la zone de l'arrière en deçà des zones des étapes fournissent une situation au commandement local et une autre au directeur du service de santé du commandement territorial.

SITUATION D'EFFECTIFS.	PRÉSENTS.	RAPPORT JOURNALIER.			OBSERVATIONS SUR L'ÉTAT SANITAIRE.
1° Officiers.		Evénements survenus dans les 24 heures.			Malades à évacuer. a) Par train permanent. b) — improvisé. c) — ordinaire (assis).
Médecins..................					
Pharmaciens					
Officiers d'administration.....		Demandes et objets divers.			
Ministres des cultes.........					
TOTAL					
2° Troupe.		Dépêches, notes et ordres reçus dans les 24 heures.			
Adjudants. Elèves à l'Ecole de Lyon.............					
Adjudants. Médecins auxiliaires.					
Adjudants. Pharmaciens					
Adjudants. Sous-officiers		Envois.			
Infirmiers et brancardiers. Sergents......					
Infirmiers et brancardiers. Caporaux......					
Infirmiers et brancardiers. Soldats		Armes conservées.	Fusils..... Carabines . Revolvers . Epées-baïonnettes..	Epées de sous-officiers.... Sabre d'adjudants...... Sabres série Z	
TOTAL..........					
POUR MÉMOIRE. — Personnel du train.					

A , le 19 .
L'Officier d'administration gestionnaire

A , le 19 .
Le Médecin-chef

(1) ARMÉE. Modèle n° 5.

• CORPS D'ARMÉE

• DIVISION

• BRIGADE

(1) Désigner le corps ou la formation sanitaire.

SERVICE DE SANTÉ
EN
CAMPAGNE

(1) *Ambulance n° 6 du III° C. A.*

CARNET MÉDICAL

Commencé le 19 .

Terminé le 19 .

NOTA. — Ce carnet est établi au moyen de coupons à détacher des billets d'hôpital. Les inscriptions qui ne figureront pas sur ces coupons sont portées à la main sur ce carnet dès l'arrivée des malades et blessés au poste de secours.

Les indications qui ne peuvent être remplies au moment de l'action sont complétées ultérieurement, et, autant que possible, avant l'envoi des carnets au bureau de comptabilité et de renseignements.

Numéro d'ordre	1
Nom	*Durand*
Prénom (usuel)	*Emile*
Grade	*caporal*
Corps	74ᵉ *infanterie*
Compagnie, escadron ou batterie	2ᵉ *compagnie*
Nᵒ matricule du corps	15260
Plaque d'identité. — Classe de recrutement	1882
Plaque d'identité. — Subdivision de région	*Rouen-nord*
Plaque d'identité. — Nº du registre matricule de recrutement	297
Genre de maladie	*Fracture de la jambe droite par coup de feu au tiers supérieur.*
Genre, cause, siège de la blessure. (Indications portées sur la fiche de pansement ou sur la fiche de diagnostic.)	*Oui*
Opérations pratiquées	*Immobilisation de la fracture dans un appareil plâtré.*
Pansement appliqué	
Lieu, jour et heure de l'accident	*Toul, le* 4 *août* 1892.
Date de l'interruption de service	*le* 4 *août* 1892.
Destination donnée	*Evacué sur l'intérieur.*
Dates — du départ du corps	*le* 4 *août* 1892.
Dates — de la rentrée au corps	

Observations.

° ARMÉE. | MODÈLE n° 21.

° CORPS.

° DIVISION.

SERVICE DE SANTÉ EN CAMPAGNE.

(1) Indication de la formation.

(1) Ambulance n° 6 du III° C. A.

CARNET DE PASSAGE ET DES ENTRÉES.

Le présent carnet, contenant feuilles, a été coté et paraphé par nous médecin-chef de la dite formation sanitaire.

A , le 191 .

INSTRUCTION.

Le carnet de passage et des entrées est établi à l'aide de coupons détachés des billets d'hôpital au fur et à mesure de l'arrivée des malades ou blessés à la formation.

Les indications à porter dans les colonnes 9 à 13 sont inscrites ultérieurement au moment du besoin. La série des numéros d'ordre est journalière.

NUMÉROS		DÉSIGNATION		NOMS et PRÉNOMS.	GRADE.	DATE et LIEU de naissance.	DOMICILE des PARENTS.	NATURE de la MALADIE ou de la blessure.	DATES			OBSERVATIONS. Indiquer la nature de la sortie par une des lettres ci-après : G. Guérison. E. Evacuation. D. Décès.
D'ORDRE.	MATRICULE.	DU CORPS.	DE LA COMPAGNIE ou de LA BATTERIE.						DU PASSAGE.	DE L'ENTRÉE.	DE LA SORTIE.	
		74e rég. d'infanterie.	2e Cie.	Durand (Emile).	Caporal.	15 juillet 1861 Rouen (Seine-Inférieure).	Yvetot (Seine-Inférieure).	Fracture de la jambe droite par coup de feu au tiers supérieur.		le 4 août 1892.	le 6 août 1892.	E.

TITRE III

Etude analytique sommaire du service de l'arrière.

CHAPITRE PREMIER.

OBJET DU SERVICE. — SES ORGANES D'EXÉCUTION : LEUR FONCTIONNEMENT.

Objet du service.

Le service de santé de l'arrière a pour objet :

1° L'évacuation incessante des malades et blessés transportables sur les hôpitaux de l'arrière ou de l'intérieur; c'est là sa principale fonction. Il a, en outre, pour objet le traitement sur place des malades et blessés inévacuables et de ceux qui sont susceptibles de rejoindre rapidement leur corps;

2° Le complément en personnel et le ravitaillement en matériel sanitaire du service de santé de l'avant;

3° En principe, l'organisation du champ de bataille (inhumations, assainissement);

4° Le remplacement ou le renforcement du service de santé de l'avant à l'aide des « formations sanitaires d'armée ».

Les organes d'exécution ont été énumérés page 240.

Ils sont placés sous la direction du médecin de l'armée.

Etude sommaire du fonctionnement de ses principaux éléments constitutifs.

AMBULANCES TEMPORAIREMENT IMMOBILISÉES.

Elles fonctionnent, comme celles de l'avant, sous l'autorité technique du médecin de l'armée. Au point de vue du commandement, elles sont subordonnées au commandant d'étapes sur le territoire duquel elles fonctionnent.

Le médecin-chef de ces formations a, là encore, comme fonction capitale la préparation des évacuations des blessés pour les libérer hâtivement. Ces blessés et malades sont évacués quotidiennement ou périodiquement sur la destination qui est notifiée à l'ambulance par le commandant d'étapes.

Ces ambulances immobilisées sont relevées le plus rapidement possible, soit par des hôpitaux auxiliaires du territoire appartenant aux sociétés d'assistance aux blessés militaires, soit par des hôpitaux créés avec les ressources locales et gérés par le service de santé.

HÔPITAUX DE CONTAGIEUX.

Ils sont organisés et fonctionnent comme ceux de l'avant.

ÉTABLISSEMENTS DES PAYS OCCUPÉS : CENTRES HOSPITALIERS.

Les hôpitaux et hospices du territoire occupé sont utilisés par l'armée. En cas d'insuffisance, on constitue des hôpitaux temporaires. Si ces différents établissements prennent une grande extension et se trouvent réunis dans une même ville, ils forment un *centre hospitalier*, dirigé par un médecin principal.

Des services de grande chirurgie et des services spéciaux (rayon Rœntgen), dont peuvent être chargés des médecins et chirurgiens consultants, peuvent être installés (1).

L'organisation de ces centres hospitaliers, celle des hôpitaux permanents ou temporaires isolés, incombent au médecin d'armée.

HÔPITAUX D'ÉVACUATION.

Ils sont destinés à trier, hospitaliser transitoirement et évacuer les malades et blessés.

Dirigés par un médecin-chef énergique, ils exerceront une importante action sur la conservation des effectifs en hospitalisant et en maintenant à proximité de l'armée les malades et blessés légers susceptibles de reprendre leur service à bref délai.

C'est à l'hôpital d'évacuation (2) qu'aboutissent tous les convois ou trains de blessés et malades, quelle que soit leur provenance; les blessés graves et inévacuables seront transitoirement hospitalisés, les autres dirigés vers les hôpitaux, centres hospitaliers de l'arrière, ou vers l'intérieur.

Au point de vue du commandement, ils sont placés sous l'autorité du directeur des étapes et des services, et, au point de vue technique, ils sont sous l'autorité du médecin de l'armée ou de son délégué, le médecin chef du service de santé des étapes.

Les hôpitaux d'évacuation ont donc deux rôles :

a) Hospitaliser les blessés graves et les blessés légers;

b) Préparer les évacuations des hommes classés par catégorie.

Le médecin d'armée (ou son délégué) provoque les ordres nécessaires pour l'organisation des trains ou convois d'évacuation.

---

(1) Des médecins et chirurgiens consultants, n'appartenant plus aux cadres de l'armée, peuvent être rattachés, au nombre d'un par corps d'armée, aux réserves de personnel sanitaire d'armée. Ils sont choisis parmi les notabilités scientifiques et chargés de missions de leur compétence par le médecin de l'armée. Ils n'interviennent jamais dans les questions de commandement ou d'administration. C'est une heureuse innovation du règlement de 1910.

(2) Quand le nombre de blessés l'exige, du personnel et du matériel de complément pourront être demandés à la réserve sanitaire d'armée.

En principe, il existe un hôpital d'évacuation par corps d'armée, divisible en deux sections, qui pourront fonctionner aux points les plus favorables à l'organisation et à l'exécution des évacuations (gares de ravitaillement ou d'évacuation, gares origines d'étapes, têtes d'étapes, etc.).

Cet hôpital possède le matériel et le personnel nécessaires à l'organisation de quatre trains sanitaires improvisés; le personnel et le matériel sont maintenus à la gare régulatrice en attendant leur utilisation.

COMPOSITION.

L'hôpital d'évacuation est organisé de manière à pouvoir fonctionner, le cas échéant, en deux sections séparées, susceptibles de traiter chacune 100 malades. En principe, il y a autant d'hôpitaux d'évacuation que de corps d'armée.

La composition de cette formation est la suivante :

1° *Personnel.*

		NOMBRE.		CHEVAUX.
Officiers.				
Médecin principal ou major de 1re classe		1		1
Médecin-major de 2e classe		1		1
Médecins aides-majors		6		»
Pharmaciens		2		»
Officiers d'administration		2		»
TOTAUX		12		2
Hommes de troupe.				
Détachement d'infirmiers	Sous-officiers	4	52	»
	Caporaux	8		
	Soldats	40		
Détachement du train des équipages militaires	Ordonnances	2		»

2° *Matériel.*

	1re SECTION.	2e SECTION.	TOTAUX
Approvisionnement d'ambulance d'infanterie........	1	1	2
Approvisionnement de section d'hospitalisation.......	1	1	2
Table articulée avec pied en X....................	1	1	2
Supports-brancards petits modèles.................	50	50	100
Appareils de suspension pour voitures auxiliaires (jeu de quatre).....................................	50	50	100
Appareil à désinfection par pulvérisation...........	1	1	2
Caisse n° 15 (cartouches fumigator)...............	1	1	2
Blouses de corvée................................	5	5	10
Caisse n° 13 (substances désinfectantes)............	1	1	2
Brancards...	50	50	100

TRAIN SANITAIRE IMPROVISÉ.

1° Le personnel du train sanitaire improvisé comprend : 1 médecin, 1 pharmacien, 1 officier d'administration, 1 médecin auxiliaire, 44 hommes de troupe (dont 2 sous-officiers et 3 caporaux);

2° Le matériel de cette formation a été déterminé de manière à permettre l'organisation d'un train, composé de 40 wagons, dont 33 transportant chacun 12 blessés couchés sur des brancards, soit 396 blessés (1), plus 4 blessés assis dans un compartiment de voyageurs, soit en tout 400 blessés.

Indépendamment des appareils de suspension, l'approvisionnement comprend notamment : 400 brancards en ballots, 450 couvertures en ballots, 34 seaux inodores, 1 panier n° 4 A (pansements moyens), 1 panier n° 6, 1 caisse de plaques de neutralité, 1 caisse de jeu d'outils pour le montage des appareils, 3 caisses d'ustensiles divers.

Le train sanitaire improvisé fonctionne comme annexe de l'hôpital d'évacuation.

FONCTIONNEMENT ET INSTALLATION DES HÔPITAUX D'ÉVACUATION.

En dehors des combats, ils sont maintenus à la gare régulatrice. En prévision d'une bataille, un ou plusieurs hôpitaux sont rapprochés de l'armée et poussés, en tout ou partie, sur les points les plus favorables à l'organisation et à l'exécution des évacuations (gares de ravitaillement ou d'évacuation, gares origines d'étapes,

(1) Appareils de suspension de brancards modèle 1891, 26 (voir page 301). Appareils de suspension de brancards modèle 1874-89, 53 (voir page 299).

têtes d'étapes, ports de ravitaillement), ainsi que sur tous autres points vers lesquels sont dirigés des convois de blessés. Souvent, il y aura intérêt à sectionner chaque hôpital.

Ils seront installés dans des locaux distincts, dans le voisinage immédiat des gares ou des têtes d'étapes. Il faut prévoir des locaux importants : grands immeubles, hôtels, qui comprendront :

1° Des salles d'attente, où seront réunis les blessés pendant la formation des trains ou convois d'évacuation;

2° Des salles pour l'hospitalisation transitoire;

3° Un local pour l'isolement des contagieux.

Le service peut alors fonctionner normalement; malades et blessés, réunis à l'hôpital d'évacuation, sont soigneusement visités et désignés, suivant leur état, pour être conservés à l'hôpital ou pour être évacués soit vers l'intérieur, soit sur des centres hospitaliers du pays occupé, soit sur un dépôt de convalescents et d'éclopés.

Le médecin-chef inscrit sur la situation-rapport n° 3 les hommes à évacuer, classés par catégories (malades à évacuer couchés, assis), ce qui sert de base au médecin de l'armée pour provoquer les ordres nécessaires pour l'organisation des trains ou convois d'évacuation.

INFIRMERIES DE GARE OU DE PORT.

Ce sont de véritables postes de secours, échelonnés de six heures en six heures sur les lignes de communication, destinés à donner les soins médicaux aux malades et blessés traversant la gare, à recevoir momentanément ceux dont l'état se serait aggravé et à pourvoir à l'alimentation des évacués de passage.

Elles sont de capacité plus grande dans les stations de répartition, où elles disposent de 8 à 15 lits dans les locaux mêmes de la gare.

Elles sont, en général, desservies par la *Société française de secours aux blessés*.

Les infirmeries de port fonctionnent d'après les mêmes principes que les infirmeries de gare.

Il existe des formations semblables à chaque tête d'étapes et dans chaque gîte d'étapes (infirmerie de gîtes d'étapes).

DÉPÔTS DE CONVALESCENTS ET D'ÉCLOPÉS (1).

Ils ont pour but d'éviter l'évacuation à grande distance des malades capables de reprendre leur service après quelques jours de repos et l'encombrement des formations sanitaires. Ils fonctionnent à l'arrière, à côté de l'hôpital d'évacuation.

Il y aura souvent lieu d'installer des dépôts d'éclopés dans la zone de l'avant. Ils fonctionneront d'après les mêmes principes dans le voisinage des ambulances.

---

(1) La notice n° 2 donne leur composition.

CHAPITRE II.

LES ÉVACUATIONS APRÈS UNE BATAILLE : TRANSPORT D'ÉVACUATION PAR CHEMIN DE FER, PAR EAU ; TRAINS SANITAIRES ; LEUR AMÉNAGEMENT ; APPAREILS BRY-AMELINE, APPAREILS BRÉCHOT-DESPREZ-AMELINE ; RÉPARTITION DES MALADES ÉVACUÉS SUR L'INTÉRIEUR.

Quelques rappels.

Il est indispensable d'évacuer les blessés après la bataille pour libérer les formations sanitaires immobilisées qui doivent reprendre au plus vite leur place dans le rang.

Nous avons vu comment les blessés et malades étaient acheminés vers les postes de secours. Nous avons montré la libération immédiate de cet organe régimentaire par les groupes de brancardiers qui transportent les blessés sur les formations sanitaires venues à proximité du champ de bataille. Nous avons dit, enfin, que ces formations devaient *hâtivement* évacuer leurs blessés sur une destination indiquée par le médecin divisionnaire ou, à défaut d'ordres, sur l'hôpital d'évacuation le plus voisin, exception faite pour les blessés inévacuables qui sont traités sur place dans les ambulances immobilisées.

Nous avons vu que les voitures à chevaux des groupes de brancardiers étaient employées, en principe, à l'évacuation des postes de secours; nous ajouterons ici qu'elles ne doivent pas s'éloigner, même quand le travail est terminé, de l'unité de manœuvres (division ou corps d'armée) à laquelle elles appartiennent. Tout au plus pourront-elles parfois servir, sans perdre ce contact, à des transports à distance d'une journée de marche.

Le point de départ des blessés sera donc le champ de bataille ou, plus exactement, les formations sanitaires où nous avons laissé nos blessés dans nos articles précédents.

Un point particulier attirera votre attention : c'est de savoir comment les formations sanitaires évacueront leurs blessés (classés en différentes catégories) sur les gares d'évacuation.

Le règlement de 1910 ne donne pas de principes directeurs suffisamment nets (il est vrai que la question des évacuations est encore à l'étude et qu'elle est loin d'être définitivement résolue).

Cependant, qu'il y ait ou non des routes d'étapes, il faudra toujours des moyens de transport par route et un personnel de conduite pour transporter les blessés aux gares d'évacuation, sauf le cas où les blessés pourront marcher. Il est donc indispensable de se procurer les voitures qui feront la navette entre les formations sanitaires et les gares d'évacuation, cela dans le minimum de temps possible.

Il y aura donc intérêt — et ce serait même l'idéal pour faciliter ces évacuations — d'organiser en plein champ une *gare d'évacuation* ou des *points d'embarquement pour blessés* (1). C'est sur ces gares que seront poussés les trains sanitaires organisés à la gare régulatrice.

Différents moyens de transport par route.

1° Voitures a chevaux des groupes de brancardiers.

Ce n'est pas là leur fonction et nous ne devons pas les employer à ces transports, sauf dans quelques cas.

2° Voitures des sections sanitaires automobiles.

Elles semblent tout indiquées pour faire la navette entre le champ de bataille et la gare d'évacuation. Il paraît naturel de les réserver à cet emploi, car, dans le service de l'avant, elles ne rendront que peu de services, si toutefois il est encore possible de les utiliser (terrains sans routes).

3° Convois éventuels automobiles (2).

C'est un moyen de transport qui sera certainement mis à la disposition du service de santé par le directeur des étapes et des services. Constitués par des groupements de grandes automobiles particulières ou de tourisme, dans des localités situées en arrière du terrain de la lutte, ces convois pourront facilement évacuer les formations sanitaires sur les gares désignées.

Il semble que ce soit un des organes le mieux adaptés au service des évacuations. Le nombre considérable d'automobiles qui circulent actuellement permettrait une organisation, dès le temps de paix, sans gêner en rien les autres services, car de telles automobiles ne peuvent servir qu'à transporter du personnel. Nous aurions ainsi un organe *indépendant* qui nous permettrait la libération hâtive de nos formations, sans avoir recours aux convois auxiliaires qui, sans doute, lors des grandes batailles, seront souvent longtemps attendus.

4° Voitures de réquisition a trouver sur place.

Ce moyen de transport jouera un rôle bien minime pour les évacuations et nous nous demandons même s'il sera possible d'en trouver alors que des réquisitions antérieures auront tout pris.

5° Convois auxiliaires.

Organes d'armée à la disposition du directeur des étapes et des services, qui les utilise d'après les besoins de l'armée; ces convois

---

(1) La notice n° 4, page 59, attire l'attention des médecins-chefs sur ce point.
(2) Cette organisation est actuellement à l'étude (notice n° 8, page 339, et 126 de la notice).

étaient jusqu'à ce jour considérés comme la grosse ressource pour l'évacuation des blessés à transporter assis ou couchés.

Chaque convoi auxiliaire comprend quatre sections de 180 voitures; au total, 720 voitures.

« La capacité de transport de ces convois, nous enseigne M. le médecin inspecteur Troussaint (1), atteint 2.880 blessés, à raison de 4 blessés couchés par voiture, en admettant la possibilité de réunir le matériel d'aménagement nécessaire au transport couché ». ce qui sera souvent impossible; aussi indiquons-nous le second rendement (2 blessés couchés par voiture). S'il s'agit de blessés assis, la capacité de rendement est de 8 blessés par voiture; au total, 5.760 blessés (2).

Mais, si nous en croyons l'expérience du médecin inspecteur Nimier (3), ces voitures n'arriveront sur le champ de bataille, au plus tôt, que deux ou trois jours après le combat, car elles marchent lentement et ont été maintenues à une certaine distance du champ de bataille pour ne pas encombrer les routes.

Il est certain que ces voitures seront encore très utilisées, mais nous préférerions leur voir substituer des sections éventuelles d'automobiles; nos blessés y gagneraient et nos formations sanitaires seraient plus vite libérées.

6° Convois administratifs d'armée.

Chaque section de convoi administratif comprend environ 200 voitures utilisables pour les évacuations (mêmes considérations que ci-dessus (4).

Transport d'évacuation par chemins de fer.

Nos blessés ont donc été portés près du rail (gares d'évacuation ou points d'embarquement de blessés), où des trains sanitaires viendront les prendre pour les évacuer vers l'intérieur. Souvent il y aura intérêt à installer un hôpital ou une section d'évacuation dans ces gares, dont le rôle consistera à hospitaliser certains blessés et à préparer l'évacuation des autres.

Trains sanitaires.

Les transports d'évacuation se font par :

1° Des trains sanitaires permanents
2° Des trains sanitaires improvisés } pour les malades ou blessés couchés.

---

(1) Troussaint (*loc. cit.*, p. 251).

(2) Les convois de blessés ne doivent pas excéder 50 voitures. Durée d'aménagement, 20 minutes par voiture et par équipe de deux hommes; vitesse de marche, 3 kilomètres à l'heure; durée de la marche, 5 à 6 heures au maximum (médecin inspecteur Troussaint).

(3) Nimier (*loc. cit.*).

(4) Dans les différents exercices où vous pourrez être appelés, vous devrez lire, à la page 129 de la notice n° 8 annexée au règlement, les différents procédés d'aménagement de ces véhicules.

3° Des voitures à voyageurs comprises dans les trains ordinaires ou constituant des trains complets; } pour les malades ou blessés assis (1).

1° Trains sanitaires permanents.

Ces trains sont composés de voitures spécialement construites ou amenagées pour le transport des blessés les plus grièvement atteints. Ce sont de véritables hôpitaux roulants où le service fonctionne sans interruption.

Il existe cinq trains sanitaires permanents répondant à deux types : celui des compagnies de l'Ouest-Etat et d'Orléans et celui de la compagnie P.-L.-M., qui ne diffère du premier que par les dimensions doubles de la longueur des wagons. Chaque train comprend 23 wagons à intercirculation, dont 16 pour les blessés et 7 pour les services (personnel des officiers, infirmiers, cuisine, pharmacie, etc.) (2).

	Wagon
	Machine
Linge sale.	1
Personnel (officiers).	2
Infirmiers.	3
	4
	5
	6
	7
	8
	9
	10
	11
Chirurgie. Pharmacie. Lingerie.	12
	13
	14
	15
	16
	17
	18
	19
	20
Cuisine.	21
Allège.	22
Provisions.	23

Il existe :

Deux trains de la compagnie P.-L.-M. (capacité de transport, 256 blessés couchés).

Deux trains de la compagnie d'Orléans (capacité de transport, 128 blessés couchés).

Un train de l'Ouest-Etat (capacité de transport, 128 blessés).

Durée de chargement : 2 h. 30. Vitesse : celle des trains militaires (3).

2° Trains sanitaires improvisés.

Chaque hôpital d'évacuation possède le personnel et le matériel nécessaires à l'organisation de quatre trains sanitaires improvisés.

Ces trains sont composés de wagons de marchandises ordinaires et amenagés à la gare régulatrice avec les appareils Bry-Ameline ou Bréchot-Desprez-Ameline.

Ils comprennent 40 wagons (33 pour blessés couchés et 7 pour le personnel et les services).

Capacité : 12 blessés par wagon, soit 396 par train, plus 4 blessés assis dans le compartiment du personnel.

---

(1) D'où l'importance pour l'hôpital d'évacuation de classer les blessés à évacuer.

(2) Ces wagons pour blessés sont aménagés de manière à recevoir chacun 8 lits-brancards (16 dans les wagons P.-L.-M.).

(3) Le personnel comprend : 2 médecins, 1 pharmacien, 1 officier d'administration, 28 infirmiers.

Durée d'aménagement : 4 heures. Durée de chargement : 2 heures. Vitesse : 20 à 30 kilomètres à l'heure.

Ils arriveront tout aménagés aux gares d'évacuation.

Appareils de suspension des brancards.

Description de l'appareil Bry-Ameline. — Cet appareil est constitué par des traverses en bois fixées aux parois latérales des voitures (quatre paires de traverses superposées et suspendues à l'extrémité d'un sys'ème élastique par wagon).

Chaque plan peut recevoir trois brancards, dont six à droite et six à gauche, total, douze blessés par wagon.

Cet appareil, peu encombrant, a le grave inconvénient de nécessiter la perforation des parois latérales des wagons, aussi le second système est-il préférable. (Lire, dans la notice n° 8, page 111, annexée au règlement, l'instruction relative à l'installation des appareils de suspension dans les trains sanitaires improvisés.)

Description de l'appareil Bréchot-Desprez-Ameline. — Cet appareil se compose d'une cage en fer formée par des montants en fer à entretoises reliés entre eux par quatre grandes traverses d'assemblage fixées au moyen d'écrous à béquilles.

Il y a par appareil trois traverses superposées, qui peuvent soutenir trois brancards. Ces traverses porte-brancards sont fixées par des ressorts à boudins ayant pour effet d'amortir la violence des chocs dans tous les sens.

Chaque appareil peut soutenir trois brancards ; quatre appareils dans les quatre coins des wagons, par conséquent douze blessés par wagon.

Cet appareil pèse 58 kilogrammes. Un wagon peut en transporter 80, disposés sur quatre rangées perpendiculaires à la voie.

C'est là notre grande ressource pour les évacuations du champ de bataille.

Jusqu'à ce jour, la grande difficulté était de chauffer les wagons. En réservant pour le service de santé les wagons des messageries des rapides, où fonctionne le chauffage central, nous aurons résolu ce problème, car actuellement il serait bien difficile d'assurer la fourniture des bouillottes, ainsi que l'indique la notice n° 8, annexée au règlement de 1910 (1).

Machine	
1	Fourgon à frein.
2	
3	
4	
5	
6	
7	
8	
9	
10	
11	
12	Wagons à freins.
13	
14	
15	
16	
17	
18	
19	
20	Voiture du personnel
21	
22	
23	
24	
25	
26	
27	
28	Wagons à freins.
29	
30	
31	
32	
33	
34	
35	
36	
37	
38	
39	
40	Fourgon à frein.

(1) Chacun sait combien le froid est redoutable aux blessés immobilisés (médecin inspecteur Delorme, *Académie de médecine*, 11 avril 1913).

STALLATION DES APPAREILS DE SUSPENSION DE BRANCARDS A 2 ETAGES (MODÈLE 1874-89 — SYSTÈME BRY-AMELINE)

DANS LES WAGONS A MARCHANDISES.

FIG. 1. — *Coupe longitudinale.*

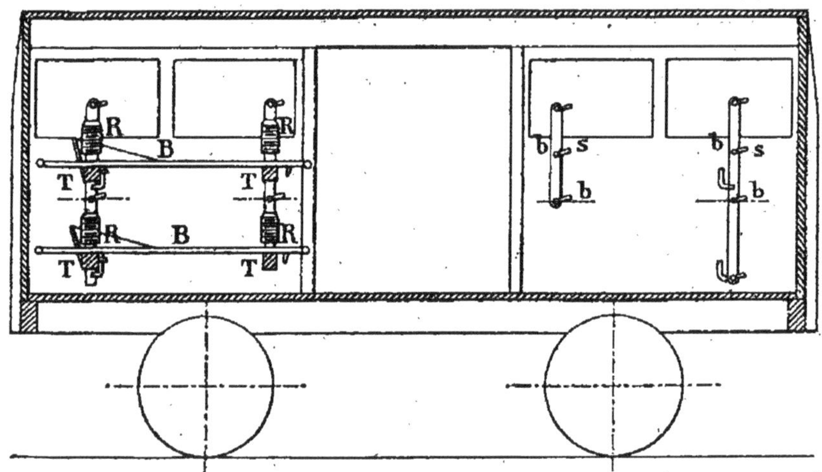

FIG. 2. — *Plan.*

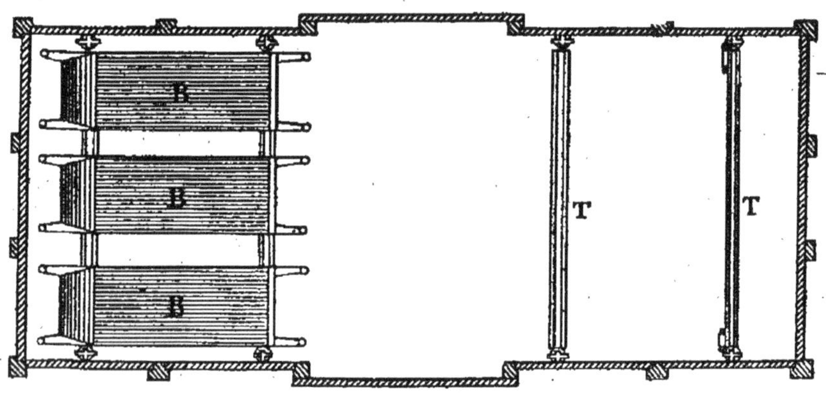

Légende.

Brancards.

Traverses de suspension.

Supports de traverses de brancards.

Boulons d'attache aux parois du wagon.

Appareils élastiques.

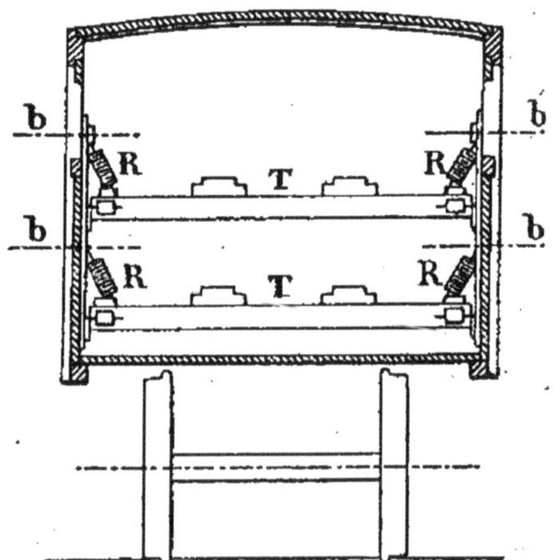

FIG. 3. — *Coupe transversale.*

3° Trains ordinaires.

Ils sont destinés aux blessés assis. Ils sont composés de voitures à voyageurs, une quarantaine environ, et qui contiennent, par compartiment, six à huit blessés assis, ce qui correspond par train à 1.500 blessés évacués. La durée d'embarquement sera d'une heure; la vitesse ne devra pas dépasser 50 kilomètres à l'heure. Ces trains voyagent de jour seulement, s'arrêtent la nuit à une *station siège d'infirmerie de gare*, prévenue télégraphiquement.

En outre, quand une bataille est imminente ou s'engage, la gare régulatrice enverra des trains vides aux points d'embarquement les plus proches du champ de bataille pour enlever le plus tôt possible les petits blessés qui encombreraient inutilement nos formations sanitaires.

PERSONNEL DE CONDUITE.

Ce personnel est prévu et réglementé pour les trains sanitaires.

Pour les autres convois, le personnel sera prélevé sur celui des formations et des réserves.

Il faudra qu'il soit muni du matériel nécessaire pour les soins urgents en cours de route. Ce personnel sera chargé de la discipline; quelquefois même, il devra assurer le couchage et l'alimentation des évacués.

Le trajet de ces trains sera fixé d'après les circonstances de lieu et de temps.

S'il n'existe pas d'hôpital d'évacuation aux points d'embarquement, les blessés seront examinés dès que ces convois sanitaires passeront dans une gare siège d'hôpital ou de section d'évacuation; les blessés légers et ceux dont l'état s'est aggravé seront hospitalisés. Ces importants hôpitaux d'évacuation sont destinés à trier les blessés, à les hospitaliser transitoirement et à régulariser leur situation (1). Ils ont donc une importante action sur la conservation des effectifs.

Ces trains continueront ensuite leur route, passeront en transit à la gare régulatrice, où, de nouveau, le médecin chef de l'hôpital d'évacuation assurera l'hospitalisation des intransportables et la vérification et le contrôle des feuilles d'évacuation.

Echelonnées sur le long des trajets jusqu'à la destination définitive des trains, qui peut être parfois très éloignée, se trouvent des *infirmeries de gares*, véritables postes de secours qui jalonnent la route.

Sous cette surveillance médicale, les convois d'évacuation seront dirigés sur l'intérieur, d'après un plan d'ensemble établi par le Ministre.

Le directeur des étapes et des services est constamment tenu au courant, par les directeurs régionaux du service de santé des corps d'armée, du nombre de lits disponibles dans les régions d'hospitalisation affectées à l'armée correspondante.

---

(1) Médecin inspecteur Nimier (*loc. cit.*).

APPAREILS DE SUSPENSION DE BRANCARDS A 3 ETAGES.

(Modèle 1891. Système Bréchot-Desprez-Ameline.)

FIG. 1. — *Coupe longitudinale d'un wagon aménagé.*

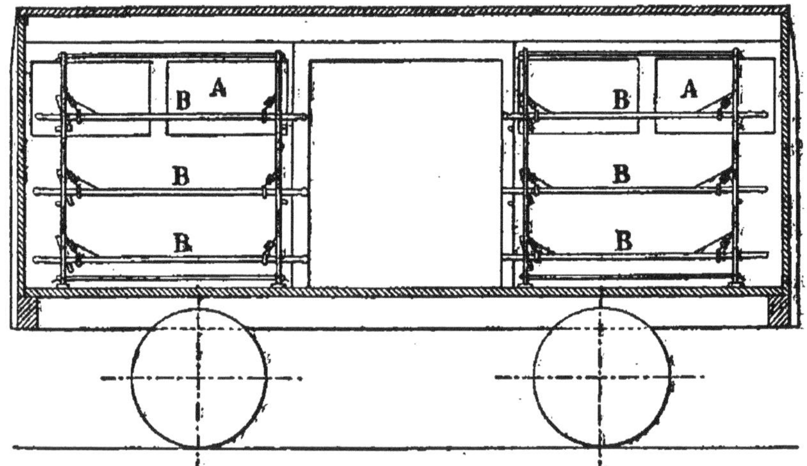

FIG. 2. — *Plan.*

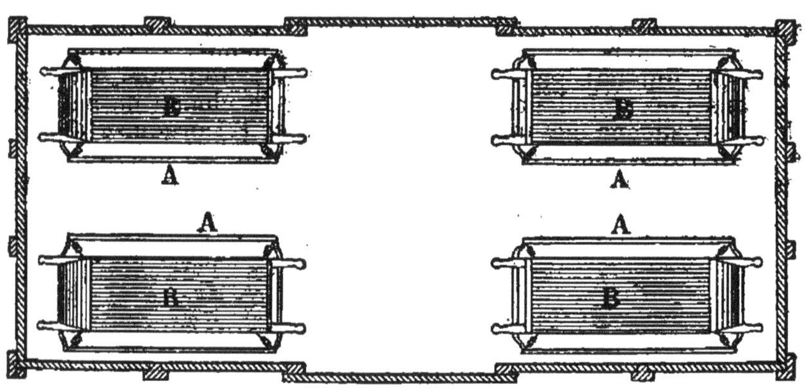

Légende.

A. Appareils de suspension : modèle 1891.

B. Brancards placés sur les appareils.

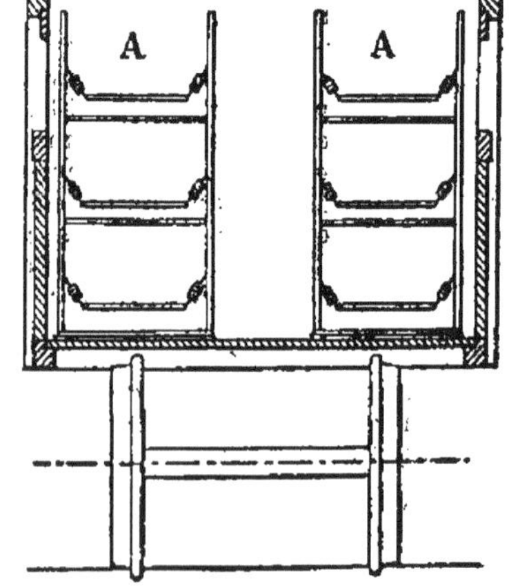

FIG. 3 — *Coupe transversale.*

D'après ces renseignements, il fait connaître à la commission régulatrice les gares points de répartition sur lesquelles les trains d'évacuation doivent être dirigés.

Cette gare point de répartition sera, par exemple, Mantes pour le 3e corps d'armée.

A l'arrivée dans ces gares, les trains sont reçus par le directeur régional du service de santé, qui fixe la répartition des évacués entre les divers établissements hospitaliers (1) de la région, en évitant de changer la composition des wagons. (Ce sera, par exemple : 10 wagons pour Evreux, 5 pour Rouen, 6 pour Bernay, 1 pour Vernon, 5 pour Mantes.)

Les wagons sont alors dirigés jusqu'à la station définitive par les premiers trains disponibles, et cela, autant que possible, sans transbordement.

L'autorité militaire du point d'arrivée, prévenue de l'heure de débarquement et du nombre de blessés, prend les mesures nécessaires pour assurer leur transport à l'hôpital, où ils vont terminer leur guérison.

Tel sera le point d'arrivée des blessés moyennement atteints qui ne pourront reprendre leur service de longtemps.

Pour les blessés légers, leur destination sera les *dépôts de convalescents et d'éclopés*, installés à proximité du champ de bataille ou dans des localités particulièrement favorables.

Quant aux blessés graves qui ne peuvent être évacués au loin (le transport aggrave les plaies et aussi augmente la mortalité des blessés) (Jacobivici), mais qui ne doivent pas, toutefois, être maintenus dans une ambulance immobilisée sur le champ de bataille, il faudra les évacuer sur un *centre hospitalier* (2) organisé dans une ville aussi rapprochée que possible du terrain de la lutte (3).

Les convois automobiles ne seraient-ils pas, là encore, l'organe qui conviendrait le mieux à ce genre d'évacuation?

---

(1) Hôpital militaire du temps de paix; hôpital militaire prévu dès le temps de paix sous le nom « d'hôpital temporaire »; hôpital dit « auxiliaire », géré par l'une des sociétés d'assistance.

(2) Voir page 290.

(3) Lorsque le service de santé sur le champ de bataille, dit Delorme, est dans l'entière impossibilité d'assurer le traitement primitif des blessés, il serait utile, et même indispensable, d'établir des postes de secours qui constitueraient des échelons d'arrêt aux nœuds des routes que doivent suivre les convois d'évacuation, et sur la voie ferrée.

Ce grand maître de la médecine militaire réclamerait surtout cette installation lorsque les exigences militaires motivent l'évacuation rapide de blessés infectés. N'est-il pas, en effet, imprudent d'évacuer à la hâte des blessés dont l'état général est des plus précaires, nos infirmeries de gare ne pouvant les recevoir?

Si nous en croyons M. le médecin inspecteur général Delorme, de telles évacuations seraient une conception administrative et non chirurgicale, dans laquelle n'entrerait ni assez de cœur ni assez de pitié. (*Bulletin de l'Académie de médecine*, 7 avril 1913.)

Notions sommaires sur les évacuations par route et par eau.

Nous avons vu que des moyens de transport par route étaient obligatoires pour le service de santé (page 294). La notice n° 8 donne une description complète du matériel actuellement mis à la disposition du service de santé.

A. — ÉVACUATION PAR VOITURE DES GROUPES DE BRANCARDIERS.

Ces voitures sont de deux types : la grande voiture à quatre roues et la petite voiture à deux roues.

Grande voiture à quatre roues. — Elle peut transporter dix malades assis ou 4 couchés, ou 5 assis et 2 couchés.

GRANDE VOITURE POUR BLESSÉS.

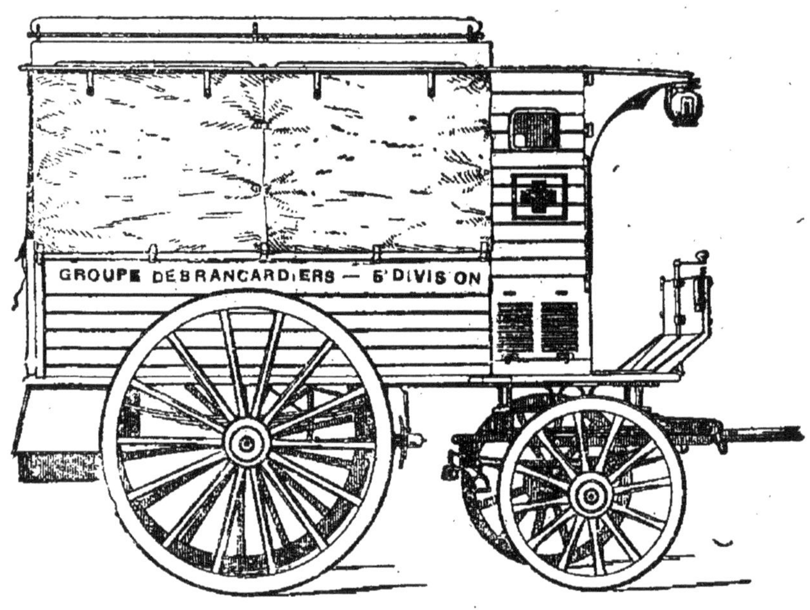

Vue extérieure de la voiture.

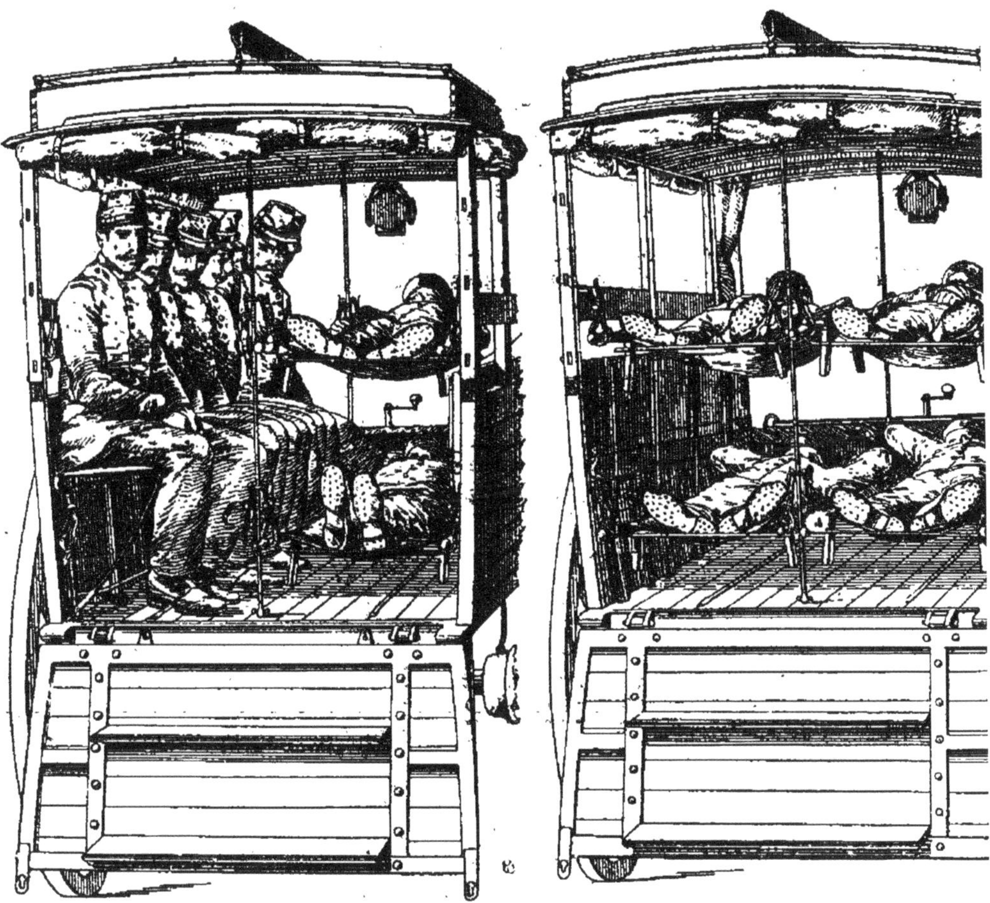

Vue intérieure de la voiture avec 2 blessés couchés et 5 assis.

Vue intérieure de la voiture avec 4 blessés couchés.

PETITE VOITURE POUR BLESSÉS.

Vue extérieure de la voiture.

Vue intérieure de la voiture avec 2 blessés couchés.

Petite voiture pour blessés à deux roues. — Cette voiture ne contient que deux brancards. L'adoption de banquettes à rabattement permettra de n'y placer que des malades ou blessés assis.

B. — ÉVACUATION PAR VOITURES AUXILIAIRES.

La notice n° 8 donne des instructions pour leur aménagement, qu'il est bien difficile de résumer. Lisez-les dans le texte.

C. — ÉVACUATION PAR CACOLETS ET LITIÈRES A DOS DE MULET.

TRANSPORT DE BLÉSSÉS A DOS DE MULET.

Mulet portant 2 blessés assis sur des cacolets.

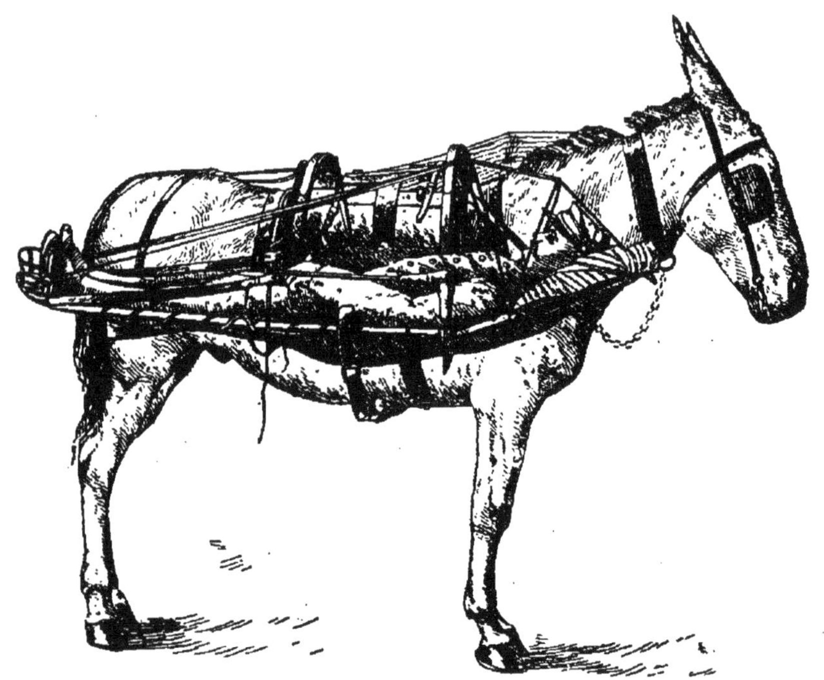

Mulet portant 2 blessés couchés dans des litières.

Ces deux moyens de transport sont très pénibles pour les malades. Ils ne seront employés que dans les terrains accidentés.

Les litières ne figurent plus dans la composition des groupes de brancardiers.

D. — ÉVACUATION PAR BROUETTES-PORTE-BRANCARDS.

C'est là un excellent moyen de transport sur les routes, les chemins et terrains peu accidentés, qui remplace avantageusement les mulets de bât.

Les brouettes-porte-brancards sont transportées sur des chariots de parc, au nombre de deux dans le groupe divisionnaire de brancardiers et de trois dans le groupe de brancardiers de corps. Chaque chariot transporte quinze brouettes-porte-brancards.

E. — ÉVACUATION PAR VOITURES AUTOMOBILES.

(Voir page 295.)

Pour mémoire : Evacuation par eau.

(Lisez dans le texte, notice n° 8, page 142.)

BROUETTE-PORTE-BRANCARD.

Fig. 1. — Brouette-porte-brancard.

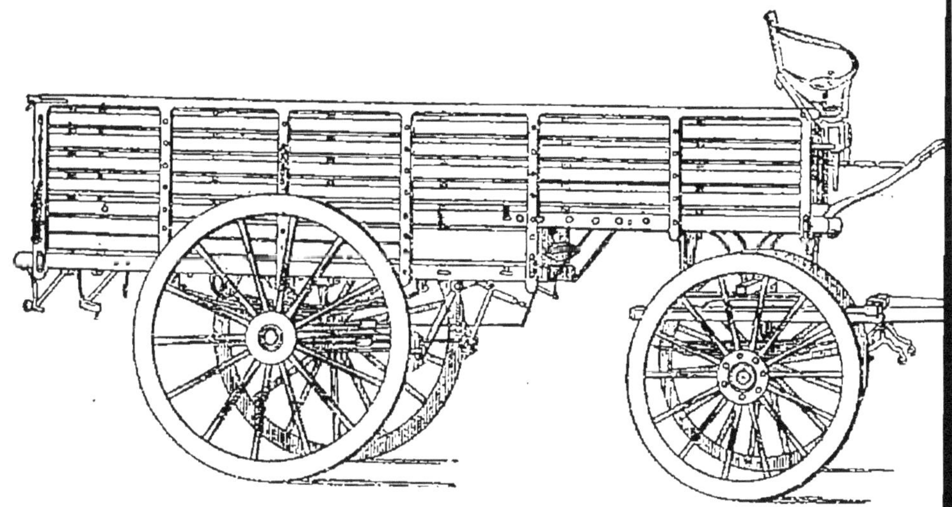

Fig. 2. — Chariot de parc pour 15 brouettes-porte-brancards.

CROQUIS D'ENSEMBLE DU SERVICE DE SANTÉ DE L'ARRIÈRE EN CAMPAGNE.

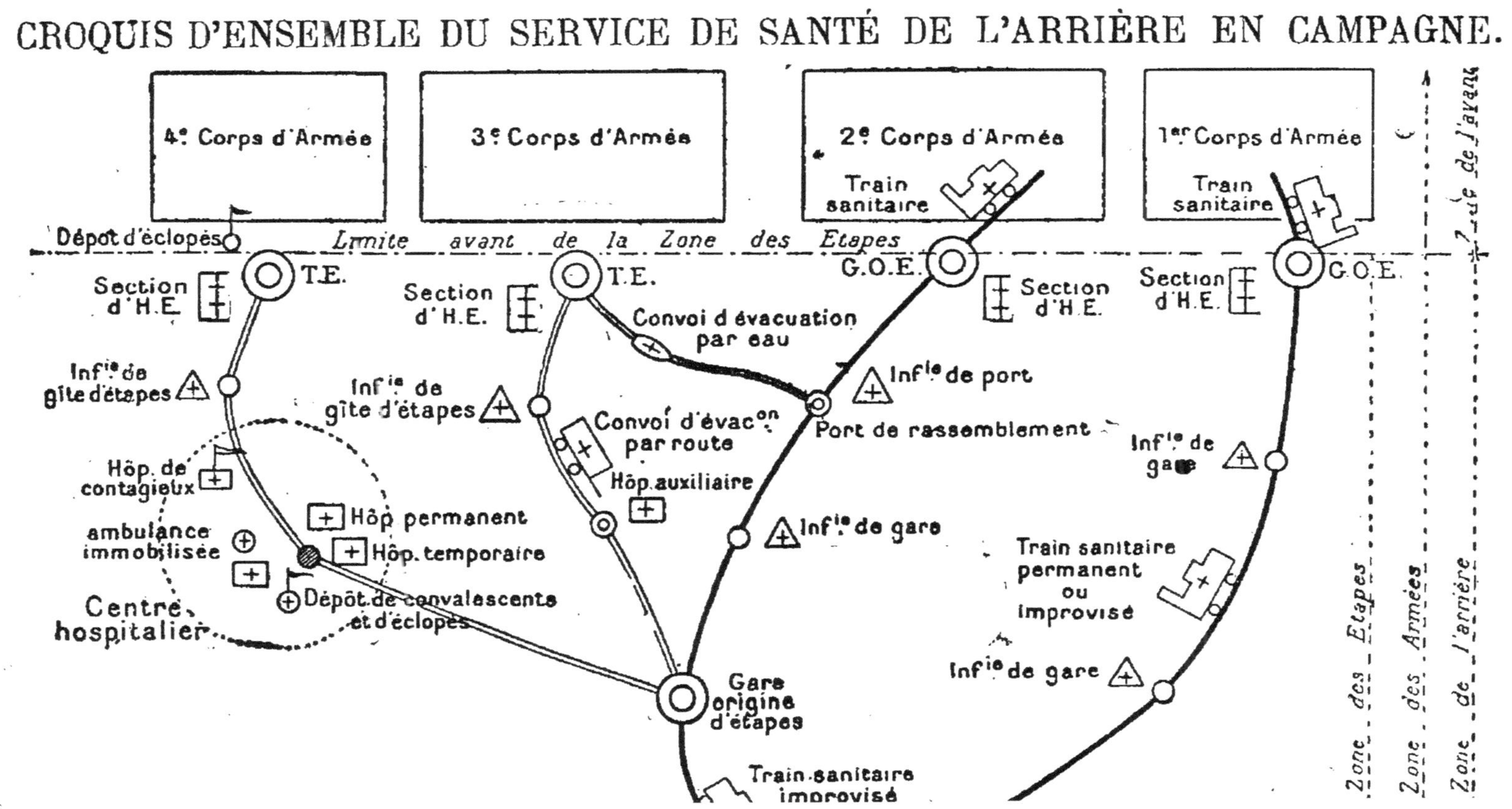

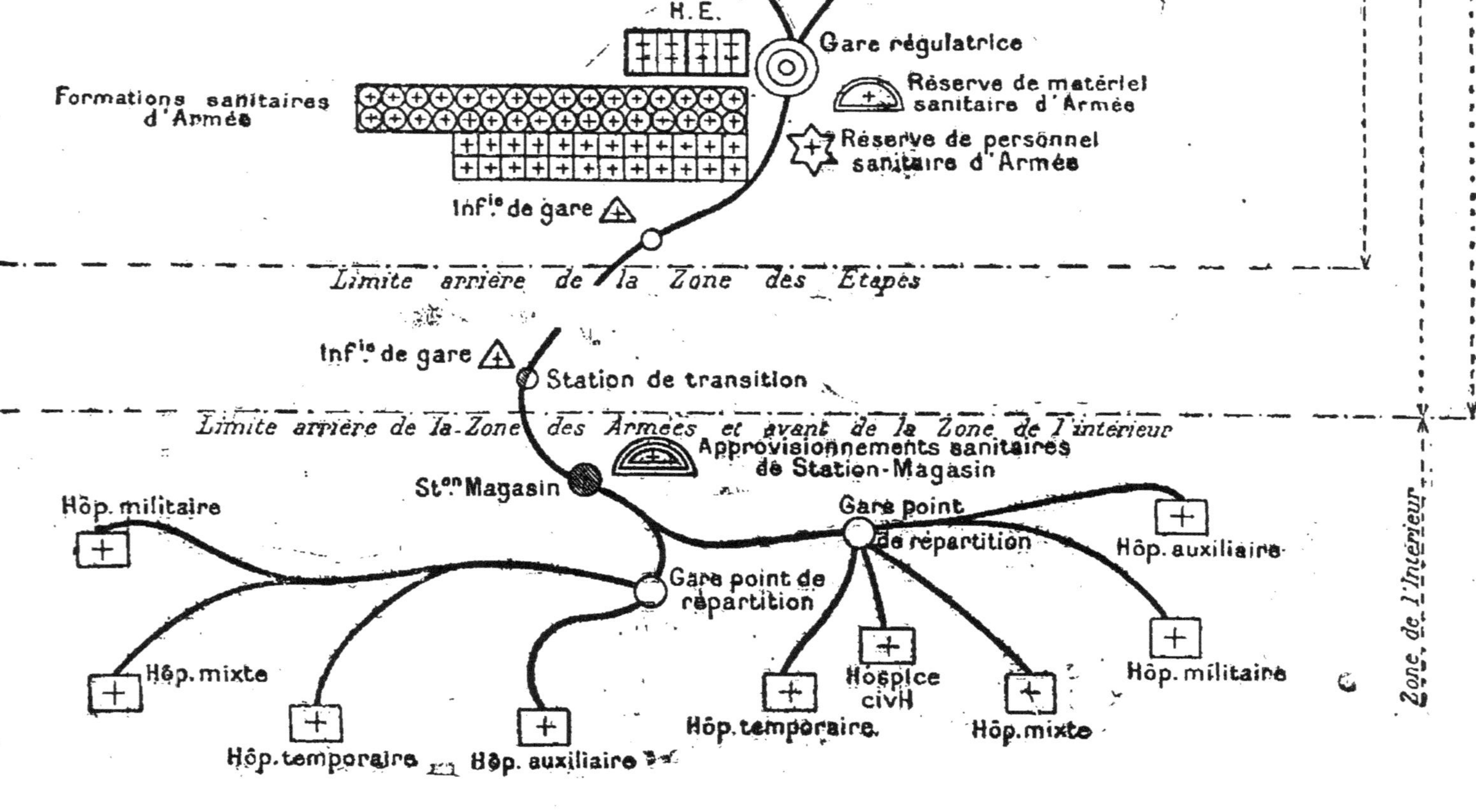
H.E.
Gare régulatrice
Formations sanitaires d'Armée
Réserve de matériel sanitaire d'Armée
Réserve de persónnel sanitaire d'Armée
Infie. de gare
Limite arrière de la Zone des Étapes
Infie. de gare
Station de transition
Limite arrière de la Zone des Armées et avant de la Zone de l'intérieur
Approvisionnements sanitaires de Station-Magasin
Ston. Magasin
Gare point de répartition
Gare point de répartition
Hôp. militaire
Hôp. mixte
Hôp. temporaire
Hôp. auxiliaire
Hôp. temporaire
Hospice civil
Hôp. mixte
Hôp. militaire
Hôp. auxiliaire
Zone de l'Intérieur

CHAPITRE III.

RECOMPLÈTEMENT EN PERSONNEL DE LA RÉSERVE DE PERSONNEL SANITAIRE D'ARMÉE ET RÉAPPROVISIONNEMENT DES FORMATIONS SANITAIRES DE L'ARRIÈRE.

RÉSERVE DE PERSONNEL SANITAIRE D'ARMÉE.

La réserve de personnel sanitaire d'armée est reconstituée par prélèvement sur les disponibles de l'intérieur, sur la demande du directeur des étapes et des services.

COMPOSITION DE LA RÉSERVE DE PERSONNEL SANITAIRE D'ARMÉE.

Indépendamment du personnel sanitaire affecté aux différents éléments de l'avant et de l'arrière, une réserve de personnel sanitaire d'armée est constituée à la gare régulatrice.

Elle est formée d'autant de groupes qu'il entre de corps d'armée dans la composition de l'armée.

Chaque groupe a la composition suivante :

Médecins-majors de 1re et de 2e classe	2
Médecins aides-majors	3
Pharmaciens	2
Officiers d'administration	3
TOTAL	10
Médecins auxiliaires	4
Détachements d'infirmiers — sous-officiers	4
Détachements d'infirmiers — caporaux	8
Détachements d'infirmiers — soldats	74
TOTAL	90

Elle possède, en outre, un personnel de gestion qui est commun au groupe des sections d'hospitalisation d'armée non affectées et à la réserve de matériel sanitaire d'armée (1 officier d'administration, 1 sous-officier, 1 caporal, 2 soldats).

RÉAPPROVISIONNEMENT DES FORMATIONS SANITAIRES DE L'ARMÉE (1).

La réserve sanitaire de matériel placée dans la zone de la gare régulatrice expédie chaque jour, aux *gares ou centres de ravitail-*

---

(1) Voir notice n° 8 (pages 36 et 37 des notices) la composition de la réserve de matériel sanitaire d'armée et de la station-magasin.

lement, le matériel (pansements et médicaments) destiné aux réapprovisionnements des corps de troupe et des formations sanitaires de l'avant (1) et de l'arrière. Cette expédition s'effectue dans les mêmes conditions que le ravitaillement quotidien de l'intendance.

Les hôpitaux d'évacuation, dépôts de convalescents, etc., se réapprovisionnent aux points de passage les plus rapprochés des convois de ravitaillement.

Quant à la réserve sanitaire d'armée, elle se réapprovisionne à la *station-magasin*, qui doit toujours avoir ses approvisionnements au complet.

---

(1) Voir page 281.

Réapprovisionnement des formations sanitaires en matériel.

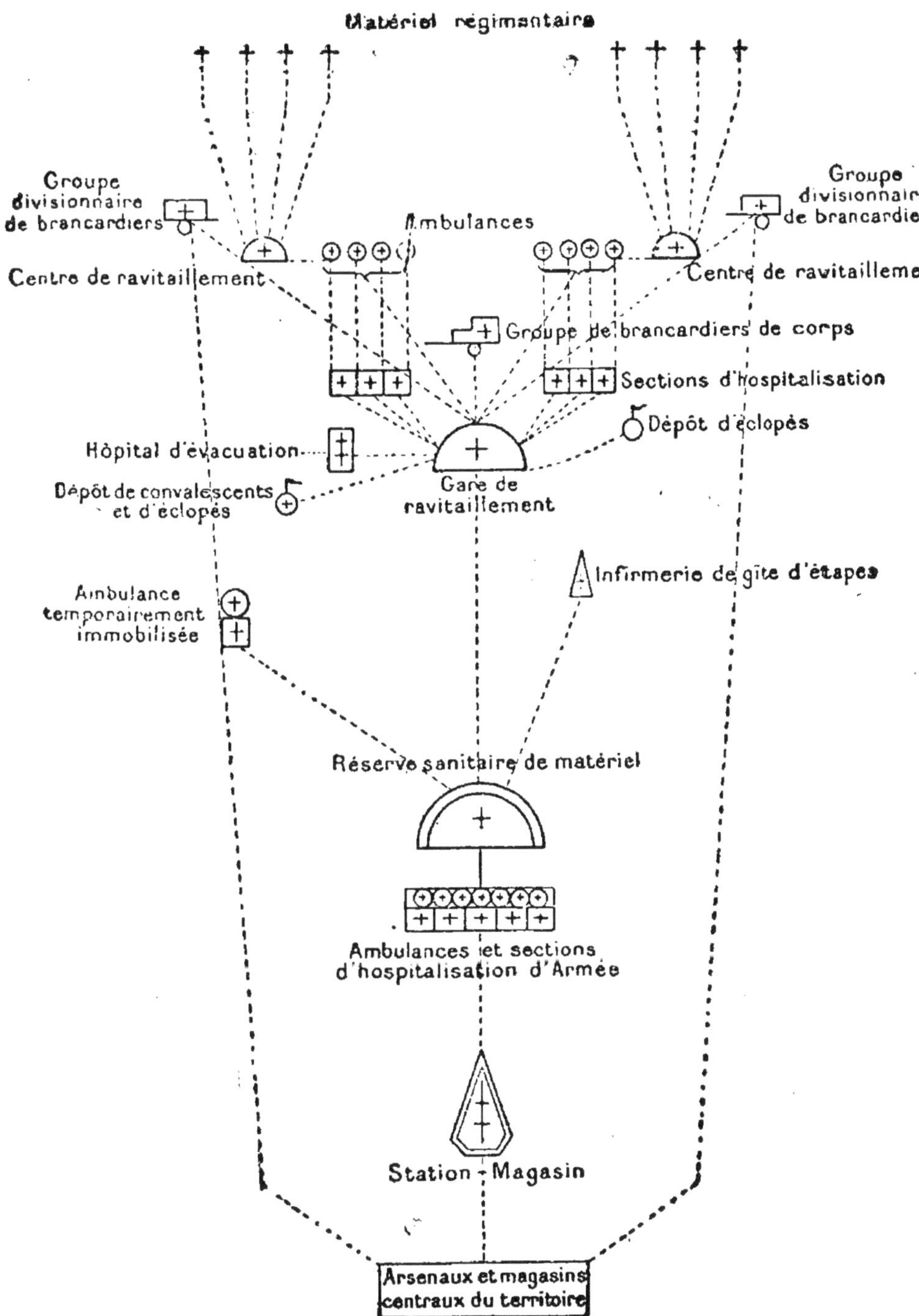

TITRE IV

Approvisionnements.

UNITÉS COLLECTIVES DU MATÉRIEL DE CAMPAGNE.

Nous avons donné, dans différents articles, la composition en matériel sanitaire des corps de troupe et des formations sanitaires. Pour la facilité du réapprovisionnement, les approvisionnements en matériel sanitaire de campagne comprennent :

1° Des *unités collectives principales*, constituant, à elles seules, le matériel total d'une formation sanitaire. (Ex. : approvisionnement de groupes de brancardiers.)

2° Des *unités collectives secondaires*. (Ex. : chargement de voitures médicales, etc.)

3° Des *sous-unités collectives*. (Ex. : les paniers, les caisses, les ballots.)

La composition, le nombre et l'affectation des unités et sous-unités sont fixés par des tableaux indicatifs placés dans chacune d'elles.

DIFFÉRENTS MOYENS DE RÉAPPROVISIONNEMENT.

Ces moyens sont les suivants :

1° Expéditions des services de l'arrière (réserves sanitaires);

2° Achats sur place (denrées, objets de consommation);

3° Réquisitions (le droit de requérir est délégué par le commandement au médecin chef de chaque formation sanitaire);

4° Cessions (service des subsistances pour les denrées et liquides nécessaires à l'alimentation des malades et blessés);

5° Prélèvements;

6° Dons;

7° Prises sur l'ennemi.

TITRE V

Service de santé dans les sièges.

CHAPITRES I ET II

SERVICE DE SANTÉ DANS L'ATTAQUE ET LA DÉFENSE DES PLACES.

I. — Attaque des places.

Lorsqu'un corps de siège est formé, les formations sanitaires jugées nécessaires lui sont affectées.

Des médecins sont spécialement désignés pour remplir, auprès du commandant de corps de siège, les fonctions de directeur du service de santé.

D'une manière générale, le service de santé fonctionne de la même façon que dans une armée en campagne.

a) *Service pendant la période d'investissement.* — Pendant la période destinée à parfaire l'investissement, le service de santé fonctionne comme au cours des opérations actives, ainsi qu'il a été décrit dans les précédents chapitres.

Quand l'investissement est terminé, le service médical est assuré dans chaque *secteur* au moyen du personnel et du matériel des formations entrant dans la composition de l'unité occupant le secteur considéré.

Il est donc créé, au besoin, des *refuges pour blessés* et des *postes de secours.*

Une *infirmerie régimentaire* est ouverte pour chaque corps de troupe, hors des vues ou de la portée des canons de la place, dans les cantonnements affectés aux réserves.

Plus en arrière sont établies des *ambulances* (1); elles fonctionnent comme ambulances immobilisées.

Un ou plusieurs *hôpitaux d'évacuation* fonctionnent en tête des lignes d'évacuation, et lorsque la nécessité en est reconnue, du personnel sanitaire assure le service dans les commandements d'étapes organisés sur les lignes d'évacuation.

---

(1) Le directeur du service de santé du corps de siège fixe le nombre de ces formations devant entrer en action, détermine la quantité de sections d'hospitalisation à leur rattacher et désigne celles spécialement affectées au traitement des affections contagieuses.

b) *Service pendant les attaques.* — Les médecins appartenant aux troupes de garde des approches marchent avec le corps auquel ils sont rattachés; ils desservent les emplacements organisés dans les tranchées pour y donner les soins aux blessés. Ces refuges pour blessés sont, en ce cas, dénommés « abris de pansement ».

Un médecin est adjoint à chaque major des approches pour remplir les fonctions de « médecin des approches ». Ces fonctions consistent à seconder le major des approches dans l'installation des abris de pansement et des ambulances d'approche, ainsi que dans l'organisation de l'évacuation des blessés.

Abris de pansement et ambulances d'approche. — Les abris de pansement fonctionnent comme des refuges pour blessés ou comme des postes de secours, suivant qu'ils sont plus ou moins exposés; leurs emplacements sont déterminés par le major des approches de concert avec le médecin des approches.

Les ambulances d'approches sont installées par les ordres du major des approches. Elles doivent être masquées aux vues de la place et protégées par des abris blindés, construits par le génie. Ces formations ne sont pas signalées par le fanion de la convention de Genève.

Les directions à suivre pour y accéder sont jalonnées par des flèches à la peinture et reconnues d'avance par les brancardiers.

c) *Service après la prise de la place.* — Après la prise de la place, le directeur du service de santé fait au commandement, et sans délai, des propositions concernant :

L'installation des malades et blessés;

L'organisation active des évacuations y compris celle des malades et blessés des troupes assiégées;

La réquisition de locaux et de matériel pouvant être utiles au service de santé.

II. — Défense des places.

Dans les places fortes et les forts isolés, investis ou assiégés, le service de santé fonctionne dans les conditions prévues dès le temps de paix.

Organisation du service. — Chaque place ou fort possède un ou plusieurs établissements sanitaires. Ces établissements sont :

Les infirmeries de fort;

Les hôpitaux militaires;

Les hôpitaux temporaires du service de santé;

Les hôpitaux auxiliaires organisés par les sociétés d'assistance.

Les places fortes importantes sont dotées, pour les besoins de la défense active, d'un certain nombre d'ambulances spéciales.

Médecin-chef de la place. — Ce médecin possède toutes les attributions du directeur du service de santé d'un corps d'armée isolé (voir page 321).

Il règle l'exécution du service dans toute l'étendue du périmètre de défense de la place.

Dès le temps de paix, le *médecin-chef de la place* est membre de la commission de défense. Il soumet au commandement des propositions concernant :

1° L'organisation du service de santé pour la période de défense et les approvisionnements à constituer;

2° L'installation et l'emplacement des établissements sanitaires désignés plus haut;

3° Les mesures hygiéniques à prendre pour le logement des troupes, les hôpitaux, les cimetières, etc.;

4° Le maintien dans la place des médecins et pharmaciens civils et le recrutement des infirmiers volontaires.

a) *Pendant la mise en état de défense*, il surveille l'organisation et le fonctionnement du service, répartit les tâches entre les médecins et officiers d'administration, reconnaît les points désignés pour l'installation d'abris de pansement, et si un service d'évacuation est utile, il en provoque l'organisation;

b) *En cas de siège*, il fait partie du conseil de défense et du comité de surveillance d'approvisionnement.

Tenu constamment au courant de l'état sanitaire de la population civile, il propose au gouverneur les mesures qu'il juge indispensables pour prévenir où enrayer les épidémies.

Il soutient enfin, par ses conseils et son exemple, ses subordonnés et les malades ou blessés; il évite toute parole de découragement.

Exécution du service. — Dans les infirmeries de fort le service se fait autant que possible comme dans les infirmeries-hôpitaux de l'intérieur. Pendant la défense, des refuges de blessés et des postes de secours sont installés, qui évacuent leurs blessés soit sur les ambulances, si elles fonctionnent, soit sur les hôpitaux de la place.

Lorsque le siège est commencé, des *abris de pansement* sont organisés sur la ligne principale de défense.

Dans les hôpitaux, le service se fait, en principe, comme en temps de paix.

TITRE VI

Sociétés d'assistance aux blessés et malades militaires.

(Voir pages 330 et suivantes.)

TITRES VII, VIII, IX

Service de santé à l'intérieur ; dispositions diverses ; dispositions finales.

Dans son titre VII, le règlement du 26 avril 1910 a prévu qu'à la mobilisation le service de santé dans chaque région de corps d'armée continuerait à fonctionner, conformément aux prescriptions du règlement sur le service de santé à l'intérieur, en tenant compte des nécessités créées par les évacuations incessantes (voir page 302).

Le titre VIII du même règlement, dans ses dispositions diverses, prévoit que le règlement de 1910 sera, dans son ensemble, appliqué aux troupes opérant en pays de montagne ou hors d'Europe, en y apportant telles modifications que comporteront les circonstances.

Le titre IX, enfin, le dernier du règlement, abroge toutes les dispositions antérieures au décret du 26 avril 1910, concernant le service de santé en campagne et prescrit que le Ministre de la guerre sera chargé de l'exécution du présent règlement, en restant maître de déterminer les modifications qu'il y aurait lieu d'apporter aux notices et aux modèles qui y sont annexés.

ANNEXES

Etude synthétique des attributions du personnel de direction.

La lecture attentive du fonctionnement du service de santé en campagne vous a certainement permis de bien connaître les attributions spéciales des directeurs et médecins divisionnaires; il ne paraît pas cependant inutile, pour la clarté de la question, de les synthétiser dans un chapitre spécial.

1° Attributions communes.

Le personnel de direction est responsable vis-à-vis du commandement de l'exécution du service de santé. De plus, chaque directeur (1) ou médecin divisionnaire (2) relève du commandant de l'unité à laquelle il appartient et dont il reçoit des ordres, et du directeur technique placé immédiatement au-dessus. Si les circonstances l'exigent, il prend l'initiative des mesures médicales qui paraissent utiles.

Le directeur ou médecin divisionnaire propose toutes les mesures concernant l'hygiène et la prophylaxie, la destination, le fonctionnement des formations sanitaires et des convois d'évacuation, les récompenses du personnel placé sous ses ordres.

Il tient un journal de marches et opérations et un carnet de correspondance.

Le directeur tient, en outre, le contrôle du personnel des officiers du service de santé.

Le directeur ou médecin divisionnaire reçoit : des corps de troupe, la situation-rapport modèle n° 2; des formations sanitaires, la situation-rapport modèle n° 3; un rapport lors de circonstances imprévues ou urgentes.

Ces situations-rapports, récapitulées, sont adressées au commandement et à l'autorité technique supérieure.

Les directeurs et médecins divisionnaires exercent leur autorité technique sur tout le personnel employé dans les formations sanitaires et sur les médecins des corps de troupe. Ils sont investis, à l'égard du personnel du service de santé, des pouvoirs disciplinaires des officiers du grade dont ils ont la correspondance. Ils

---

(1) Le médecin d'armée, par exception, relève du directeur des étapes et des services de cette armée, sans doute parce que l'une de ses principales fonctions est l'organisation des évacuations.

(2) Le directeur ou médecin divisionnaire fait partie du quartier général.

reçoivent les mémoires de proposition pour l'avancement et la Légion d'honneur; ils les annotent et les transmettent au commandant de l'armée, qui les fait parvenir, pour avis, au médecin de l'armée.

2° Attributions spéciales au médecin de l'armée.

« Le médecin de l'armée » dirige, sous l'autorité du directeur des étapes et des services, l'ensemble du service de santé de l'armée. Sans doute, sa direction intéresse le « service de l'avant » (application des mesures d'hygiène, organisation des divers rouages des organes du service de santé), mais la plus importante et la plus délicate de ses fonctions est relative au fonctionnement du service de santé de l'arrière.

Le médecin de l'armée est, en effet, directeur du service de santé des étapes de l'armée.

Il est assisté dans ses fonctions par deux médecins, dont l'un est médecin principal et l'autre médecin-major. Il délègue au premier de ses adjoints, qui prend alors le titre de « chef du service de santé des étapes », l'autorité sur le personnel et les formations sanitaires du service des étapes et le droit d'ordonnancer les dépenses afférentes au service de santé de l'arrière.

A ce titre, le directeur ou le chef du service de santé des étapes propose au directeur des étapes et des services les mesures relatives à l'organisation sanitaire du champ de bataille, aux évacuations, à l'emploi des réserves de personnel sanitaire d'armée, au réapprovisionnement en matériel des corps d'armée, à la destination à donner aux formations sanitaires disponibles, à l'affectation des formations sanitaires d'armée aux corps d'armée.

Il dirige les hôpitaux d'évacuation (fractionnement, déplacement), les trains et convois d'évacuation et, éventuellement, l'utilisation des convois automobiles mis à sa disposition (ce qui sera fréquent dans les guerres modernes) pour le transport de matériel et les évacuations.

Il est enfin chargé de l'organisation des services sanitaires de l'arrière : infirmeries de gîtes d'étapes, de gares, hôpitaux temporaires, dépôts de convalescents et d'éclopés, établissements de contagieux, centres hospitaliers, attribution de missions aux médecins et chirurgiens consultants, etc.

3° Attributions spéciales au directeur du service de santé d'un corps d'armée.

Dans un corps d'armée isolé, le directeur du service de santé a les attributions que nous venons de synthétiser pour le médecin de l'armée.

Quand le corps d'armée fait partie d'une armée, il a des attributions nettement définies. Sa tâche principale consiste à assurer le fonctionnement régulier du service de santé de l'avant. A cet effet, il est en relation suivie avec le chef d'état-major et les médecins divisionnaires, qui lui envoient chaque jour leur vélocipédiste à l'heure du rapport du corps d'armée.

a) Durant les marches, il propose l'affectation des formations sanitaires aux divisions et fixe la place, dans les colonnes, des formations sanitaires non rattachées aux divisions et leurs cantonnements;

b) Dès qu'une rencontre est imminente, il fait des propositions au commandant du corps d'armée sur les directions à donner aux formations sanitaires et sur la fixation d'un ou plusieurs points de rassemblements pour les blessés légers; il fixe les éléments sanitaires qui devront y fonctionner (étudiants en médecine, médecins auxiliaires) et porte ces points à la connaissance des médecins divisionnaires;

c) Au combat, il exerce sur les services des corps de troupe et les formations sanitaires une surveillance et une direction d'ensemble. En liaison avec les médecins divisionnaires, tenu constamment au courant de l'intensité de l'action, il met de nouvelles formations sanitaires à la disposition des médecins divisionnaires quand l'accumulation des blessés l'exige. Il dirige enfin le groupe de brancardiers de corps, lui fixe son secteur de relèvement ou le met à la disposition d'un ou plusieurs médecins divisionnaires;

d) Après le combat, d'après le nombre de blessés, il fixe le nombre d'ambulances qui doivent s'immobiliser et charge les médecins divisionnaires de les désigner. Enfin, il prend toutes les mesures pour activer l'évacuation des blessés (groupes de brancardiers, voitures requises ou à requérir);

e) En cas de mouvement en avant, il demande l'affectation de nouvelles formations sanitaires pour remplacer celles qui restent immobilisées.

Il se fait enfin renseigner sur les consommations en matériel sanitaire et, en cas d'urgence, autorise les prélèvements sur les approvisionnements des formations voisines.

4° Attributions spéciales au médecin divisionnaire.

Dans une division isolée, le médecin divisionnaire a, suivant le cas, les attributions d'un médecin d'armée ou d'un directeur de corps d'armée.

Quand la division appartient à un corps d'armée, il a des attributions nettement définies. Naturellement, il reçoit notification, en ce qui le concerne, des dispositions arrêtées par le directeur du corps d'armée, à qui il envoie, chaque jour, son vélocipédiste.

a) *Au combat*, il transmet au médecin chef du groupe des ambulances affectées à sa division les ordres relatifs à leurs installations et, s'il y a lieu, aux points de stationnement, de celles momentanément inemployées. Chaque ambulance lui envoie un gradé monté. A l'aide de ces moyens, il fait reconnaître les postes de secours et fait indiquer aux médecins chefs de ces postes le point où se trouve installée l'ambulance la plus proche et le point de rassemblement des blessés légers fixé par le commandement.

Il dispose entièrement de la compagnie divisionnaire de brancardiers et demande, le cas échéant, le concours du groupe de brancardiers de corps.

b) *Après le combat*, il rend compte au directeur du service de santé du nombre d'ambulances dont il y a lieu de prévoir l'immobilisation et désigne celles les plus favorablement situées pour s'immobiliser.

Il prépare enfin l'évacuation des blessés en faisant requérir tous les moyens de transport utilisables.

Le rôle du personnel de direction, depuis le médecin divisionnaire jusqu'au médecin d'armée, organes qui, dans leur ensemble, constituent ce qu'on pourrait appeler le cerveau du service de santé en campagne, est d'une importance exceptionnelle, et cette importance est presque plus accentuée pour ceux d'entre eux qui sont les plus petits.

Le rôle du médecin divisionnaire est des plus difficiles à bien remplir. Placé à l'état-major de la division, en liaison constante et directe avec les médecins chefs de corps de troupe, il a la lourde tâche de surveiller, de voir de près, de travailler enfin pour que les organes supérieurs obtiennent des renseignements exacts et précis et qu'ils puissent en toute sécurité donner des ordres (1).

Constitution des formations sanitaires correspondant au règlement de 1910.

Il eût été très difficile, pour des raisons pécuniaires, de former de toutes pièces la constitution des nouvelles formations du règlement de 1910, en délaissant entièrement les approvisionnements créés pour l'application de l'ancien règlement de 1892.

Ces derniers serviront, en attendant la constitution du nouveau matériel du service de santé en campagne, à constituer des formations prévues par le règlement de 1910.

Pour vous permettre de comprendre l'adaptation au nouveau règlement du matériel de 1892, nous vous donnons, pour mémoire, l'organisation générale du service de santé d'après le règlement de 1892 :

A L'AVANT.

1° Service de santé régimentaire;
2° Relais d'ambulance;
3° Ambulances (par corps d'armée : une ambulance par division d'infanterie, comprenant deux sections; une ambulance de cavalerie; une ambulance de corps, dite aussi « de quartier général » divisible en deux sections; elle comprend en outre une réserve de matériel, une ambulance par division de cavalerie indépendante);
4° Hôpitaux de campagne (huit par corps d'armée).

A L'ARRIÈRE.

1° Hôpitaux de campagne temporairement immobilisés;
2° Hôpitaux temporaires;

(1) *Le médecin divisionnaire : ses attributions, son rôle*, par le médecin principal DOMMARTIN (Paris, 1913).

3° Hôpitaux et hospices permanents;

4° Hôpitaux auxiliaires des sociétés d'assistance;

5° Hôpitaux d'évacuation, pouvant être divisés en plusieurs sections;

6° Infirmeries de gare;

7° Transports d'évacuation;

8° Stations-magasins.

(Ancien règlement sur le service de santé en campagne.)

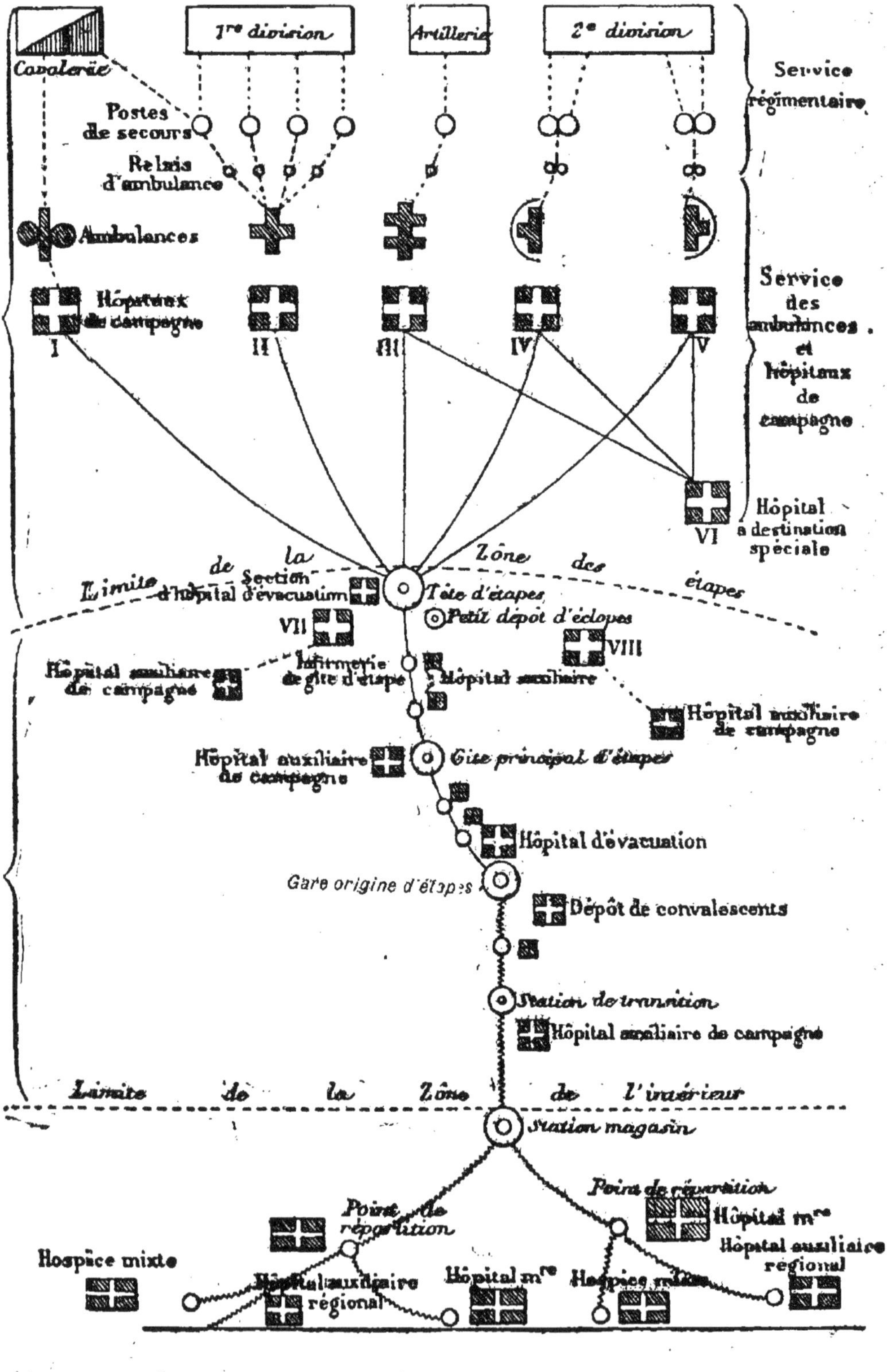

Cavalerie
1re division
Artillerie
2e division

Service régimentaire

Postes de secours
Relais d'ambulance
Ambulances
Hôpitaux de campagne
I
II
III
IV
V

Service des ambulances et hôpitaux de campagne

VI
Hôpital à destination spéciale

Zône de l'avant

Limite de la Zône des étapes

Section d'hôpital d'évacuation
Tête d'étapes
Petit dépôt d'éclopés
VII
VIII
Hôpital auxiliaire de campagne
Infirmerie de gîte d'étape
Hôpital auxiliaire
Hôpital auxiliaire de campagne
Hôpital auxiliaire de campagne
Gîte principal d'étapes
Hôpital d'évacuation
Gare origine d'étapes
Dépôt de convalescents
Station de transition
Hôpital auxiliaire de campagne

Zône de l'arrière

Limite de la Zône de l'intérieur

Station magasin
Point de répartition
Point de répartition
Hôpital mre
Hôpital auxiliaire régional
Hospice mixte
Hôpital auxiliaire régional
Hôpital mre
Hospice mixte

Organisation transitoire des formations sanitaires du nouveau règlement.

Les ambulances n°s 1 à 4 (1) seront formées par les quatre sections des ambulances divisionnaires; les ambulances n°s 5 à 7, par les trois sections de l'ambulance de corps; l'ambulance n° 8, par l'ambulance de cavalerie.

Les huit hôpitaux de campagne formeront, sans modification aucune, des sections d'hospitalisation.

Les deux groupes de brancardiers divisionnaires seront formés par les éléments de transport des deux ambulances divisionnaires; le groupe des brancardiers de corps, par ceux de l'ambulance de quartier général et de l'ambulance de cavalerie.

Les formations sanitaires de réserve seront formées d'une façon analogue.

Convention de Genève.

Historique.

En 1800, Percy, chirurgien en chef de l'armée française, essaya de faire conclure une convention stipulant que les chirurgiens et les blessés de l'une et de l'autre armée seraient neutralisés.

Mais le général Kray, commandant les forces autrichiennes, ne voulut pas souscrire au texte qui lui était soumis et qui contenait dans ses articles la plupart des bienfaits réalisés plus tard par la Convention de Genève.

En 1862, un philanthrope génevois, Henri Dunant, douloureusement impressionné par sa visite du champ de bataille de Solférino, reprit les idées de ses devanciers. Il publia à cette époque une brochure sur cette question intitulée : *Un souvenir de Solférino*.

Palasciano, en Italie, et Henri Arrault, en France, préparèrent à leur tour les esprits en faveur d'une convention universelle pour la protection des blessés.

Enfin, deux ans plus tard, le 22 août 1864, fut signée, par treize plénipotentiaires, la Convention de Genève « pour l'amélioration du sort des militaires blessés dans les armées en campagne ».

La Convention du 22 août 1864 contenait dix articles. Le 20 octobre 1868, une troisième Conférence internationale, réunie à Genève, ajouta cinq articles, dits « articles additionnels ».

Le 6 juillet 1906, à la suite de la réunion à Genève d'un congrès international pour la revision de la Convention, les textes primitifs furent remplacés par un nouveau texte en trente-trois articles, qui est à la fois plus explicite et plus détaillé.

---

(1) Les ambulances du nouveau règlement sont numérotées de 1 à 8.

Enfin, le 12 juin 1913, le Parlement français a voté une loi portant approbation de la Convention signée à Genève le 6 juillet 1906 (1).

Convention du 6 juillet 1906.

La nouvelle rédaction comprend trente-trois articles, groupés en neuf chapitres.

Le but en est ainsi énoncé : « Convention pour l'amélioration du sort des blessés et malades dans les armées en campagne. »

Nous donnons un résumé des diverses dispositions de cette convention :

CHAP. Ier. — BLESSÉS ET MALADES.

Les militaires et autres personnes officiellement attachés aux armées, blessés ou malades, devront être respectés et soignés « sans distinction de nationalité » par le belligérant qui les aura en son pouvoir.

Toutefois, le belligérant obligé d'abandonner ses malades et blessés à son adversaire laissera avec eux, autant que les circonstances militaires le permettront, une partie de son personnel et de son matériel pour contribuer à les soigner.

Les malades et blessés d'une armée tombés au pouvoir de l'autre sont prisonniers de guerre.

Cependant, les belligérants restent libres de stipuler entre eux, à l'égard des prisonniers blessés ou malades, telle clause d'exception ou de faveur qu'ils jugeront utile.

Ils auront, notamment, la faculté de convenir d'échanger, après un combat, les blessés et malades, de renvoyer dans leurs pays ceux qu'ils ne voudront pas garder, de remettre à un Etat neutre des blessés ou malades de la partie adverse, à la charge par l'Etat neutre de les interner jusqu'à la fin des hostilités.

Après le combat, l'occupant du champ de bataille prendra les mesures pour rechercher les blessés et pour les faire protéger contre le pillage et les mauvais traitements.

Chaque belligérant enverra aux autorités de leur pays ou de leurs armées les marques ou pièces militaires d'identité trouvées sur les morts et l'état nominatif des blessés ou malades recueillis.

Les belligérants se tiendront au courant des mutations, des entrées dans les hôpitaux, des décès survenus parmi les blessés et malades en leur pouvoir.

Ils recueilleront soigneusement tous les objets qui seront trouvés sur les champs de bataille pour les faire remettre aux intéressés par les autorités de leur pays.

CHAP. II. — DES FORMATIONS ET ÉTABLISSEMENTS SANITAIRES.

La neutralité est assurée aux formations sanitaires mobiles et aux établissements fixes, mais elle cesse si on en use pour commettre des actes nuisibles à l'ennemi.

---

(1) Lire : *Les atrocités bulgares. — Un appel au monde civilisé.* Cet ouvrage a été tout récemment publié.

« C'est un livre tout blanc, avec un cadre de deuil... ; et quand j'ai eu fini de le feuilleter, j'ai machinalement regardé mes doigts pour voir s'ils n'étaient pas tachés de rouge... » (Stéphan Lauzanne, 9 mai 1914.)

Le personnel peut être armé et user de ses armes pour sa propre défense.

Elles peuvent être gardées par un piquet de sentinelles munies d'un mandat régulier.

CHAP. III. — DU PERSONNEL.

Le personnel exclusivement affecté à l'enlèvement, au transport, au traitement des malades et blessés, ainsi qu'à l'administration des formations sanitaires, les aumôniers attachés aux armées, seront respectés et protégés, s'ils tombent entre les mains de l'ennemi, qui ne devra pas les traiter comme prisonniers de guerre.

Il en est de même du personnel des sociétés de secours volontaires dûment reconnues et autorisées par leur gouvernement, sous la réserve que ledit personnel sera soumis aux lois et règlements militaires.

A cet effet, chaque Etat doit notifier, soit dès le temps de paix, soit à l'ouverture des hostilités, le nom des sociétés qu'il a autorisées à prêter leur concours au service sanitaire officiel de ses armées.

Une société reconnue d'un pays neutre peut encore prêter son concours à un belligérant, à condition d'avoir l'assentiment de son propre gouvernement et l'autorisation du belligérant lui-même, qui est tenu, avant tout envoi, d'en faire la notification à son ennemi.

Toutes les personnes qui viennent d'être désignées continueront, après qu'elles seront tombées au pouvoir de l'ennemi, à remplir leurs fonctions sous sa direction. Quand leur concours ne sera plus indispensable, elles seront renvoyées à leurs armées ou à leur pays, et elles emporteront les effets, les instruments, les armes et les chevaux qui sont leur propriété.

L'ennemi assurera à ce personnel les mêmes allocations et la même solde qu'au personnel des mêmes grades de son armée.

CHAP. IV. — DU MATÉRIEL.

Les formations sanitaires mobiles prises par l'ennemi, leur matériel, leurs conducteurs, jouiront des mêmes avantages que le personnel sanitaire, l'autorité militaire compétente pouvant toutefois s'en servir pour soigner les blessés et les malades; quant aux bâtiments, aux établissements fixes et à leur matériel, dès qu'ils ne sont plus nécessaires aux blessés et aux malades, ils redeviennent soumis aux lois de la guerre. Même, les commandants de troupe pourront en disposer, à condition d'assurer le sort de ceux qui y sont soignés.

Le matériel des sociétés de secours est considéré et traité comme propriété privée; le droit de réquisition, conformément aux lois de la guerre, leur demeurera cependant toujours applicable.

CHAP. V. — DES CONVOIS D'ÉVACUATION.

En principe, les convois d'évacuation sont traités comme les formations sanitaires mobiles. Le belligérant peut intercepter un convoi et le disloquer.

Dans ce cas, tout le personnel militaire préposé au transport ou à la garde du convoi devra être renvoyé; les trains et les bateaux organisés en vue des évacuations et leur matériel d'aménagement devront être rendus. Quant au personnel civil, et aux moyens de transport provenant de la réquisition, ils demeurent soumis aux règles générales du droit des gens.

CHAP. VI — DU SIGNE DISTINCTIF DE LA CONVENTION.

Par hommage pour la Suisse, le signe distinctif de la Convention est la croix rouge sur fond blanc. Cet emblème figure sur les brassards, les drapeaux et sur tout le matériel se rattachant au service sanitaire. Le brassard, qui se porte fixé au bras gauche, doit être délivré et timbré par l'autorité militaire; les personnes rattachées au service de santé des armées et qui n'ont pas d'uniforme reçoivent, en outre, un certificat d'identité.

Les mots « Croix-Rouge », « Croix de Genève », l'insigne de la Convention, ne doivent être employés soit en temps de paix, soit en temps de guerre, que pour désigner et protéger les formations sanitaires, leur personnel, leur matériel.

Le drapeau distinctif de la Convention ne doit être arboré que sur les formations et établissements sanitaires; il doit être accompagné du drapeau national de celui du belligérant à qui cette formation appartient; ce dernier doit être enlevé dès que ladite formation sanitaire tombe et aussi longtemps qu'elle reste au pouvoir de l'ennemi. Une nation neutre autorisée à fournir ses services doit joindre au drapeau de la Convention le drapeau national du belligérant dont elle relève.

CHAP. VII. — DE L'APPLICATION ET DE L'EXÉCUTION DE LA CONVENTION.

Les prescriptions de la Convention sont rigoureusement obligatoires pour les puissances entrées en guerre lorsque celles-ci ont adhéré à la Convention. Si l'une seule des deux puissances n'est pas contractante, l'obligation cesse de droit pour sa rivale.

Les commandants en chef des armées belligérantes veilleront à l'exécution desdites prescriptions; pour les cas non prévus qui pourraient se présenter, ils se reporteront aux principes généraux de la présente Convention. Les gouvernements signataires devront instruire leur troupe, et spécialement le personnel protégé, de ces dispositions et s'efforcer aussi de les faire connaître du public.

CHAP. VIII. — RÉPRESSION DES ABUS ET DES INFRACTIONS.

Les gouvernements ont pour devoir d'empêcher les particuliers ou les sociétés n'y ayant point droit de par la présente Convention d'employer l'emblème ou les dénominations de « Croix-Rouge », « Croix de Genève », surtout s'ils le font dans un but de publicité ou dans un but commercial. Ils doivent, en outre, réprimer, en faisant au besoin des lois nouvelles, tout mauvais traitement en temps de guerre envers les malades et les blessés.

CHAP. IX. — DISPOSITIONS GÉNÉRALES.

Par des dispositions générales, il a été stipulé que les puissances qui n'ont point été représentées à la Conférence du 11 juin 1906 et n'ont pas encore signé la Convention pourront demander à y adhérer par la suite. Les parties contractantes auront la faculté de dénoncer la présente Convention, cette dénonciation ne devant toutefois produire ses effets qu'un an après que la notification en aura été faite.

Il a été prévu, en outre, que si des différends s'élèvent en temps de paix entre les puissances signataires, relativement à l'interprétation des prescriptions, les parties devront se soumettre à l'arbitrage de la Cour permanente de La Haye.

Ont adhéré à ladite Convention : l'Allemagne, l'Autriche-Hongrie, la Belgique, le Brésil, la Bulgarie, le Chili, la Chine, le Congo, la Corée, le Danemark, l'Espagne, les Etats-Unis d'Amérique, la France, le Grand-Duché de Luxembourg, la Grande-Bretagne, la Grèce, le Guatémala, la Hollande, le Honduras, l'Italie, le Japon, le Mexique, le Monténégro, la Norvège, le Pérou, la Perse, le Portugal, la République argentine, la Roumanie, la Russie, la Serbie, le Siam, la Suède, la Suisse et l'Uruguay.

Des sociétés d'assistance aux malades et blessés militaires.

Historique.

Les sociétés d'assistance aux blessés sont, en France, au nombre de trois :

1° La *Société française de secours aux blessés*, créée en 1866;

2° L'*Union des Femmes de France*, reconnue d'utilité publique en 1882;

3° L'*Association des Dames françaises*, reconnue d'utilité publique en 1883.

Toutes les trois étaient réglementées par le décret du 19 octobre 1892, qui vient d'être abrogé tout récemment par le décret en date du 2 mai 1913.

ADMINISTRATION CENTRALE.

L'administration centrale de ces sociétés comprend deux commissions, qui siègent au ministère :

1° Une *commission supérieure consultative*, qui est composée : *a*) du directeur du service de santé au ministère de la guerre; *b*) des présidents des trois sociétés; *c*) du médecin principal chargé des magasins du service de santé. Elle donne son avis sur toutes les questions intéressant les sociétés;

2° Une *commission mixte*, composée : *a*) d'un médecin militaire; *b*) d'un membre délégué du conseil central de la société, qui étudient toutes les questions de préparation de cette dernière au service de la guerre.

En outre, dans chaque corps d'armée, un délégué régional, agréé par le Ministre, est accrédité auprès du commandant et du directeur du service de santé de ce corps d'armée. Il soumet à l'appréciation du directeur du service de santé toutes les propositions concernant sa société.

Personnel.

Pour être admis dans ces sociétés de secours, il faut être Français ou naturalisé et dégagé de toute obligation militaire. Les médecins et pharmaciens doivent être, en outre, diplômés et agréés par le Ministre. Le personnel des sociétés employé aux armées est passible des lois et règlements militaires; il porte un uniforme déterminé par le Ministre, ainsi qu'un brassard de la Convention de Genève, estampillé et muni d'une lettre spéciale pour chaque société et d'un numéro d'ordre par les soins du directeur du service de santé régional qui donne, en outre, à chaque membre une carte d'identité portant le même numéro et sa propre signature.

Fonctions et rôle de ces sociétés.

En campagne, l'action de ces sociétés ne peut s'étendre ni au service de santé de l'avant, ni à celui des hôpitaux d'évacuation; elle est limitée aux services de l'arrière et du territoire. Elles sont autorisées, par contre, à créer dans les places fortes et les villes ouvertes, désignées par le Ministre ou les généraux, des *hôpitaux auxiliaires du territoire* (1) et des *infirmeries de gare* (l'établissement de ces dernières étant réservé à la *Société française de secours aux blessés*).

L'entrée des malades dans les hôpitaux de ces différentes sociétés a lieu généralement par évacuation provenant d'une formation sanitaire de l'armée. L'autorité militaire détermine les catégories de malades et de blessés dont le traitement sera confié aux soins des sociétés d'assistance.

Les sociétés de secours sont dans l'obligation rigoureuse de constituer effectivement les approvisionnements des hôpitaux auxiliaires du territoire dont elles acceptent la charge.

Les hôpitaux sont classés, suivant leur degré de préparation, en trois séries : les uns doivent être prêts à fonctionner dès le neuvième jour de la mobilisation; les autres le seizième jour; pour d'autres, enfin, la date d'ouverture est indéterminée.

Au point de vue du contrôle, de la discipline, de l'hygiène et de l'exécution du service, les établissements des sociétés de secours demeurent placés sous l'autorité du commandant local et du directeur du service de santé ou du médecin-chef du ressort (2).

---

(1) Ces hôpitaux peuvent fonctionner dans la zone des armées; dans ce cas, leur organisation rappelle celle des « formations sanitaires immobilisées ».

(2) Lire, dans les *Archives de Médecine et de Pharmacie militaires* de 1913 (pages 328, 405, 545, 634), la très intéressante étude de M. le médecin-major Legrand, relative aux sociétés de la Croix-Rouge dans les différentes nations.

Organisation des champs de bataille.

Cette importante organisation incombe au service de l'arrière, et l'assainissement du champ de bataille est même une des attributions les plus importantes du service de santé.

Deux cas peuvent se présenter :

a) L'armée est vaincue; l'échec oblige à abandonner le terrain où restent nos morts, nos blessés, nos formations sanitaires, qui sont placés sous la protection de la Convention de Genève. « C'est à l'armée maîtresse du champ de bataille qu'incombe le devoir de faire enterrer les morts (1). »

b) L'armée est victorieuse et, dans ce cas, ou bien elle est restée sur ses positions, ou bien elle a quitté le terrain de l'action.

Médecin chef de commandement d'étapes de champ de bataille.

Si l'armée est demeurée sur ses positions, « le commandement du champ de bataille est exercé sous l'autorité supérieure du général commandant l'armée par les commandants de corps d'armée dans la zone de leur corps. La direction sanitaire est exercée, sous l'autorité centralisatrice du médecin de l'armée, par les directeurs du service de santé du corps d'armée dans la zone de leur corps d'armée ». (Troussaint, *loc. cit.*, p. 246, et règlement de 1910, p. 18.)

« Dans le second cas, le commandement est exercé par un ou plusieurs commandements provisoires ou d'étapes du champ de bataille, sous l'autorité supérieure du D. E. S. La direction médicale incombe au médecin chef du commandement de champ de bataille, sous l'autorité technique du médecin chef du service de santé des étapes; à chacun des médecins chefs dans son secteur, s'il y a plusieurs commandements d'étapes sur le champ de bataille, réunis en un *arrondissement* d'étapes, sous l'autorité centralisatrice du médecin chef de l'arrondissement d'étapes et sous l'autorité technique du médecin chef du service de santé des étapes... » (Troussaint, p. 247.)

Personnel et matériel à la disposition du médecin chef de commandement d'étapes de champ de bataille.

La fonction capitale du service de santé, dès qu'il a pris possession du champ de bataille, est :

a) De désencombrer le terrain de la lutte par des évacuations rapides de tous les blessés évacuables;

b) De traiter sur place les inévacuables qui seront nombreux dans les combats modernes;

c) D'assurer la constatation des décès et les inhumations;

d) D'assainir, enfin, le champ de bataille.

---

(1) Notice n° 9, page 154.

Les évacuations se feront par tous les moyens dont dispose le service de santé et que nous avons longuement étudiés. A cet effet, du matériel (section sanitaire automobile, convois éventuels) est mis à la disposition du service de santé pour diriger les blessés sur les zones points d'embarquement, les zones d'évacuation, les gares de ravitaillement, le port d'embarquement, etc.

Mais, là surtout, l'idéal ne serait-il pas d'avoir une station d'embarquement en plein champ de bataille?

Sans doute, ces évacuations constituent « l'une des opérations capitales de l'organisation sanitaire du champ de bataille » (1), mais les inhumations et l'assainissement du champ de bataille sont d'une importance primordiale.

A cet effet, du personnel est mis à la disposition du commandant d'étapes de champ de bataille, qui le répartit sur la demande du médecin chef du champ de bataille.

Ce personnel comprend :

Un ou plusieurs médecins si ce champ de bataille se divise en un ou plusieurs secteurs;

Des officiers d'administration;

Un ou plusieurs bataillons de la brigade de réserve;

Une compagnie du corps du génie;

Des gendarmes.

Le médecin chef doit donc parcourir avec attention le champ de bataille, « tout voir pour tout prévoir ».

Il pourra alors seulement donner des ordres pour les évacuations, pour les hospitalisations sur place.

Dès que ces opérations seront terminées, il aura tout son temps pour faire procéder aux inhumations et à l'assainissement du champ de bataille.

Inhumations. — Assainissement des champs de bataille.

A. — Inhumations.

On doit les commencer le plus tôt possible. Ce sont les médecins qui doivent constater la réalité de la mort et les officiers d'administration des formations sanitaires qui doivent dresser les actes de l'état civil auxquels la constatation de la mort donne lieu.

Des corvées militaires, des travailleurs requis, creusent les fosses (un homme enterre un cadavre en 8 heures).

Dans le but d'établir l'identité des décédés, chaque officier et homme de troupe est porteur, en temps de guerre, d'une médaille en maillechort, dite « plaque d'identité » (2), portant les indications suivantes :

---

(1) Troussaint, page 248.

(2) Cette plaque d'identité se porte au cou au moyen d'un cordonnet. Quand vous serez médecin auxiliaire, ayez soin de vous en faire établir une par le chef armurier.

1° *Officiers.*

PARIS

15 Juin 1880

Recto. Verso.

2° *Hommes de troupe.*

DURAND

(Émile)

1912

ROUEN-NORD

297

Recto. Verso.

On doit l'enlever aux cadavres avant leur inhumation et la faire parvenir, en même temps que le livret individuel, au bureau de comptabilité et de renseignements.

C'est à l'inhumation que l'on doit toujours avoir recours, quel que soit le nombre des morts; mais elle exige ici des précautions toutes particulières :

1° Choix d'un terrain convenable (terrain sec, perméable, légèrement incliné, dépourvu d'arbres);

2° Emplacement bien choisi (loin des routes fréquentées, des sources, des chutes d'eau, d'une rivière).

Pour ne pas étendre sans absolue nécessité la surface du terrain à consacrer aux sépultures, on établit des fosses communes (1) et l'organisation rationnelle de ces fosses doit être basée sur des considérations scientifiques pour favoriser les phénomènes chimiques et les phénomènes physiques de la putréfaction, ces derniers dus à l'éclosion de larves et la naissance d'insectes aérobies qui s'emparent du cadavre et l'absorbent.

Il résulte que, dans les constructions des fosses communes, le sol devra être drainé pour prévenir l'envahissement par les eaux et pour faciliter l'aération large favorable au développement des insectes.

(1) Fosses de 10 mètres de longueur, de 2 mètres de largeur au fond et de 2 mètres de profondeur. Il sera possible d'y placer 60 ou 80 cadavres en trois ou quatre rangs superposés.

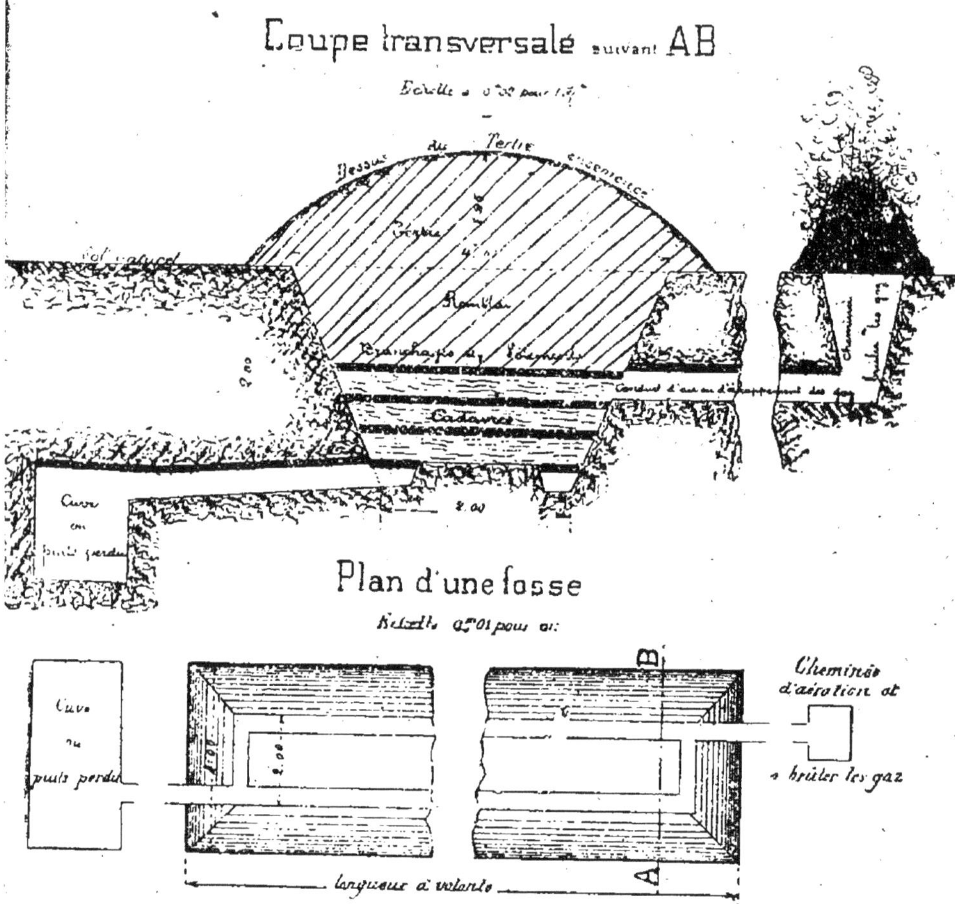

NOTA. — Dans ce dessin, remarquez un aqueduc qui aboutit à une fosse ou puits perdu dans lequel s'écoulent les eaux de la fosse commune.

Des branchages ont été placés au fond de la fosse et entre chaque rangée de cadavres.

A la hauteur de l'avant-dernière rangée de cadavres, remarquez le conduit en terre et en bois qui aboutit à une sorte de puits formant cheminée et creusé dans la terre, où les gaz provenant de la fosse sont brûlés.

Pour favoriser encore la désinfection, les corps doivent être dépouillés de leurs vêtements; mais, à moins de circonstances exceptionnelles, telles que putréfaction avancée, odeur insupportable ou épidémies, il faut interdire, en principe, l'arrosage des cadavres à la chaux vive, ou bien on devra se servir de la chaux avec modération, seulement pour masquer les odeurs, afin de ne pas détruire les insectes.

Cependant, le fond de la fosse, ses parois, les fossés et puits perdus, peuvent recevoir une certaine quantité de chaux vive pour purifier les eaux qui viennent à y passer.

Dans les fossés et le puits perdu, on pourra déposer, dans le même but, tout autre désinfectant (sulfate de fer ou de cuivre, phénol, etc.), mais jamais sur les cadavres.

Sur la dernière rangée de cadavres, on devra placer quelques branchages et mettre par-dessus une partie des vêtements retirés aux morts.

Du charbon, de la tourbe, des scories formeront une dernière couche. On recouvrira le tout de terre sur une hauteur de 2 mètres.

C'est seulement lorsque le tassement aura été complet et le tertre uniformisé, que des ensemencements de plantes avides d'azote pourront avoir un effet utile.

Par exception, les cadavres d'animaux, comme d'ailleurs tous les détritus laissés par l'armée, pourront être brûlés avec avantage (arrosage au pétrole du bûcher sur lequel repose le cadavre; emploi d'une épaisse couche de goudron).

B. — Désinfection du champ de bataille.

Cette désinfection ne se fera vraisemblablement que quelque temps après les hostilités; elle pourra être confiée, sous la direction et la surveillance de l'autorité militaire, à des commissions d'hygiène régionales ou à des sociétés d'assistance.

Pour cet assainissement, on emploiera la chaux (couche de $0^m,20$ d'épaisseur), que l'on recouvrira de terre de façon à former un tumulus important sur la fosse.

On aura encore recours à l'égalisation du terrain et à l'ensemencement de plantes fourragères.

Ressources du territoire national pour l'hospitalisation des malades et blessés de l'armée (1).

Introduction.

Il est obligatoirement nécessaire de prévoir, pour le cas de guerre, la création de nombreux hôpitaux nouveaux.

Ces hôpitaux portent le nom d'*hôpitaux temporaires*. Ils sont organisés dans les places fortes (hôpitaux temporaires de places fortes) (2); dans certains centres de la zone des armées (hôpitaux temporaires de couverture), et, surtout, dans de nombreuses localités de la zone de l'intérieur (hôpitaux temporaires du territoire).

But des hôpitaux temporaires du territoire.

Ils sont destinés à apporter au service de santé de l'armée des ressources nouvelles d'hospitalisation en vue du traitement des militaires tombés malades dans les lieux de mobilisation et des malades et blessés évacués des armées en campagne.

Ils sont créés dans la partie de la zone de l'intérieur, dite « zone d'hospitalisation générale ».

(1) Instruction du 21 mai 1913 (*B. O.*, É. M., vol. 83 *bis*).

(2) L'organisation de ces hôpitaux temporaires fait l'objet de dispositions spéciales; nous traitons seulement ici de l'organisation des hôpitaux temporaires du territoire.

Cependant, les sociétés d'assistance peuvent être autorisées à organiser des hôpitaux auxiliaires sur toute l'étendue du territoire.

Division des hôpitaux temporaires du territoire.

Ils sont dits « complémentaires » s'ils sont gérés par le service de santé de l'armée, et « auxiliaires » s'ils sont gérés par des sociétés d'assistance aux malades et blessés militaires.

Les premiers sont préparés dès le temps de paix par le service de santé de l'armée avec le concours des autorités civiles et militaires.

Les seconds sont organisés par les comités régionaux des sociétés d'assistance.

Ces comités opèrent sous la direction du délégué régional de leurs sociétés et le contrôle du directeur du service de santé de corps d'armée.

Le Ministre attribue à chaque hôpital complémentaire de territoire constitué un numéro d'ordre qui, dans chaque région de corps d'armée ou de gouvernement militaire, appartient à une série qui commence à 1 et peut s'étendre indéfiniment.

De même, dès qu'un hôpital auxiliaire est placé dans la première série (hôpitaux dont la préparation est achevée et dont l'ouverture peut avoir lieu entre le cinquième et le dixième jour de la mobilisation), ou la deuxième série (hôpitaux dont la préparation est assez avancée pour permettre leur ouverture entre le onzième et le vingtième jour de la mobilisation), il reçoit un numéro d'ordre qui, dans chaque région de corps d'armée ou gouvernement militaire, va de 1 à 100 pour la *Société de secours aux blessés;* de 101 à 200 pour l'*Union des Femmes de France;* de 201 à 300 pour l'*Association des Dames françaises* (1).

Etablissements dans lesquels ils sont installés.

Ils sont établis :

1° Dans les lycées, dans les pensionnats, dans les asiles, dans les grands hôtels meublés qui, possédant déjà du matériel de couchage et d'ameublement, peuvent être facilement transformés en hôpitaux;

2° Dans les établissements, enfin, qui, par leurs dispositions générales, leur étendue, paraissent pouvoir être utilisés pour l'installation d'un hôpital provisoire.

Ces divers établissements, uniquement retenus pour la durée des opérations de guerre, conservent en temps de paix leur affectation et leur disposition normale.

Ils doivent contenir 20 lits au moins (il est alloué 40 mètres cubes d'air aux malades).

N. B. — Si vous êtes appelés, par des comités régionaux de sociétés d'assistance aux malades et blessés militaires, à préparer l'organisation d'hôpitaux auxiliaires, lisez entièrement l'instruction du 21 mai 1913 (vol. 83 *bis*), qui vous donnera tous les renseignements utiles.

---

(1) Durant leur organisation, les hôpitaux auxiliaires sont classés dans la 3e série pendant deux ans. Si, à l'expiration de ce délai, la société intéressée n'a pas fait classer l'hôpital dans la 1re ou la 2e série, la concession des établissements à accorder par le Ministre à ces sociétés tombe de droit.

Notices annexées au Règlement sur le service de santé en campagne.

Tout comme pour le service de santé à l'intérieur, des notices sont annexées au Règlement, dans une publication séparée de façon à alléger le Règlement proprement dit.

Ces notices précisent certains articles du Règlement et donnent des procédés d'exécution qu'il importe de connaître.

NUMÉRO.	OBJET DE LA NOTICE.	ANALYSE SOMMAIRE.
Notice n° 1*	Convention de Genève.	Cette notice donne le texte de l'acte authentique de la convention signée à Genève le 6 juillet 1906. (Voir page 326).
Notice n° 2*	Personnel des formations et matériel du service de santé en campagne.	Cette notice résume succinctement la dotation en personnel et en matériel des formations sanitaires. Nous avons, dans la rédaction de différents articles, donné la composition des différentes formations sanitaires que vous devez connaître au moins approximativement. Vous trouverez d'ailleurs dans *la direction du service de santé en campagne*, de M. le médecin inspecteur Troussaint, des renseignements très complets au sujet de la composition en personnel et matériel du service de santé régimentaire et des formations sanitaires. Pages 379 à 481.
Notice n° 3.	Marches, cantonnements et bivouac.	Notice sans grand intérêt pour l'examen.
Notice n° 4*	Installation et fonctionnement de l'ambulance.	Cette notice donne des renseignements très complets pour l'installation et le fonctionnement de l'ambulance qui « est la cheville ouvrière du service de santé en campagne ». Nous avons résumé les dispositions de cette notice dans le chapitre qui traite de cette formation sanitaire.
Notice n° 5*	Alimentation en campagne.	Nous la résumons sommairement page 340.
Notice n° 6*	Réquisition militaire.	Cette notice contient un extrait de la loi relative aux réquisitions militaires et du décret pour l'application de cette loi. A cause de l'importance de la question, nous la résumons page 340.

NUMÉRO.	OBJET DE LA NOTICE.	ANALYSE SOMMAIRE.
Notice n° 7.	Prisonniers de guerre.	Cette notice contient un extrait du règlement sur les prisonniers de guerre.
Notice n° 8*	Organisation et exécution des évacuations des malades et des blessés.	Cette notice a été en partie résumée dans le chapitre relatif aux évacuations, voir page 294. Toutefois, à cause de son importance, il y aurait intérêt pour vous à la lire entièrement dans le texte, tout au moins en ce qui concerne les évacuations par eau que nous n'avons fait que signaler.
Notice n° 9*	Inhumations, assainissement des champs de bataille.	Déjà traitée page 333.
Notic'm°10*	Sociétés d'assistance.	Cette notice contient le décret relatif aux sociétés d'assistance aux blessés et malades des armées de terre et de mer. Nous avons traité cette importante question page 330.
Notice n° 11	Fonctions de l'officier payeur.	Sans intérêt immédiat pour l'examen.
Notice n° 12	Tarif des indemnités pour frais de bureau à allouer aux officiers d'administration gestionnaires des formations sanitaires.	Sans intérêt pour l'examen.

Les notices marquées d'un astérisque sont celles qui ont été résumées soit dans la rédaction de différents chapitres, soit isolément à la fin de cet article.

Notice n° 5. — Alimentation en campagne.

1° L'alimentation des malades et blessés est assurée au moyen d'achats directs, réquisitions, prises sur l'ennemi, cessions du service des subsistances.

Le régime alimentaire est uniforme dans les ambulances et les hôpitaux d'évacuation.

Ce régime, qui comprend des aliments et des boissons, est prescrit en rations entières ou en demi-rations.

En principe, chaque repas se compose : d'une soupe ou d'un potage; d'un plat de viande; d'un plat de légumes; d'une boisson.

La nature et la quantité des allocations sont fixées par un tarif dont vous trouverez le détail à la page 62 des notices annexées au règlement.

Dans les autres formations, notamment dans les établissements hospitaliers de la zone de l'arrière et de l'intérieur, le régime alimentaire est, en principe, celui fixé par le règlement sur le service de santé à l'intérieur.

2° L'alimentation des infirmiers et des hommes du train est faite comme celle des autres militaires.

Ils reçoivent du service des subsistances les prestations en nature réglementaires.

Ils font ordinaire; toutefois, ils peuvent percevoir, au titre du service de santé, des suppléments d'aliments et de boisson sur l'ordre du médecin-chef.

Notice n° 6. — Réquisition militaire.

(Extrait de la loi relative aux réquisitions militaires.)

Conditions générales dans lesquelles s'exerce le droit de réquisition.

Lorsque la mobilisation totale est ordonnée, les généraux commandant des armées, des corps d'armée, des divisions ou des troupes ayant une mission spéciale peuvent, de plein droit, exercer des réquisitions.

Ils peuvent déléguer le droit de requérir aux fonctionnaires de l'intendance et aux officiers commandant des détachements.

Les ordres de réquisition sont détachés d'un carnet à souche qui est remis entre les mains des officiers appelés à exercer des réquisitions (chefs de corps ou de services qui, eux-mêmes, peuvent les délivrer aux officiers sous leurs ordres qui pourraient être éventuellement appelés à exercer des réquisitions).

Des reçus sont délivrés lors de la réception des prestations.

Exceptionnellement, et seulement en temps de guerre, tout commandant de troupes ou chef de détachement opérant isolément, même sans être porteur d'un carnet d'ordres de réquisitions, peut requérir, sous sa responsabilité personnelle, les prestations nécessaires aux besoins journaliers du personnel et des chevaux de son détachement.

Il doit en rendre compte au général commandant le corps d'armée.

Les carnets de reçus sont ensuite remis à la commission chargée du règlement des indemnités.

Prestations à fournir par la voie de réquisition.

Est exigible par voie de réquisition la fourniture des prestations nécessaires à l'armée et qui comprennent, notamment :

1° Le logement chez l'habitant et le cantonnement pour les hommes, pour les chevaux et bestiaux, dans les locaux disponibles;
2° La nourriture journalière des officiers et soldats chez l'habitant, conformément à l'usage du pays;
3° Les vivres, le chauffage pour l'armée, les fourrages pour les bestiaux, la paille de couchage pour les troupes campées ou cantonnées;
4° Les moyens d'attelage et de transport de toute nature, y compris le personnel;
5° Les bateaux et embarcations;
6° Les fours et les moulins;
7° Les matériaux, outils, machines et appareils nécessaires pour l'exécution de tous les travaux militaires;
8° Les guides, les messagers, les conducteurs et les ouvriers pour les travaux que les différents services de l'armée ont à exécuter;
9° Le traitement des malades ou blessés chez l'habitant (1);
10° Les objets d'habillement, d'équipement, de couchage, les médicaments et moyens de pansement;
11° Tous les autres objets et services dont la nature est nécessitée par l'intérêt militaire (2).

Exécution des réquisitions.

Les réquisitions sont adressées au maire.

Toute réquisition doit être adressée à la commune; elle est notifiée au maire. Toutefois, en cas d'absence du maire et des conseillers municipaux et si la réquisition est urgente, elle peut être adressée par l'autorité militaire directement aux habitants.

En cas de refus ou d'abandon de service, la loi a prévu des pénalités très sévères. En temps de guerre, celui qui abandonne le service pour lequel il est requis est traduit devant le conseil de guerre.

De même, des pénalités ont été édictées en cas d'abus de pouvoir en matière de réquisitions.

---

(1) Certaines immunités (art. 5 de la Convention de Genève) sont accordées aux habitants qui reçoivent les malades. Des indemnités spéciales sont en outre accordées au médecin civil chargé de soigner les malades.

(2) Quand le déplacement des chevaux requis dépasse cinq jours, il est procédé, avant la prise de possession, à une estimation; de même pour le matériel pour un emploi supérieur à huit jours. Dès la restitution, les détériorations subies sont estimées et la mention en est faite sur le reçu primitivement délivré.

Réquisitions dans le service de l'arrière.

Le commandant d'étapes a le droit de réquisition, qui appartient à lui seulement, dans la localité siège du commandement d'étapes.

Dans les autres localités de la circonscription, les commandants de troupes, les chefs de service ne peuvent faire de réquisition sans autorisation.

Notice n° 7. — Prisonniers de guerre.

(Extrait du règlement sur les prisonniers de guerre.)

Désignation et classement des prisonniers de guerre.

Sont considérés comme prisonniers de guerre tous les individus reconnus comme belligérants, les individus même d'une puissance neutre régulièrement employés dans les armées ennemies, les déserteurs ennemis, les otages.

Par exception à ces dispositions et conformément à l'article 9 de la Convention de Genève, le personnel exclusivement affecté à l'enlèvement, au transport et au traitement des blessés et malades ainsi qu'à l'administration des formations et établissements sanitaires, les aumôniers, seront respectés et protégés en toutes circonstances (1). S'ils tombent entre les mains de l'ennemi, ils ne seront pas traités comme prisonniers de guerre.

Le personnel ainsi neutralisé sera porteur d'un brassard à croix rouge sur fond blanc, ainsi que d'un titre permettant de constater l'identité de chaque individu pour les personnes rattachées au service de santé des armées et qui n'auraient pas d'uniforme militaire. Ce brassard est délivré et timbré par l'autorité militaire (art. 20 de la Convention).

Les établissements où sont soignés les blessés militaires, ainsi que les voitures servant à leur transport, sont signalés par le drapeau blanc à croix rouge, accompagné du drapeau national, ou par les mêmes insignes peints sur les voitures.

Le personnel et le matériel seront renvoyés à leur armée ou à leur pays quand les formations sanitaires prisonnières seront libérées.

Blessés et malades prisonniers de guerre.

Les blessés et malades en traitement dans les formations sanitaires tombés au pouvoir des armées françaises ou recueillis sur le champ de bataille sont prisonniers de guerre.

---

(1) Ce personnel, même prisonnier, jouira intégralement de son traitement. Ce sera celui accordé aux personnels des mêmes grades de l'armée ennemie (art. 13 de la Convention).

Ceux qui, après guérison, seront reconnus incapables de servir, seront renvoyés dans leur pays, à l'exception des officiers, dont la possession importerait au sort des armes.

Le commandant en chef a toute latitude pour opérer immédiatement, le cas échéant, l'échange des prisonniers de guerre malades ou blessés recueillis après un combat.

Destination à donner aux prisonniers de guerre blessés ou malades.

Ces blessés sont soigneusement divisés en trois catégories :

1° Blessés légèrement atteints;

2° Blessés non transportables;

3° Blessés évacuables.

Ceux de la première catégorie sont dirigés sur le quartier général du corps le plus voisin et remis au prévôt;

Ceux de la deuxième catégorie sont soignés dans une formation sanitaire française temporairement immobilisée;

Ceux de la troisième catégorie sont dirigés, sous escorte, sur l'hôpital d'évacuation le plus rapproché et, de là, sur l'hôpital militaire de l'intérieur désigné par le commandement territorial.

Pendant leur présence dans les formations sanitaires, les officiers ou assimilés ont droit à une solde spéciale.

TABLE MÉTHODIQUE

Pages.

PREMIÈRE PARTIE

Organisation générale de l'armée. — Discipline et hiérarchie militaires.

DEUXIÈME PARTIE

Service de santé à l'intérieur.

TITRE Ier

RECRUTEMENT DU PERSONNEL DU SERVICE DE SANTÉ DIRECTIONS CENTRALE ET RÉGIONALES.

TITRE II

LE SERVICE DE SANTÉ DANS LES CORPS DE TROUPE

TITRE III

SERVICE DE SANTÉ DANS LES HÔPITAUX MILITAIRES

TITRE IV

SERVICE DE SANTÉ DANS LES HOSPICES CIVILS ET DANS CERTAINS ÉTABLISSEMENTS SPÉCIAUX

TITRES V ET VI

NOTICES

ANNEXES

TROISIÈME PARTIE

Service de santé en campagne. — Règlement sur le service de santé en campagne du 26 avril 1910.

TITRE Ier

VUE D'ENSEMBLE DU SERVICE DE SANTÉ EN CAMPAGNE OBJET ET DIVISION

TITRE II.

ÉTUDE ANALYTIQUE SOMMAIRE DU SERVICE DE L'AVANT

Pages.

TITRE III.

ÉTUDE ANALYTIQUE SOMMAIRE DU SERVICE DE L'ARRIÈRE

TITRE IV.

TITRE V.

TITRE VI.

TITRES VII, VIII ET IX.

ANNEXES

NOTICES ANNEXÉES AU RÈGLEMENT SUR LE SERVICE DE SANTÉ EN CAMPAGNE.... 338

TABLE ALPHABÉTIQUE

A

B

C

D

E

F

H

I

L

M

N

O

P

R

S

T

V

PARIS ET LIMOGES. — IMP. ET LIBR. MILIT. HENRI CHARLES-LAVAUZELLE.

www.ingramcontent.com/pod-product-compliance
Ingram Content Group UK Ltd.
Pitfield, Milton Keynes, MK11 3LW, UK
UKHW020427200726
13857UKWH00002B/323

9 782012 927896